Norbert Bolz · David Bosshart
KULT-Marketing

Norbert Bolz · David Bosshart

KULT-Marketing

Die neuen Götter des Marktes

ECON

Die Deutsche Bibliothek – CIP-Einheitsaufnahme

Kult-Marketing: Die neuen Götter des Marktes / Norbert Bolz; David Bosshart. – Düsseldorf: ECON Verl., 1995. ISBN 3-430-11433-0. NE: Bolz, Norbert; Bosshart, David.

Lektorat: Holger Strecker. Gesetzt aus der Century und Frutiger, Linotype. Satz: Lichtsatz Heinrich Fanslau, Düsseldorf. Papier: Papierfabrik Schleipen GmbH, Bad Dürkheim. Druck und Bindearbeiten: Bercker Graphischer Betrieb GmbH, Kevelaer. Printed in Germany. ISBN 3-430-11433-0.

Inhalt

▋▋ Die neuen Götter des Marktes

Vorwort

Das Zauberwort »Marktnähe« meint eigentlich etwas ganz Einfaches und Selbstverständliches: Wenn der Kunde nicht mitspielt, läuft gar nichts. Beim Marketing geht es aber nicht um einen Dialog mit dem rational entscheidenden Kunden, sondern darum, sein Begehren zu ködern. Dem werden nur zwei Ansätze gerecht, die eng miteinander verknüpft sind: Das Marketing muß die Kräfte der Religion und der Popkultur aktivieren – also *Heiligkeit* und *Vulgarität*. Deshalb handelt dieses Buch von Produktmythen und Konsumikonen, von Ritualen der Inszenierung und Kulten des Lebensstils. Wir meinen, der erfolgreiche Marktkommunikator tritt heute im janusköpfigen Zeichen von Heiligkeit und Vulgarität auf. Werbung und Marketing ernähren sich »parasitär« von der amerikanischen Popkultur und plazieren sich an der vakant gewordenen Funktionsstelle der Religion. Denn nur so kann man auf gesättigten, sich globalisierenden Konsumgütermärkten banale Produkte in etwas heiß »Begehrtes« verzaubern.

Unsere Kurzformel für diese Strategie lautet »Kult-Marketing«. Schon lange kennen wir Kultfiguren und gehen in Kultfilme. Neuerdings gibt es, neben dem vertrauten und offenbar unverwüstlichen »cool«, ein neues Jugendszene-Schlüsselwort: »kult«. Was heißt das? Dieses Buch gibt eine Antwort.

Und das ist unsere Grundüberlegung: Inmitten einer bis zur Sinnlosigkeit aufgeklärten Welt verspricht das Kultische zugleich Ordnung und Faszination. Die Wiederkehr von Kulten und Ritualen kann man nur verstehen, wenn man ihre Funktion als »Heilmittel« gegen das Chaos, die Regellosigkeit und Unübersichtlichkeit unserer Welt begreift.

Gegen die Entzauberung der Welt durch Wissenschaft setzt das Kult-Marketing heute auf Strategien der ästhetischen Wiederverzauberung. Die Wissenschaften können uns ja schon lange keine Antwort auf unsere Lebensfragen mehr geben. Und das gerade deshalb angewachsene religiöse Bedürfnis nach Bindung und Verbindlichkeit können die großen Religionen des Westens offenbar auch nicht mehr befriedigen. Nun tauchen die Götter, die aus dem Himmel der Religion verschwunden sind, als Idole des Marktes wieder auf. Werbung und Marketing besetzen die vakant gewordenen Stellen des Ideenhimmels.

Die Betriebswirtschaftslehre und ihre Statistiken der Marktforschung sind wenig hilfreich, das Geheimnis dieser neuen »Götter« des Marktes zu lüften. Wir fragen statt dessen bei der Ethnologie und der Religionssoziologie, bei der Systemtheorie – und der Popkultur nach. Der Markt ist nämlich viel zu komplex und raffiniert geworden, als daß man ihn allein noch »ökonomisch« verstehen könnte. Seit langem spricht man ja von »Unternehmensphilosophie« – wir nehmen das wörtlich. Denn heute gilt tatsächlich: Philosophie ist gut fürs Geschäft – aber welche?

Dieses Buch gibt auch darauf eine Antwort. Doch keine Sorge – wir entführen Sie nicht ins philosophische Seminar, sondern legen ein Sachbuch vor und versprechen damit Lesbarkeit. Um eine Formel des sehr lesbaren Philosophen Odo Marquard zu variieren: Der Sachbuchautor ist der Stuntman des Experten und der PR-Mann des Philosophen. Das Sachbuch geht also das Risiko der schrecklichen Vereinfachung ein. Und in der Tat wollen wir hochkomplexe Zusammenhänge auf einfache Faustformeln bringen. Dabei riskieren wir natürlich, in schlechte Gesellschaft zu geraten. Denn wer Einfachheit fordert, so hat es der heute sehr beliebte, aber keineswegs lesbare Philosoph Jean-François Lyotard einmal ausgedrückt – wer Einfachheit fordert, macht sich zum Herold einer neuen Barbarei...

Wie liest man nun dieses Buch? Natürlich haben wir unsere Überlegungen so angeordnet, daß sie sinnvoll in »klassischer« Manier, also von Buchdeckel zu Buchdeckel, gelesen werden können. Das bleibt wünschenswert, solange Bücher noch Bücher und Autoren noch Autoren sind. Aber dieses Buch läßt sich auch anders lesen. Es besteht aus Kapiteln, die jeweils auch als selbständige Aufsätze behandelt werden können. Und auch innerhalb jedes Kapitels ist es durchaus möglich, Abschnitte zu überspringen. Wir weisen auf diese Möglichkeit immer dann noch einmal eigens hin, wenn besonders theorieintensive Passagen folgen, die man in einem Sachbuch nicht ohne weiteres erwartet und die dem mit Theorie unvertrauten Leser Verständnisschwierigkeiten bereiten könnten. Diese »modulare« Anordnung der einzelnen Abschnitte hat auch zur Folge, daß bestimmte Überlegungen und Beispiele mehrfach auftreten – jeweils in unterschiedlicher Perspektive und verändertem Kontext. Wir empfinden dies jedoch als Gewinn an Orientierung, nicht als Verlust an Stringenz: Es gibt eben keine Information ohne Redundanz.

Dieses Buch hat zwei Autoren. Wir haben nicht das Unmögliche versucht, jedes Kapitel gemeinsam zu formulieren. Vielmehr haben wir – auf der Grundlage gemeinsamer theoretischer »Essentials« – dieselben Phänomene aus unterschiedlichen Perspektiven und mit unterschiedlichen stilistischen Mitteln analysiert. Es geht dabei nicht einfach darum, daß vier Augen mehr sehen als zwei, sondern darum, daß einer allein den eigenen blinden Fleck nicht sehen kann. Das heißt aber auch, daß die Überlegungen der beiden Autoren nicht deckungsgleich sind. In manchen Fragen – wie etwa der Fragen nach der Zukunft der Markenartikel – vertreten wir sogar konträre Auffassungen. Solche Divergenzen – sie sind selten – wollten wir nicht glattbügeln. Damit sie nicht Verwirrung stiften, sondern vielmehr die Diskussion anregen, haben wir jedes Kapitel im Inhaltsverzeichnis mit den Initialen des Autors gekennzeichnet.

Norbert Bolz
David Bosshart   Essen, Zürich, im April 1995

I

Marketing und Zeitgeist

1

Marktnähe = Heiligkeit
und Vulgarität

*»The triumph of vulgarity is the application of the
marketplace to taste. Pay up or be gone. Yet, the
trashing of taste is the triumph of the popular will.«*
James B. Twitchell

*»And then you have this appetite for vulgarity,
which seems limitless. (. . .)
Politics is show business. Running Chrysler is
show business. When I keep trying to keep New
York City out of bankruptcy, there's a lot of show
business involved. Sports is show business, and
Henry Kissinger is show business. Those are the
realities of the marketplace. So, as I've said, every-
thing in this world has turned into show business.
And if you're not in show business, you're really off
Broadway.«*
Felix Rohatyn, Lazard Frères & Company

*»Der höchste Grad der Illusion ist für sie [= diese
Zeit] auch der höchste Grad der Heiligkeit.«*
Ludwig Feuerbach

»Marktnähe« – das magische Wort

»Marktnähe« ist zum magischen Wort für die Konsumgütermärkte geworden – oder in verwandten Varianten: »Kundennähe«
bzw. »Kundenorientierung« und »Marktorientierung«. Bekenntnis-

se zu diesen Ausdrücken durchdringen inzwischen auch traditionell konservativ ausgerichtete Branchen und Organisationen von der Pharmaindustrie über die Banken bis zu den staatlichen Verwaltungsapparaten. Wer etwas von sich hält, erklärt sich unumwunden als kundenorientiert und zum Verfechter der Dienstleistungsmentalität. Wer im Bereich neue Technologien und Medien tätig ist, spricht seinerseits von der »Benutzerfreundlichkeit«. Und in der Tat: Neuere Computergenerationen werden offenbar »benutzerfreundlicher«, der Benutzer muß nur noch alles selber machen.

Wir haben erfahren können: Nach dem Ende der politisch-ideologischen Kämpfe hat jeder sein unmißverständliches Credo abgegeben: Jeder ist mehr oder weniger zum konsequenten Anhänger der liberalen Marktwirtschaft geworden. Nun ist die Zeit der schönen Credos aber abgelaufen, jetzt geht es – um gleich zum Thema »Vulgarität« zu kommen – ans »Eingemachte«. Schon kündet sich die nächste Stufe dieser Ausrichtung an, nämlich die konsequente Umsetzung der »schönen« Worte. Wir können Ihnen versichern: Sie kommt nicht nur bestimmt, sie ist in vielen Ansätzen bereits da. Passen Sie nur auf, daß Sie eine Tranche des »Eingemachten« mitbekommen.

Denn »Marktnähe« als Umsetzung der Marktwirtschaft läuft nicht als autonomer Prozeß ohne Kontext. Wer die gegenwärtigen Veränderungen auf den Konsumgütermärkten entschlüsseln will, muß zumindest drei eng miteinander verknüpfte Entwicklungslinien verfolgen. Das eine geht nicht ohne das andere. Diese Entwicklungslinien können wir an drei Begriffen festmachen: *Marktnähe, Heiligkeit und Vulgarität.* Konsequente Marktnähe erlaubt zum erstenmal in der Geschichte die radikale Fokussierung auf den Kunden. Was er wünscht, was er wirklich begehrt, was seinen intimsten Bedürfnissen entspricht, soll er auch bekommen. Die Chancen stehen also sehr gut, daß die Märkte der Zukunft die Märkte der Menschen sein werden. Allerdings sind sich viele Unternehmensführer, Marketingplaner und andere Manager noch gar nicht bewußt, was das eigentlich heißt, ganz zu schweigen von den Politikern, die am marktschreierischsten die Umsetzung der Marktwirtschaft verkünden.

Die Leitfrage des Konsumgüter-Marketings: Unsere These

»Marktnähe« ist das Konzept, das die schöngeistigen Visionen der »Marktwirtschaft« umsetzt. Wenn der Kunde nicht mitspielt, geht gar nichts. Das Konzept muß also kundengerecht umgesetzt werden. Das heißt: Das Konzept muß bedürfnis- und begehrensgerecht operationalisiert werden. Dem werden genau zwei Ansätze gerecht, die miteinander eng verknüpft sind: die Vulgarität und die Heiligkeit. In den gesättigten, sich globalisierenden Konsumgütermärkten gibt es daher für das Marketing genau eine Leitfrage: Wie kriege ich den Sex bzw. den Sex-Appeal in die Produkte rein? Wie mache ich aus meinem banalen Produkt etwas Heißbegehrtes? Aus diesem Grunde sind heute Kultkonsum und Preispolitik zu den entscheidenen Erfolgskriterien geworden (Produktmythen, Rituale der Inszenierung, Konsumikonen, Preisjunkies etc.). Sie sind das Nadelöhr für eine »menschliche« Kommunikation. Der erfolgreiche Marktkommunikator tritt vulgär und heilig auf.

Wer diese drei Entwicklungslinien versteht, kann nicht nur marketing- und werbetechnische Ideen und Szenarien entwikkeln, der hat zugleich einen wichtigen Schlüssel zur Kulturdiagnose der Gegenwart in der Hand. Und diese ist für Unternehmensführer und politisch-strategisch denkende Zeitgenossen wichtig. Philosophisch gesprochen: Die »erste« Realität entsteht heute in den unterschiedlichen Konsummärkten. Ohne sie wird man die Vielzahl der unterschiedlichsten Trends der Gegenwart kaum einschätzen können, und davon handelt dieses Buch.

Marxens Rache: Das Ende der Mittelklasse-Aspirationen und der Aufstieg der Proll-Kultur

Die große kulturelle und wirtschaftliche Aspiration der letzten Dekaden hat sich als Illusion erwiesen: Es können nicht alle

Menschen dieser Welt die Lebensstile der Mittelklassen übernehmen. Das Geld reicht nicht aus. Weder Individuen noch Organisationen und schon gar nicht Staaten haben genügend Geld.
Die »Verbürgerlichung der Welt« ist abgebremst. Die unendliche
Verfeinerung der Sitten, der Konsumgewohnheiten und des
Bewußtseins, wie sich das die Mittelklassen und mit ihnen die
nachstrebenden unteren Klassen erträumt haben, weicht einer
gründlichen Reproletarisierung der Grundgestimmtheit. Das
Bewußtsein des naiven »Happy Consuming« der achtziger Jahre
ist mithin definitiv in die Vergangenheit hinabgesunken – was
anscheinend viele Leute immer noch nicht begriffen haben.

Untrügliche Zeichen hierfür gibt es zuhauf, wie etwa die
schleichende Markenvulgarisierung. Davidoff und Dior sind bei
Otto-Versand erhältlich. *Noble Marken werden zu heilig-vulgä-
ren Marken.* Der gute Stern von Mercedes-Benz etwa brauchte
einen kräftigen Vulgarisierungsschub, um seine Leuchtkraft zu
bewahren. Die fast unantastbare Würde bezog er nicht zuletzt
durch das Verschweigen des Kaufpreises und das Fehlen von
genaueren Produktangaben auf dem Heck. Die C-Klasse wird
mit der offensichtlich doppeldeutig-vulgären Formel »für unter
vierzig« promoted. Damit werden Tabus gebrochen. Das mag
den klassisch-distanzierten Benz-Käufer irritieren, der eine
hohe Markenidentifikation besitzt. Aber gleichzeitig stellen wir
fest, daß der *Kultstatus* des Produktes nicht betroffen ist. Wir
stellen sogar fest, daß mit der Massenkompatibilität und damit
der erleichterten Zugänglichkeit der Produkte deren »Heiligkeit« sogar noch zunimmt, da sie durch die *Neupositionierung
nach unten*, dem Downtrading, eine viel breitere Legitimations-
basis bekommen. Ganz ähnlich konnten wir auch im Kunstbe-
reich feststellen, daß Kultprodukte durch Vulgarisierung zwar
auch eine Neupositionierung nach unten erfahren, damit aber
ihren Kultstatus ganz wesentlich erhöht haben. Seit die Mona
Lisa nicht nur für den Massenkonsum der Museumsbesucher
freigegeben wurde, sondern zudem als Poster, T-Shirt, Pin,
Postkarte etc. eine große Karriere gestartet hat, ist ihre Aura
bis hin zum Proleten gewachsen. Sie wird daher nicht zu Unrecht

als »Money Lisa« oder auch als »Mickey Lisa« bezeichnet. Ganz richtig hat die Lifestylepostille *Tempo* kürzlich von einer »Proll-Kultur« gesprochen.

Die neue Konsumkultur der heiligen Vulgarität ist nicht mehr einfach auf ein bestimmtes Kundensegment beschränkt, sie wird zu unser aller Konsumkultur. Den *entscheidenden, zukunftsprägenden Grundsatz der heiligen Marktvulgarität* verdanken wir keinem Geringeren als natürlich Elvis Presley: »*Mach, was du willst, aber tritt mir bloß nicht auf meine blauen Wildlederschuhe!*«

Statt nach oben in Richtung der aristokratischen Geschmackskulturen müssen wir uns nach unten orientieren: Distanz, Persönlichkeit und Charakter weichen der hemmungslosen Marktnähe, der radikalen Historisierung des Bewußtseins und der heiligen Vulgarität. Undifferenzierte, dafür um so emotionsgeladenere Leidenschaft verdrängt den maßhaltenden Geschmacks- und Bildungsdünkel. Das Bier und das Mineralwasser, nicht mehr der Wein oder der Champagner sind die *Symbole* der neuen Konsumkultur. Wein und Champagner bleiben natürlich wichtige Produkte, gerade für die »Conspicuous Consumption«, aber die Diversifikationen und mentalen Einstellungen findet man heute auf der Ebene des Biers und des Mineralwassers. Wir erkennen das daran, daß die wichtigsten Trends nicht mehr von den gut ausgebildeten Mittelschichten geprägt werden (Lehrer, Manager, Therapeuten u. ä.), die vormals noch typisch bürgerlich-mittelständische Anliegen wie Ökologie und Feminismus gepuscht haben. Die Mitte schrumpft und wird finanziell und mental nach unten gerissen. Die Angst vor dem massenweisen Absturz (Arbeiter und Angestellte) und dem individuellen Absturz (Manager) ist insgesamt viel größer als die Hoffnung auf Aufstieg. »Falling Down«, das Motiv des Hollywoodfilms mit Michael Douglas, trifft noch immer den Kern der heutigen Grundgestimmtheit. Daran wird auch ein konjunkturelles Hoch oder Zwischenhoch nichts ändern. Vergessen wir nicht:

● Auf der einen Seite wissen wir: *Weitere Rationalisierungsschübe* stehen uns bevor. Viele Branchen haben noch große, unausgeschöpfte Potentiale, die sie bei gegebener Zeit und sich bietender Gelegenheit realisieren werden. Organisatorisch, logistisch, finanztechnisch und insbesondere im Bereich Humanressourcen sind kontinuierlich Effizienzsteigerungen zu erwarten. Wir glauben nicht, daß sich an den oft als »Sachzwang«, »Systemzwang« etc. beschriebenen Voraussetzungen in den kommenden Jahren etwas ändern wird.

- Auf der anderen Seite wissen wir aber auch: Wir leben im Zeitalter *globaler, zumeist gesättigter Märkte.* Wenn wir im Management den Drang und Zwang zur Effizienzsteigerung, also die Suggestion der Rationalität des Tuns vorfinden, so finden wir auf der Seite des Konsums eine merkwürdige Gegenbewegung: Statt ebenfalls »rational« agierender Konsumenten finden wir vermehrt das, was wir den *arationalen und irrationalen Konsumenten* nennen. Nicht mehr ein nach rationalen Kriterien definierter *Preis-Leistungs-Verhältnis-Konsum* dominiert das Marktverhalten, sondern der arationale Konsum, der durch den Kultkonsumenten verkörpert wird, und der irrationale Konsum, der durch den Preisjunkie verkörpert wird.

Kurz: Was das Management auf der einen Seite wegrationalisiert wie verrückt, findet seinen Gegenpart in der Heiligkeit und Vulgarität der sich liberalisierenden und sich durch »Marktnähe« kennzeichnenden Konsummärkte. Im Konsum, so erscheint es, darf der Verbraucher endlich das sein, was er als Produzent, Arbeiter oder Manager nicht sein darf.

Acht Trends zur heiligen Vulgarität

① Die Promo-Kultur

Die Proll-Kultur ist eine »Promotional Culture«, weil sie die Ausweitung der Promotionsaktivitäten in alle Lebensbereiche vorantreibt: Von der Politik über die Wissenschaften und den

Sport bis ins Soziale können wir erkennen: Der Wille zur unbedingten »Marktnähe« macht aus der Promotion den Lebensnerv gesellschaftlicher Aktivitäten. »Konsumgüterdenke«, Werbung und symbolischer Ausdruck werden identisch. Das nüchterne, selbstgenügsame Produkt verschwindet. Das Produkt der »Promotional Culture« wird dramaturgisch nach den Regeln der heiligen Vulgarität angepriesen. Vom »Imageneering« der minuziös durchkalkulierten technischen Bilderproduktion à la Hollywood über das Product Placement als Politikerinszenierung bis zur Schaffung von künstlichen Erlebnismixwelten à la Niketown – überall wird nach Regeln einer bestimmten Vorstellung von kundenorientiertem Marketing promotet. »The entertainment is the advertisement and the advertisement is the show«, sagt James B. Twitchell. Anders gesagt: Die »*Commodification*« der Gegenwartskultur schreitet voran. Die Welt wird zur »ungeheuren Warensammlung« (Karl Marx).

Die Wahrnehmung unserer Welt ist also eine gebrochene, durch Waren vermittelte Wahrnehmung. Wahrnehmung als »Nehmen des Wahren« ist Warenwahrnehmung geworden. Jede Wahrnehmung hat mithin ihren Preis. Die einzige verbleibende Ethik ist die Warenethik, die *Commodity Ethics*. Und die einzige verbleibende Kritik ist die Warenkritik, der einzige verbleibende Test der Warentest. Die einzige verbleibende Erkenntnistheorie ist die Warenerkenntnistheorie. Die Form der Demokratie ist mit einer konsequenten Kundenorientierung eine »Consumer Democracy«. Der enge Zusammenhang von »Warenform und Denkform« (Sohn-Rethel) erhält nach dem Abschied der idealistischen Mittelklasseillusionen der totalen Verbürgerlichung und dem weltweiten Aufstieg des Vulgären seine volle Brisanz zurück.

② Kapitalismus als letzte Religion

Der Kapitalismus im Stadium gesättigter Konsummärkte wird zur ultimativen »letzten« Religion dieser Welt.

Der Kapitalismus im Stadium gesättigter Märkte hat die Kraft, Waren ins Zentrum des menschlichen Begehrens zu stellen. Er verbürgt die integrale Übernahme der *religiösen Funktionen:*

Der Kapitalismus ist also weder für die vielbeschriebenen »Sinndefizite« noch für den aus konservativer Ecke herbeimoralisierten »Wertezerfall« verantwortlich. – Er ist selbst die »letzte«, nicht mehr überbietbare Religion dieser Welt. Die großen Shopping Malls sind die neuen *Kathedralen* des Konsums. George Bernard Shaw sah schon vor hundert Jahren, daß das öffentliche Theater (!) die Kirchen ersetzen und die Unterhaltung eine neue Form der Liturgie hervorbringen würde. Konsumrituale und die Fetische von Markenartikeln aller Preisklassen erfüllen natürlich religiöse Funktionen. Sie schaffen übrigens auch eine neue Form der *Communitas.* Das tribale Muster der Zugehörigkeit erhält mit der Marktorientierung einen ganz anderen Stellenwert: Aus klassischen, treuen Stammkunden werden unberechenbare *Kundenstämme.*

Den Höhepunkt der kapitalistischen Religion bildet der Märtyrertod der großen Konsumhelden wie Jimi Hendrix oder Kurt Cobain. Diese »Götter« schöpfen ihr volles Marktpotential erst nach ihrem physischen Tod aus – und überlassen den ganz großen Cash den Agenten, Merchandisern und ihren Nachfahren. Der Kapitalismus erweist sich als die anpassungsfähigste, die »windigste« aller Religionen. Er braucht nicht einmal mehr Dogmen, sondern genügt sich selbst.

Das sehen wir am Beispiel der Bedeutung von Moden. *Moden sind Kurzzeitreligionen* mit extrem hoher affektiver, aber zugleich zeitlich eng begrenzter Bindungskraft. *Die Stärke der Religion des Kapitalismus liegt in ihrer Promiskuität:* Das vagabundierende, nie stillbare Begehren nach immer neuen Göttern bedeutet die *Rückkehr des heidnischen Polytheismus.* Der Tick mit den Labels, das ganze »Name-Game« der Kids, von Nike über Fuct bis Levi's, gibt ein gutes Beispiel ab. Vielgötterei ersetzt den monotheistischen Mythos des einen Erlösergottes. Die Schöpfergötter der kapitalistischen Konsummärkte produzieren endlos und bringen ihre neuesten Kreationen auf die Umlaufbahn der Sehnsüchte von Konsumentenseelen.

③ Lifestyle Shopping als Way of Life & Death

Mit Lifestyle Shopping meinen wir, daß der Akt des Kaufens unser fundamentalster Akt geworden ist. Es gibt keine Lebensform mehr, die dieser Grundgegebenheit entgehen könnte. *Was wir kaufen und wie wir kaufen*, prägt unser Bewußtsein und unser Verhalten – ob wir in der euphorischen Yuppiestimmung der Zeit von 1985 bis 1988 einkaufen oder in der Rezessionsgestimmtheit der frühen neunziger Jahre, ändert an der fundamentalen Gegebenheit nichts: In der westlichen Arbeits- und Freizeitwelt, die weltweit die Vorgabe abgibt, zählt nur eines: *der Konsument bzw. der Kunde.* Konsequente Marktorientierung heißt hier: Es wird alles für den Konsumenten gemacht. Jede Tätigkeit ist – im schlimmsten Fall: wenigstens theoretisch – auf ihn ausgerichtet.

Es gibt genaugenommen nur einen wirklich definitiven und unbestreitbaren »Sieg« über den exkommunistischen Ostblock: *Der Konsument hat den Produzenten erledigt.* Der Mythos des Produzenten ist tot. Der Osten lebte vom Mythos des »kreativen Menschen« als eines für die Gemeinschaft arbeitenden Produzenten. Mit seiner von allen anspruchsvolleren Subtilitäten gereinigten Vorstellung von Marxismus hatte er nur Arbeitshelden der Produktion. Über die primitive Vorstellung von Produktion kam er praktisch nie hinaus. Für den westlichen Durchschnittsbürger war daher der schlangestehende Kunde der Inbegriff des Feindbildes, nicht eigentlich die marxistisch-leninistische Ideologie. Ideologien interessieren ihn ohnehin nicht. Sie interessieren ihn allenfalls als Rückfall, wenn man ihm die Partizipation an der Umlaufbahn der begehrten Konsumgüter versagt.

Heute zählt nur noch der Konsum. Und gegenüber diesem »Konsumenten«-Sieg sind alle anderen »Siege«, die in Wahrheit ohnehin Scheinsiege sind, völlig sekundär. Der Konsument hat einen Vorteil: Ob er »kreativ« konsumiert oder nicht, ist egal. Interessanterweise bemüht man sich auf der Seite des westlichen »Siegers« um so krampfhafter, den Aspekt der Kreativität ins Management zu verlegen. Wir glauben nicht, daß das gutgehen kann.

④ Böse Märkte – Cash the Trash

Das Verdrängte und Ausgespuckte des »Systems« wird zum wichtigsten Marktfaktor. Es ist wohl die Hauptfunktion einer Demokratie, Subkulturen hervorzubringen. Demokratien ohne Subkulturen werden pervers. Denn in diesen Sub- und Gegenkulturen wird das Verfemte, Ausgeschiedene und Verpönte zum Mittelpunkt: Dort wird gedacht, geschrieben und praktiziert, was in der Normwelt der Öffentlichkeit keinen Platz hat. Heute sehen wir: Das ganze Spektrum der »Halbkultur« von »Sex and Crime« – all das, was mit dem *Bösen* assoziiert und mit voyeuristischer Gier angestarrt und vulgär konsumiert wird wie das Diabolische, Vampirhafte, Schreckhafte, Abartige, Aggressive, Sadomasochistische, Bestialische, Destruktive, Zerstümmelte – tritt aus dem Schatten dieser Halbkultur und *drängt als Produkt auf den Markt.* Was bislang keinen Platz im »offiziellen« System von Produktion und Konsum fand, drängt heute in Form von banaler Massenware – als heilig-vulgäres Produkt – auf den Markt. Das heißt: Subkulturen werden zu Mainstream-Kulturen!

Das Böse wird mithin *sichtbar.* Was sich im Marginalen von Rotlichtbezirken abspielte, wird nun zum Mainstream der Märkte. Wir behaupten, konsequente Markt- und Kundenorientierung heißt *auch:*

Vulgäres Marketing, geschmacklose Werbung, ja häßliche Produkte, Stilmittel des Kitsches, der Biederkeit und Pöbelei (Mobbing!) haben eine große Zukunft in der Marktkommunikation.

Was bislang moralisch zurückgebunden werden konnte, wird sichtbar und – entscheidend für die Vulgarität – *greifbar.* Kurz: Statt Vergeistigung und unendlicher Verfeinerung des Geschmacks der Mittelklassevorgaben drängt das, was man abschätzig als das »Proletenhafte« bezeichnet hat, in den Vordergrund. *Trash makes/brings big cash!*

Nennen wir einige Namen von vulgären Produkten, die symbolisch für den »Appetit für das Vulgäre« stehen: der »Action-

Arnie« und nette Muskelheld steierischen Ursprungs, Arnold Schwarzenegger, der zu einem der größten Schauspieler der Gegenwart aufgestiegen ist; die Porno-Mutti Teresa Orlowski; Small-talk-Master Thomas Gottschalk, der sich wie ein Bandwurm durch die Kanäle durchfrißt; Klatschkolumnistin Suzanne Speich, die den Promi-Klatsch in »seriösen« Medien promotet; Management-Guru Tom Peters, Berater der bedeutendsten Weltkonzerne und Bestsellerautor, der Tagesgagen von 60 000 Dollar (ohne Spesen) einstreicht und sich auf seinem neuesten Buch in Unterhose (!) ablichten läßt; die Kult-Cartoons Beavis & Butt-Head, die wohl unübertreffbar die amerikanische Essenz der Vulgarität darstellen und die aus Bart Simpson einen liebenswürdigen Zeitgenossen machen, oder natürlich der Urvater Elvis Presley, ein ehemaliger Lastwagenfahrer, der den entscheidenden Grundsatz der Marktvulgarität formuliert hat, den wir an dieser Stelle aufgrund seiner zentralen Aussage gerne nochmals zitieren: »Mach, was du willst, aber tritt mir bloß nicht auf meine blauen Wildlederschuhe. «

Nur in einer Zeit, in der das »Laisser-faire« und sein Spitzenprodukt, die »Kundennähe«, zum absoluten Mythos verklärt werden, können die bestverdienenden und am meisten begehrten Leute zugleich die vulgärsten Leute sein.

⑤ Popkultur als die Kultur des freien Marktes

Das erklärt auch die kapitale Rolle der Rockkultur, die ja bis dahin nichts anderes als den Rhythmus der Halbkultur verkörperte und Ausdruck für das Lebensgefühl von Jugendkulturen war. Mit dem Altern der Babyboomers und ihren unveränderten Vorlieben sowie dem weltweiten Vordrängen der Rockkultur können wir feststellen: Rockkultur ist weder intellektuelle Hochkultur noch regionale oder lokale Volkskultur, *sondern die einzige global erfolgreiche Halbkultur. Popkultur ist die Kultur des freien Marktes. Pop ist das Zentrum und der Lebensnerv der Marktvulgarität.* Ihre Symbole sind Konzentrate, die aus dem Leben schöpfen. Sie sind einfach, direkt und leicht verständlich.

Wir werden sehen, daß genau das ihre unschlagbare Attraktivität ausmacht.

Die leichte Zugänglichkeit und offensichtliche Demonstration von Vulgarität verdankt sich natürlich einem klassischen Medium: dem TV. Und für die Rockmusik: MTV, das vor bald 15 Jahren begann, die Welt mit Rock-Riffs zu missionieren. Dieses Medium hat den Voyeurismus differenzlos promoted. TV ist das vulgäre Medium par excellence, und MTV bringt die Steigerung. Nicht zufällig versuchen heute europäische und amerikanische Medien, MTV das unbezahlbare Monopol streitig zu machen. Wie immer dieser Streit ausgehen wird, mit der angekündigten grenzenlosen Verkabelung und den neuen Medien wird der Siegeszug der Vulgarität beschleunigt, und *Popkultur* wird die zentrale Rolle als Beschleuniger spielen.

Der Markt bzw. die konsequente Marktorientierung ertragen eines nicht: *Langeweile*. Der Konsum wird endlos. Die Leidenschaften müssen endlos geködert werden. Das aber kann man nur auf Kosten des Geschmacks. Der sogenannte »gute Geschmack« drängt immer wieder zur Reflexion, zur Distanz. Genau das aber können die Märkte aus kapitalen Gründen nicht mehr zulassen: *Distanzlosigkeit wird ihr Credo*. Es geht nicht anders. Aus diesem Grunde aber haben wir die vielen lächerlichen, pseudoakademischen Diskussionen um »Kundennähe«, »Kundenorientierung« und »Benutzerfreundlichkeit«. Die Frage dreht sich längst nicht mehr um »Distanz« oder um »Kundenbedürfnisse«, sondern um *das differenzlose Verschmelzen des Konsumenten mit dem zu Konsumierenden: Der Konsument kehrt erst aus seiner selbstverschuldeten Unmündigkeit und Entfremdung zurück, wenn er denkt und fühlt wie ein Stück Eiskrem oder eine Flasche Coca-Cola*. Je »interaktiver« die Systeme, um so besser!

Kurz: Kommunikation ist Produktkommunikation, die nach dem *Prinzip der Jukebox* funktioniert: Sie registriert immerfort vulgäre Kundenwünsche und speichert sie nach Kriterien der Marktpräferenzen.

⑥ Appetite for Vulgarity

Der amerikanische Konsum- und Kulturforscher James B. Twitchell meint, daß unsere Konsumkultur in den letzten beiden Dekaden den Geschmack mehr verändert hat als in allen vorangegangenen Jahrzehnten dieses Jahrhunderts. In einer Welt, die ununterbrochen weichgespülte Bilderhäppchen und Werbeapéros konsumiert, erhält der Kunde genau das, was früher ohne Umschweife als gemein, pöbelhaft, geschmacklos, ungewaschen, abgestanden, ordinär, »abgefuckt« – eben vulgär – bezeichnet worden wäre.

Vulgarität erhält heute nicht nur offene Akzeptanz, sie erhält *enthusiastischen Beifall.* Um es aber gleich zu unterstreichen: Die heilige Marktvulgarität ist viel mehr als nur ein netter Modegag, wie wir ihn im Neovulgarismus der *Glamour Fashion* beobachten können. Als Modegag wäre sie keine weiteren Überlegungen wert; sie realisiert die Umsetzung der Marktwirtschaft in das Konzept der Kundenorientierung. Wichtig sind an der heiligen Vulgarität nämlich nicht die pseudogeschmacksbezogenen Regeln der Schöpfung, sondern die *offen-repetitiven, kaschiert-derivativen, imitativ-klauerischen Regeln.* Das, was jeder mühelos und ohne Anstrengung versteht, hat – im Durchschnitt, der das ungeschriebene Maß abgibt – die größten Marktchancen. Die »Reductio ad essentiam«, also die Reduktion auf das Wesentliche, wird identisch mit der »Reductio ad obscenitatem«, also der Reduktion auf Obszönität. Aber wenn es das ist, was der Kunde wirklich will? Was der französische Philosoph Jean-François Lyotard, der später zu den Vätern der sogenannten Postmoderne gehören wird, schon 1974 als *»libidinale Ökonomie«* bezeichnet hat, realisiert sich erst in der Umsetzungsphase der Marktorientierung der mittleren und späten neunziger Jahre. Die libidinöse Investition des vulgären Kunden ist in gesättigten Märkten tendenziell frei flottierend; nichts zwingt sie, weder die politische Ökonomie noch die biologische Ökonomie.

⑦ Hollywood, nicht Washington, Wall Street oder Vatikan: Magic America at its best

Selbstverständlich haben die Amerikaner im Bereich der heiligen Vulgarität die Vorgaben geliefert. »The export of our vulgarity is the hallmark of our greatness. I don't necessarily mean to be derogatory. But at least it's vital«, sagt William Styron. Die Stärke der Amerikaner liegt nicht in der Politik oder in der Wirtschaft begründet. Ihre Stärke ist die Kultur: Sie haben eine Kultur, deren Voraussetzung *der konsequente Marketingblick auf die Welt* ist. Die Amerikaner haben die beste Verkaufsmaschinerie installiert, die es weltweit gibt. Man mag ihnen den Vorsprung im High-Tech-Bereich, die Innovationsfähigkeit von elitären Universitäten oder die politische Macht streitig machen – in einem Punkt sind sie unschlagbar: in der *effizienten Vermarktung von Kultur.* Daher lieben sie das Marketing. Für sie ist Marketing *die Missionierungsbewegung für Corporate America.* McDonald's und Coca-Cola sind die wichtigsten Accessoires der Popkultur. Und mit dem unerschöpfbaren Hintergrund der Traumfabrik Hollywood und mit der Symbolwelt von Walt Disney sind sie bestens gerüstet, das heranbrechende Zeitalter des »Information Highway« erfolgreich zu bestreiten.

Das Modell »Las Vegas« als neue Vorstellung eines »Urban Sprawl« und Vorabdruck des kommenden kompetitiv-demokratischen Kapitalismus haben die elitären Europäer noch nicht begriffen. Die Franzosen mit ihrer konservativen Kulturvorstellung hassen das Marketing. Und die Deutschen, die immer noch lieber in Kategorien des Absatzes, des Betriebes und des Verbrauchers denken, betreiben es ziemlich herzlos, ohne den vulgären Charme der naiv-aggressiven Unschuld der Amerikaner, die so ansteckend wirkt.

⑧ »Counter Culture« und »Over the Counter Culture«

Der immer schnellere Übergang von der *»Counter Culture«* zur *»Over the Counter Culture«* und die Bedeutung von »Sound and Vision«.

Der wohl auffälligste Zug der Moderne ist ihre absolute Neuigkeitssüchtigkeit. Nur was mit dem Signum des »Neuen« belegt wird, zählt. Was auch immer das heißen mag – wichtig ist die Konsequenz daraus. Unter dem Druck, stets das noch nie Dagewesene präsentieren zu müssen (»der letzte Schrei«), wird für Produzenten und Händler die Gegenkultur – in welcher Form auch immer – attraktiv. Das ständige Hecheln nach dem Neuen macht es für Gegenkulturen immer schwieriger, sich nicht nur dauerhaft, sondern überhaupt dem Spektakel der Märkte zu entziehen.

Mit dem immer schnelleren Übergang von der »Counter Culture« zur »Over the Counter Culture« ist genau diese Schwierigkeit gemeint: die fortschreitende Unmöglichkeit, sich dem Konsum- und Medienspektakel zu entziehen. Gegenkulturen, wie wir sie vor allem aus den Rockkulturen kennen, sind ohne Zweifel für unsere gesamte Gesellschaft von großer kreativitätsfördernder Bedeutung. Aber ihnen wird keine Entfaltungszeit mehr gelassen. Schärfer formuliert: Sie haben keinen Atem mehr für kreative Entwicklungszeiten. Das hat nichts mit Rousseauistischer Nostalgie oder gar mit Romantik zu tun. »Techno« und »Grunge« zum Beispiel sind Seismographen der Zeit, wie es vorher »Glamour«, »Heavy Metal« und »Punk« waren. Doch heute kommt die Zwischenschaltung der Vermarktung immer schneller, sie erfolgt fast simultan. Auch die forcierte Splittung in differenziertere Subkulturen ändert daran nichts. Gegenszenen werden immer schneller vom Marktmoloch aufgesogen, verselbständigen sich bzw. »disseminieren« (Derrida) und werden für bestimmte Strategien eingespannt. Rockkultur ist aber das *Stehaufmännchen* unserer Konsumdemokratie.

Ihr verdanken wir immer wieder Ansätze des kreativen Brechens von Marktgesetzlichkeiten, vor allem als destruktivistischer bzw. viel mehr dekonstruktivistischer Umgang mit Konsumikonen (vorwiegend Markenartikeln). Wie die Macht des Marketings mit Mitteln des Marketings gebrochen wird, zeigt das *Demarketing*, das mit den Methoden des »*Subvertising*«, »*Badvertising*« und »*Adbusting*« arbeitet. Diese können vornehmlich bei der T-Shirt-Kultur, im TV und in den Printmedien beobachtet werden. Dabei wird nur eine kleine Veränderung im Logo, in der Essenz der Werbebotschaft oder in der graphischen Gestaltung vorgenommen, die dem Produkt dann eine ganz andere Aussagerichtung geben. Allerdings kann man gerade im Demarketing von Kultprodukten wie *Absolut Vodka* (etwa die Kampagnen Absolut Hangover oder Absolut on Ice), American Express (American Excess) oder Benetton (The True Colors of Benetton) erkennen, daß mit Demarketing auch ein perverser Effekt erzielt wird. Und zwar dadurch, daß der Kultstatus des Produktes erhöht wird und gerade in Szenen Akzeptanz findet, in denen es zuvor abgelehnt wurde oder sogar unbekannt war. Die ursprüngliche Absicht des »Jamming«, der Störung, verkehrt sich also vom Destruktiven ins Dekonstruktivistische. Allein Calvin Klein hat dieses zusätzliche Promotionspotential anscheinend nicht erkannt und klagt gegen die *Calvin-Swine*-Kampagne.

Um es zu unterstreichen: Die zentrale Rolle in unserer »Promotional Culture« spielen »*Sound and Vision*«. Hören und Sehen sind – mit all den weitreichenden Konsequenzen – die privilegierten Sinne geworden. Der Musik kommt die wirksamste Funktion zu, genauer: *Rhythmus und Lärm*. Rockmusik in ihren unterschiedlichsten Stilrichtungen ist nicht nur zum »*Teenage Esperanto*«, sondern zur generationenübergreifenden Weltsprache geworden. Rock ist die einzige Sprache, die wirklich universell verstanden wird. Rockmusik verkörpert Weltgefühl. Das ist zentral. Sie läßt sich für praktisch alle Vermarktungsstrategien einspannen: Rock ist unverzichtbares, weil effizientestes Schmieröl für die Gestaltung des Wertebewußtseins auf den Konsumgütermärkten.

Kurz: Das Leben wird marktnah, heilig und vulgär.

2
Im Trend

Just play another chord
If you feel you're getting bored
Bono

Ein naheliegendes Mißverständnis wollen wir gar nicht erst aufkommen lassen. Wenn wir in diesem Buch eine Umwertung der Werte in Management und Marketing fordern, dann ist das keine weitere Sopranstimme im großen Chor der Moralapostel. Die heute so beliebte neue Menschenfreundlichkeit der Management-Gurus lenkt ab vom zentralen Thema der Gegenwart: Komplexität.

Alle rufen nach Ethik – wir nicht. Aber es scheint uns doch sehr wichtig zu begreifen, warum allerorten Ethikkommissionen aus dem Boden schießen und Firmen zur Rettung der Erde oder doch zumindest des brasilianischen Regenwalds aufrufen. Ethik liegt im Trend – aber nicht etwa, weil wir (neue) Werte hätten. Im Gegenteil, der Ruf nach Ethik ist ein Ruf im Walde, ein Ausdruck des Nihilismus. *Trends füllen heute das Wertevakuum.* Wir kommen gleich darauf zurück. Halten wir aber jetzt schon einmal fest, daß beides wie Vorder- und Rückseite einer Münze zusammengehört: Es gibt den Trend zur Ethik, und Trends füllen das ethische Vakuum.

Ethik ist meistens nur das, was Banausen glauben, von Philosophen erwarten zu dürfen. In Wahrheit bietet die ernstzunehmende Philosophie schon seit Jahrhunderten keine Lehre vom richtigen Leben mehr. Selbstkritische Philosophen haben als erste erkannt, daß das Werturteil die argumentative Form einer Illusion ist. Im Klartext: Im Rahmen einer ethischen Diskussion ist es möglich, Vorurteile und Ideale so anzubringen, als ob sie gute, logische Gründe seien. Doch wer die Geschichte der Moral kennt, weiß: *Ethik ist der Inbegriff geistiger Gewohnheiten.*

Warum aber ist dann der Appell an die Ethik so beliebt? Offenbar wirkt schon der Ruf als solcher entlastend. *Ethik* und *Moral* gehören – wie leider auch der Begriff *Philosophie* – zu den Wörtern, deren bloßes Aussprechen schon ein zivilisatorisches Hochgefühl mit sich bringt. *Ethik verschafft die narzißtische Befriedigung, sich für besser halten zu dürfen als die anderen.* Dazu genügt schon der Ruf nach Ethik. Daß man eine Sache moralisch beurteilt, genügt hierzulande meist schon, um als guter Mensch zu gelten. Dagegen gelten Beobachter, die ihre Begriffe jenseits von Gut und Böse, also »moralinfrei«, gewinnen, als böse – zumindest aber als zynisch. Auch unsere Überlegungen werden diesem Vorurteilsmechanismus nicht entgehen; wir wollten ihn jedoch immerhin benannt haben.

Business Ethics

Ethik ist in wirtschaftlichen Zusammenhängen einfach deshalb eine faszinierende Vokabel, weil sie Werte und Motive suggeriert, die nicht auf das Profitmotiv zu reduzieren sind. Die Rotary-Parole von 1994 »Be a friend« könnte schadlos gegen die Stuyvesant-Parole »Come together« ausgetauscht werden. Und »United Colors« soll ja nicht nur besagen, daß vor Benetton alle Farben gleich sind, sondern daß der antirassistische Kampf für »United Nations« von der Mode schon gewonnen wurde. Viele Firmen werben damit, auf schnöden Profit zu verzichten, um damit die Natur zu schonen; andere sorgen sich öffentlich über eine kinderfeindliche Gesellschaft. Und immer mehr Firmen betreten den Schauplatz des Marktes geradezu mit dem Sendungsbewußtsein einer Bürgerinitiative. Ein neutraler Beobachter könnte sich zuweilen besorgt fragen, ob diese ökologisch und ethisch beflaggten Firmen überhaupt noch an den Gewinn denken. Doch die Sorge ist unbegründet. *Ethik und Ökologie*

sind selbst Mode geworden; der Zeitgeist fordert heute genau die-
sen Tribut. Denn: Idealismus verkauft sich gut.

Ethik in Marketing und Management – das sind Wertezitate! Daß ein amerikanisches Fachblatt *Business Ethics* heißt, bedeutet eben noch lange nicht, daß Geschäft und Ethik sich vertragen. Wir können zunächst nur feststellen, daß das Vokabular der Political Correctness einen hervorragenden Fundus für Public-Relations-Maßnahmen darstellt. Nichts ist werbewirksamer und imagefördernder als

- die Sorge um die Umwelt,
- Mitleid mit der Dritten Welt,
- Bekenntnisse gegen Ausländerhaß und
- Plakate gegen Tierversuche.

Die gute Gesinnung soll dem Unternehmen eine Aura der Reinheit verleihen. Man arbeitet an einem Kapitalismus mit gutem Gewissen: Waschmittel sollen ethischen Standards entsprechen; an die Stelle von Ausbeutung soll der Fair trade mit Entwicklungsländern treten. Der grüne Punkt und das Siegel »umweltfreundlich« genügen heute nicht mehr – es entstehen »Ethik-Marken«. So tritt Body Shop auf, als sei es kein Unternehmen, das Waren verkaufen will, sondern eine Philosophenschule, die uns das wahre Leben lehrt. Doch eine Firma, die Uneigennützigkeit suggeriert, betreibt nur eines – Heuchelei!

In dieser stickigen Atmosphäre guter Gesinnungen wirkt es wie eine Prise frischer Luft, wenn Masashi Kojima, der Präsident der Nippon Telegraph and Telephone, in einem Gespräch mit der kalifornischen Medienzeitschrift *Wired* (Dezember 1994) trocken bemerkt: »Neither ›friendship‹ nor ›international cooperation‹ can be an excuse for not making a profit.«

In der Tat: Wem ein Profit entgeht, der kann sich nicht mit ethischen oder politischen Rücksichten herausreden. Solche Sätze wie die von Masashi Kojima, aber auch Taten wie die von Piëch und Lopez bei VW erinnern daran, daß der Wettbewerb keine humanistische Gesinnung, sondern vielmehr Kriegskunst erfordert. Und das kann nicht mehr die des Ancien régime sein. *Auf einem Markt, der total mobilgemacht ist, geht es nicht mehr um Stellungen, also »Marktpositionen«, sondern um Bewegungen.* Dafür sind Videospieler besser präpariert als Schachspieler.

Angesichts martialischer Geschäftspraktiken à la Lopez werden Idealisten und Gutgesinnte vielleicht darauf hinweisen, daß in der Welt noch anderes zählt als Profit, Rendite, also der schnöde Mammon. Doch machen ethische Motive tatsächlich immun gegen den Götzendienst? Sehen wir einmal näher hin. Jeder hat seinen Preis, sagt man. Das ist ein vulgärer Ausdruck für den Sachverhalt, daß jeder köderbar ist. Und wir meinen: gerade auch der Idealist. Er springt auf gewisse Zauberwörter wie Natur, Umwelt, Identität, Solidarität, Selbstverwirklichung u. ä. an. Es geht hier natürlich nicht um Wirklichkeiten, sondern um Idole, die man anbeten und verehren kann. Bis vor wenigen Jahren war das stärkste Idol der Idealisten die »Gesellschaft«. Mit dem Zusammenbruch des sozialistischen Staatsgötzendienstes hat sich das Devotionsbedürfnis von der Gesellschaft auf die Natur verschoben. *Natur ist der Götze unserer Zeit, und Ökologie ersetzt zunehmend die Theologie.* Der Trendforscher Matthias Horx bemerkt zu Recht: »Sammeln und Sortieren des Hausmülls ist die moderne Form des Rosenkranzbetens. «

Der große Soziologe Max Weber hat zwei für unsere Fragestellung wichtige Einsichten gewonnen. Zum einen hat er zeigen können, wie die großen Weltreligionen spezifische Wirtschaftsethiken ausgeprägt haben, die dann bestimmend für den modernen Zivilisationsprozeß wurden. Die Geburt des Kapitalismus aus dem Geist puritanischer Askese – das war Webers grandioses Leitmotiv. Aber Webers Analyse zeigt auch, daß der moderne Kapitalismus längst religiös entkernt ist. Entsprechend ist auch von der Wirtschaftsethik nur noch die dünne Hülle des Formalen übriggeblieben. Man könnte deshalb sagen: *Seit dem Verschwinden des puritanischen Geistes ist die Moral in der modernen Welt ökonomisch und politisch obdachlos.*

Aus dem puritanischen Geist des Kapitalismus war die Berufsidee geboren. Im Beruf steckte Berufung, »Calling«. Zu dieser Welt ist heute jede Verbindung abgerissen. Denn ein Job ist kein Beruf mehr, sondern eine Strategie zur Lösung eines Organisationsproblems. Und schlimmer noch: Auch die kapitalistische Form des Lebenssinns, die lineare Karriere, der Lebenslauf in aufsteigender Linie, zerfällt immer mehr. Daß überall die Zeichen auf Opportunismus und Nichtlinearität stehen, heißt eben auch, daß die große Sinnmetapher der Karriereleiter zerbricht. Karrieren nehmen heute mehr und mehr Patchworkcharakter an.

Die Herrschaft der guten Gesinnung

Soviel zur Wirtschaftsethik des puritanischen Kapitalismus. Zum zweiten hat Max Weber die Unterscheidung von Gesinnungsethik und Verantwortungsethik eingeführt. Gesinnungsethik ist absolut. Sie spricht im Namen des Menschen, der Natur, des Lebens oder der Erde. Und diese Werte wiegen für die gute Gesinnung so schwer, daß die Frage nach den Folgelasten gar nicht ins Gewicht fällt. Für den heutigen Gesinnungsethiker lauert in jedem Risiko der postmodernen Gesellschaft die Apokalypse, und er weigert sich – man ist versucht zu sagen: deshalb – zugleich, die Folgen seiner guten Gesinnungstaten zu kalkulieren.
Hierzu einige Beispiele aus der politischen Praxis:

- »Sofortiger Ausstieg aus der Kernenergie!«
  Fragen der Energieversorgung und des Wirtschaftsstandorts spielen angesichts des GAU natürlich keine Rolle.
- »Keine deutsche Beteiligung an NATO-Einsätzen!«
  Fragen nach Verantwortung und weltpolitischem Gewicht einer europäischen Führungsmacht spielen angesichts der deutschen Nazivergangenheit natürlich keine Rolle.
- »Keine Einschränkung des Asylrechts!«
  Fragen der Sozialverträglichkeit und finanziellen Belastbarkeit spielen angesichts eines Grundgesetzartikels natürlich keine Rolle.

Der Verantwortungsethiker dagegen kalkuliert die Folgen seines Tuns. Und er nimmt in Kauf, daß man mitunter listenreich, machtbewußt, ja böse operieren – kurz, daß man sich die Hände schmutzig machen muß. Diese Unterscheidung von Gesinnungs- und Verantwortungsethik ist nach wie vor hoch aktuell – nur haben sich die Frontlinien verkompliziert. *Die Gesinnungsethiker rufen heute »Verantwortung«.* Und zwar rufen sie nach der Verantwortung der anderen. Dahinter versteckt sich das Problem der »Folgelast« von Innovationen. Die Folgelast schiebt sich vor die Innovation; der Preis des Fortschritts wird wichtiger als der Fortschritt selbst. Man muß sich aber klarmachen, daß die Zurechenbarkeit von Handlungen abnimmt, wenn die Komplexität der Situationen steigt. Deshalb gleiten ethische Kategorien an moderner Komplexität ab. *Hochkomplexe Zusammenhänge kann man nicht moralisch beurteilen.*

Doch in der Öffentlichkeit kommt nichts besser an als eben jener Ruf der guten Gesinnung nach »Verantwortung«. Sehen wir einmal genauer hin. Die Leidensschauspieler und Notstandsstellvertreter der Massenmedien propagieren eine Tugendhaftigkeit aus Entrüstung: Man braucht Schuldige, um die Komplexität der Welt zu reduzieren. So beutet die Partei der Grünen seit Jahren höchst erfolgreich das Schuldbewußtsein der westlichen Zivilisation aus. Schon Nietzsche hat diesen Mechanismus exakt durchschaut: »Der Entrüstungspessimismus erfindet Verantwortlichkeiten.« So bildet sich der Typus des Dauerempörten und chronisch Gekränkten heraus. Man könnte sagen: *Der Humanismus der Massenmedien erfindet die Menschheit als Inbegriff der Ängstlichen; er stiftet eine Ökumene der apokalyptischen Drohung.* Wir gebrauchen die theologischen Vokabeln an dieser Stelle sehr bewußt, denn es handelt sich hier tatsächlich um eine Ersatzreligion. *Die Massenmedien zelebrieren einen Kult der Katastrophe und Weltentrüstung* – und der Fernseher ist der Hausaltar.

Die schon habituell gewordene Betroffenheit und Bedenkenträgerei, die vom Fernsehen stimuliert werden, sind dabei moralisch verhüllte Formen des Voyeurismus. Dieser »kritischen Hysterie«, von der Matthias Horx zu Recht gesprochen hat, entspricht kein reales Handeln mehr. Mit anderen Worten: Sobald die ganze Welt zum Gegenstand des Verantwortungsgefühls wird, gibt es keine *denkbare* Politik mehr – hier springen dann Talk-Shows ein. Doch wie konnte es dazu kommen?

Das arbeitslose Nein

Wir glauben, daß sich diese Frage nur durch eine prinzipielle kulturtheoretische Überlegung beantworten läßt. Kultur – das hat der Anthropologe Arnold Gehlen eindrucksvoll gezeigt –, *Kultur entlastet vom Negativen.* Für das Negative der Krankheit gibt es Medizin; das Negative des Kampfes wird durch Verträge entkräftet; das Negative der fremden Welt wird durch Wissenschaft entmachtet. Der geniale Hegelianer Alexandre Kojève hat schon in den fünfziger Jahren unserer Kultur deshalb die Diagnose des Posthistoire gestellt: Die Geschichte der Arbeit, des Kampfs um Anerkennung, des Krieges ist eigentlich zu Ende.

Und die postmoderne Kultur bringt heute die endgültige »Entlastung vom Negativen« (Gehlen). Damit wird die Negation arbeitslos. *Das Kritikbedürfnis findet in der Wirklichkeit keine passenden Ansatzstellen mehr.* Und hier springen eben die Medien ein. Das linksliberale Feuilleton, einige Geisteswissenschaften und vor allem natürlich die Talk-Shows bieten ABM-Stellen für die arbeitslose Negativität. Man sucht den gesellschaftlichen Horizont nach Schlechtigkeiten ab – mit Hilfe der Massenmedien sogar den ganzen Welthorizont. Der Philosoph Odo Marquard hat in diesem Zusammenhang einmal sehr schön von »Übelstandsnostalgie« gesprochen.

Kritik läuft ganz offensichtlich in der hochkomplexen Gesellschaft unserer Tage leer; das Negationsbedürfnis findet keinen Hebelpunkt mehr, das Nein kann nicht mehr recht einhaken. Deshalb kultivieren die Massenmedien »Stellvertreternegationen«:

- Die Politiker sind korrupt.
- Ihre Wähler sind politikverdrossen.
- Das System ist sozial ungerecht.
- Die Gesellschaft ist frauenfeindlich, kinderfeindlich, ausländerfeindlich.
- Die Umwelt wird zerstört.
- Die humanistische Kultur geht unter.
- Sex and Crime barbarisieren unsere Kinder.
- (Ergänzen Sie selber weitere Neins zum Bestehenden!)

Bei Lichte betrachtet, entspricht diesen »Neins« aber gar keine praktische Politik. Das heißt, die Negationen gelten eigentlich gar nicht dem Negierten. Das ist die Wahrheit des bösen Stammtischspruchs »Denen geht's zu gut!« Es gibt offenbar einen konstanten »Nein«-Bedarf, der von den Massenmedien regelmäßig abstrakt befriedigt wird. Dem entsprechen die folgenlosen Fernsolidaritäten mit den Erniedrigten und Beleidigten der Welt. Und so läßt sich mit geringem politischen Aufwand eine attraktive Identität des Protests ausstaffieren.

Wer die westliche Welt, vor allem die Kernländer Europas, nüchtern betrachtet, wird feststellen: Es gibt immer weniger Übel auf der Welt. Und wie bei allen knappen Ressourcen steigt damit ihr Wert – man könnte sagen: ihr Entrüstungswert. Odo Marquard hat dies das »Prinzessin-auf-der-Erbse-Syndrom« genannt:

- Gerade wo es weniger Benachteiligung von Frauen denn je gibt, wächst die militant feministische Wut auf die kleinen Unterschiede in der Behandlung der Geschlechter.
- Je mehr sich die Gehälter (Ost) an die Gehälter (West) angleichen, desto unerträglicher erscheint die Restdifferenz.
- Gerade im europäischsten Deutschland aller Zeiten wittert man schon im bloßen Gebrauch der Wörter »deutsch« und »national« einen wiedererwachenden Nationalismus.
- Gerade in einem System, das alle Gefahren als Risiken kalkulierbar und versicherungsfähig gemacht hat, droht das »Restrisiko« als Apocalypse Now.

Schreibversuche auf der Wertetafel

Doch Schwarzhören und Schwarzsehen kommt teuer zu stehen. Denn für eine Gesellschaft der permanenten Transformationen braucht man eine Ethik des Optimismus. Dazu reicht aber ein amerikanisch-naives »Think positive!« nicht aus. Ein Comeback der Zukunft setzt neue Werte voraus. Aber gerade deshalb führt der Ruf nach Ethik in eine Sackgasse, denn er beschwört angesichts einer unübersichtlichen neuen Welt die Transparenz alter Werte. Statt dessen sollten wir versuchen, diese Unübersichtlichkeit als hohe Komplexität zu verstehen und Werte zu entwickeln, die ihr angemessen sind. Und hier hilft, wie so oft in der denkerischen Not, der große »Umwerter« der Werte.

Wer hat Angst vor Friedrich Nietzsche? Er hat bekanntlich das Wort von der Unschuld des Werdens geprägt. Wir würden heute wohl sagen: die Unschuld der Evolution. Ethisch ist demnach, was der Evolution gerecht wird – also Offenheit, Ferne vom Gleichgewicht und ein positives Verhältnis zum Chaos. Dem entspricht die zirkuläre Wertstruktur der Heterarchie. *Es wird also keine neue hierarchische Wertetafel mehr geben – allenfalls eine Werteschleife.*

Wer aber versucht, neue Werte zu schreiben, erscheint rasch als böse. Denn es gibt keinen Wertewandel ohne Zerstörung alter Tafeln. Aber vielleicht fassen Sie leichter Zutrauen zu den neuen Werten, wenn Sie sich noch einmal das Schicksal der alten Werte vergegenwärtigt haben. Man kann die Geschichte der abendländischen Werte etwas holzschnittartig in vier Etappen beschreiben:

- *Die antike Einheit der Werte* des Guten, Wahren und Schönen in einer kosmisch harmonischen Ordnung; Kalokagathie nannte man diesen Gleichklang der Werte.
- *Die frühmoderne Ausdifferenzierung der Werte*; Max Weber hat von einem Polytheismus der Wertreihen gesprochen. Damit ist gemeint, daß das Gute, das Wahre und das Schöne nun ganz unterschiedlichen Disziplinen zugeordnet sind, die

jeweils ihre Spezialisten und eigene Logik ausbilden. Der Erkennende hat nun nichts mehr mit der Schönheit zu tun; der Künstler weiß nichts mehr vom richtigen Leben. Der Puritaner schließt sich gegen die Welt ab, um sie zu rationalisieren. So entsteht die spezifisch moderne Offenheit durch Schließung des Systems.

- *Die spätmoderne Umwertung der Werte* bringt eine Entübelung des Chaos, des Bösen, des Häßlichen und des Scheins. Die moderne Kunst folgt einer Ästhetik des Häßlichen; das Böse wird als Inkognito unserer besten Kräfte durchschaut. Die Erkenntnis verzichtet auf Wahrheit und operiert mit Fiktionen und Hilfskonstruktionen; das Chaos erscheint nicht mehr als Feind der Ordnung, sondern als fruchtbarer Schoß der Möglichkeiten. Wir kommen gleich noch einmal darauf zurück.

- *Die postmodernen Wertezitate.* Gerade weil unsere westliche Zivilisation keine ethische Grundorientierung mehr bieten kann und man nicht mehr sieht, wie Moral heute überhaupt noch begründet werden könnte, werden traditionelle Werte, ganz ähnlich übrigens wie Stilformen der Vergangenheit, rhetorisch und unverbindlich »zitiert«. Das gilt für Sonntagsreden, Politik und Werbung gleichermaßen.

Neben den postmodernen Wertezitaten gibt es aber noch eine zweite Form der Reaktion auf den Schwund der Moral: *Existenzfragen werden als ästhetische Fragen behandelt.* Die religiösen Grundlagen sind unglaubwürdig geworden und der Unwille wächst, das Privatleben allgemeinen Gesetzen zu unterwerfen.

Wenn der Glaube schwindet, werden Stilfragen interessant. *Das Leben wird zum Stoff eines Kunstwerks.* Es geht um eine Art *Self-fashioning.* Dahinter steckt, was Nietzsche den »Amerikaner-Glauben« genannt hat: Ich kann alles; ich bin jeder Rolle gewachsen. Das Leben ist ein permanenter Selbstversuch, der den Konsum als hohe Kunst betrachtet. Und damit sind wir bei der Mode, beim Freizeitverhalten und beim Körperkult. Umwertung der Werte heißt heute nämlich vor allem, die von den Philosophen und Aufklärern verachteten naheliegenden Dinge ernst zu nehmen – also Essen, Kleidung und Wohnen. *Nicht die großen Ideen, sondern die kleinste Welt ist entscheidend.*

Lob des Opportunismus

Opportunismus gilt vielen als Schimpfwort; aber auch hier müssen zumindest die Ökonomen umlernen, umwerten. Denn es geht nicht ohne. *Man kann die Marktentwicklungen nicht vorwegnehmen, muß ihnen aber in »Echtzeit« gewachsen sein. Das bedeutet jedoch, daß die Anpassungsfähigkeit größer sein muß als die planende Vernunft.* Im Klartext: Ein Management muß sich flexibel an Situationen anpassen können, die es nicht vorausgesehen hat und nicht versteht. Das ist übrigens eine Leistung, die die moderne Gesellschaft tagtäglich von uns allen erwartet: daß wir mit Situationen umzugehen lernen, die wir gar nicht begreifen.

Jedes Unternehmen ist eine Art Blindflug durchs Wirtschaftschaos. Damit der Blindflug nicht mit einem »Crash Landing« endet, muß der Manager zum Virtuosen der »Anpassung an das Unvorhersehbare« (Hayek) werden. *Gewiß ist nur, daß das Unerwartete geschehen wird.* Deshalb brauchen Manager Opportunismus, den Sinn für die günstige Gelegenheit. Und das heißt eben auch: eine Spürnase für Trends. Opportunismus ist der Sinn für nichtlineare Dynamiken des Marktes.

Mittlerweile haben sich die Marktnischen so verkleinert, daß nur noch der Marktpionier sie effektiv nutzen kann. Geschäftsleute sind deshalb existentiell auf die Früherkennung von Trends angewiesen. Schon von Berufs wegen ersparen sie sich daher die Illusionen von Logik und Ethik. Wenn ein ironisches Zitat erlaubt ist: Sie wissen es nicht, aber sie tun es. Marketer werden opportunistisch, denn sie erfahren immer wieder, daß Konsequenz heute nur noch in Sackgassen führt. Hier ist eine Umwertung der Werte nötig: Opportun ist, was angebracht ist und

»paßt«. Das ist ja auch die Schlüsselattitüde der aktuellsten Erkenntnistheorie, des sogenannten Radikalen Konstruktivismus: Wir verzichten auf den »wahren Weg« und begnügen uns mit dem, was paßt – Stichwort »Viabilität«. Opportunismus als Gespür für die soziale und wirtschaftliche Nische – nicht festgelegt sein; immer »offen für ...«

Wir stoßen hier zum erstenmal auf ein Paradoxon, das uns noch häufiger beschäftigen wird: *das Paradox der Kontrolle*. Wir sind gewohnt, die Fähigkeit der Kontrolle mit Hierarchie, Befehlsfluß, Plan und struktureller Konzeption zu assoziieren. Das war und ist ein Mißverständnis. H. C. White und R. G. Eccles bemerken hierzu sehr schön: »Control is and must be opportunism riding the shoulders of structure« – gerade der Opportunist besitzt als Parasit der Struktur die Kontrolle. Diese Formel macht nicht nur deutlich, wie man sich erfolgreich auf dem Markt bewegt, sondern eben auch, welche Innovationen Überlebenschancen haben. Die Evolution unserer Kultur ist opportunistisch. Daraus folgt, daß langfristig erfolgreiche Trends adaptiv sein müssen. Das heißt, sie müssen sich an unvorhergesehene Veränderungen des Marktes anpassen können – sie müssen – im Extremfall – stoppen und die Richtung ändern, wenn es die Umwelt erfordert. Trends kontrollieren den Markt also kraft ihres Opportunismus.

Denkgeschwindigkeitsüberschreitung

Und das ist ja das Hauptproblem von Management und Marketing: sich blitzschnell und kaleidoskopisch ändernde Märkte. Claudius Seidl schreibt im *Spiegel*: »Kunden, Käufer und Märkte haben die Tendenz, sich aufzulösen und zu verschwinden, und gleichen darin den Gespenstern vormoderner Zeiten. Deshalb dienen Sitzungen und Konferenzen weniger dem Austausch von Argumenten als vielmehr der Herstellung einer großen gemeinsamen Illusion, die heute die Existenz der Welt, des eigenen Produkts und eines Marktes bestätigt.« Das ist natürlich bitterböse kritisch gemeint. Doch lassen wir einfach einmal das negative Vorzeichen dieser Charakterisierung beiseite. Es ist ja wahr: Unternehmensberatung erscheint oft als Scharlatanerie. Doch statt darüber zu jammern oder zu spotten, sollten wir einmal überlegen, warum das so ist – ja sein muß! Ein guter Unternehmensberater ist nicht im deutschen Sinne verrückt, sondern im amerikanischen Sinne »crazy« – und nur deshalb kann er ein *Antennist* der kaleidoskopischen Märkte sein: Er funktioniert als Radar für Trends. Gerd Gerken hat dafür die ebenso verräterische wie treffende Vokabel »Edge-Romantik« geprägt.

Antennisten können meist nicht gut denken oder prägnant formulieren – eben das, was Philosophen »auf den Begriff bringen« nennen. Statt dessen haben sie hochsensible Sensoren, mit denen sie den kulturellen Horizont abtasten. Radar und Antenne sind übrigens gute technische Metaphern für das, worum es in der Trendforschung geht: Es sind Techniken, die Signale auffangen und verstärken – und es handelt sich hier wohlgemerkt um Signale und Wellen, die man ohne jene Techniken überhaupt nicht wahrnehmen könnte. Das heißt aber auch, daß es diese Signale objektiv geben muß. Auf unser Thema übertragen: *Trends kann man nicht erfinden. Man kann sie nur abtasten, verstärken – und ihnen Namen geben.*

Trendforscher sind Namengeber. Sachverhalte, die vor aller Augen liegen, sind den meisten Menschen erst sichtbar, wenn sie benannt sind. Deshalb entsteht oft der Schein, Trends würden erfunden – aber sie werden nur benannt. Heute wird sich die Trendforschung schon selbst historisch und rekapituliert in »Trendwörterbüchern«, welche Namen sie in den letzten Jahren in Umlauf gesetzt hat. Daran wollen wir uns hier nicht beteiligen, sondern beobachten, was geschieht, wenn Trends entstehen und Trendforscher sie benennen.

Um es noch deutlicher zu sagen: Trendforscher beobachten Trends. Wir beobachten Trendforscher.

Wir können keine Karte der zukünftigen Welt liefern – nur eine Windrose aus neuen Grundbegriffen. Was immer auch Trend heißen mag – Forschung impliziert Wissenschaft. Und eine Wissenschaft von der Zukunft gibt es nicht. Trendforschung ist also keine Futurologie. Man wird aber auch nicht zum Trendforscher, wenn man Betriebswirtschaft studiert oder Statistiken liest. Denn *Betriebswirtschaftslehre und Marktforschung verpassen die Emergenz des Neuen.* In seinem Werk »Menschliches, Allzu-Menschliches« schreibt Nietzsche über Wetterpropheten, also Trendforscher: »Die Meinungen des Marktes von heute bedeuten nichts für das, was kommt, sondern nur für das, was war.« Das sollte man allen Marktforschungsinstituten ins Stammbuch schreiben.

Verbrauchsstatistiken, Umfragen über die Bedürfnisse der Kunden, Visionen des 21. Jahrhunderts – all das hat mit Trends nichts zu tun. Es geht vielmehr darum, den Spitzen der kulturellen Evolution zu folgen und ihren Diskurs zu analysieren. *Das Ideal der Trendforschung ist also Echtzeitanalyse: im Augenblick der Emergenz des Neuen dabeisein und ihm einen Namen geben.* Es wäre eigentlich nur konsequent, die gesamte Marktforschung in Diskursanalyse aufzuheben. Denn eine Ware auf dem Markt zu positionieren, das heißt, ihr einen Platz zu schaffen – das geht nur durch einen Diskurs.

Wir sagten gerade, es gehe darum, im Augenblick der Emergenz des Neuen dabeizusein. Von Soziologen weiß man seit langem: *Über den Wert einer Innovation entscheidet das Schicksal ihrer Diffusion.* Die Innovation der Wissenschaft sinkt zunächst ins Wissensdesign der Philosophie ab; die Innovation der »Szene« sinkt zum Lifestyle ab. Dann werden die Neuerungen in den Medien gespiegelt. Massenmedien konsumieren Trends, das heißt, sie verstärken sie und fackeln sie ab. Und meist erst dann bestimmen sie die Praxis der Unternehmen. Trendforschung versucht hier nun, die Diffusionsverluste eines neuen Wissens zu reduzieren. Denn es ist ja klar, daß sich das Neue auf seinem langen Weg vom Schauplatz seiner Erfindung bis zum Marktplatz abschleift; daß es an Dynamik, Energie und Leuchtkraft verliert – das ist eben das Schicksal der Diffusion. Um dieses Schicksal zu sabotieren, um also die Frische einer Innovation zu retten, müssen Trendforscher sehr schnell sein. Kaum hat man die tausend

Seiten des neuen Gerken durchgeblättert, wartet auf der Buchmesse schon wieder ein neues Werk des Meisters . . . Das ist kein Zufall. Der Trendforscher überholt sich selbst, und nichts ist ihm fremder als sein Geschwätz von gestern.

Und das ist durchaus in Ordnung, denn der Trendforscher darf den langen Atem des Philosophen gar nicht haben. Der große Philosoph Hegel hat ja bemerkt, daß die Eule der Minerva erst in der Dämmerung ihren Flug beginnt. Weniger blumig ausgedrückt, heißt das: Die Philosophie kann ihre Begriffe erst anbringen, wenn alles vorbei ist; wenn geschehen ist, was geschehen ist. Genau das wäre natürlich für die Namengeber von Trends tödlich. Sie formulieren nicht rückblickend, sondern im Idealfall gleichzeitig (echtzeitig). Trendforschung ist deshalb zwangsläufig eine Art Frühgeburt der Begriffe – der »Take-off« der philosophischen Eule käme für den Markt immer zu spät. Es ist deshalb ganz folgerichtig, daß Wissenschaftler, diese Polizisten des Geistes, den Trendforschern immer wieder Strafzettel wegen Denkgeschwindigkeitsüberschreitung ausstellen. Aber gerade Unternehmen, die die Zukunft prägen wollen, können sich eben nicht immer an die »Straßenverkehrsordnung des Geistes« halten.

Trendforschung ist die Wettervorhersage der Kultur – immer hart an der Grenze zum Orakelspruch. Folglich ist es ein leichtes für das Feuilleton, sich über Trendforscher lustig zu machen. Und in der Tat lesen sich Texte von Tom Peters, Alvin Toffler oder Gerd Gerken oft wie die Fieberphantasien eines größenwahnsinnigen Wissenschaftsredakteurs. Doch das müssen die Kunden und Leser der Trendforscher in Kauf nehmen. Das Risiko der schnellen Formulierung, nämlich vorschnell oder geschwätzig zu sein, ist ihr Beruf.

Trendmagie

Doch Sie werden längst ungeduldig fragen: Was ist ein Trend?

Um zunächst einmal wissenschaftlich, also schwerverständlich zu antworten: *Trends sind übertragbare autopoietische kulturelle Patterns.* Ähnlich wie Mythos, Legende und Ideologie wirkt ein Megatrend als »Idée directrice«, als Führungsidee, wie man den prägnanten Begriff von Claude Bernard vielleicht übersetzen könnte. Der Soziologe und Anthropologe Arnold Gehlen hat die Funktion solcher Führungsideen in seinem Werk *Urmensch und Spätkultur* sehr genau beschrieben: »Eine idée directrice muß anschaulich symbolisierbar sein, in Handlung entwickelbar, sie muß teil-indeterminiert sein und nur im sozialen Zusammenhang evident, ›subjektiv‹ gar nicht echt vollziehbar. Und sie muß einen ›Endgültigkeitston‹ haben, also einen reellen oder auch nur ersehnten Stabilisierungseffekt.«

Es lohnt sich, diese Funktionselemente im Blick auf den Trendbegriff noch einmal zu reformulieren. Trends müssen:

- symbolisch verdichtet werden;
- inszeniert werden;
- unbestimmt genug sein; sie dürfen also kein Programm enthalten;
- gesellschaftliche, also kommunikative Vollzüge sein; sie sind demnach keine Erfindung eines einzelnen;
- definitiv wirken; das unterscheidet den Trend von der Mode.

Im Chaos der Bedürfnisse und Wünsche, Ideologien und Sinnformen wirkt ein Trend wie ein »seltsamer Attraktor«, der zumindest im Raum des Marktes ein Ordnungsmuster produziert. Man kann es aber auch viel einfacher sagen: *Trends sind Rituale der Zivilisation.* Es ist wichtig, daß Sie hier gleich eine Paradoxie heraushören, denn unsere Zivilisation ist auf die antimagischen Kräfte von Wissenschaft und Technik gegründet. Es war ja der Stolz der westlichen Zivilisation, die magische Welt von Kult, Ritual und Fetisch ausgelöscht zu haben. Und nun sprechen wir ganz selbstverständlich von Ritualen der Zivilisation! Wir können demnach als erstes Zwischenresultat festhalten: *In den Trends kehrt die verdrängte Magie inmitten der Zivilisation wieder.*

Und diese Trendmagie ist das Medium, in dem wir uns auf die Zukunft einlassen. Jeder Trend fordert uns heraus, neue soziale Patterns auszuprobieren. Man könnte sagen: *In den Trends übt die Gesellschaft ihre eigene Zukunft.* Matthias Horx vom Trendbüro Hamburg sagt:»Trends sind die Grammatik des Neuen, das in unsere Gewohnheiten einbricht und sie verändert.« Sie werden gleich bemerken, daß die Formel»Grammatik des Neuen« eine ähnliche Paradoxie enthält wie jene Definition des Trends als»Ritual der Kommunikation«. Grammatik nennt man ja das Regelwerk des richtigen Sprachgebrauchs. Nun ist das Neue aber gerade das, was nicht regel-mäßig, regel-gemäß ist. Eine Grammatik des Neuen kann man deshalb nur in der Zeitform des Futur II entwickeln: Es wird das Muster dieses Trends gewesen sein... Mit anderen Worten, der Trendforscher beurteilt die Gegenwart, als ob er sie aus der Zukunft beobachten könnte.

Der Begriff Trend ist selbstbezüglich, autologisch, das heißt, er kann auf sich selbst angewandt werden. Übrigens sind auch Begriffe wie Management und Organisation autologisch. Doch darauf kommen wir noch später zurück. Trend des Trends heißt ganz einfach: Es gibt den Trend, sich an Trends zu orientieren. Das zwingt nun wiederum Unternehmen dazu, sich Trendforscher zu halten, Szene-Scouts, Spione des Zeitgeistes. *Sobald der Markt aber ganz und gar trendorientiert ist, gibt es kein Jenseits des Trends mehr.* Man kann sich nicht mehr heraushalten, einfach sachlich bleiben und darauf vertrauen, daß»production matters«. Ja, es ist für ein Unternehmen nichts gefährlicher, als über *Trendnasen* die Nase zu rümpfen. Wir müssen begreifen: *Gegen einen Trend steht nicht die Freiheit vom Zeitgeist, sondern allenfalls ein anderer Trend.* Wohlgemerkt: Das heißt gerade nicht, dem Zeitgeist hinterherzulaufen – das wäre so tödlich wie das Naserümpfen. Wer aus Angst, den Zeitgeist zu verpassen, ihn verzweifelt umarmt, wird zum Modetrottel. Diese Gefahr droht nicht nur Kunden und Unternehmen, sondern auch ihren Beratern. Gerade ein Trendforscher darf kein Sklave des

Zeitgeistes sein – aber natürlich auch kein Sklave der Furcht *vor* dem Zeitgeist!

Ethnologen der eigenen Kultur

Der Trend des Trends, also die Tatsache, daß sich der Markt insgesamt an Trends orientiert, ist neu. Ganz und gar nicht neu ist jedoch die geschärfte Aufmerksamkeit für die Dynamik des Zeitgeistes. Wir meinen, der geniale Frühromantiker Friedrich Schlegel war der erste Trendforscher. So bestimmt er in dem berühmt gewordenen Athenäum-Fragment 216 die »Tendenzen des Zeitalters«. Interessant ist der Plural: Tendenzen. *Der eine Fortschritt einer linearen Geschichte hat sich zerfasert in – Trends.* Geschichte pluralisiert sich in einer nichtlinearen Dynamik. Der Trendforscher ersetzt den Geschichtsphilosophen. Man könnte sagen: Trends sind das »Kleingeld des Fortschritts«. Ein Trend ist ein Orakelspruch, den nur derjenige deuten kann, der die Vergangenheit kennt. Deshalb hat sich Friedrich Schlegel als »rückwärtsgewandten« Propheten gezeichnet – nicht die schlechteste Definition des Trendforschers.

Wir sagten schon: Der Trendforscher leistet Echtzeitanalyse. Das erscheint dann denen, die noch im Vorgestern leben, als magisches Wissen von der Zukunft. Die Zukunft kann man aber nicht prognostizieren, auch nicht erfinden, sondern nur provozieren. Auch der Trendforscher bleibt ein Zeitgenosse; es gibt eben keine Futurologie. Aber er sieht, was wir gerade als Bewußtsein und Technik ausbilden – so wie man es in hundert Jahren sehen wird.

Es genügt also nicht, sich in »Szenen« einzuschleichen und Disko-Queens zu fragen, was denn gerade »angesagt« sei. *Trendforscher registrieren den veränderten Geschmack, nicht Meinungen und Rationalisierungen.* Was Menschen über ihr Begehren meinen, ist allenfalls ein Symptom ihres Begehrens. Hier müssen Marketingleute von der Psychoanalyse lernen. Sie müssen lernen, die Entstellungen, Verschiebungen und Verdichtungen zu durchdringen, die das große Begehren von seinen kleinen Erfüllungen trennt. Wenn Gerd Gerken sagt: »Trends sind die Fetische der Selbst-Erfüllung«, dann erinnert er nicht nur an den großen Individualmythos des 20. Jahrhunderts, nämlich die sogenannte Selbstverwirklichung, sondern er benennt auch das Zaubermedium: den Fetischismus. Und das ist eben nicht nur ein zentraler Gegenstand der Psychoanalyse, sondern auch der Ethnologie.

Bekanntlich sind Ethnologen Wissenschaftler der westlichen Zivilisation, die sich für primitive Gesellschaften interessieren. Es gibt aber noch einen viel aufregenderen Forschungsgegenstand: die primitive Gesellschaft inmitten der zivilisierten. *Trendforscher sind die Ethnologen der eigenen Kultur.* Sie betrachten unsere Gegenwart, als ob Aufklärung, Entzauberung der Welt und Verwissenschaftlichung niemals stattgefunden hätten. Kult, Ritual und Fetisch erscheinen wieder als Grundbegriffe des gesellschaftlichen Lebens. Doch Trendforscher sind »glückliche« Ethnologen. Was der klassischen Ethnologie zur Falle geworden ist, der »Participant Observer«, ist heute das Erfolgsgeheimnis des Szenemarketing: *Der Beobachter verändert das Beobachtete.* Es war gerade das Paradoxon der Ethnologie, daß sie ihren Forschungsgegenstand nicht beobachten konnte, ohne ihn eben dadurch zu zerstören. Die von jeder Zivilisation unberührten Wilden waren als von Ethnologen beobachtete eben keine von jeder Zivilisation unberührten Wilden mehr. Genau das aber ist der wünschenswerte Effekt des Szene-Monitoring: *Indem ein neuer Trend beobachtet wird, ist er schon Teil des Marktsystems, von dem er sich einmal abgesetzt hat* – die Musikstile Punk und Grunge sind dafür deutliche Beispiele.

Diese Unschärferelation zwischen Szene und Beobachter gilt aber auch in anderer Weise. Im reflexiven, ironischen, doppelt codierten Konsum erweist sich der Kunde als »Moving Target«; bis man ihn ins Visier der Marktforschung genommen hat, ist er schon anderswo. Deshalb muß das Augenmerk des Marketings statt auf Zielgruppen (also unbewegliche Ziele) auf die *Evolution der Szenen* gerichtet sein. *Die beobachtete und dadurch als*

Marktelement etablierte Szene vermittelt zwischen Konsum und Kultur. Ursprünglich sind Szenen nichts anderes als gelebte Fiktionen. Das Marketing hat dann die Aufgabe, diese Fiktionen so weiterzuerzählen, daß eine »Grammatik des Neuen« erkennbar wird. Trends und Markenmythen kann man also nicht erfinden, sondern nur »aufschaukeln«. Hier gilt das Gesetz von »Trial and Error« – und das ist ein Gesetz der Rückkopplung.

Sparen oder Surfen?

Ein Manager ist ein Manager ist ein Manager. Das wollen wir vorab schon einmal zur Entlastung der in den letzten Jahren so arg gebeutelten Berufsgruppe sagen: Wann immer man über die eigentliche Leistung des Managements nachdenkt, stößt man auf Tautologien, Autologien und Paradoxien. Solche Denkfiguren entstehen, wenn man Begriffe durch sich selbst definiert, auf sich selbst anwendet oder in logische Unlösbarkeiten manövriert. Das ist aber, wie wir gleich sehen werden, kein unfruchtbarer Bereich – im Gegenteil. Hochkomplexe, also moderne Verhältnisse sind genau durch solche Figuren geprägt.

De facto gibt es Manager natürlich, seit es Organisationsprobleme gibt. Aber das Bewußtsein der Managementaufgabe hat sich eigentlich erst nach dem Zweiten Weltkrieg herausgebildet. Übrigens gibt es gerade heute sehr gute Gründe, sich an den ersten Managementwissenschaftler zu erinnern – Frederick Winslow Taylor. Denn der jüngste, stolze Sproß der Informatik, die künstliche Intelligenz, ist der Nachfolger von Taylors Scientific Management. Und auch das heute so beliebte Reengineering ist nichts anderes als Neotaylorismus. Doch dazu später mehr.

Wer sich an die letzte Rezession erinnert, wird im Rückblick feststellen können, daß sie wie eine Art objektiver Diät der Unternehmen gewirkt hat. Eine Rezession ist eine Selektion. Und man könnte sagen: *Lean Management entdeckt die Rezession als Stil.* »Innovatives Sparen« nennt das der SPD-Vordenker Peter Glotz. Das klingt natürlich gut. Lean heißt mager, extrem abgespeckt – und damit ködert man heute Unternehmen genauso wie seit jeher die Frauen. Das »Schlankheitsideal« des Managements ist für Unternehmensberater genauso gewinnträchtig wie die neue Diät für die *Brigitte* – und am Ende bleiben alle so dick wie zuvor. Lean Management soll ja offenbar die Dinge vereinfachen. *Doch: Je mehr man ein Unternehmen verschlankt, desto komplexer wird die Aufgabe des Managements.*

Weil alles, was schlank und light daherkommt, so populär ist, wollen wir eine kleine Warntafel aufrichten: »Lean« wird leicht zur Falle. Gerade das Überflüssige, also das, was R. Cyert und J. March »Organizational Slack« genannt haben, räumt einer Firma in kritischen Augenblicken Bewegungsspielräume ein. Ohne Redundanzen, also Unternehmensspeck, gibt es keine Elastizität für plötzliche Veränderungen. Die meisten »Lean-Konzepte« verkennen diese Funktion von Redundanz. Um es noch einmal ganz klar zu sagen: Nur Unternehmen, die sich organisatorische Trägheitsmomente leisten, sichern ihre Reaktionsfähigkeit bei unerwarteten Marktveränderungen.

Doch kein Mißverständnis bitte! Wir wollen hier nicht Trägheit als Produktivität verkaufen, sondern darauf hinweisen, daß die hartnäckigste, produktivitätsfeindlichste Trägheit gerade im routinierten Funktionieren lauert. Gerade die durchrationalisierte Firma neigt zum gefährlichen »Eigen-behavior«: Die Gewohnheit wird zum Eigenwert. Das Verselbständigte ist das Selbstverständliche. Und das ist ja auch der eigentliche Sinn des Wortes Betrieb – »es läuft«. Hier fehlt es dann an Störmomenten, Lunatics, verrückten Ideen.

Die Weltwirtschaft fordert von jeder Firma Höchstgeschwindigkeit. Doch jede *extreme* Beschleunigung führt an den Rand des Chaos. Und das heißt: Jede Zukunft ist riskant. Um sich hier zurechtzufinden, müssen Unternehmer und Manager den Markt mit einer neuen Art der Unterscheidung beobachten. Was wirtschaftlich zählt, ist nicht mehr der Unterschied von groß und klein, sondern von schnell und langsam. Die neuen Anforderungen lauten: *Man muß heute den Mut haben, sich ins Kraftfeld von Risiko, Geschwindigkeit und hoher Komplexität zu begeben.*

Das Unternehmen gibt es nicht, genausowenig wie *den* Markt. Man kann deshalb nur Optionen und Modelle anbieten. Und das heißt eben auch: Man kann Managern das Denken und das Risiko nicht ersparen. Zahllos sind ja die Bücher mit dem Titel »Management by . . .« Und was immer die drei Pünktchen ausfüllen mag – es ist ein Rezept. Hier gilt es, sich zu erinnern, daß wir in einer komplexen Welt wirtschaften. *Komplexität schließt aber Rezepte aus!*

Die Märkte stürzen heute zusammen wie ein Kaleidoskop, um dann blitzschnell wieder eine neue »Marktordnung« zu bilden. *Informationen schnell zu verarbeiten ist deshalb die wichtigste Aufgabe von Management und Marketing.* Mehr denn je ist *Zeit* der Schlüsselfaktor des Wettbewerbs. Das führt oft zu der paradoxen Situation, daß es wichtiger ist, schnell als richtig zu entscheiden. Man könnte hier auch von *Echtzeitmanagement* sprechen.

Was Manager vor allem managen müssen, ist die eigene Angst vor dem Neuen. Wirtschaft und Politik brauchen Visionen – richtig! Aber Visionen sind geistige Störungen. Das Bewußtsein davon fehlt heute in Deutschland. Die meisten Manager optimieren die eigene Karriere, die meisten Unternehmensberater beraten in Effizienz. So klagt der hellsichtige Hugo-Boss-Chef Peter Littmann in einem *Spiegel*-Gespräch: »Keiner kommt und hilft einem dabei, wirklich innovativ zu sein, das Gestern, die alte Ordnung in Frage zu stellen.« Diesem Stoßseufzer wollen wir jetzt etwas nähere Aufmerksamkeit schenken.

Rufen wir uns zunächst einmal ein paar unverächtliche Trivialitäten ins Gedächtnis. Die Vision ist etwas anderes als der Profit. Und Innovation ist etwas anderes als Effizienz. Der Manager ist für beides verantwortlich – und das heißt: Er muß einen Widerspruch aushalten. Das Kriterium der Effizienz ist für jede Organisation fundamental – aber es lähmt die Innovationskraft. Profite sind der Sinn jedes Unternehmens – aber die Profitorientierung macht visionsblind. Das sind einige jener logischen Unlösbarkeiten, die für die Aufgabe des Managements charakteristisch sind. Hier führen eben Rezepte im Sinne des »Management by . . .« nicht weiter. Das macht schon der immer beliebter werdene Begriff der Vision deutlich. *Denn Vision heißt ja eben nicht Ziel.* Eine Zielvorgabe ist inflexibel und ärgerlich überprüfbar. Die Vision dagegen hat den Vorteil der Unbestimmtheit. Und das ist den kaleidoskopischen Märkten einer turbulenten Weltwirtschaft viel angemessener. Wir meinen also: *Das Management der neuen Unbestimmtheit braucht postmoderne Strategien.* Es wird dabei eher ein Wellenreiten als ein Golf- oder Schachspiel sein. K. E. Weick hat diese Metapher für unseren Zusammenhang sehr schön entfaltet: »People who surf do not command the waves to appear, or to have a particular spacing, or to be of a special height. Instead, surfers do their best with what they get. They can control inputs to the process, but they can't control outcomes. To ride a wave as if one were in control is to act and have faith.« Zu deutsch: Wenn man surft, kann man nicht den Wellen befehlen. Man kann immer nur das Beste aus den Wellen machen. Man kann zwar Inputs, aber nicht das Resultat der Prozesse steuern. Wellenreiten als ob man die Sache selbst steuern könnte, heißt handeln und Vertrauen haben.

Das Paradoxon der Kontrolle

Alvin Tofflers Wort vom Power-Shift soll deutlich machen, daß sich die westlichen Zivilisationen in einer weltalterlichen Phase des Übergangs befinden – solche Zeiten sind sehr gefährlich, und die Angst vieler Zeitgenossen davor ist durchaus begründet. Auf solche Gefahren des Übergangs hat man früher mit Ritualen reagiert. Heute ist das die Aufgabe des Managements. Wir meinen deshalb: *Das Medium des Managements sind Irritationen und Ungewißheiten.* Der Manager ist offenbar jemand, der führt und leitet. Aber das ist heute schwerer denn je, kann man doch komplexe Prozesse nicht mit Befehlen steuern. *Der Manager führt nicht als Offizier von Soldaten, sondern als Dirigent eines hochqualifizierten Orchesters.*

Versuchen wir vor diesem Hintergrund eine erste Definition seiner Aufgabe. Der Manager der Zukunft:

- macht sich zum Katalysator für innovative Prozesse der Selbstorganisation; das heißt, er begreift die Geschichte des Unternehmens als evolutionären Prozeß, den man nicht planen, aber durch Experimente vorantreiben kann;
- wird zum Interpreten der Unternehmensevolution, will heißen, er weiß nicht mehr als die anderen Mitarbeiter, aber er kann ihnen den ultimativen Luxus unseres Informationszeitalters bieten: Kontext;
- »übersetzt« den Angestellten, was er von diesen selbst gelernt hat. Mit anderen Worten, ein Manager koordiniert, rekombiniert und setzt durch, was Fachleute geleistet haben.

Um heute in einem Unternehmen an der *Hierarchie des Warum* festhalten zu können (Führung!), muß man sich zu einer *Heterarchie des Wie* bequemen (Modularisierung!). Das Management steht nämlich immer vor dem Paradox von Dezentralisierung und Kontrolle: *Erfolgreiche Kontrolle muß die Kontrolle aus der Hand geben* – der Manager muß ein Kommunikationsdesigner von Feedbackschleifen sein. Dirk Baecker bemerkt in seinem hellsichtigen Buch *Postheroisches Management* hierzu sehr klar: »Man kann nur kontrollieren, wovon man sich abhängig macht, wovon man sich also seinerseits kontrollieren läßt.« Die Komplexität der Welt zwingt also zur Arbeitsteilung der Kontrolle. Hier erzwingt die Vernunft Vertrauen in andere. Auf diesen Zwang der Rationalität zum Vertrauen reagieren viele mit einem zwanghaften Mißtrauen gegenüber unserer Rationalität.

Und in Klammern sei gesagt: Diese Paradoxie des Vertrauens kann man nicht auflösen, sondern nur einüben. Man kann nur dem trauen, dem man vertraut. *Vertrauen setzt sich gleichsam selbst voraus.* Und umgekehrt erzeugt Vertrauen Vertrauenswürdigkeit. Schafft es die neue Sekretärin, die Flüge der nächsten Woche sinnvoll zu koordinieren? Kann man dem Assistenten die Organisation des Symposions überlassen? Ist die Ehefrau in der Lage, mit den Handwerkern im neuen Haus zurechtzukommen? Kann man die fünfzehnjährige Tochter allein nach Amerika fliegen lassen? Hier hilft nur ein Credo quia absurdum – ja, ich traue ihnen das zu! Und deshalb rechtfertigen sie das Vertrauen. Klammer zu.

Heterarchie des Wie, Modularisierung, Mikromanagement – all das sind nur verschiedene Namen desselben Grundkonzepts, einer Organisation dadurch Anpassungsfähigkeit zu verleihen, daß man sie in die kleinstmöglichen, projektgebundenen Operationseinheiten zerlegt und diesen dann weitgehende Autonomie einräumt. Wir vermuten deshalb: *Die Firma der Zukunft besitzt nur noch eine konzeptuelle Einheit*; die Produktion wird modularisiert. Entscheidend wird nur noch der konzeptuelle Kern der postmodernen Fabrik sein. Der innere Zusammenhang derartiger Organisationen läßt sich dann nicht mehr als Identität, sondern allenfalls als Familienähnlichkeit ihrer Operationen beschreiben. Wenn man hierzu einen Begriff der Chaostheorie entlehnen dürfte, könnte man sagen: *Das Unternehmen ist der »Strange Attractor« seiner Teams und Mitarbeiter.* Dafür gibt es heute schon eindrucksvolle Beispiele. Denken Sie nur an die Organisation der Fußball-WM in den USA – die Organisation managte hier ein völlig virtuelles Unternehmen mit extremem Outsourcing.

Der Manager als Pilot im Chaos

Plan und *Programm* sind seit Jahrzehnten schon inflationär gebrauchte Begriffe – das zeigt, daß sie heute keine wirkliche Bedeutung mehr haben. Man hat einen Ernährungsfahrplan und wird immer dicker. Man entwirft ein Parteiprogramm, das schon Makulatur ist, bevor es gedruckt wird. Und es gibt heute auch schon ein »Breiprogramm« – nämlich von Alete. Höchste Zeit also, Abschied zu nehmen von den Planern und Programmkommissionen. Das heißt aber auch, daß wir eine ganz andere Haltung zur Wirklichkeit einüben müssen. Denn der Plan war im Kern immer der Heilsfahrplan der Fortschrittsreligion, die man Aufklärung nannte. Doch auf Plan und Programm zu verzichten muß nicht heißen, die Orientierung zu verlieren. Man muß die Orientierung nur selbst verantworten. Wie könnte das aber konkret aussehen?

- Die zur Zeit konkurrenzlose Erkenntnistheorie des *radikalen Konstruktivismus* sagt uns, daß alle Wahrnehmung schon Interpretation ist und jedes System seine Informationen selbst konstruieren muß. Wir haben keine Erkenntnis von einer objektiven Wirklichkeit, sondern immer nur von unserer Erfahrungsorganisation.
- Die Kybernetik zweiter Ordnung benennt den blinden Fleck jedes Planungs- und Steuerungsenthusiasmus: *Die Wirklichkeit ist ein interaktives Konzept.* Wir können immer nur Systeme beobachten, die ihrerseits beobachten – eine Erkenntnis, die von Heinz von Foersters unübersetzbar doppeldeutigem Buchtitel *Observing Systems* sehr schön zusammengefaßt wird.

Und diese wenigen, plausiblen Überlegungen genügen schon für eine erste, grobe Skizze des *neuen Wirklichkeitsbegriffs*. Die Welt ist:

- nicht analytisch bestimmbar;
- unabhängig von der Vergangenheit;
- nicht prognostizierbar.

Das zwingt uns zu einer Umwertung vertrauter Begriffe. Chaos ist nicht das Gegenteil von Ordnung, sondern ihre Rückseite, ihr Schatten. *Wir brauchen Chaosfestigkeit, weil wir in einer riskanten Welt leben, in der die Zukunft das »ganz Andere« ist.* Der Begriff des Risikos reflektiert hier die Grenzen der Kontrolle. »Zu Risiken und Nebenwirkungen beachten Sie die Packungsbeilage ...« Wenn wir etwa von Restrisiko oder »normalem Unfall« sprechen, dann vollziehen wir ganz stillschweigend eine Wiedereinführung der Unterscheidung wahrscheinlich/ unwahrscheinlich ins Wahrscheinliche. Versicherungen machen genau daraus ein Geschäft. Als Risiko verliert die Gefahr ihre Bedrohlichkeit und kann so bewirtschaftet werden.

Diese Einfriedung der Gefahr ermöglicht heute ihre Vermarktung durch eine Industrie des Risikos – man springt an Gummibändern von Brücken, man klettert ohne Sauerstoffmaske auf den K2 oder durchquert die Antarktis auf Skiern. Man will sich auch in den Ferien nicht mehr erholen, sondern in den Abenteuerurlaub stürzen. *In der Welt als Risiko und Versicherung wird Unsicherheit zum Reiz:* gefährlich leben – im Urlaub. Man sucht heute keine Führer aus der Gefahr, sondern in die Gefahr – also Verführer. Diese postmoderne Ästhetik des Risikos feiert das Chaos als Quelle der Lebensreize: Gefahren der Unsicherheit verwandeln sich in Möglichkeiten der Überraschung.

Übrigens gibt es neben dem »ganz Anderen« der Zukunft noch ein anderes ganz Anderes, nämlich deren Gegenpol. Denn in einer sich ständig modernisierenden Welt ist auch die eigene Vergangenheit das »ganz Andere« – und deshalb haben wir die Mode. Sie überrascht uns mit unserer Vergangenheit. Dazu später mehr.

Noch einmal: Wir leben in einer Welt, die schlechthin riskant ist. Und daraus folgt ganz logisch, daß Weltoffenheit identisch ist mit Risikobereitschaft. Es ist deshalb eine falsche Strategie, Risiken vermeiden zu wollen. Wir müssen sie statt dessen aktiv managen. *Risikomanagement* ist die Kraft, drohende Gefahren in lohnenswerte Herausforderungen umzudeuten. Politik und Wirtschaft müssen also »chaosfest« werden – sie brauchen Chaospiloten, die souverän im Unübersichtlichen steuern. Denn ganz gleichgültig, welche Spielregeln für Sieger man noch erträumen wird – in hochkomplexen Systemen ist ein Sieg immer ein Sieg über die Unübersichtlichkeit. Und als Faustformel hierfür gilt: *Erfolg heißt kontrolliertes Chaos, interpretiertes Risiko.*

Das hat Folgen für das Verhältnis des Managements zu seiner Firmenumwelt, den chaotischen, kaleidoskopischen Märkten. Und wenn wir von turbulenten Märkten sprechen, meinen wir: *Wer heute wirtschaftet, erfährt die Folgen der eigenen Handlungen als Überraschungen* – im Gewebe der Rückkopplungen geht jeder »Ursprung« unter. Wir brauchen deshalb eine neue Anpassungsfähigkeit: zum einen nämlich die Anpassungsfähigkeit an Überraschungen, zumal die hausgemachten, zum anderen die Fähigkeit zur Anpassung an uns selbst. Mit »Kundendialog« hat das nichts zu tun. Die neue – und ja zugleich uralte – Zauberformel »Kundennähe« löst nicht etwa das Problem der turbulenten Märkte, sondern führt uns vielmehr mitten hinein. Das hat Dirk Baecker in seinem Buch *Postheroisches Management* – postheroisch, denn die Kontrolle im Chaos ist eben keine Heraklesarbeit – sehr schön deutlich gemacht: »Je kundennäher, flexibler und reaktionsschneller es zugeht, desto mehr holt man sich das Chaos aus der Umwelt in die Firma selbst hinein.«

Die Zeiten ändern sich – aber sie ändern sich anders als früher. *Sicher ist nur eins: der Wandel ins Unvorhersehbare. Deshalb ist es vernünftig, sich auf das Chaos einzustellen.* Stabile Verhältnisse sind nur Warteschleifen der Evolution. Das gilt für Wirtschaft und Politik gleichermaßen. Klaus von Dohnanyi, sozialdemokratischer Sonderbeauftragter der Treuhandanstalt, hat seiner Partei daher unlängst ins Stammbuch (*Der Spiegel* 48/ 1994) geschrieben: »Die sich immer schneller integrierende Weltwirtschaft gibt im Verhältnis zu den ordnenden Elementen der (Wirtschafts-)Politik den Chaos-Elementen des Marktes immer mehr Gewicht. Wer im Chaos des Marktes erfolgreich steuern will, muß beweglich sein. Deswegen müssen Unternehmen und Staat heute dezentralisieren, flexibilisieren und privatisieren.«

Evolutionäre Stabilität erreicht ein Unternehmen also nicht, indem es die Chaos-Elemente des Marktes ausschließt, sondern indem es sie in Feedbackschleifen einfängt. Stabilität und Individualität entsteht nämlich durch Rückkopplung aus dem Durchfluß von Energien und Informationen. Daraus folgt nun aber ein zunächst völlig überraschender Satz: *Je autonomer ein System ist, desto abhängiger ist es!* Denken Sie zum Beispiel an ein Wirtschaftsunternehmen. Die Selbständigkeit dieses komplexen Systems darf ja keine Unabhängigkeit von seiner Umwelt bedeuten. Denn die Umwelt – das sind die Kunden, die man bedienen muß; und das sind die Konkurrenten, die man beobachten muß.

Das Unternehmen kann um so selbständiger handeln, je intensiver es sich in seine Wirtschaftsumwelt verstrickt, das heißt, auf Rückkopplungen des Marktes einstellt. So gelangen wir also zu unserem fundamentalen Satz: *Ein komplexes System ist um so autonomer, je abhängiger es ist.* Denn je abhängiger es ist, desto dichter ist die Verflechtung seiner Feedbackschleifen.

Komplexität als Schicksal

Wenn aber Chaos und Turbulenz der Normalfall moderner Märkte sind, dann macht es keinen guten Sinn mehr, von Krisen zu sprechen. Nach dem gerade Gesagten müßte klar sein: Mit dem Wort »Krise« simplifiziert und politisiert man nichts anderes als hohe Komplexität. Wir teilen vielmehr die Auffassung des postmodernen Philosophen Jean-François Lyotard, der Komplexität nicht als Problem der heutigen Menschheit, sondern umgekehrt die Menschheit im Dienste fortschreitender Komplexität sieht.

Doch gerade auch dann gilt natürlich, daß Organisationen dazu da sind, die Komplexität der Welt zu reduzieren. Aber damit ist die Komplexität nicht verschwunden, sondern sie taucht gerade inmitten der Organisationen wieder auf. Mit anderen Worten: *Eine Organisation, die Komplexität reduziert und Übersichtlichkeit schafft, wird im gleichen Maße selbst komplex.* Wenn es sich dabei gar um die Komplexität des gesellschaftlichen Lebens handelt, resultieren zwangsläufig kafkaeske Verhältnisse.

Man könnte also sagen: Komplexität ist unser Schicksal. Ebendeshalb trifft man allerorten auf die Verheißungen von Einfachheit, Echtheit und Glaubwürdigkeit. Die Gurus der Patentrezepte haben Konjunktur. Sie sind die großen Gewinner der neuen Unübersichtlichkeit. So bemerkt Claudius Seidl im *Spiegel* (14/1994) zu Recht: »In der fortgeschrittenen Kommunikationsgesellschaft bestimmt Scharlatanerie die meisten Entscheidungen: Denn die Sicherheiten des Glaubens und des Wissens, die sich früher gegen allen Hokuspokus behaupten konnten, sind endgültig verloren. Und dem westlichen Menschen bleiben nur noch Rituale und Beschwörungen, wenn er sich der Welt und seiner selbst vergewissern will.« Wer aber den Scharlatanen nicht auf den Leim gehen will, hat kaum eine andere Option als die, Unsicherheit als Chance zu interpretieren. Das muß man zunächst einmal einsehen und dann auch einüben.

Resümieren wir: Unsere Gesellschaft wird immer komplexer. Damit nimmt aber alles Verhalten, weil es prinzipiell immer auch anders möglich wäre, den Charakter des Risikos an. Das heißt: Sicherheit wird schlechthin problematisch. Das ist der Normalfall gesellschaftlichen Funktionierens in der westlichen Welt. Deshalb kommt es darauf an, die Gefahr der Unsicherheit in ein berechenbares Risiko zu verwandeln. Das ist übrigens erst möglich, seit es die Wahrscheinlichkeitsstatistik gibt. *In einer undurchsichtigen Situation ist jede Strategie riskant.* Genau das charakterisiert aber Gesellschaften, die noch Zukunft haben. Der Preis für den offenen Zeithorizont ist prinzipielle Unsicherheit, das heißt, es ist unmöglich, die Risiken objektiv einzuschätzen. So rücken Sicherheitsthemen in den Vordergrund des öffentlichen Interesses: Das Risikobewußtsein umspannt die Welt, zumindest die westliche. Der Soziologe Ulrich Beck hat deshalb unsere Gegenwart als Zeit der riskanten Freiheiten definiert: »Alle Metaphysik, alle Transzendenz, alle Notwendigkeit und Sicherheit wird durch Artistik ersetzt.«

Wer die sozialen Prozesse in einer modernen Gesellschaft kühl beobachtet, kann also ein paar überraschende Entdeckungen machen:

- Stabilität kann man nicht durch Konstanz und Konsequenz, sondern nur durch Flexibilität erreichen.
- Autonomie entsteht nicht durch Unabhängigkeit von der Umwelt, sondern im Gegenteil durch eine immer tiefere Abhängigkeit von ihr; wer in seinem Handeln und Entscheiden autonom sein will, muß die Feedbackschleifen, die ihn mit seinen Kunden und der Konkurrenz verknüpfen, immer dichter flechten.

- Ein System ist immer von seiner Umwelt abhängig; das ist trivial. Aber *wie* ein System von seiner Umwelt abhängig ist, ist abhängig vom jeweiligen System. Wirtschaftliche Irritationen sind der Normalfall. Aber ein Unternehmen kann selbst bestimmen, *wie* es sich von Kundenwünschen und Strategien der Konkurrenz irritieren läßt. So entsteht eine Art Organisiertheit im Fluß; das System »flieht« vor der Störung in eine höhere Systemkomplexität.
- Je komplexer ein System ist, desto weniger kann man es durch Befehle steuern. An die Stelle der planenden Vernunft muß deshalb eine »neue Offenheit« für Prozesse der Selbstorganisation treten. Und die Betonung liegt hier nicht auf Organisation, sondern auf Spontaneität.
- Die Vernunft der Gesellschaft ist ein Effekt des wirtschaftlichen Wettbewerbs. Mit anderen Worten, der Markt ist *vernünftiger* als seine Teilnehmer.

Historisches Sampling

Wie sieht nun eine Welt aus, die mit dem Chaos ihren Frieden gemacht hat? Designer und Modemacher verkünden ein »Friendly Chaos« der Lebenswelt: heteroklite Möblierung, chaotisches Design, fröhliche Stilbrüche. Das hat man wohl gemeint, als man unsere Kultur der letzten beiden Jahrzehnte als »postmodern« bezeichnet hat. Die Münze Postmoderne hat dabei zwei Seiten:

- Unvorhersehbarkeit, Unsicherheit, Unübersichtlichkeit. Davon war gerade die Rede.
- Globale Interdependenz, Weltkommunikation. Dieser Seite der Postmoderne werden wir uns noch in einem eigenen Kapitel widmen.

Während wir in den Feuilletons lesen können, daß die Postmoderne bereits Schnee von gestern ist, müssen wir doch feststellen, daß die Freundschaft mit dem Chaos bisher nicht mehr als eine schöne Designeridee geblieben ist. Kulturbestimmend sind heute ganz andere Haltungen. So hat etwa die Trendforscherin Faith Popcorn schon länger eine generelle Neigung zum »Cocooning« diagnostiziert: Man hüllt sich ein und genießt das Heimische als kontrollierte Insel im Chaos – ich und mein Magnum.

Doch das gilt nicht nur für Gewohnheiten des trivialen Konsums. Auch das Museum lebt vom Cocooning-Effekt: Das Chaos der Geschichte verwandelt sich in eine Requisitenkammer des Heimischen. Hier bietet sich eine durchaus brauchbare Definition von Postmodernität an: *Geschichte wird zum Museum.* Und umgekehrt genießen wir den Besuch eines Museums als Cocooning in der platonischen Höhle eines glücklichen historischen Bewußtseins. Mit Mnemosyne (die Muse der Erinnerung) hat das allerdings wenig zu tun – Postmoderne ist keine Gedächtniskultur. *An die Stelle von Erinnerung und Eingedenken treten Zitat, Recycling, Sampling und Konsum.*

Daß Museen heute so beliebt sind und häufig frequentiert werden, zeugt also gerade *nicht* für historisches Bewußtsein. Das neue Interesse an der Geschichte ist eher fetischistisch. Die Erinnerung wird konkret zum Souvenir. *Gerade weil wir in einer Zeit nach dem Ende der Geschichte leben, wird Geschichte als ästhetisches Präparat und Zeitalibi interessant.* Museen sind die Souvenirläden der Weltgeschichte. Jeffs Koons, der Hohepriester der postmodernen Identität von Kunst, Kitsch und Geschäft, sagt dazu: »Was du als Kitsch erlebst, ist deine Vergangenheit.« Kitsch ist das Recycling der Tradition. Und umgekehrt wird die Weltgeschichte als eine Art Theaterfundus unserem Kitschbedürfnis gerecht. Dem entspricht die Verwandlung der Natur in einen botanischen Garten des Erlebnistourismus. Museen prosperieren, weil es keine Geschichte mehr gibt. Man könnte auch sagen: Museen haben Konjunktur, weil sich das Veralten beschleunigt. Der Avantgarde von heute widmet man morgen schon eine Retrospektive.

Und in diesem Zusammenhang wird auch der Reiz des wirklich Alten verständlich. Denn in unserer Welt hochgeschwinder

Innovationen hat das schon Alte den Vorzug, nicht mehr veralten zu können. Deshalb ist es durchaus lebensklug, als Philosoph auf antike Ethik zu setzen, als Germanist ein Goethe-Buch zu schreiben, sich als Hausmusikant dem Bachschen Werk zu verschreiben, als Geschäftsmann den gedeckten Anzug mit gestreifter Krawatte zu tragen, den Bewegungsdrang im Tennisclub oder den Geselligkeitsbedarf im Rotary-Club zu befriedigen. All das ist so alt, daß es von dem Schicksal verschont bleibt, morgen »out« zu sein.

Wir meinen, man muß Museen wie auch naturschutzparkartig präparierte Landschaften im Kontext von Phänomenen wie Weltausstellung, Messe, Kaufhaus und Shopping-Mall sehen. Sie präsentieren uns nach dem unüberbietbaren Muster von Disneyland die Welt als Vorstellung und Ausstellung. Themenwelten bieten Ersatzerfahrungen, die aber gar nicht nach Ersatz schmecken, sondern intensiver, weil sie dichter und störungsfreier als die Wirklichkeit sind. Das Reale bringt es nicht bis zur Prägnanz des Themas. Die Simulationen sind dichter und überzeugender als ihr Simul, ihr Gleiches, im Realen.

Simulationen können im wesentlichen zweierlei Gestalt annehmen: Entweder sie bleiben im virtuellen Raum der elektronischen Datenverarbeitung, oder sie gestalten einen greifbaren Weltinnenraum, der gegen die Außenwelt abgeschlossen ist. Die Passage hat keine Fenster, hat Walter Benjamin schon im Blick auf die Konsumtempel des 19. Jahrhunderts betont. Beide Formen, Virtual Reality und die Themenwelt, verhalten sich komplementär zueinander. *Virtual Shopping und die Mall bzw. das Museum sind die Brennpunkte der neuen Lifestyle-Ellipse.* Mit der Computermaus durch den Cyberspace des Konsums navigieren und durch simple Mausklicks einen Kauf tätigen – das ist das eine. Virtual Shopping ist also nichts anderes als elektronischer Einzelhandel, der es, nebenbei bemerkt, sehr leicht macht, Persönlichkeitsprofile der Kunden zu erstellen. Auf diese Virtualisierung des Handels antwortet aber auch ein Bedürfnis nach humaner Kompensation: Man flieht ins Vertraute und sucht Trost beim Traditionellen. Man will manchmal eben doch die eigenen vier

Wände verlassen, eine bildschirmfreie Zone erleben und richtige Menschen treffen – sei's in der Mall of America (Minneapolis) oder im Museum of Modern Art.

Selbsterreger

Hinter alldem steht kein Programm, kein philosophisches Projekt der Postmoderne. Der Zeitgeist weht rechts, hat man bemerkt. Warum? Man will Vielheit und braucht deshalb Andersheit. Andersheit heißt aber sozial interpretiert: Ungleichheit. Und genau das können Linke nicht akzeptieren. Deshalb spielen sie in der postmodernen Kultur keine Rolle mehr. Statt weiterhin den Strukturen und Plänen des linken »Zwangsbeglückungsunternehmens«, das sich Aufklärung nannte, anzuhängen, singen Museumsdirektoren und Topmanager heute gleichermaßen das Lob des Eklektizismus. Und wir verlernen langsam, diesen Begriff als Schimpfwort zu verstehen. Noch Goethe schien es selbstverständlich, aus allem, was die Geschichte bietet, das Beste und Passende zu wählen. Der neue Eklektizismus ist natürlich technischer Art: ein Sampling der Weltbilder. Der Philosoph J. F. Lyotard bemerkt hierzu: »L'éclectisme est le degré zéro de la culture générale contemporaine.« Zu deutsch: Der Eklektizismus ist der Nullpunkt der zeitgenössischen Kultur. Das ist natürlich als bitterböse Kritik gemeint – trifft aber ganz schlicht zu. Wir sind tatsächlich wieder an einem Nullpunkt der Kultur angelangt; an der Linie, die Weltalter trennt.

Denker wie Lyotard vermissen an der eklektizistischen Kultur der Gegenwart die Kräfte der Kritik, das heißt der Negativität. Doch wir können feststellen: Es bleibt nicht bei der Fehlanzeige. *An die Stelle von Negativität tritt Virtualität.* Wir müssen deshalb über den Begriff des Eklektizismus ebenso umlernen wie über den Begriff der Oberfläche. *Je stärker differenziert und pluralisiert wird, desto wichtiger werden Oberflächen.* Keine der postmodernen Inszenierungen verläßt die Oberfläche.

Heute lehren uns die tiefenlosen Oberflächen, wieder den Sinnen zu trauen. Das moderne Erkennen ging in die Tiefe, war entlarvend, hat die Schleier des Scheins zerrissen. Heute sucht man den Sinn der Oberfläche und den Sinn auf der Oberfläche. *Wer Shopping als Lebensform praktiziert, verkörpert den Zerfall der Ideologien, der großen Erzählungen und Weltbilder.* Ideologien sind heute nur noch Maskeraden, Requisiten aus der Rumpelkammer der Geschichte. Das gilt gerade auch für die Neonazi-Szene. Da haben desparate Jugendliche nach den Kostümen des Protests gesucht, die den höchsten Skandalwert haben – mit Erfolg. Doch ob gut, böse oder jenseits von Gut und Böse: *Postmoderne Identitäten schillern in der Oberflächenartistik des Konsums und der Kaleidoskopik der neuen Medien.*

»Mundus vult decipi«, heißt eine alte moralistische Weisheit: Die Welt will betrogen werden. Das trifft heute tatsächlich zu. Man könnte mit Nietzsche ausrufen: Heran mit den schönen Trugbildern! Doch *Simulakren, Trugbilder, die als solche gewollt werden, betrügen ja eigentlich nicht; eher könnte man sagen: Sie verführen.* Auch Verführung ist ein Oberflächeneffekt.

Und noch eine weitere Umwertung müssen wir registrieren: Ungewißheit und Unbestimmtheit werden nicht mehr als Bedrohung, sondern als Stimulans des Lebens erfahren. Die Postmoderne entdeckt den Nihilismus als Glücksgefühl – *Nihilin* könnte eine der neuen Designerdrogen heißen. Die Postmoderne weiß nicht, was kommen wird. Das Reale besteht aus »Contradictory Certainties«, wie Soziologen dazu sagen. Aber »nicht zu wissen, was kommt«, erscheint nun gerade als verlockender Lebensreiz. Man glaubt nicht mehr an die Möglichkeit, ein realistisches Bild der Zukunft malen zu können. Und die Postmoderne ist das ironische Arrangement mit dieser Unmöglichkeit. *Statt der marxistischen Erlösung durch Gesellschaft propagiert man heute die Selbsterlösung und Selbsterregung.* Und die Selbstherausforderung.

- »Just do it«, fordert Nike.
- »I did it«, heißt es auf den T-Shirts der Risikoartisten.

● »Relax, don't do it«, gegensuggeriert uns der Kultsong von Franky goes to Hollywood.

Die Befreiung vom Götzen »Wirklichkeit«

Der griechische Philosoph Platon erzählte einmal von Menschen, die in einer Höhle gefesselt sind. Wie in einem primitiven Kino sehen sie immer nur Schattenbilder des Wirklichen. Und den, der ihnen von der Sonne der Wahrheit berichten – und damit den Spaß an den Schatten verderben – will, bedrohen sie mit dem Tode.

Daß sie von der Aufklärung nichts wissen wollen, kann man den Menschen gar nicht übelnehmen. Denn solange das Höhlenfeuer durch Schattenwurf bewegliche Bilder erzeugt, ist nicht zu erkennen, daß sie bloß Abbilder sind. Man kann eben in einer Höhle nicht klarmachen, was eine Höhle ist. Und wer immer nur in der Höhle war, kann von sich aus keine Unzufriedenheit mit den Schatten empfinden. Deshalb wird er sich gegen jeden Versuch einer Entwertung seiner Scheinwelt wehren.

Platon sagt nun nicht, daß die Menschen in der Höhle dumm und unwissend seien. Die Gefangenen der Höhle kennen zwar nicht das Licht der Idee, aber sie haben durchaus auch ein Wissen: Sie beschreiben die Verhältnisse der Schatten, die Reihenfolge ihres Erscheinens und sagen den jeweils nächsten Schattenauftritt voraus. Wohl oder übel verzichten sie auf die Wahrheit und begnügen sich mit der Exaktheit von Prognosen. Das heißt aber im Klartext: Nichts anderes fesselt die Höhlenbewohner als die bewegten Schatten ihrer Scheinwelt – das nannte man später dann Kinematographie. Platons Höhle ist ein Kino, und die Gefangenen sind das Publikum. Man ist ja auch von einem guten Film oft »wie gefesselt«.

Wir können heute in Platons Gegenspielern, den Sophisten, die Ahnherren der Simulation erkennen. Man muß nur annehmen, daß die Regisseure jener Schattenprozession keine Betrüger, sondern Funktionäre des Publikums sind. Und ihre Aufgabe ist es, die Wirklichkeit ästhetisch zu ersetzen. Wenn es dabei zu einem Feedback zwischen den Sophisten am Regiepult und den Zuschauern kommt, kann von Täuschung und Manipulation natürlich nicht mehr die Rede sein. Dem entspricht ein neuer Wirklichkeitsbegriff, der nicht mehr durch Technik, Wissen und Kompetenz definiert wird. *Die von Sokrates so scharf gezogene Grenzlinie zwischen Wissen und Meinung verwischt sich wieder. Unsere Wirklichkeit ist eine Wirklichkeit des Scheins.*

Doch um zu dieser Einsicht zu kommen, bedarf es eigentlich gar keiner philosophischen Spekulation. Es genügt ein nüchterner Blick auf die jüngere Geschichte der Technik. Seit die neuen Medien und Computertechnologien in unsere Lebenswelt eingedrungen sind, hat sich unser Wirklichkeitsbegriff dramatisch verändert. Man kann aus der Geschichte lernen, daß der Wirklichkeitsbegriff einer Lebenswelt immer dann problematisch wird, wenn sich die Bedeutung seines Gegenbegriffs ändert – und der Gegenbegriff zu »Wirklichkeit« ist natürlich der »Schein«. Seit wir Techniken der Simulation und virtuellen Realität haben, wird fraglich, ob die alte Unterscheidung zwischen Realem und Imaginärem überhaupt noch einen Sinn hat. Das klingt zunächst wie ein herber Verlust, kann aber auch als großer emanzipatorischer Impuls erfahren werden. Was wir damit meinen, ist: *Die Techniken der Simulation bringen die Befreiung vom Götzen »Wirklichkeit«.*

Daß das, was wir wirklich nennen, eine Konstruktion ist, wissen die Philosophen schon lange. *Realitätsgerechtigkeit ist immer eine Sache von Hilfskonstruktionen.* In diesem Sinne hat der Neukantianer Vaihinger eine Philosophie des Als-ob entwickelt. Seither können wir wissen: *Fiktionen sind nicht das Gegenteil der Wirklichkeit, sondern Instrumente ihrer Konstruktion.* Es geht nicht ohne. Unmittelbarkeit gibt es nicht. Man könnte also mit einer bewußt paradoxen Formulierung sagen: *Die Realität ist fiktiv.*

Doch so weit war das Denken schon vor hundert Jahren. Heute machen wir den Schritt vom Als-ob zur Simulation, von der Konstruktion der *einen wirklichen* Welt zur Projektion *vieler möglicher* Welten. Am Ende wird die Unterscheidung von Schein und Wirklichkeit sinnlos. Simulation und Virtual Reality sind nicht mehr »Schein« im kritischen Sinne. Der Grund hierfür ist ganz einfach: Wenn wir auf Wahrheit verzichten, droht auch kein Schein mehr. Der Philosoph Martin Heidegger hat das einmal auf folgende Faustformel gebracht: »Sein ist heute Ersetzbarsein.« Und gerade deshalb entsteht jetzt die romantische Sehnsucht nach dem wirklich Wirklichen – »The Real Thing«. Es ist die blaue Blume im Land der Medien. Man kann es auch so sagen: In der Welt der Simulation wird das Reale zur Obsession. Wir erfahren es nur in dem Schock der Gewalt, die einen Schirm durchschlägt. Alles andere ist Inszenierung, Präparat.

In dem Film »Unternehmen Capricorn« wird die Idee durchgespielt – die übrigens von einigen amerikanischen Sekten sehr ernst genommen wird –, die Mondlandung habe gar nicht stattgefunden, sondern sei in Filmstudios simuliert worden. Das hat den Reiz des Paranoischen, weist aber auch auf die Grenzen der »Realitätsprüfung« hin. Die Reise der Weltraumfähre Voyager ist für unsere Erfahrung ja nicht realer als eine Computersimulation.

Apropos Mondlandung. Man hat vielfach bemerkt, daß die tiefste Menschheitserfahrung, die die unvorstellbar kostspieligen Weltraumprogramme gebracht haben, nicht die Landung auf dem Mond war, sondern der faszinierende Rückblick aus dem Weltraum auf die Erde – den »blauen Planeten«. Das markiert einen Richtungswechsel der technischen Phantasie. *Statt nach Anfang und Ende dieser Welt fragt man nach der Möglichkeit anderer Welten.* Nach dem astronautischen Makrokosmos fasziniert uns heute der nanotechnische Mikrokosmos und die vielen möglichen Welten. Nach dem bescheidenen und eigentlich gescheiterten Vorstoß zum realen Unendlichen des Weltraums wird jetzt der virtuelle Raum erobert.

Die Produktivität des Scheins

Die Spieltheorie des genialen John von Neumann hat schon vor Jahrzehnten am Beispiel wirtschaftlicher Konkurrenz und des kalten Kriegs gezeigt, daß der härteste Ernst des Lebens sehr effizient als Spiel modelliert werden kann. Ganz ähnlich könnte heute eine *Theorie der Theatralität* an mediatisierter Politik und trendgepeitschter Wirtschaft zeigen, daß der profanste Alltag des Lebens sehr effizient als Inszenierung beschrieben werden kann.

Daß wir alle Theater spielen, ist für Soziologen heute eine Selbstverständlichkeit. Man darf das aber nicht metaphorisch im Sinne des barocken »Life is a stage« verstehen – auch wenn es noch so verführerisch aus Liza Minnellis Mund erklingt: »Life is a cabaret, old chum.« Es geht nicht um Metaphern aus der Theaterwelt, sondern um den Einbruch des Theatralischen in die Realität. Mit anderen Worten: *Das Theatralische ist selbst zur Form des Lebens geworden.* Schon vor hundert Jahren hat der Soziologe Thorstein Veblen das am Beispiel der »Conspicious Consumption« erkannt: Man konsumiert nicht nur, sondern stellt den Konsum zugleich auch dar und aus. Der Marktplatz wird zum Schauplatz der Prahlerei. So wird Shopping als Lebensstil möglich. *Auf dem Erlebnismarkt sind die Kunden erst Publikum und dann Konsumenten – das Spektakel hat Vorrang vor dem Verkauf.* Die Lust des Neuen hängt am Kauf, nicht in erster Linie am Besitz – das ist Shopping als Lifestyle.

Dasselbe gilt auch für die Produktionsseite: *»Performance« ersetzt die Leistung.* Performanz ist nämlich das revolutionär neue Kriterium für Wissen und Dienstleistung. Lassen Sie sich nicht von Ihrem Wörterbuch irreführen: Performance läßt sich nicht mit Leistung übersetzen; von entscheidender Wichtigkeit ist vielmehr das Moment der »Aufführung«. Und genau das kennt deutsche Leistung nicht. Sowohl das preußische als auch das Rilkesche »Leisten« wollte ja mehr sein als scheinen. *Heute ist der Schein eine wesentliche Dimension der Produktivität.* Zumal als Dienstleistung wird die Leistung sozial – und geht damit ein ins große Spiel des Scheins, das man *Lebensstil* nennt. Der Service ist ja eine Wahrnehmung des Kunden; insofern spricht man auch hier besser von *»Performance«* als von *Dienstleistung.* Denn was zählt ist: Man *fühlt* sich gut bedient. Und das gilt natürlich auch für den Bereich des Konsums. Gernot Böhme bemerkt hier zu Recht: »Der Schein läßt sich grenzenlos steigern und konsumieren.«

Und das ist eben postmodern. Denn die Kultur der Postmoderne zielt ja auf ein Zusammenspiel von Kunst, Wissenschaft und Lebensstil. Der übergreifende Begriff ihrer Praxis ist deshalb die Performanz. Wir können hier beobachten, daß die alte Zwei-Welten-Lehre Arbeit/Konsum, Arbeitszeit/Freizeit nicht mehr gilt. Es gibt nur noch die eine Welt der Performanz – vom Schreibtisch bis zum Bett. Das erschüttert nicht nur die Lebensgewohnheiten sogenannter Berufstätiger, sondern auch die sozialen Grundstrukturen der Wirtschaft. Denn Performanz zählt mehr als Hierarchie: Der Fußballstar verdient mehr als der Trainer; der Fernsehstar verdient mehr als der Intendant.

Performanz heißt aber auch: Es genügt heute nicht mehr, daß etwas geschieht, sondern es muß ein Ereignis, ein Happening sein. Es genügt nicht mehr, daß etwas erscheint, sondern es muß ein Spektakel sein. Das gilt gerade auch für scheinbar so handfeste, stabile Dinge wie die Architektur. Martin Heidegger hat einmal die alte Einheit von Bauen, Wohnen und Denken beschworen. Wir sehen heute, was an ihre Stelle getreten ist: das Design von Environments, die Inszenierung von Lebensstilen und die Konstruktion von Wirklichkeit.

Was ist nun all diesen Transformationen gemeinsam? Wir meinen, sie setzen alle einen ganz fundamentalen Akt des Umdenkens voraus: Die Gegenwerte von Wahrheit, Wirklichkeit und Echtheit haben ihr negatives Vorzeichen verloren. *Der Einbruch der Theatralität ins alltägliche Leben zeigt, daß wir die Angst vor Schein, Simulation und Simulakrum verloren haben.* Dafür gibt es einen ganz einfachen technischen Grund: Unsere Lebenswirklichkeit wird zunehmend von neuen Medien apparativ durchdrungen. Um es auf eine einfache Formel zu bringen: *Die Medienwirklichkeit absorbiert die Lebenswelt.* Mediale Simulationen, die sogenannten virtuellen Realitäten, treten als mögliche Welten erfolgreich in Konkurrenz zur empirischen Welt. Das Simulakrum wird zum Erfahrungsraum, und der mediale Schein erweist sich als eine der vielen Stufen von Scheinbarkeit, in die sich unser traditionelles Wirklichkeitskonzept aufgelöst hat.

Uns scheint in diesem Zusammenhang vor allem der Begriff *Inszenierung* von großem Interesse zu sein. Er beherrscht heute eine Branche, die besonders engen Kontakt zu den Tendenzen des Zeitalters halten muß: das Marketing. Nicht von ungefähr heißt eine neuere Agentur für Marketing und Unternehmensberatung »Inszena«. Und nicht umsonst heißen Jugendgruppen, in denen sich neue, modefähige Attitüden und Verhaltensmuster bilden, Szenen. *Die Szene ist die Bedingung der Möglichkeit von Bedeutsamkeit; nur wo eine Szene ist, kann es Ereignisse geben.* Und Inszenierung provoziert eben Bedeutsamkeit. Man könnte von einem Treibhauseffekt der Szenen sprechen – hier wird die Zukunft erfunden.

Damit kein Mißverständnis entsteht: *Szenen kann man nicht erfinden – allenfalls stimulieren und verstärken.* Szenen machen Identitätsangebote – ob beim Streetball, in der Disko, an der Universität oder in der Kunstszene. Der Wunsch, jemand zu sein, indem man sichtbar zugehörig und anders ist als andere, wird hier erfüllt. Der Philosoph Odo Marquard hat in diesem Zusammenhang sehr prägnant von einer Stiftung von Identität durch »demonstrativ theatralische Differenzspiele« gesprochen. *Szenen inszenieren sich selbst, und diese Selbstinszenierungen werden dann von Mode und Marketing rückgekoppelt – so entstehen Lebensstile, die Rituale der Postmoderne.*

Das Theater hat sich ja einmal aus Formen religiöser Rituale heraus entwickelt. Wir können heute beobachten, daß der Einbruch des Theatralischen in den Alltag die Techniken der Inszenierung wieder zu ihrem kultischen Ursprung zurückführt. Menschen entwickeln zu sich selbst ein theatralisches Verhältnis. Man könnte auch von einer Ästhetik der Existenz sprechen. Das hat, trotz aller altgriechischen Reminiszenzen eines Michel Foucault, nichts mit Ethik zu tun. Es geht um *Self-fashioning*, eine Art modebewußter Selbsterfindung. Solche Selbstinszenierungen im Medium der Mode führen uns heute besonders deutlich das moderne Paradox des Individualisierungszwangs vor Augen.

Dessen Motto lautet: »Sei unverwechselbar!« Aber genau das geht eben nicht auf Befehl. Heute muß das Marketing intelligent genug sein, um diese Paradoxie zu entfalten. Die Aufforderung »Sei du selbst!« wird dann zum Massenartikel.

In der postmodernen Welt machen wir die Erfahrung, daß unsere Identität zersplittert und vervielfältigt ist. Schon Friedrich Nietzsche, dieser erste große Kritiker der aufgeregten Moderne, hat ja das »Ich« des Menschen als leeren Ort einer Vielzahl entzaubert. Damit gibt Nietzsche dem »Performing Self« unserer Gegenwart das Stichwort: Ich entwerfe mich auf Möglichkeiten! *Das Leben inszeniert sich selbst, erfindet seine Identität.*

Mein Name sei Gantenbein, hieß das einmal bei Max Frisch. Und das funktioniert heute natürlich viel besser als in den finanziell noch beengten sechziger Jahren. Denn man muß kein Marxist sein, um zu sehen: Hinter dem Proteusartigen der Lebensstile steckt der Jokercharakter des Geldes. Die mythische Gestalt des Proteus, des Vielgestaltigen, wäre also durchaus ein geeigneter Namensgeber für den neuen Lebensstil.

Markt der Lebensstile

Die Jugendszenen haben neuerdings – neben dem unverwüstlichen »cool« – ein neues Schlüsselwort: »kult« (Adjektiv). Das ist durchaus ernst zu nehmen. Längst haben Marketingexperten erkannt, daß man den wichtigsten (eben jungen) Konsumentengruppen keine für sich selbst sprechenden Produkte mehr verkaufen kann. Gefragt sind Themenwelten, Lebensstile, Weltbilder – die man eben *kultisch* inszenieren muß. Natürlich kann man hier einwenden, daß nicht nur Jugendliche konsumieren, ja, daß die demographische Entwicklung den Alten eine immer größere Bedeutung verleiht. Doch das ist für die Dynamik der Märkte zweitrangig. Und weit über den von RTL-Chef Helmut Thoma gemeinten Zusammenhang hinaus gilt der böse Satz: »An Kukident können wir nichts verdienen.«

Zurück also zu den Themenwelten der Jugendszenen. Seit

einiger Zeit sagen gewisse Leute bei Sachverhalten, die ihnen selbstverständlich sind: »Kein Thema!« Wenn man diese Redensart ernster nimmt als sie sich selbst, dann heißt das doch wohl: Ein Thema ist etwas, was uns wirklich angeht, ein Muster, das eine Sehnsucht erfüllt. Gewiß, es geht hier um Werte. Aber diese Werte sind Artefakte. Sie resultieren aus rein formalen Wertungen, für die Stilfragen und Attitüden entscheidend sind. *Der Sinn wird demnach zum Lifestyle.*

Das hat erhebliche Folgen für Wirtschaft und Gesellschaft. Wenn der Lebensstil zum alles bestimmenden Faktor wird, dann bedeutet das: *Wir müssen Abschied nehmen von der sozioökonomischen Segmentierung der Märkte und Öffentlichkeiten. Denn ein Lifestyle ist der Inbegriff von Werten und Erwartungen, die ein Kunde oder Wähler selbst selektiert.* Wir haben es hier also mit einem qualitativen, schwer definierbaren Konzept zu tun. Der große alte Mann der Managementtheorie, Peter F. Drucker, schreibt dazu in seinem Buch *Managing for the Future:* »A lifestyle market is fuzzy and extremely volatile.«

Der Lebensstilmarkt der Gegenwart hat unscharfe Ränder; er ist flüchtig, unbeständig und kontingenten Impulsen unterworfen. Um ihn zu steuern, braucht man Darstellungsformen, die eben auch unscharfe Ränder haben. An die Stelle des Rigorismus der klassischen Werte und Normen tritt heute wieder die Inszenierbarkeit und umgänglich-umständliche Erzählbarkeit des Mythos. Mythen sind nämlich umerzählbar und dadurch elastisch. Und genau das ist gemeint, wenn man heute von Themen spricht. »The legend lives!«

Erst vor diesem Hintergrund wird ganz deutlich, was es bedeutet, daß Shopping zum Lebensstil geworden ist. Das Warenhaus und erst recht die Mall steigern den Absatz ja gerade dadurch, daß sie den Kunden ablenken, bewußt desorientieren. Die Mall ist nämlich eine Art Synthese von Kino, Supermarkt und Spielwiese. An die Stelle der langweiligen Auslagen traditioneller Warenhäuser treten immer entschiedenere Inszenierungen im Verkaufsraum. Verkaufen läßt sich nur noch, was – mit einem treffenden Wort Gernot Böhmes gesagt – »Inszenierungswert« hat. Das gilt nicht nur für Zigaretten, sondern auch für Parteien und wissenschaftliche Forschungsprojekte.

Gerade angesichts eines kaleidoskopischen Lifestyle-Marktes genügt aber die Orientierung an Bedeutungen nicht mehr. Werbung arbeitet nicht nur an den semantischen Attributen eines Produkts, sondern vor allem auch an der Syntax des Warenkontexts. Man spricht mittlerweile sogar schon von einem *syntagmatischen Marketing*. Doch keine Angst vor Fremdwörtern. Gemeint ist *ein Marketing, das nicht nur auf einzelne Waren, sondern auf die Konsumtionsmuster des Kunden zielt.* Das Marketing hat heute also auch ein spezifisches Komplexitätsproblem. Es muß sich nämlich auf die Komplexität des Konsumrituals einstellen, und das heißt in Warenkombinationen denken. Daß Boutiquen in Warenhäusern auftauchen, ist das deutlichste Symptom für syntagmatisches Marketing. Denken Sie aber auch an die wachsende Bedeutung von kombinierter Werbung, wie etwa von Bogner und American Express. Ein Produkt auszuschmücken und anzupreisen genügt eben schon lange nicht mehr. Die Lifestyle-Werbung von heute präsentiert *Warenkontexte.* Denn ein Lebensstil läßt sich am besten als Netzwerk von Konsumtionsmustern modellieren.

Das Fazit dieses Kapitels ist einfach formuliert. *Management und Marketing müssen lernen, das Chaos des Marktes und den Kult des Konsums als Komplementärphänomene zu begreifen.* Unsere These lautet also: Auf den Einbruch der Theatralität in den Alltag und die kaleidoskopische Kontingenz des Marktes antwortet die Wirtschaft (und zunehmend auch die Politik) mit einem *Kultmarketing.*

3
Marketing heiliger Informationen

Der Kampf um das Glaubenssystem der Manager

Gemeinhin und speziell in Rezessionszeiten gelten Manager als nüchtern kalkulierende Wesen mit festen Überzeugungen. Ihr effektives Informationsverhalten und damit die Grundlage von Entscheidungen sieht allerdings ganz anders aus. Dahinter verbirgt sich ein erstaunlich zartgliedriges Glaubenssystem. Gerade in unserer so »coolen« Zeit ist der »Götterbedarf« enorm.

Wissenschaftler, Parawissenschaftler, Managementprofessoren, Unternehmensberater und Trendforscher stehen daher im voll entbrannten Kampf um den Sonnenplatz in diesem Glaubenssystem. Sie bieten ihre »Erfolgsfaktoren« und »Rationalisierungskriterien« in Form von heiligen Informationen an: wichtige Fakten aus verborgenen Quellen, Geheimwissen, Glaubenssätze und Zahlenkatechismen kursieren. Vom New-Age-Guru über den vernetzt denkenden Hochschulprofessor, vom zugleich naturwissenschaftlich wie familientherapeutisch geschulten Turbulenztheoretiker bis zum klassischen Kostenanalytiker mit Zusatzausbildung in Ernährungslehre drängt alles auf den immer wichtiger werdenden Informationsberatungsmarkt.

Im folgenden werden die Zusammenhänge in gesättigten Märkten aufgezeigt, und als Leitfaden wird der Rolle von Informationsberatern nachgegangen. Dabei wird die Notwendigkeit einer qualitativ hochwertigen Trendforschung unterstrichen: Wenn der *Marketingaspekt* in allen Bereichen der Kommunikation entscheidend wird, haben klassische Mittel des Marktzugangs und des Informationsverhaltens ausgedient. Dem Info-Overload kann man nicht mit klassischen Rationalitätskriterien begegnen, wie das die unterschiedlichen, reichlich naiven Ansätze etwa zum »Zeitmanagement« gezeigt haben. (»Unterscheiden Sie AA-Prioritäten von A- und B-Prioritäten« – so einfach ist das heute nicht mehr.)

Doch zunächst ganz profan: Was passiert mit Informationen in gesättigten Märkten?

Werteverschleiß und Informationsschleckmäuler

In gesättigten, dem schnellen Werteverschleiß und dem Auftauchen von neuen Wertereihen unterworfenen Märkten haben Informationen vier typische Eigenschaften, die wir in Anlehnung an einen der wenigen wichtigen deutschen Soziologen, Richard Münch, folgendermaßen beschreiben können: Sie tendieren zur Verdichtung, zur Globalisierung, zur Vermehrung und zur Beschleunigung

- Sie drängen also erstens zur *Verdichtung*, weil niemand mehr Zeit hat, ausführliche Dossiers eingehend zu studieren. Die Wissenschaft oder die dokumentationslastige Pharmaforschung können davon ein Lied singen; vielseitige Berichte und Abhandlungen interessieren niemanden mehr: »Kommen Sie auf den Punkt, oder Sie werden vergessen« ist die unvermeidliche Vorgabe. Daher müssen die Informationen intelligent verdichtet werden. Und dafür sind alle Regeln der Darstellungskunst gefragt.
- Sie drängen zweitens zur *Globalisierung*, weil durch die Medienpräsenz – von Fax, Satelliten-TV, Telefon, E-Mail etc. oder negativ gewendet von sophistizierten Abhör-, Scanning- oder Kopieranlagen – in Nullzeit Informationen planetar abruf- und verfügbar gemacht werden. Bereits eine mittelfristige Geheimhaltung von Informationen wird illusorisch. Wer wirklich »wichtige« Informationen hat, gibt sie preis, und zwar dem Meistbietenden.

- Sie tendieren drittens zur *Vermehrung*. Es gibt keine Möglichkeit, in einer medialen Welt die steigende Informationsflut einzudämmen: tendenziell wird alles aufgenommen und weitergegeben: mündlich, schriftlich, bildlich etc. Das ganze Leben wird zum Projekt, das unaufhörlich gescannt wird: vom Familienalbum zu den Schulheften, von der Videoshow über die Kindergeburt bis hin zur Hausmusik. Ganz zu schweigen von der Arbeitswelt: keine Sitzung ohne Protokoll, kein Firmenkongreß ohne Redner, keine Redner ohne Papers, keine Papers ohne deren Vervielfältigung. Kein Kongreß ohne Kongreßbuch, kein Promigeburtstag ohne Festschrift und Festanlaß. Das Rauschen der Datenautobahn wird stärker und übertönt natürliche Laute. Die Beispiele lassen sich beliebig weiterführen. Doch es kommt noch schlimmer.

- Sie tendieren viertens und logischerweise zur *Beschleunigung*. Diese Tendenz verdanken sie wohl am meisten dem technischen Fortschritt: Computertechnologie-Fortschritt etwa ist in erster Linie Schnelligkeits- und Beschleunigungsfortschritt. Der »Informations Highway« ist der einzige Highway, der kein »Speed Limit« kennen wird – und das macht seine ungeheure Attraktivität aus. Umfragen, die im weitesten Sinne mit Multimedia und Informationstechnologie zu tun haben, bestätigen, daß deren Nutzen in erster Linie in der »schnellen Kommunikation« liegt. In zweiter Linie aber verdankt sie sich der in der Marktwirtschaft unvermeidlichen Neigung, Informationen gezielter einzusetzen, um damit Zeit gegenüber Konkurrenten zu gewinnen. Das kann, wie wir nur allzugut wissen, zu ganz eigenartigem Verhalten führen.

Das heißt, daß die Information *als solche* kein wesentliches Problem mehr darstellt. Jedes Unternehmen, das über einigermaßen angemessene finanzielle Mittel verfügt und sich darum bemüht, erhält die *richtigen* Informationen, die es brauchen würde, um am Markt zu bestehen. Wie aus den vier Eigenschaften ersichtlich ist, hat in der Regel sogar jeder, der sich über seine

Märkte auf dem laufenden halten will, *viel zu viele* Informationen zur Verfügung – also auch viel zuviel richtige Informationen, die brauchbar sind für das Alltagsgeschäft und die strategische Planung.

> *»Alle Beobachtungen deuten darauf hin, daß der Manager sich nicht aufgrund der gesammelten Abstraktionen eines MIS (Management-Informations-Systems, das die sog. harten Fakten und Zahlen liefert) entscheidet und seine Denkmuster verfertigt, sondern aufgrund bestimmter informativer Leckerbissen«*
> Henry Mintzberg.

Wenn diese These des berühmten Organisationsforschers Mintzberg stimmt und Manager unter den heutigen Voraussetzungen *Informationsschleckmäuler* geworden sind, dann kann die praktische Konsequenz nur lauten: Das klassische Problemlösungsmodell mit dem Zyklus »Identifikation des Problems – Analyse – Diagnose – Kritik – Handlung« hat in gesättigten Märkten ausgedient. Informationen folgen nicht mehr einer gewünschten Umlaufbahn oder einer bestimmten Gerichtetheit wie noch im Zeitalter knapper Informationen. Auch Informationen funktionieren nach dem *Modell des Konsums*, das heißt nicht mehr nach einem »rationalen Akkumulationsmodell«. Der schnelle Verschleiß von Werten, das sofortige Sich-konsumieren-Müssen wird zur Vorgabe. Mit ihrem Entstehen veralten die meisten Informationen auch schon wieder. Einige Privilegierte landen im *Datenmuseum*. Der Hypertext macht die Frage nach Kriterien zur Archivierung von Informationen zur unlösbaren Sisyphusarbeit. Daß Manager so reagieren, wie Mintzberg es festgestellt hat, erstaunt bei genauerem Hinsehen gar nicht. Diese Reaktion ist durchaus plausibel und nicht einfach als »unseriös« abzuwerten. Nur gilt es festzustellen: Damit entsteht auch ein neues Wissensdesign in den Köpfen von Entscheidungsträgern, das sich de facto an ganz anderen Kriterien orientiert als an den erwähnten »gesammelten Abstraktionen« eines MIS und nüchternen Zahlenkolonnen.

Man kann angesichts der Info-Überflutung interessante Beobachtungen machen; unter Umständen kann es gar zur Renaissance von historischen Figuren kommen. Wir haben gesagt: Schleckmäuler sind fast alle Manager. Es gibt aber unterschiedliche Schleckmäuler: Abgesehen von den gierigen Allesfressern und den enttäuschten Allesverschmähern gibt es den Info-Snob, den Info-Playboy und den Info-Dandy. Die interessanteste Figur ist der Dandy. Er ist die elitäre Erscheinung unter den dreien. Ihn empört nicht die unbewältigbare Masse der Informationen, sondern ihre Banalität. Er ist angewidert von denjenigen, die in der Datenmasse steckenbleiben, die alle Informationen für voll nehmen und keinen souveränen Umgang finden können. Der Info-Dandy ist der perfekte Formalist, der die Geste, das Timbre, die Pose, das Arrangement beherrscht. Er pflegt einen *heroischen* Umgang mit Informationen. Er schafft nicht eine neue Kunst, er setzt auch nicht die alte Info-Kultur fort, sondern er konsumiert sie, um sich selbst als artifizielles Gebilde in Szene setzen zu können. *Er surft sozusagen über die Informationen hinweg.* Als perfekter Formalist ist er gegenüber dem Info-Snob oder gar gegenüber dem Info-Playboy im Vorteil. Denn diesen beiden Figuren fehlt die Info-Originalität. Sie sind Degenerierte der Info-Masse. Der Playboy, der noch unter dem Snob rangiert, verfügt zwar über extrem viele Informationen, die ihm Macht verleihen, weil er an wichtigen Kanälen angeschlossen ist, aber er pflegt einen sterilen Umgang mit ihnen. Er sucht nur das Amüsement, den Klatsch und begnügt sich damit, zu den Jet-set-Promis zu gehören. Mit dem Hang zum eitlen Gecken wollen sie überall erwähnt werden. Ihnen genügt das Außergewöhnliche, auffallend Grelle, das sie vom durchschnittlichen Info-Konsumenten unterscheidet. Ihnen fehlt die distanzierte Lockerheit, die unaufgeregte Nüchternheit, die den Info-Dandy auszeichnet.

Die einzige wichtige Frage ist also: Wenn Manager sich *de facto* an informativen »Leckerbissen« und nicht an den schwerfälligen Informationsapparaten und -aggregaten orientieren – warum gibt man ihnen dann nicht, was sie begehren?

Paralyse durch Analyse: Wozu noch Informationen?

Worin liegt also das Problem? Mit dem traditionellen Blick auf Informationen und Management-Informations-Systeme werden die obengenannten vier Tendenzen verstärkt, ohne daß daraus neue Werte entstehen, die für den *Wertschöpfungsprozeß* fruchtbar gemacht werden könnten. Man ertrinkt in den Daten, statt mit ihnen zu navigieren. In der Situation der gesättigten Märkte entstehen andere Qualitätsanforderungen an die Marktkommunikation. MIS erweisen sich oft als teure, schwerfällige und für die Wartung zeitintensive Aggregate. Aber sie sind ein typisches Symptom der aktuellen Hilfs- und Phantasielosigkeit. Genau vor demselben Problem steht übrigens auch die empirische Markt- und Sozialforschung. Diese Form der Marktbearbeitung war früher unerläßlich, als es darum ging, neue Produkte in unverbrauchten, noch nicht »übernutzten« Märkten zu lancieren, in denen der rationale Individualismus ein gültiges Modell des Konsumenten abgab. Heute aber herrscht fast überall Überkonsum, und es gibt eine relativ leichte Substituierbarkeit von Leistungen und Produkten, so weit wir schauen. Daher lautet die These:

Treffen gesättigte Märkte und ein Überangebot an Informationen zusammen, genügen die üblichen Mittel des Marktzugangs und der Marktanalyse nicht mehr, weil sie viel zu grob und zu schweratmig sind.

Die traditionellen Methoden desensibilisieren. Sie verstopfen nach und nach unsere Wahrnehmungskanäle, anästhesieren im wahrsten Sinne unser Sehen, Hören, Fühlen, Riechen und verleiten zur *Corporate Blindness. Trendblindheit* wird zur tödlichen Krankheit für Unternehmen. Denn wenn die Sinne verstopft sind, erhält der Geist keine gute Nahrung mehr: Ihr Effekt ist mithin kontraproduktiv. Beim Benutzer entsteht *Paralyse durch (vermeintliche) Analyse* – viel Aufwand, wenig Ergiebiges. Denn bei diesem Zusammentreffen ist ersichtlich, daß der atemlose Dauerlauf nach immer neuen sogenannten »Fakten« und die Produktion von immer neuen Zahlenkolonnen, Umfragen und Auswertungsbogen, Statistiken und Vergleichen leerläuft und sich selbst ad absurdum führt.

Das besagt: *Ihr Erkenntniswert sinkt gegen Null*, und damit sind sie ihre Tauglichkeit für eine angemessene Entscheidungsfindung in Organisationen ebenfalls losgeworden. Die längst lästig gewordenen, aber noch immer allgegenwärtigen Polituntersuchungen mit ihren Beliebtheitsskalen, wie wir sie aus Deutschland oder Frankreich kennen, geben ein gutes Beispiel dafür ab. Dieser statistische Militarismus wirkt gegenüber den feineren Marktsignalen wie ein Panzer, der über einen englischen Rasen fährt – er hat den Effekt des Elefanten im Porzellanladen. Natürlich leben wir in einer »Zahlenkultur« (V. Flusser), und gegen einen vernünftigen Gebrauch von Zahlen und Fakten gibt es gar nichts einzuwenden. Wir wissen, was uns die Fokussierung auf die Eindimensionalität des Zahlenfetischismus alles gebracht hat – nicht zuletzt unverzichtbaren Wohlstand, Friede und Sicherheit. Aber deren fälschliche Veredelung zu »heiligen Informationen« verstärkt die Misere in gesättigten Märkten und bestätigt die Aussage von Andy Warhol: *Die Zukunft wird gleich sein wie die Vergangenheit, nur mehr vom selben.* Beispiele wie diese können erhellen, was tatsächlich getan wird: Man baut einen Zahlenkatechismus auf, um sein eigenes Glaubenssystem zu befriedigen. The show must go on, die Desensibilisierung schreitet voran. Anstatt *andere*, alternative Zugänge der Marktanalyse zu suchen, verstärkt man den konventionellen Einsatz – wenn man ihn nicht ganz preisgibt, was in rezessiven Zeiten als Gegenreaktion ebenfalls beobachtet werden kann.

Wie die Erfahrung ebenfalls zeigt, klammern sich Unternehmen in Zeiten der Verunsicherung mit Vorliebe an den *Mythos von magischen Namen* – den allseits bekannten »Big Names« der Unternehmensberater – und lassen sich für Unsummen und zum Teil hart erarbeitetes Geld Konzepte (etwa zu Downsizing, Teambuilding, Reengineering etc) erstellen, die dem gesunden Menschenverstand Hohn spotten. Und so wähnt man sich in Sicherheit und hat in Wirklichkeit nur die Anpassung an Veränderungen hinausgeschoben.

Die Überlegung, wozu denn solche Analysen und Datenberge gut sind, ist wenigstens einige Minuten Nachdenklichkeit wert. Welche Funktionen erfüllen sie? Sie erfüllen allenfalls Minimalfunktionen am Rande der unternehmerischen Interessen: Sie dienen der Machtabsicherung von Ressorts und Abteilungen, der internen Legitimation von Arbeitsaufwand, Budgets und Projekten, ja vielleicht sogar nur dem Umzug von Büros und Bürotrakten. Was aber nützen sie effektiv demjenigen, dem eigentlich jede unternehmerische Aktivität gelten sollte, nämlich dem Kunden? Sobald man sich konsequent auf diese Ebene begibt, erscheinen viele Probleme in neuem Licht.

Marktforschung: Nostalgie im Hypertext

Die Nachteile der altehrwürdigen Mafo-Instrumente und Analyseapparate liegen auf der Hand: Sie sind erstens und vor allem *zu langsam*. Bis mit viel Aufwand an Personal- und Geldressourcen aussagekräftige Resultate vorliegen, ist zuviel Zeit verpufft. Und das Resultat kann immer nur *Bestätigungscharakter* haben: Was der gesunde Menschenverstand oder der wohlinformierte Manager eh schon geahnt haben, erweist sich nun als richtige Annahme. *Tautologie* zeichnet daher viele Untersuchungen aus. Das heißt, sie schaffen sowohl die Probleme als auch die Lösungen selbst. Sie sind zweitens *vergangenheitsorientiert*; ihre Relevanz für die zukünftige Marktentwicklung ist daher höchst fraglich. Man extrapoliert aus veralteten Beständen und setzt auf die Hoffnung, es mögen doch morgen noch die gleichen Rahmenbedingungen vorliegen wie heute. Daraus ist drittens ersichtlich, daß die traditionellen Instrumente zur *Passivität* geradezu einladen, statt proaktive Veränderungen zu initiieren. Sie suggerieren eine fixe Verteilung der Märkte nach »toten« Zielgruppen. Sie sind der Metaphysik der Fakten treu ergeben und können so auch die neue »Anfälligkeitsstruktur« des Kunden für die Produktliebe nicht sehen.

Nehmen wir als Beispiel das Thema »Jugendliche Altersgruppen und Marketing«. Immer mehr Untersuchungen werden angeschoben, bis hin zu Seminaren mit Jugendlichen, um »Jugendnähe« zu erreichen. Doch der Effekt ist vielfach gegenteilig; je mehr man kategorisiert, klassifiziert, typisiert und kolonisiert, desto mehr entfernt man sich vom Gegenstand der Untersuchung. Man kreiert allein »more of the same«. Mit kollektiven Appellationen (Punks, Technos, Acid Jazz etc.) und idealtypischen Spielereien (Konservative, Yuppies, Alternative etc.) werden Selbstzweckübungen betrieben. Es sind Prozesse der Verselbständigung, die ablaufen, ganz analog dem, was passiert, wenn Studenten eine Seminararbeit schreiben und keine eigenen Ideen haben. Der eigentliche Gegenstand der Untersuchung entschlüpft, verschwindet ganz einfach und taucht allenfalls als Medienphänomen wieder auf – wie das Beispiel der »Generation X« gezeigt hat. Dies ist zum Mythos und Schreckensgespenst der neunziger Jahre für Werber, Markenartikler und Freelance-Journalisten geworden – nicht aber für den Untersuchungsgegenstand selbst, an dem das Ganze vorbeigeht. Daß dabei eine subtilere Beobachtung von Marktprozessen verunmöglicht wird, ist logisch: Was nicht sofort etikettiert werden kann, was etwas sensibler, empfindlicher ist, fällt aus dem Raster. Was man nicht mühelos begreifen kann, wird mit dem Urteil der Existenzleugnung belegt. Es ist ganz merkwürdig: Alle problematischen Eigenschaften werden ausgeschieden. Was nicht sein darf, ist einfach nicht.

In den wirklich heiklen, umstrittenen Märkten, in denen es um Innovationsmöglichkeiten in gesättigten Märkten geht, hat *die Denke* der empirischen Markt- und Sozialforschung als klassisches Instrument der Marktbearbeitung längst ausgedient. Sie erweckt Nostalgiegefühle, genauso wie soziologische Untersuchungen von Universitätsinstituten Nostalgiegefühle wecken, wenn sie versuchen, gesellschaftliche Prozesse zu beschreiben. Sie sind in der Regel nicht nur langweilig und überflüssig, sondern einfach nur noch ärgerlich.

Einer der ersten, der diese Problematik erkannt hat, ist der Altmeister der Unterhaltungselektronik, Akio Morita von Sony. Er schrieb schon vor bald zehn Jahren in seinem Buch *Made in Japan*, wie stark sich der Startvorsprung verringert hat, ehe andere Wettbewerber mit einem vergleichbaren Produkt auf den Markt drängen. Weil man den Umsatzanteil an Forschung und Entwicklung nicht unendlich vergrößern kann, muß man eine andere – aktivere – Sicht des Marktes gewinnen. Was machte Morita? Das Überraschende in seiner Strategie ist, *daß weder die Marktforschung noch die vermeintlichen Kundenbedürfnisse, noch die Öffentlichkeit eine Rolle in seinen Überlegungen spielen.* Keine aufwendigen und teuren Analysen, keine künstlich konstruierte Kunden- oder Medienorientierung, dafür eine lange Erfahrung mit Branchen und Menschen, Intuition und anscheinend genau das richtige Trendfeeling und die Leidenschaft für das neue Produkt sind für ihn die Basis des Markterfolgs. Die Geschichte der Entstehung des Walkman ist ein eindrückliches Beispiel, wie auf unkonventionelle Art ein neues Produkt lanciert wurde. Am Anfang stand die Beobachtung, daß Jugendliche anscheinend nicht ohne Musik leben können und daß Musikhören in der Form von Kassettenrecordern eine unbefriedigende Art der Wiedergabe von Musik darstellte. Doch dann mußte er den internen Widerstand insbesondere natürlich seiner Ingenieure brechen. So resümiert Morita:

»Wir wollen der Öffentlichkeit neue Produkte anbieten, ohne nach den Bedürfnissen zu fragen. Die Öffentlichkeit weiß weder, was sie will, noch, was machbar ist. Wir aber wissen es. Wir kümmern uns daher nicht viel um Marktforschung, sondern tüfteln ein Produkt und seine Verwendungsmöglichkeit aus und versuchen dann, einen Absatzmarkt dafür zu schaffen, indem wir die Öffentlichkeit durch Kommunikation sozusagen produktreif machen.«

Was hier nach üblem Neomachertum, überheblicher Technokratie oder gar nach Zynismus klingen mag, ist bei näherem Hinsehen ein wichtiger Ansatz, um in gesättigten Märkten eine neue
Souveränität zu gewinnen. Wir können uns zu einer weiteren
Illustration auch an einen ausgefalleneren Zeitgenossen halten,
wie etwa Louis Rossetto, der Anfang 1993 die Zeitschrift *Wired*
in San Francisco lancierte. Diese Trendzeitschrift für Medien-
freaks und Computergadgets hat innerhalb kürzester Zeit eine
Auflage von fast einer Viertelmillion erreicht. Die Zeitschrift
vermittelt den Spirit einer neuen Medienkultur, die sich wohltu-
end von den übrigen, langweilig-kleinkarierten Computerblät-
tern abhebt. Rossetto erklärt sich den Erfolg dabei so:
»Wir sind besessen von dem, was wir tun. Wir haben keine
Marktforschung betrieben und dann ein Produkt auf eine Zielgruppe zugeschnitten. Wir bringen einfach die Themen, die uns
interessieren, in ein Design, das wir cool finden. Wahrscheinlich
spürt der Leser diese Leidenschaft – ich denke, das macht unseren Erfolg.«
Die gesättigten Märkte sind heimtückischer geworden – aber
damit auch viel spannender und aufregender. Es ist durchaus zu
begrüßen, wenn die Langweiler und Elfenbeintürmler nicht
mehr so leichtes Spiel haben. Es geht um »The Real Thing« – wo
ist es?
*Wichtig wird in gesättigten Märkten nicht mehr die Informa-
tion als solche, sondern die Entwicklung der Fähigkeit, sie – in
einem ersten Schritt – zu interpretieren.*
Was nützen mir die besten, witzigsten und brisantesten Informationen, wenn ich damit nichts anzufangen weiß? Wenn ich zah-
lendegeneriert und desensibilisiert bin, kann ich die feineren
Veränderungen gar nicht mehr wahrnehmen. Man nimmt dann
nur noch *Rauschen* – Noise – wahr. Informationen werden zur
alltäglichen Falle, statt daß umgekehrt damit ein souveräner
Umgang gefunden werden kann.
Informationssouveränität ist der Schlüssel zur erfolgreichen
– und das heißt auch lustvollen, intelligenten, nichtresignativen –
Bewältigung des Alltags. Und das wiederum soll heißen: Infor-

mationen sind immer auch *bloß* Informationen, nur Informationen. Angst vor der Abkoppelung vom »Information Highway« hat nur, wer sich passiv dem Hypertext ausgeliefert sieht. Wer diese Problematik in diesem Licht sieht, ist selbst schuld. *Denn gerade der Hypertext ermöglicht aktive Strategien,* die mit der konventionellen Auffassung der Medien nicht zu erreichen sind.

Eines kann man mit guter Gewißheit sagen: Wir stehen diesbezüglich erst am Anfang von dramatischen Veränderungen in der Wertschöpfungskette, die sich mehr und mehr von der materiellen Produktion löst. Damit haben sich die wenigsten Unternehmen bisher auseinandergesetzt, und die Abgänger von den Business Schools oder gar von unseren Universitäten oder Hochschulen wissen diesbezüglich leider (erwartungsgemäß) auch nichts Neues zu berichten.

All diese Voraussetzungen sprechen *für* die Notwendigkeit einer qualitativ hochwertigen Trendforschung und -kommunikation.

Teigwarenfabrik, Heavy Metal und Managementlehre

Trendforschung – in ihrer anspruchvollen Variante, die wir hier verteidigen wollen – ist die erste Disziplin, die sich *konsequent* überlegt hat, was es heißt, in gesättigten Märkten zu kommunizieren und zu agieren. Zu diesem spannenden, in seiner Tragweite noch überhaupt nicht begriffenen Thema der gesättigten Märkte an dieser Stellen nur einige kurze Bemerkungen. Sie werden im Kapitel über die »Marketingmythen« nochmals Diskussionsgegenstand sein.

Gesättigte Märkte können wir überall feststellen: Das trifft auf den Automarkt ebenso zu wie auf den Mineralwasser- oder den Schallplattenmarkt. Aber es trifft *ebenso* zu auf den Markt der Moral, der Wissenschaft, der Kultur, der Religion und der Politik. *All diese Märkte definieren sich als Konsummärkte neu.*

Der *Markt der Moral* ist in einer globalisierten Welt wahrscheinlich der zukunftsträchtigste Markt überhaupt. Überall gibt es zu viele Angebote an Vorschriften des richtigen Denkens und Handelns. Je demokratischer eine Gesellschaft ist und, vor allem, je demokratischer die Weltmärkte sich gestalten, desto gesättigter ist der Markt der Moral. Wir haben mit dem Thema der »Political Correctness« eine kleine Vorahnung von dem bekommen, was es heißt, wenn etwa politische Minderheiten von ihren demokratischen Rechten *wirklich* Gebrauch machen wollen und Papier nicht einfach Papier sein lassen. Auch wenn es sich dabei um ein typisch amerikanisches Phänomen handelt, das man nur im amerikanischen Kontext angemessen begreifen kann, muß man seine Auswirkungen und vor allem die präjudizierenden Fälle für die globalen Märkte beobachten. Denn wenn der ordnungspolitische Rahmen auch für die nationalen Märkte immer weniger von der Politik und immer mehr von der letzten Ordnungsmacht – dem Warenstrom als solchem – bestimmt wird, kommt dem *cleveren* Marketing eine kaum zu überschätzende Rolle zu. Und darin sind die Amerikaner die Stärksten. Die Polit- und Wirtschaftsjuristen aller Länder dürfen sich auf eine goldene Zukunft freuen. Daß Moral eine immer größere Rolle im Marketing spielt, haben am eindrücklichsten die Anbieter von klassischen Lifestyle-Produkten wie Benetton, Levi's oder Body Shop vorgezeigt. Wir erleben hier dramatische Brüche, nicht nur, weil das »cause-related« Marketing und Sponsoring heute umsatzmäßig weltweit eine große Bedeutung hat, sondern weil die Entwicklung vielmehr noch weiter, in Richtung Lifestyle Company geht. Eine *Lifestyle Company* produziert und vermarktet nicht nur Lifestyle-Produkte, sie verkörpert als Organisation denselben Geist wie das Produkt. Dieser Typus, für den etwa Ben & Jerry's steht, manifestiert sich also nicht nur in einem Akt der Außendemonstration, indem er zum Beispiel Standortfragen nach moralischen Kriterien entscheidet (Städte mit hoher Arbeitslosenquote werden bevorzugt) oder indem er einen bestimmten Prozentsatz des Gewinns für den Schutz des Regenwaldes einsetzt, sondern seinen Lifestyle viel konsequenter in der Unternehmung durchsetzt, indem zum Beispiel der Vorstand nicht mehr als viermal soviel verdient wie der am schlechtesten bezahlte Angestellte. Solche Lifestyle Companies verkaufen nicht nur Lifestyle-Produkte mit moralischer Botschaft, sie leben sie auch als Produzenten vor. Indem man nicht mehr abstrakte Weltverbesserung zum Ziel setzt, sondern konkret etwas Projektorientiertes unterstützt, positioniert man sich in der Öffentlichkeit entsprechend. Das wird als moralisches Engagement bewertet, das böse enden kann, wenn man seine eigenen ehernen Werte verletzt – wie bei Body Shop geschehen. Moralisches Marketing kann strategisch für ein Unternehmen eine große Herausforderung werden, aber wenn man die Normen verletzt, kann der Markt brutal reagieren.

Ähnliches wie für den Markt der Moral gilt für den *Markt der Wissenschaften*. Unsere zumeist noch nahezu hundertprozentig subventionierten Wissenschaften produzieren Jahr für Jahr mehr Informationen in Form von Büchern, Artikeln, Kongressen und Seminaren. Zu allem scheint es Antworten zu geben, die wissenschaftlicher Legitimation nicht entbehren müssen. *Wissenschaftliche Erkenntnis ist selbst zu einer Produktivkraft unter vielen anderen geworden.* Es gibt Theorietrends, und nicht zufällig hat Niklas Luhmann schon früh über »Theoriedesign« und »Theorietechnik« philosophiert. Die Informationsrationalität verändert sich: Der Markt für die kompetente Beantwortung komplexer Fragen ist so groß wie noch nie. Alle fünf Jahre verdopple sich unser Wissen, behaupten Wissenschaftler. Das läßt aufhorchen. Was verdoppelt sich da eigentlich? Ist es nicht einfach der Datenberg, der größer und größer wird? Oder schärfer: Wieviel davon könnte auf einem deregulierten Markt wirklich überleben? Worin besteht unter dem Strich der effektive Erkenntniswert von Systemen, die sich vorwiegend durch quantitative Zunahmen auszeichnen, einfach weil die Zahl derer, die Wissenschaft professionell betreiben, zunimmt? Jedem einigermaßen verantwortungsbewußten Wissenschaftsinsider fällt »ein geradezu erschreckender Aufwand an Überflüssigkeiten« auf (Luhmann). Was dabei an »Neuheit« tatsächlich erforscht und generiert wird, läßt sich nur dunkel erahnen. Neuheit in der Wissenschaft scheint allzuoft wie im härtesten Busineß »Verabschiedung der Herkunftswelt« oder schlicht die Behauptung der eigenen Neuheit durch »Abstempelung des Alten« zu sein.

Aus der schnellebigen Marketing- und Werbewelt kennen wir das »Trendburning«. Strukturell Analoges passiert in der Wissenschaft. Wo der Manager »Erfahrungsverluste« beklagt, der Normalverbraucher »Sinnverluste« erlebt, prägt den Wissenschaftsbetrieb immer mehr ein »Referenzverlust« – die Wissenschaften können sich nicht mehr auf einen verläßlichen erkenntnistheoretischen Rahmen beziehen. Sie drehen sich mithin im Kreis. Ihre Legitimation erfolgt aus Tradition – und das ist in einer Marktgesellschaft ziemlich gefährlich.

Ganz schlimm ist diesbezüglich die sogenannte *Managementlehre* (die vor allem in Deutschland aus erklärungsunbedürftigen Gründen noch vielfach Betriebswirtschaftslehre heißt) und ihre verwandten Disziplinen dran. Was hier mit staatlicher Finanzierung als »Wissenschaft« auf den Markt gebracht und oft zusätzlich privat gesponsert wird, spottet jeder Beschreibung. Wer sich die Mühe nimmt, einmal den analytischen Stellenwert von »wissenschaftlichen« Elaboraten zu untersuchen, wird Schrecklichstes erleben. Von intellektueller Redlichkeit keine Spur. Jeder will heute über »maßgebende Trends« Bescheid wissen. Hemmungslos wird hier über »Kultur« und »Soziales« als »Erfolgsfaktor« hergezogen. Jeder fühlt sich heute anscheinend berufen, über Trends etwas auszusagen. Zu dieser Flut an »Megatrends«, »Basistrends«, »wichtigen Entwicklungen« etc. kann man jetzt schon sagen: Realitätsverlust und Common-sense-Verlust sind komplett. Daß analytische Schärfe und Denken nicht mehr gefragt sind, leuchtet jedem ein, der den Alltag eines Managementprofessors kennt. Aber das Fehlen geringster Kenntnisse in Wissenschaftstheorie oder Erkenntnistheorie hätte Nietzsche wohl als Charaktermangel bezeichnet. Doch erst dieses Fehlen kann dazu führen, daß Fakten und simpelste, selbstkonstruierte Typologien fast heilige Ehrung erfahren. In Anlehnung an die Thesen von George Steiner können wir das als

»sekundäres Geschwätz« bezeichnen, also mit der Diagnose der »postmodernen Verwirrung« belegen, die ständig vom *ganz Neuen* zu berichten weiß, aber in Wirklichkeit nur *hermeneutischen Nullwert* produziert.

Anstelle vieler möchten wir aus Platzgründen nur die folgenden Beispiele erwähnen. So meint ein Professor, er mache »Einschätzungen von wesentlichen Fragen, Entwicklungen und Trends« (alle drei zusammen), weiß dann von »abgeprüften Basistrends« zu berichten und stellt Sätze auf wie: »Basisvoraussetzung einer erfolgreichen Internationalisierung ist ein für das jeweilige Land innovativer bzw. konzeptionell starker Betriebstyp.« Was ist da »Basis«, was ein »Basistrend« und was eine »Basisvoraussetzung«, welchen analytischen Stellenwert hat da die »Einschätzung«, was ist da methodisch eine »wesentliche Frage«, was ist da eine »Entwicklung«? Es braucht sehr viel Toleranz und wohl noch mehr Humor, solche »Aussagen« als »wissenschaftliche Erkenntnis« zu akzeptieren. Eine aus leider nicht immer ganz leicht nachvollziehbaren Gründen als renommierte Hochschule geltende Ausbildungsstätte verfügt anscheinend über ein »Kompetenzzentrum (KZ) für internationale Handelsdynamik«. Daß überall neue »Kompetenzen« angemahnt und immer neue Managertypen und Erfolgsfaktoren am Reißbrett entworfen werden – daran haben wir uns inzwischen gewöhnt. Daß jeder, der Manager beglücken will, ein »Zentrum« ist und hat – damit kann man auch noch leben. Doch wie soll man das Fehlen elementaren historischen Bewußtseins für anständige Abkürzungen verstehen? (Was heißt wohl KZ? Oder geht es um eine neue Form der Vergangenheitsbewältigung?) Die dem KZ beigefügte Wortschöpfung »internationale Handelsdynamik« soll man indes nicht auf die linguistische Goldwaage legen.

Man verstehe uns hier nicht falsch. Das ist kein Plädoyer gegen Wissenschaft als solche. Wir wollen damit aber andeuten, daß sich dieses gesellschaftliche Großsystem überhaupt noch nicht bewußt ist, was es heißt, in gesättigten Märkten zu operieren. Vom Zeitalter des Informationsüberflusses und der Trendlogistik will man hier einfach nichts wissen und produziert unter dem Deckmantel der Wissenschaft weiterhin maßlos Überflüssigkeiten und Peinlichkeiten.

Strukturelle Analogien zum Markt der Wissenschaft kann man natürlich auch für den *Markt der Religion* feststellen, obwohl ihm durchaus mehr Lernfähigkeit bescheinigt werden kann. In sich globalisierenden Märkten könnte sehr wohl eine neue Form globalkultureller Religion entstehen. In Konkurrenz mit den weltlichen Religionen wird es aber eine transzendente Religion immer schwer haben, dauerhaft Erfolg zu haben.

Desolat hingegen erscheint der Zustand des *Marktes der Politik*. Er hat seine Stellung innerhalb der modernen Weltordnung noch nicht gefunden und muß den Beweis seiner Anschlußfähigkeit an die Leistungs- und Marketinggesellschaft noch erbringen. Wir können bislang festhalten: Die großen Ideen wie Freiheit, Gleichheit und Brüderlichkeit sind zwar zum Stillstand (nicht zu ihrem Ende!) gekommen. Sie bewegen keine Weltmärkte mehr. Ihre Prämissen laufen allerdings scheinbar endlos weiter, insbesondere als Appendixfunktion von Waren. Waren promoten politische Botschaften, und Politiker müssen *Kultfiguren* sein – also wiederum Warencharakter haben –, um wahrgenommen zu werden. Die unzähligen Politbarometer, die uns fast wöchentlich zugemutet werden, bezeugen das. Das wird um so offensichtlicher, je mehr sich die Konsequenzen des »Information Highway« und von »Dataland« abzeichnen. Die neue Gleichheit ist die Gleichheit vor den Daten, die Freiheit ist liberal die Freiheit von den Daten und links gelesen die Freiheit zu den Daten, also Datenpartizipation. Brüderlichkeit schließlich wird ebenfalls über Datenan- und -zusammenschlüsse definiert.

Diesen wichtigen Punkt muß man sich klarmachen: Abgesehen von wenigen Nischen- und Spitzenbereichen, werden auf allen Märkten *Leistungen angeboten, die sehr leicht substituierbar sind.*

Durch den Zusammenprall und die Konkurrenz dieser Leistungen entsteht eine ungeheure *kulturelle Dynamik*, in der sich die Grenzen noch so unterschiedlicher Genres verwischen und gegenseitig Strategien, Werte und Taktiken übernommen werden. Es entstehen ganz neue Konkurrenzverhältnisse. Sie zu kennen wird für die Zukunft enorm wichtig. »*Sampling, Scanning and Stealing*« scheinen dabei ganz wichtige Strukturprinzipien von neuen Märkten zu sein. Analog zur Vorgabe der Rockmusik wird gesampelt, gescannt und geklaut wie noch nie: Suppenwerbung wird nach Regeln der Liturgie inszeniert, Krankenhäuser werden geführt wie Teigwarenfabriken, Wissenschaftler und Professoren lassen sich promoten wie Hollywoodstars, um berühmt zu werden. Kunstplakate und Werbeplakate werden auch für Kenner ununterscheidbar, die katholische Kirche konkurriert mit Nike und Heavy-Metal-Fangruppierungen um den Glauben der Jugendlichen. Sega schließlich versetzt ganz London mit einer an James Bond erinnernden Politstrategie in Schrecken, um auf die eigenen Produkte aufmerksam zu machen und dem großen Ziel, innerhalb weniger Jahre Nintendo als Marktführer für Computerentertainment abzulösen, einen Schritt näher zu kommen. Jeder versucht, sich so zu positionieren, daß er die Einzigartigkeit, also Nichtsubstituierbarkeit seiner Leistungen hervorheben kann. Sie müssen somit strategisch vorgehen und die *Kultur des kleinen Unterschiedes* pflegen. In der sich abzeichnenden Zuspitzung kann man bereits von *einem Kult der kleinen Unterschiede* sprechen.

Das Resultat ist offensichtlich: *Unsere Kultur wird eine Marketingkultur.* Leistungen, und zwar *alle* Leistungen, werden unter Marketingaspekten evaluiert. Um das obige Beispiel der Lifestyle Companies wiederaufzunehmen: *Die Arbeit von Caritas, Benetton und Rotem Kreuz wird in der Marketinggesellschaft ohne organisatorische Anstrengungen dieser Unternehmen ununterscheidbar.* Damit wird also der Aspekt des *kulturellen Unterschiedes* für gesättigte Märkte entscheidend, während die hohe Qualität der technischen Aspekte der Vermarktung stillschweigend vorausgesetzt wird. Die weichen Informationen haben so ihre Härte.

Es lohnt sich, sich zunächst einmal bewußtzumachen, was das für die Praxis bedeutet. Wenn unsere Kultur eine Marketingkultur wird, dann wird auch alles als *Konsum* neu definiert. Es gibt kaum mehr Bereiche der Gesellschaft, die sich dem Produktions- oder Konsumtionsaspekt wirkungsvoll entziehen können. *Niemand mehr vermag auf Dauer dem Verkauf, dem Katalog oder dem Patent zu entgehen.* Das mag für viele eine Schreckensvision unserer ultraliberalen Gesellschaft des ausgehenden 20. Jahrhunderts sein. Genaugenommen handelt es sich dabei aber längst um eine Banalität. Die neuesten Entwicklungen in der humanen und nichthumanen Biotechnologie beispielsweise bestätigen das nur zu gut. Im Kapitel über Marketing wird daher dieser Punkt noch zu vertiefen sein.

Die Stärke der Trendforschung besteht darin, genau diesen Aspekt der Marketingkultur und des Konsums begriffen zu haben. Das ist ihr erster bedeutender Vorteil gegenüber der Naivität des Wissenschaftsbetriebs oder der Politik der Politiker oder gar gegenüber den Beratern. Etwas begriffen zu haben heißt übrigens noch nicht, es auch zu billigen.

Das Ende der »Kundennähe« und der »Marktorientierung«

Trendforschung löst die statische Vergangenheitsorientierung und Passivität der klassischen Marktbearbeitung ab durch Gegenwartsgerichtetheit und Intervention im Marktprozeß selbst. Sie setzt genau dort ein, *wo Neues am Entstehen ist,* und nicht dort, wo Verwesendes zu Grabe getragen wird. Wenn ein Marktforscher oder Unternehmensberater und ein Marketingleiter zusammentreffen, vermählen sich in der Regel zwei Elfenbeintürme, die über »die da draußen« abstrakte Konzepte entwerfen. Daß sie diese nicht erreichen, ist nur logisch, denn sie leben in einer ganz anderen Welt. Sie verhalten sich sozusagen wie »Monokulturen« ohne Sensibilität für die Erkenntnis, daß es nicht eine homogene, DIN-geprüfte, eurotypologisch oder mit anderen kollektiven Appellationen in den Griff zu bringende Konsumwelt gibt.

Hier geht es lediglich um *ein klassisches »Zusammenschar-*

ren von Daten« (Nietzsche), das jeglicher interpretativer Weiterentwicklung von Prozessen entbehrt. Geradezu entlarvend sind Begriffe wie etwa »Kundennähe« oder »Marktnähe« oder »Marktorientierung« – wieviel Abstand zum Kunden, vielleicht in Zentimetern oder Millimetern meßbar, darf's noch sein? Darf man ihn berühren, oder darf man ihn auch um zwanzig Uhr noch mit Telefonanrufen belästigen – ist damit so etwas wie die räumlich-soziale Nähe gemeint? Oder darf man noch etwas näher ran, in sein Hirn schauen, seine Gedanken nach New-Age-Manier erraten, gar aktive Inquisition betreiben? Was ist damit eigentlich gemeint? Auf der Suche nach einer Antwort stößt man beispielsweise auf ein Buch wie *Kundennähe realisieren*. In diesem Buch, das 1994 erschienen ist, nicht zufällig von Managementprofessoren verfaßt wurde und die nicht ganz bescheidene Summe von 175 DM bzw. 148 sfr kostet, erhält man massenweise Weisheiten wie »Kundennähe beginnt beim konkreten, individuellen Kunden« vorgesetzt. Das bloße Buhlen um die »Nähe« zum Kunden zeigt unreflektierte Vulgarität. Abgesehen von der fürchterlichen Sprache, macht es die vollständige Hilf- und Phantasielosigkeit von Professoren deutlich, die sich nicht zufällig unermüdlich als »praxisorientiert« und »realitätsnah« geben. Diese verräterischen Bekenntnisse zur Umsetzungsbeflissenheit zeigen aber nur, daß hier kein wirkliches Wissen über die aktuellen Marktprozesse vorhanden ist. Dem Elfenbeinturm, den sie so gerne verlassen möchten, entrinnen sie nicht.

Einen Grund der permanenten Weltfremdheit solcher Professoren wollen wir angeben. Professoren sind Menschen wie alle anderen auch. Auch ihnen ist daher eine gehörige Portion Eitelkeit eigen. Wenn sie sich um Strategien kümmern und Daten analysieren, beziehen sie sich mit Vorliebe auf Topmanager. Sie brüsten sich damit, auf Vorstandsetagen zu verkehren und dort beraterisch tätig zu sein. Damit aber ergibt sich genau eine Verstärkung des perversen Effektes. Statt »realitätsnäher« zu werden, werden sie hingegen immer realitätsfremder. Wir behaupten: *In kaum einem Unternehmen werden die entscheidenden Entwicklungen im Topmanagement erkannt und geformt. Das* ist ein Mythos mehr. Topmanager sind weit weg vom Tagesgeschäft und haben von Trends, Trendgenerierung, Trendlogistik und -diffusion nicht die geringste Ahnung. Was in den Szenen passiert, erfahren sie nie, oder allenfalls mit lichtjähriger Verspätung. Aber: Das müssen sie auch nicht verstehen. *Denn ihre Aufgabe ist eine ganz andere* und ähnelt derjenigen eines Königs in früheren Zeiten. Hegel hat dazu treffend bemerkt: Der König muß nur noch ja, ja und nein, nein sagen. Er segnet ab. Er hat keine andere Funktion. Was »draußen in der Welt« passiert, davon hat er keine Ahnung. Ähnlich ergeht es unseren Beraterprofessoren, denen ihre Eitelkeit das entscheidende Schnippchen schlägt. Lächerlich ist es nur, wenn sie glauben, »die Realität« entdeckt zu haben, und die Bedingtheit der eigenen Position unreflektiert lassen.

Wir müssen festhalten: Die Probleme, die wir heute haben, entstammen dem abstrakten Konzept der Spaltung zwischen Konsument, Produzent und Händler, die man dann nachher alle wieder mühsam zusammenbringen muß – in Form weiterer »zusammengescharrter« Daten und stereotyper Begriffsklitterungen. In Absetzung dazu steht der Trendforscher von Anfang an *zwischen* Konsument, Produzent und Händler. Entscheidend ist ja der unstillbare Drang nach differenzlosem Verschmelzen von Konsument und zu Konsumierendem in gesättigten Märkten. Das bringt den Vorteil: Was man nicht künstlich auseinanderdividiert, muß man nachher nicht künstlich wieder zusammennähen. Im Kapitel über Marketing wird darauf zurückzukommen sein.

Was besagt das? Die klassischen Instrumente der Marketingforschung greifen erst dort ein, wo Neues zu einem etablierten *Massenphänomen* geworden ist und damit seinen höchsten Reizpunkt in der Regel bereits überschritten hat. Die wichtige Frage der *Trendlogistik* kann so nicht beantwortet werden. Ein interessantes und geradezu ideales Studienobjekt für die Konsummärkte ist, wie bzw. wann Medien mit einer sehr großen Publikumswirksamkeit über bestimmte Strömungen berichten. Bis ein marktrelevantes Phänomen die Klippe zum Beispiel des *Spie-*

gel oder gar der *Zeit* erreicht hat oder bis gar die einschlägigen Marketing- und Managementpostillen darüber berichten, ist schon sehr viel Zeit vergangen. Am Beispiel der Entwicklung der Technokultur läßt sich das sehr schön aufzeigen. Das ist *auch dann* noch überaus bemerkenswert, wenn man berücksichtigt, daß heute durch die Allgegenwart der Medien der *Timelag* zwischen Subkultur und Mainstream ständig abnimmt und die Form einer asymptotischen Kurve bekommt.

Kurz: Trendforschung setzt viel pragmatischer dort ein, wo *Aufnehmen, Machen, Verstärken* und *Beeinflussen* sozusagen multiszenisch zusammentreffen. Sie ist im wahrsten Sinne des Wortes »am Puls der Zeit«. Damit hat man einen weiteren wichtigen Vorteil gegenüber der üblichen Untenehmenskommunikation und Marktbearbeitung bereits erreicht. Wie gut trifft der Claim des TV-Spots von Toyota es hier auf den Punkt: »Wir warten nicht auf die Zukunft. Wir überholen sie.«

Lifestyle-Spionage, Trendfeeling und marktförmige Informationen

Trendforschung nützt die relativ leicht verfügbare globale Informationsmasse und selektioniert Kanäle, an die sie angeschlossen sein möchte. Dieser Punkt ist eine der *wichtigen Voraussetzungen* für qualitativ hochwertige Trendforschung. Gute, streng selektionierte Informationsquellen sind Teil des Eigenkapitals, sie sind dabei aber nichts »Verborgenes« oder »Rätselhaftes«. Die Auswahl der Quellen ist – genau gleich wie bei der wissenschaftlichen Forschung – subjektiv geprägt von den persönlichen Vorlieben des Trendforschers und seinen Interessen. Nicht mehr subjektiv ist das, was er daraus macht. Erst hier entstehen die Unterschiede, die den Unterschied ausmachen: mit der erwähnten Interpretation.

Unumgänglich ist der *reflektierte Umgang mit Medien*. Das Stichwort hier ist »Mediensouveränität«. Wie können wir, da wir im Arbeitsalltag nun einmal fast ununterbrochen die unterschiedlichsten Medien konsumieren, statt in ihnen zu ertrinken, diese souverän nutzen? Erst wenn wir uns darüber im klaren sind, *welche Funktionen welche Medien* für die heutige Gesellschaft spielen, können wir mit der Arbeit beginnen. Daher ist die sogenannte »Media Literacy« von so herausragender Bedeutung (nächstes Kapitel). Erst mit ihr können wir die Qualität von Medieninformationen richtig einzuschätzen lernen. Man muß, so einfach das klingt, so schwierig es jedoch ist, Medien *lesen* lernen. Genauso wie bei weitem nicht jeder Zeugnisse von Personalchefs richtig einschätzen kann, können nicht alle einen Hollywoodkrimi und seine Symbolik »lesen«. Der typischste Fall ist natürlich noch immer der Bereich der Printmedien, aber man muß auch da nicht einmal Exotenbeispiele nehmen wie etwa *Fanzines*. Wer dafür ein Auge hat, kann beispielsweise bezüglich Trendlosigkeit Prognosen aufstellen, die mit ziemlich hoher Wahrscheinlichkeit auch richtig sind. Der Gewinn: Ein Großteil des Rezeptionspensums an Tagespresse, Fach- und Wissenschaftsliteratur fällt weg, weil man über das Wichtigste bereits informiert ist und längst mit der »Interpretation« – der kreativen Weiterverarbeitung – beschäftigt ist, wenn andere noch aus redundanten Informationen Faktenaggregate basteln. Solche Aggregate erhalten dann das Gütesiegel »Konzept«.

Bei diesem Schritt der Analyse muß festgehalten werden: Trendforschung bietet nicht einfach einen überall benützbaren Analyseraster oder einen »Logic Grid« (oder gar vulgäre Erfolgsfaktoren oder andere illusionäre Sicherheitsklammern), sondern neue Formen der *Zusammenschau von unterschiedlichen Phänomenen*. Wissenschaftliche Untersuchungen, Publikationen, First-hand-Informationen, Marktforschung etc. fließen *multiszenisch* zusammen und müssen auch multiszenisch analysiert werden. These: Nur wer fähig ist, multiszenisch zu leben und zu reflektieren, hat eine gute Voraussetzung für die in gesättigten Märkten immer wichtiger werdende kreative Interpretationsleistung.

Für den Trendforscher und -berater ist heute *jedes Wissensgebiet*, also auch die Wissenschaften, ein System, das *bestimmte marktförmige Informationen zur Verfügung stellen kann.* Diese gilt es fruchtbar zu machen. Es geht nicht mehr um »Ansätze« oder »Kanalisierung« von Informationen, ja nicht einmal mehr um »alternative Medien« oder »Szenemedien«. Das mag man beklagen, aber damit ist Schluß. Vielmehr muß man daraus radikal die Konsequenzen ziehen. Das ist auch das Problem des »Untergrunds«. Der Untergrund hat heute kaum mehr wirkliche Entwicklungschancen. Die Medien schlagen sofort zu und lutschen die Begriffe aus, bevor sie sich durchgesetzt haben. Sie machen aus jeder Subtilität eine Banalität. Die Modeindustrie oder auch das Musikbusineß geben dafür gute Beispiele ab: *»Street Fashion« und »Indie Labels« mögen unendlich wichtige Kreativitätsschübe bewirken, Energie und Ausdruck städtischen Lebensgefühls sein, aber der Timelag zwischen »Counter Culture« und »Over the Counter Culture« nimmt ständig ab.* Das besagt überhaupt nicht, daß Gegenkulturen nicht eine wichtige Rolle für die Identität und für neue Lebensformen insbesondere von urbanen Jugendkulturen haben. Ihre Bedeutung wird im Gegenteil in gesättigten Märkten wachsen. Markenartikler werden noch mehr nach »Authentizität« und »Unverbrauchbarkeit« gieren, um dem Massenpublikum das Neue präsentieren zu können.

In Zeiten des »Information Highway« und von Dataland ist die Suche nach Gerichtetheit und Eindeutigkeit von Informationen nicht nur obsolet, sondern schon komisch geworden. Das aber erhöht gerade die Chance des kreativen Umgangs mit Veränderungen. Das Erbsenzählerspiel darf man getrost den Spezialisten, den Wissenschaftlern und den Marktforschern überlassen. Sie werden es schwer haben, mediensouverän zu werden. Ihnen droht, in der Medienflut steckenzubleiben oder gar zu ertrinken. Wie meinte die *taz* in Anlehnung an die sich mediensouverän gebärdende niederländische Agentur Bilwet: »Man will auf der Scheiße surfen, anstatt in ihr knietief zu stehen.«

Trendforschung bewegt sich auf einer *Metaebene*, deren Spezialität *das Management der Schnittstellen von Wissenskulturen* ist. Daraus ist ersichtlich: Der Anspruch der Trendforschung ist zugleich höher und tiefer als bei den herkömmlichen Wissens- und Fachgebieten. Bei Spezialisten, Marktforschern und Wissenschaftlern, die sich an ihrem engdefinierten Sujetkanon halten, werden daher immer zwiespältige Gefühle gegenüber Trendforschern dominieren: vom Neid über den Vorwurf der Unseriosität und Magie bis hin zur dumpfen Ahnung, selbst wesentliche Informationslücken zu haben.

Das wichtigste aber ist vor dem Hintergrund von gesättigten Märkten der kreative Akt der Interpretation. Mit dem vorhin Erwähnten kann man festhalten: *Mit abnehmender Halbwertszeit von Szenen-Informationen gegenüber Mainstream-Informationen nimmt die Bedeutung des kreativen Aktes, der interpretativ-konzeptuellen Weiterentwicklung zu.*

Trendforschung braucht keine schwerfälligen Analyseapparate für zusammengetragene Zahlen und medial zubereitetes Material. Sie hat den Fuß immer schon im wirklichen Leben der Szenen. Mit Hellseherei hat das noch viel weniger zu tun. Vielmehr wird der *ethnologische Blick auf die Konsumkulturen und -märkte* unserer Gesellschaft zum Schlüsselfaktor, den man mit langer Erfahrung, differenziertem Methodenbewußtsein und Insiderkenntnissen schärfen kann. Der Trendforscher bewegt sich multiszenisch in ganz unterschiedlichen Kulturen. Er ist daher eine Art »multiphrene Person«, wie sie der amerikanische Sozialpsychologe Kenneth J. Gergen analysiert hat. Dadurch erst kann das entstehen, was für viele das *»Geheimnis des Zeitgeistes«* ausmacht: *das Trendfeeling.* Wer das nicht beherrscht, kann die wichtigsten und witzigsten Marktinformationen besitzen, an die besten Kanäle angeschlossen sein – es wird ihm nichts nützen, weil er ohne Trendfeeling damit gar nichts anfangen kann. *Trendfeeling* hat nichts mit New Age gemein, und mit Magie hat es noch weniger zu tun. Es bezeichnet vielmehr die Fähigkeit, *die Sprachspiele von Szenen zu entschlüsseln, oder allgemeiner: die Symbolspiele angemessen einschätzen zu können.* Wer das nicht kann, ist in derselben Situation wie der Tourist, der die Sitten und Bräuche eines Landes begreifen will, aber die Landessprache nicht beherrscht: Die subtilen Lebensweisen, die Kernelemente einer bestimmten Kultur und damit des menschlichen Verhaltens kann er so nicht verstehen. Ohne Verständnis für die Muttersprache ist er vom elementaren Lebensstrom der Einheimischen abgeschnitten. Oder, um einen anderen Vergleich herbeizuziehen: Der Trendforscher macht *archäologische Ausgrabungen* und bringt ans Tageslicht, was dem grobschlächtigen Marktzugriff der klassischen Mafo-Methoden entgehen muß.

Marktforschung erscheint vielfach als »seriös«, weil sie handfeste Daten liefert, die die mühelose Unterscheidung von 1 und 2 offensichtlich machen. Und sie kann dieselbe *Wirkung* hervorrufen wie eine MIS. Man hat etwas Leichtverständliches und Umgängliches in den Händen – und damit das Glaubensbedürfnis in Form des Zahlenkatechismus abgedeckt. Sie läßt einen in einer illusionären Sicherheit wiegen. Doch wozu dienen heute solche Daten? Was haben sie mit der »Realität« zu tun? Dienen sie zu mehr als allein zur *internen* Legitimation von Arbeitsaufwand, Budgets und Abteilungsprojekten? Was nützen sie dem Kunden? Sobald man sich auf diese Ebene begibt, erscheinen viele Probleme in neuem Licht.

Informationsmanagement: Datenreise durch Cyberia

Was bringt nun diese *neue Zusammenschau von Phänomenen*? Sie ist eine zeitgemäße Form des *Wissensdesigns* für das Informationsmanagement. Sie hat nicht mehr dieselben Ansprüche wie die Wissenschaft. Ihr Wert entscheidet sich am Markt. Und die Manager, die den Markt bearbeiten, erweisen sich unter den sogenannten Voraussetzungen von Beschleunigung, Globalisierung, Vermehrung und Verdichtung der Informationen vorwiegend als Informationsschleckmäuler. Das weiß natürlich der Trendforscher und -berater. Er ist ein geschickter *Infomixer*, der diese Bedürfnisse zu befriedigen hat.

Interpretieren heißt immer sensibilisieren, analysieren, vergleichen, dekonstruieren, rekombinieren. Es ist sein Job, die *kulturelle Dynamik* – die Stimmung und das Wertebewußtsein auf den Konsummärkten der Wirtschaft, des Sozialen, der Kunst – im Zusammenhang mit den gesellschaftlichen Strukturen und Verhaltensmustern zu sehen. *Pflichtfächer* sind daher Religionssoziologie und Kulturmethodologie, während Konsumarchäologie und -ethnologie wohl seine *Lieblingsfächer* wären.

Diese erwähnten gesellschaftlichen Strukturen gehen aus theoretischen bzw. wissenschaftlichen Untersuchungen hervor – die beispielsweise gesellschaftlichen Wandel durch Individualisierung, Arbeitsrationalisierung oder Schichtungsprozesse feststellen. Trends sind jedoch auf einer viel *konkreteren* Ebene angesiedelt als solche wissenschaftliche Untersuchungen. Der Trendforscher fragt, was das heißt für die *künftige Entwicklung* von unterschiedlichen Märkten und somit für die Produktentwicklung. Er ist damit am Puls der Zeit und übt eine *Vermittlungsrolle* aus. Diese Rollendefinition ist hier ganz wichtig. Scharlatane, die ins Trendbusiness hineinwollen, geraten nämlich schon bei solchen einfachen Unterscheidungen ins Schleudern. Für die ist dann alles ein Trend, was vermeintlich »irgendwie neu« ist oder mediengerecht zubereitet wurde. Wenn zwei vierzigjährige, sich lactovegetarisch ernährende Lesben nach einem Free-Jazz-Konzert in Berlin-Kreuzberg plötzlich irre Lust auf eine doppelte Ration Big Mac bekommen, ist das noch lange kein »Trend«. Und es ist auch noch kein »Symptom« für einen Trend. Es ist gerade einmal eine Kurzmeldung in der Klatschpresse wert. Merke: Trendscharlatane können nicht unterscheiden zwischen *mediengerecht* und *marktgerecht*.

Der Trendforscher läßt aus seinem Wissen etwas Neues entstehen und lockert primär einmal eingeschliffene Vorstellungen bei seinen Kunden und seinem Zielpublikum. Er löst etwas los. Seine Stärke liegt daher klar auf der Ebene der *Gestaltung des Wertebewußtseins*, um damit neue Formen der Kommunikation zu erreichen. Zu seinen Kunden hat er eine Beziehung wie eine Hebamme zu einer Schwangeren: Er kann das Kind zwar nicht selbst zur Welt bringen, aber er kann die Rolle des Geburtshelfers spielen (Mäeutik) – dies insbesondere, wenn wir davon ausgehen, daß zwar jedes Unternehmen heutzutage über die für sein Geschäft spezifischen Informationen verfügt, sie aber nicht marktgerecht *interpretieren* kann.

Man halte sich also stets vor Augen: Größte Vorsicht ist geboten gegenüber der Euphorie des ganz Neuen. Es herrscht *Hochkonjunktur des »Neuen«*. In unserer neuigkeitssüchtigen und modeanfälligen Zeit entsteht der Eindruck, es laufe sehr viel »Kreatives«. In der Regel handelt es sich hierbei aber nur um die erwähnten *hermeneutischen Nullwerte*. Was da von Scharlatanen als »Trend« deklariert wird, ist nicht nur oft bereits vorbei, bevor es relevant ist, sondern sogar nur eine Ente. Eigentlich müßte man, wie bei verderblichen Konsumgütern üblich, jedem sogenannten »Trend« ein Verfallsdatum aufdrucken können. Das würde die Transparenz dieses Marktes auf einen Schlag erhöhen...

Kurz gesagt: Ein Feeling für Neues kann man nur entwickeln, wenn man sehr viel weiß und über sehr breite Erfahrungen verfügt. Natürlich braucht es darüber hinaus den bereits oben eingeforderten »Antennismus« für kreative Weiterinterpretation. Aber das ändert nichts an der hermeneutischen Binsenwahrheit, daß Neues nur aus längst Bekanntem entstehen kann.

Wenn wir das nun auf die *tendenzielle Richtungslosigkeit* von Informationen in »Cyberia« (Cyber-Siberia) beziehen, heißt das: Der Trendforscher muß im Unterschied zum Sampler, Scanner und anderen Datendieben wissen, *welche Informationsverknüpfungen* hergestellt werden. Auch wenn sein Wissen natürlich fragmentarisch und torsohaft bleiben muß, so kann er mit seinem »konsumarchäologischen« Blick die Querverbindungen herstellen. Er kann also gegebenenfalls den sinnvermittelnden Zusammenhang herstellen. Das impliziert eine spannende Konsequenz: Auch wenn das historische Wissen im digitalen Zeitalter seine Bedeutung verliert, kann man nun eine These aufstellen, die nur noch den klassischen Informationsmanagerblick verblüfft: *Wirklich neu ist nur das Alte.* Daher: Wer nicht anschlußfähig ist an Informationsverknüpfungen, erlebt die Datenreise durch Cyberia als Horrortrip.

Magische Begriffe: vom philosophischen Konzept zum Marketing-Event

Trendforschung ist damit eine *projektive Leistung*. Sie schafft mit ihrer Zusammenschau neue Querverbindungen und benennt sie entsprechend.»*Naming*« ist daher von zentraler Bedeutung. Ein kurzer Blick in die Geschichte ist an diesem Punkt der Analyse von Nutzen.

Der französische Philosoph Gilles Deleuze hat zusammen mit dem Psychoanalytiker Felix Guattari als erster die Funktion und Bedeutung des Namings in unserer Gegenwart erfaßt und auf den Punkt gebracht. Für Deleuze findet die ureigene Leistung der Philosophie ihre Vollendung im Dilettantismus des Managements, genauer im Spektakel des Marketings mit seiner vulgären Kommunikationsgier. Diese ureigene Leistung besteht in der Erschaffung, der *Création*, von immer neuen Konzepten. Philosophie ist Wissen durch permanente Konzepterschaffung. Ein Konzept ist *nie etwas Gegebenes*, sondern immer etwas, das erschaffen wird. Das ist gerade *nichts Abstraktes*, sondern vielmehr etwas, das man mit einer Intuition konstruiert hat, die einem aus Erfahrungen eigen ist, also etwa ein Feld, ein Plan, ein Grundriß, die Erde. Dort sind die Keime des Konzeptes zu finden. Daher sind Konzepte etwas Singuläres und Philosophen konzeptuelle Persönlichkeiten.

Deleuze unterscheidet verschiedene Zeitalter des Konzepts. Nacheinander haben verschiedene Disziplinen von der Soziologie, der Verwaltungswissenschaft, der Psychoanalyse bis hin zur Epistemologie die ureigene philosophische Leistung umdefiniert und ihr ursprüngliches Terrain usurpatorisch eingenommen. Dabei werden die Ursurpatoren immer gefräßiger, hemmungsloser, unheilvoller. Selbst Plato hätte sich wahrscheinlich noch in den komischsten Momenten seines Lebens nicht träumen lassen können, wo wir heute angekommen sind: im Zeitalter des Marketings. Es saugt den Begriff der *Création* und des *Concept* mit allen sogenannten Disziplinen der Kommunikation (Informatik, Design, Events etc.) auf, vereinnahmt sie und stellt sich selbst als das Kreative der Gesellschaft dar. Marketing verbindet so die Vorstellung von *Konzept und Ereignis, Spektakel.*

Das »Konzept« richtet sich im Zeitalter seiner Vollendung immer auf ein Produkt. Die Schaffung von Konzepten kann daher nur noch um die Präsentation von Produkten kreisen. Die verbleibenden Konzepte sind Produktkonzepte. Und die verbleibenden Ereignisse sind inszenierte Spektakel in Form von Ausstellungen, Maßnahmen des Erlebnismarketing, Produktefestivals. Daher lohnt es sich immer noch, den wichtigen Klassiker der Trendforschung, Guy Debords *La Société du Spectacle* von 1967, zu lesen. Das besagt also im Klartext: Vom Zeitalter des philosophischen Konzepts zum Zeitalter des Marketingkonzepts gibt es eine Bewegung, die die Kritik durch die kommerzielle Promotion abgelöst hat. Das Simulakrum, die Simulation eines Nudelpakets wird zum wahren Konzept, und *der Produktepräsentator ist der Philosoph der Gegenwart.* Er bestimmt die neuen Universalien der Weltkommunikation. Auch diesen Punkt muß man sich zunächst einmal klarmachen, wenn man Trendforschung betreiben will.

Doch heute muß man noch einen Schritt weiter gehen. Konzepte müssen in engem Zusammenhang mit dem bereits erwähnten »Naming« gesehen werden. Seit es den sogenannten »Linguistic Turn« in den Humanwissenschaften gegeben hat, ist die zentrale Rolle der *Sprache* für das menschliche Bewußtsein eingehend analysiert worden. Die wichtigste Erkenntnis lautet: Sprache erschließt die Welt, und die Grenze unserer Welt und unseres Horizontes ist identisch mit der Grenze unseres sprachlichen Vermögens (Wittgenstein). Ohne konzeptuelle Fähigkeiten haben wir unvermeidbar einen kleinen Horizont. Ob wir mit unseren Zielgruppen kommunizieren können, wird durch sprachliche Leistungen vorentschieden. Sie ist also viel mehr als ein bloßes technisches Instrument. Sprache ist nicht eine beliebig ersetzbare *Kommunikationstechnik.* Das kann man gar nicht deutlich genug unterstreichen. Erst relativ spät sind diese wichtigen Errungenschaften in die Marktkommunikation eingeflossen – zum Beispiel für die Semiotik (Semantik, Metaphorik,

Grammatik) der Werbung oder die Markenkommunikation. Das heißt, *es geht nicht nur um rein sprachliche Zeichen, sondern um Symbole und Rituale allgemein.* Hier liegen noch viele Schätze brach. Ein kleines Beispiel des kreativen Umgangs mit der Semiotik kann man bei der dekonstruktivistischen Ikonologie der T-Shirts beobachten, die natürlich die Popkultur hervorgebracht hat. Dieses Beispiel ist gerade deshalb besonders als Demonstrationsobjekt geeignet, weil es durch Einfachheit der Kommunikation und Kommunikationsmittel besticht. Durch kleine Veränderungen von Logos von Kultmarken wie etwa Pepsi oder Coca-Cola entstehen im Zusammenspiel mit Popstilen kreative Botschaften, die politischen, sozialen oder rein musikalischen Inhalts sind. So entstehen neue Umgangsformen, und es verbinden sich Fatalismus, Souveränität und Kreativität. Solche Botschaften sind oft multifunktional. Sie können ein geschlossenes System von Szenenmitgliedern bedienen, indem sie auf Exklusivität setzen, aber gleichzeitig mit Bedeutungsschichten versehen sein, die universell kommunizierbar sind.

Auf den Punkt gebracht: *Sprachliche Sensibilisierung und Marktsensiblilisierung hängen eng zusammen.* Wie sieht es hiermit in der Praxis aus? Zumeist sind es reine Zufallstreffer, die etwa nach dem Motto des Sampling oder des Stealing gelandet werden. Die »Konzepte« von Beratern oder Eventmanagern erinnern sehr oft an kleptomanische Kellerbesucher, die den Zwang verspüren, Wein zu stehlen, aber nicht unterscheiden können zwischen einem dürftigen Beaujolais und einem großen Bordeaux. Das Resultat ist mithin Zufall. Aber – muß das immer so sein?

Die neue Lumpenintelligenz: Managementprofessoren und Berater

Nochmals: Sprachliche Sensibilisierung und Marktsensibilisierung hängen eng zusammen. Und nun vergleiche man. *Die Management- und Busineßsprache, so wir sie kennen, ist tech-*

nokratisch und monokulturell verfaßt: steril, unverbindlich-abstrakt, kreativitätsabtötend, immer auf illusionäre Sicher-heits- und Klarheitsbedürfnisse abzielend. Motto: Man muß nur dies tun, und schon springen einem die Kunden in die Arme. (Und was da ungeniert als heilbringende Erfolgsfaktoren kolportiert wird! Die berühmten sieben »S«, die vier unverwüstlichen »K« oder die drei »E«.) In der Regel werden offensichtliche Probleme – Logistik, Marketing, Unternehmensführung etc. –, die mit Common sense angegangen werden könnten, in eine verquaste Sprache übertragen und zu allem Übel in ein gequältes Typologieraster gedrängt. Daraus entstehen Abstraktionen, die von jedweden Gehalten gereinigt sind. Sie sind pseudoakademisch, weil theoretisch nicht fundiert. Sie halten keiner einigermaßen kritischen Überprüfung stand. Ihre Basis ist vielmehr Bluff und Effekthascherei. Die repetitive, imitative, so leicht durchschaubare Art, mit der alles binär durchcodiert ist – etwas ist zentral oder dezentral, dynamisch oder statisch, kulturell oder struktu-rell etc. –, verrät immer nur eines: *Lumpenintelligenz*. Im Anschluß an das, was wir vorhin den »Markt der Wissenschaft« genannt haben, können wir sagen, daß die dort erwähnten Ver-treter der Managementlehre die Avantgarde der Lumpenintelli-genz verkörpern. Der Kern der Managementlehre meint das fol-gende: *Die Managementregel lautet: Je komplexer die Welt, desto simpler und gedankenloser müssen die Rezepte sein.* Schon die Buchstaben in den Büchern müssen immer größer wer-den (Schnellesedurchgang!), die Sätze einfacher (bitte keine Fremdwörter, die Bildungsreste voraussetzen!), die Appelle omnipräsent (DO IT!), Erklärungen sind überflüssig (keine Zeit für lange Erklärungen!). Nicht zufällig ist das Wort »Theorie« zum Feindbild Nummer eins avanciert. Managementprofessoren und Berater sprechen dieses Wort zumeist so aus, als hätten sie eine heiße Kartoffel im Mund. Wir können leicht erkennen: Wer »Praxisorientierung« für sich reklamiert und dabei insgeheim Denkstopp proklamiert, ist ein Förderer der heiligen Vulgari-tät.

Das hat leider nicht nur mit der erwähnten Eitelkeit von

Beratern und Professoren zu tun, die ihre »Denkweise« und ihre »Ansätze« mit Vorliebe an Topmanagern ausrichten. Zeigen wir einmal ihre »scharfe Munition« auf (wahllos aus Selbstbeschreibungsversuchen von Managementinstituten, Beraterbroschüren und Seminarprospekten herausgepflückt): Lieblingsworte sind hier etwa »Erfolgsfaktoren« und »strategische Wettbewerbsfaktoren«. Dazu gesellt sich Blumiges wie »zielorientierte Integration systemischer Kompetenzvernetzung«, »innovative Lernprozesse in interkulturellen und internationalen Kontexten«, »umsetzungsorientierte Entfaltung und optimale Nutzung des Transformationspotentials«. Diese scharfe Munition entlarvt man leicht als Worthülsenspiel schlimmster Art. Der Lack ist sofort ab. Mit geübtem Blick kann man die Erfahrungsarmut und das »Kannitverstan« leicht erkennen. Es diskreditiert eine Branche, die ursprünglich durchaus ihre Existenzberechtigung hatte. Aber unter dem Druck der aktuellen »Beraterschwemme« und der Neustrukturierung des gesamten Beratermarktes dominiert der schöngeistige und heuchlerische Bluff.

Als Hofnarren und Animierkünstler könnten Managementprofessoren und Unternehmensberater durchaus eine respektable Branche abgeben. Aber was tun sie heute? Pöbelei dominiert. Je mehr Leute auf den Beratermarkt drängen, desto radikaler werden die Worthülsen – nicht aber die konzeptuellen »Ansätze«. Einen »innovativen«, »radikal neuen« Ansatz in »turbulenten« und »chaotischen« Zeiten verspricht ohnehin jeder. Nietzsche nennt eine solche vulgäre Aufblähung und Anpöbelung wider den guten Geschmack eine »Vergröberung des Geistes« und ein »täppisches Geradezu«. Das soll hier nicht weiter ausgeführt werden. Mit Sicherheit kann eines festgehalten werden: Es empfiehlt sich allergrößte Vorsicht. Den einzigen Ansatz, den Unternehmensberater und Managementprofessoren mit Garantie kennen, ist der Honoraransatz. Wir werden im späteren Kapitel über die »Gesellschaft der heiligen Vulgarität« erkennen, *wie stark diese Boombranche die Vulgarität promotet. Sie paßt daher geradezu phantastisch in die Welt der Popkultur und des Bösen hinein.*

Dabei gäbe es so viele Möglichkeiten, die Sprache bzw. die Kunst der Sprachspiele geschickt auszunützen. Gegenwart erfinden und gestalten heißt in einem ersten Schritt immer, seine eigene Begrifflichkeit zu überdenken. Wenn neue Ideen entstehen, sollen sie auch entsprechend benannt und neue Begriff in die Diskussion gebracht werden. Doch aus nichts kommt nichts.

In diesem Bereich trennt sich auch die Spreu vom Weizen. Das gilt ebenso für die Trendforscher, die die positive Chance haben, sich von den üblichen Beratern und Professoren abzusetzen. Viele Trendforscher sind bereits über ihre sprachliche Qualitäten einzuschätzen. Wer sich hier auf alberne parawissenschaftliche Sprachspiele einläßt und damit eine neue Exaktheit suggerieren will, sollte es besser bleibenlassen. Es ist *nicht das Ziel* der Trendforschung, *an die Stelle* der Wissenschaft zu treten. Sie macht sich die Methoden der Wissenschaft lediglich zunutze und nimmt eine Zwischenposition ein zwischen den Abstraktionen der Wissenschaft und den konkreten Lebenswelten der Szenen. Das besagt: Prognosen über die kommenden fünfzig oder hundert Jahre verbieten sie sich. Statt euphorische oder apokalyptische Großszenarien zu zeichnen – für die zweifellos *auch* ein Markt besteht, der sehr viel mit Glaubensbedürfnissen zu tun hat –, zielen die Einsichten der Trendforschung auf anstehende Veränderungen, die einen *Eingriff innerhalb nützlicher Frist* erlauben. Statt von harten »Erfolgsfaktoren« und Garantien zu reden, darf durchaus das »lustvolle Moment« der Spekulation dazukommen. Warum eigentlich muß Beratung immer tierisch ernst, begrifflich hochgestelzt und pseudowissenschaftlich daherkommen? Gewinnt man dadurch an Seriosität?

Vielmehr geht es um das folgende: Durch die Omnipräsenz des medialen Spektakels gilt es herauszufinden, wie sich in gesättigten Märkten Informationen bewegen und welche Konsequenzen für die Kommunikation daraus entstehen. Das ist, zugegebenermaßen, eine Sisyphusarbeit. Aber es ist das Nadelöhr, durch das man hindurchmuß. Das Resultat kann sein, daß der *Erkenntniswert* der Trendforschung unter Umständen viel höher liegt als bei einer wissenschaftlichen Abhandlung. Um die Nagelprobe zu

machen: Wenn sich ein Wissenschaftler darüber ausläßt, Trendforschung sei unseriös, dann frage man ihn doch einfach, was *er*
denn an relevanten Erkenntnissen für welche Märkte anzubieten
hat.

Die Amerikaner sind diesbezüglich den Europäern weit voraus, weil sie längst in einer Gesellschaft leben, in der der Akt des
Verkaufens die primäre Realitätswahrnehmung formt. Wenn
Faith Popcorn unumwunden zugibt, sie verkaufe »Hot Air«, also
nicht mehr als »heiße Luft«, dann ist das auch so. Aber kein guter
Berater oder Professor kann je etwas anders verkaufen als – im
besten Falle – »Hot Air« oder – im schlechteren Falle – »tote
Hose«. Entscheidend ist, was diese »Hot Air« in der Wertschöp-
fungskette *bewirkt*. Und darin besteht der Prüfstein für gute
Beratung.

The Real Thing:
die Marketinggesellschaft

Wir bewegen uns auf eine Gesellschaft zu, in der es als normal
gilt, daß alle Leistungen marketingmäßig evaluiert werden und
somit der Konsumaspekt auch die entlegensten Winkel des
menschlichen Lebens durchdringt. Das ist kein Anlaß zur (wie-
derholten) Trauer, sondern vielmehr Grund für ein anderes
Realitätsverständnis. Das bestätigen die wichtigsten Jugend-
trends. Ein geniales Beispiel dafür bietet ein 93er Werbespot für
den Soft Drink »Sprite« in den USA:

Ein GenXer (also ein Angehöriger der sagenhaften Generation der Zwanzig- bis Dreißigjährigen) sitzt vor seinem Haus und
küßt hinüberlehnend seine vorpubertäre Freundin. Er enthüllt
ihr: »I'm not really your boyfriend, I'm an actor. And this house
isn't real, it's a set.« Dann zieht er die Fassade weg, und man sieht
eine Musikbühne, darauf einiges Durcheinander. Die Eltern des
Girls erscheinen im Backstage-Make-up-Spiegel, und der Gen-
Xer sagt: »And these aren't your parents, they're just extras.«
Dann nähert man sich dem Höhepunkt des Spots: Er offeriert

seiner Lady Sprite aus einem schön plazierten Cooler als Trost für die gelöcherte Realität. Er sagt mit komfortabler Stimme: »The only thing that aren't fake are you, me and Sprite.« Dann, in einer letzten Drehung, wird der Vorrang der Werbung als alleiniger Realität der heutigen Zeit proklamiert. Das Girl verschwindet in einer simulierten Pappschachtel und wird schnell von einem Bühnenarbeiter weggetragen. Allein Sprite verbleibt als einzige wirkliche und ewige Realität.

Bei diesem Beispiel handelt es sich um eine typische »Hey-we-know«-Strategie: Man durchschaut das Konsum- und Werbespiel. Was die da mit einem treiben, ist eine doppelbödige Sache, und man findet einen kreativen Umgang mit der gelöcherten Realität. »Alles ist Konsum – aber bitte tut nicht so, als wüßten wir das nicht!« Man ist nicht mehr der naive Konsumkünstler wie noch der Yuppie, dem man alles verkaufen konnte, wenn es nur einen exklusiven Marken-Appeal hatte. Aber man ist auch nicht mehr der moralisierende Hippie, der sich von der Konsumkultur abnabeln will. Man ist einen Schritt weiter. Wenn alles Konsum geworden ist, kann man die Realität nur noch mit Mitteln des Konsums verändern. Aber sie muß deswegen nicht schlecht sein. Konsumkritik ist selbst Konsum geworden. Das ist der Ausgangspunkt.

Die zehn Gebote der Trendforschung

① *Achte auf die Glaubenssysteme der Manager*
Manager sind ganz normale Menschen, vielleicht einfach etwas moderner, weil sie aus (realen oder fiktiven) Konkurrenzgründen immer nach dem Neuen suchen müssen. Daher sind sie prädestiniert für Anfälligkeiten gegenüber allerlei Glaubensformen. Wissenschaftsgläubigkeit ist bei ihnen nach wie vor fest verankert (der Bonus professoraler Reputation), ebenso wie unterschiedlichste Formen der Ideologiegläubigkeit (von der erwähnten Zahlengläubigkeit bis zum sektiererischen Kitsch der New-Age-Scharlatanerie). Auch Trendgläubigkeit spielt natürlich eine wichtige Rolle.

② *Niemand kann die Welt neu erfinden, aber man kann sie immer wieder neu interpretieren und spannend machen; »Global Pillage« wird zur Wahrheit des »Global Village«*
Daher gilt: Würdige deine Informationen, indem du sie kreativ interpretierst. Informationen als solche sind für intelligente Menschen nicht mehr das Problem, sondern der Umgang mit ihnen – und das heißt ihre *Interpretation.* Eine der wichtigsten Methoden des kreativen Erfindens ist das Sampling geworden, wie wir es aus Popkulturen kennen. Aus vergangenen Beständen wird »kreativ geklaut« und im besseren Falle weiterinterpretiert.
Lerne vor allem, zu unterscheiden zwischen *marktgerechten* und *mediengerechten Informationen.* Was die Medien suggerieren, wird der Markt nur in den wenigsten Fällen schlukken. Der Gap zwischen der Medienproduktion als geschlossenem, oft »bösartigem« System und den Marktverläufen nimmt zu.

③ *Keine Erfindung (ob biologisch, technisch oder wie auch immer) wird unser intellektuelles Weltbild revolutionieren*
Wir leben im »coolen« Zustand der kulturellen Kristallisation, also einem Zeitalter, indem nichts mehr derart Neues passiert, das uns wirklich schocken könnte, wie das noch bei den großen politischen oder naturwissenschaftlichen Revolutionen der vergangenen Zeiten der Fall war. Diese kulturelle Sättigung führt zur Überhitzung von Sinnansprüchen und macht die Jagd auf die kleinen Unterschiede um so wichtiger – und somit Trendforschung um so spannender. Kurzzeitreligionen (Moden) als Marktreligionen verdrängen die klassischen transzendenten Religionen und lösen einander in rascher Folge ab.

④ *Vermeide die Erbsünde der Manager, und achte vor allem auf die weichen Informationen*
Wirklich »harte« Informationen, wie sie Management-Informations-Systeme und strategische Datenbanken liefern, wer-

den – abgesehen davon, daß sie teuer und ineffizient sind – in ihrer Funktion als Entscheidungsgrundlage chronisch überschätzt. In gesättigten Märkten liegt die Differenz im »kulturellen Kapital«, das heißt der grundlegenden Fähigkeit zu unterscheiden. Der tiefsitzende Glaube an »harte« Informationen hat *Trendblindheit* und in fanatischem Stadium *Trendblasphemie* zur Folge. Wichtiger sind die »weichen« Informationen, weil sie die Spuren im Gedächtnis des Managers hinterlassen. Dem haben die empirischen Markt- und Sozialforscher und auch die Managementprofessoren nichts entgegenzusetzen.

⑤ *Vergiß nicht, du bedienst Informationsschleckmäuler*
Manageralltage laufen ab wie ein MTV-Programm: zerhackt, ständig durch neue Informationen gestört, ein Durcheinanderfließen von Themen, Ablenkungen allerorten. Manager verhalten sich daher mit Vorliebe wie *Informationsschleckmäuler,* die sich die Rosinen aus dem Datenberg herauspikken. Will man bei ihnen etwas bewegen, muß man die Information entsprechend verpacken und eine listige Strategie mit sorgfältig gewählter Symbolik anwenden.

⑥ *Achte auf die Substituierbarkeit von Leistungen*
In gesättigten Märkten werden überall Leistungen angeboten, die sehr leicht substituierbar sind. Konkurrenz kann aus jeder Ecke kommen, die man bislang nicht vermutet hätte. Es macht daher vielfach keinen Sinn mehr, streng zwischen Branchen, Produzentengruppen und Händlern zu unterscheiden. Daher wird auch das Management von Schnittstellen unterschiedlicher Wissenskulturen wichtiger. Auch hier gilt: Wer über ein breites, multiszenisch differenziertes Wissen verfügt, hat unbezahlbare Vorteile.

⑦ *Bring Tempo und Kreativität zusammen*
Überlebensfähige Organisationen zeichnen sich nicht durch *die Menge* der Informationen aus, die sie »bearbeiten« kön-

nen, sondern durch *das Tempo, mit dem sie Informationen kreativ weiterentwickeln.* Das wiederum heißt: Nur mit »kulturellem Kapital« hat man eine Wissensbasis, die die kreative Interpretation vor dem Hintergrund übersättigter Märkte ermöglicht.

⑧ *»Naming« ist Big Biz*

Sprache erschließt die Welt, und die Grenzen unserer Welt und unseres Horizontes sind identisch mit der Grenze unserer Sprache (Wittgenstein). Eine neue Sprache erschließt eine neue Welt. In der Welt von »Sound and Vision«, die die Gutenberggalaxis – zumindest weitgehend – verdrängt, kommt dem Symbolbewußtsein und der Gestaltung von Symbolfeldern große Bedeutung zu. *Daher muß Trendforschung eine Konzepterfindungsmaschinerie sein.*

⑨ *Achte auf neue Wissenspotentiale, und mach sie marktförmig*

Wir entwickeln uns in Richtung einer »Marketinggesellschaft«, in der alle Leistungen unter Marketingaspekten evaluiert werden – Vermarktung des kleinen Unterschiedes und die Neudefinition des Konsums werden daher zentral.
Fast die gesamte Palette der Human- und Sozialwissenschaften (Ethnologie, Soziologie, Betriebswirtschaft, Geschichte, Anthropologie) ist in ihrem jetzigen Zustand für die Unternehmenspraxis irrelevant. Deren immenses Wissenspotential wird von der Trendforschung durchforstet und marktförmig zubereitet. Daher ist sie in erster Linie *Konsumarchäologie und -ethnologie.*

⑩ *Beschäftige dich mit Trends, denn sie sind dein tägliches Brot*

Niemand mehr kann sagen, was in zehn Jahren »der Fall« sein wird, aber man kann mit geübtem hermeneutischen Blick Strömungen identifizieren, analysieren und aktiv beeinflussen. Das heißt: Im besten Fall können wir Echtzeitdiagnosen aufstellen. Das aber ermöglicht eine viel pragmatischere Einstellung, die sich um konkrete Fragestellungen kümmert.

4
Media Literacy

*If your business has anything
to do with information, you're
in deep trouble.*
Bill Gates

Erinnern wir uns zunächst an ein paar moderne Selbstver-
ständlichkeiten: Die Erde ist nicht der Mittelpunkt der Welt; der
Mensch ist auch nur ein Tier; das Ich ist nicht Herr im eigenen
Haus – es ist uns einigermaßen gelungen, mit diesen narzißti-
schen Kränkungen umzugehen. Nun versuchen künstliche Intel-
ligenzen, uns auch noch die letzte stolze Domäne streitig zu
machen – das Denken. Die Entzauberung des »Humanum« wäre
dann vollkommen:

- Die freien Gedanken sind zerebrale Software;
- Geist ist der Inbegriff aller möglichen Datenkombinationen;
- Kultur ist ein Spiel auf der Tastatur des Gehirns.

Und ein Weiteres kommt hinzu: *In der technischen Wirklichkeit der neuen Medien ist der Mensch nicht mehr der Herr der
Daten.* Zum einen werden Menschen selbst in Feedbackschleifen
eingebaut. Zum andern wächst der Anteil der Kommunikation,
der nicht mehr an Menschen, sondern an Maschinen gerichtet ist.
Wir vermuten deshalb, daß viele Identitätsprobleme unserer
Kultur aus den Anforderungen einer neuen Mensch-Maschine-
Synergie resultieren. Begriffe wie *Interface* und *Benutzeroberfläche* zeigen das an. *Der Mensch ist nicht mehr Werkzeugbenut-
zer, sondern Schaltmoment im Medienverbund.* Er rastet in
Schaltkreise ein.

Dagegen formiert sich vielfacher Widerstand. Manche führen sich als Maschinenstürmer auf; andere bescheiden sich mit der romantischen, also vergeblichen Suche nach einem »Jenseits« der neuen Medien. So meint Douglas Coupland, der Kultautor von *Generation X* und Namensgeber für eine ganze Generation: »Withdrawing from media density becomes the ultimate radical act.« Der Rückzug aus der Medienwirklichkeit als letztmögliche politische Handlung – das erinnert fatal an die große Weigerung der 68er.

Wir schlagen eine andere Haltung gegenüber den neuen Medien vor, weder Protest noch Verweigerung. Man wirft sich ja auch nicht vor einen fahrenden Zug. Statt der »negativ dialektischen« empfehlen wir eine »kompensatorische« Perspektive. Die neuen Medien und Technologien schaffen die alte Kultur nicht ab, aber sie verleihen den alten Medien einen veränderten Funktionssinn. Ganz allgemein können wir beobachten, daß die elektronische One-World eine ganz bestimmte Kompensation provoziert, nämlich den Pluralismus der sogenannten Postmoderne. Gerade weil technologisch alle Zeichen auf Einheit und Integration stehen, brauchen die Menschen kulturelle Ersatzgebiete der Vielfältigkeit. Und das gilt eben auch für das Verhältnis von alten und neuen Medien.

Wir können die neuen Funktionen der alten Medien – also etwa Gespräch, Buch und Film – im digitalen Medienverbund ganz einfach bestimmen:

- Sie spenden den Trost der Überschaubarkeit.
- Sie machen ein Formangebot für Sinnsuchende.
- Sie produzieren orientierende Wissenschaftslegenden.
- Sie dienen der Reduktion von Komplexität.
- Sie werden als metaphorische Navigationshilfen im Informationsraum gebraucht.

Die letzte Funktion ist dabei besonders wichtig. *Die alten Medien dienen als metaphorische Orientierungshilfen im Digitalen.* Brian Boigon bemerkt hierzu in der führenden kalifornischen Medienzeitschrift *Wired*: »Cyberspace has no inherent form. Its shape comes through metaphor.« Mit anderen Worten, es gibt keine ›natürlichen‹ Darstellungsformen im Cyberspace; deshalb braucht man Metaphern, um die Daten zu gestalten. Man könnte also von einer Metaphernpflichtigkeit des n-dimensionalen Informationsraums sprechen. Und das heißt eben, es geht nicht ohne die Hilfskonstruktionen alter Medien. *So sorgt die Medienevolution selbst für eine humane Kompensation ihrer posthumanen Anforderungen.* Wir können deshalb vermuten, daß die Lebensbedeutsamkeit von Büchern, Fotos und ähnlichem in Zukunft noch wachsen wird. Ein Wort Odo Marquards mißbrauchend, könnte man von einem »Teddybäreffekt« der Medienwirklichkeit sprechen. Um den Übergang in eine neue Welt ertragen zu können, brauchen wir geistige »Übergangsobjekte« (Transitional Objects), das heißt Vertrautes aus der alten Welt, das wir in die neue hinüberretten. Doch Teddybären sollten eben Mut machen, sich in die fremde Wirklichkeit zu wagen.

Was heißt Medienwirklichkeit?

Unsere Überlegungen gehen von zwei sehr einfachen Befunden aus:

- Die Weltgesellschaft formiert sich als Technologieverbund. Mit den Worten Peter F. Druckers: »Technologies are no longer discrete. They overlap and crisscross each other. No industry or company can be fed out of one technological stream.« Technologien operieren also nicht mehr wohlunterschieden nebeneinander; sie überlappen sich vielmehr gegenseitig. Und kein Unternehmen kann sich mehr auf eine einzelne Technologie verlassen. Dadurch franst auch der Begriff »Industrie« aus.
- Die neuen Medien stellen die Schlüsseltechnologie des 20. Jahrhunderts dar. Das gilt vor allem für den Computer als Medium.

Vor diesem Hintergrund können wir vier kulturelle Grundrichtungen unterscheiden:

① Pro – die Gadget Lovers, also die Techno-Freaks, -Fans und Hacker, die ihr High-Tech-Spielzeug libidinös besetzen.
② Contra – die Alteuropäer, die in den neuen Medien den Untergang der abendländischen Kultur sehen. Solche Technikangst impliziert Frömmigkeit, denn die Maschine erscheint ihnen als Teufelszeug.
③ Retro – die Nostalgiker, die einen überholten technischen Standard kultivieren. Und längst pflegt die Mode solche technischen Archaismen im »Emotional Design« eines »Reproduction Antique Feel«.
④ Underground als maschinenstürmerische Revolte gegen High-Tech wie etwa in Form des Punk oder des Grunge.

Doch die Diskussion über die eigentlichen, nämlich computergestützten neuen Medien ist zumindest hierzulande durch die politische Prominenz der sogenannten Massenmedien verstellt. Es wäre aber unverzeihlich naiv, die Massenmedien als ein Herrschaftsinstrument zu begreifen, das von einer politisch führenden Klasse zur Erhaltung ihrer Macht benutzt wird. So simpel werden heute wohl nicht einmal mehr die letzten Dinosaurier des Marxismus argumentieren. Aber wir können leicht feststellen, daß die Massenmedien das ideale Biotop des »kritischen Bewußtseins« bieten. Ich meine die Medienherrschaft der Mahner, Betreuer und Betroffenheitsagenten, der Warner und Minderheitenanwälte – mit Nietzsches treffendem Wort: der Entrüstungspessimisten. Das gilt nicht nur für Themen wie Umwelt, Dritte Welt, Asyl, Rechtsradikalismus und »Political Correctness«, sondern eben auch für das wichtigste Thema unserer zivilisatorischen Zukunft: die neuen Medien. So ist längst eine Paradoxie zur Selbstverständlichkeit geworden: *In den Medien herrschen diejenigen, die vor den Medien warnen!* Der Kritiker des Mediums Fernsehen wird zum Fernsehstar; der Apokalyptiker einer inhumanen Computerkultur liefert seinen Aufruf zur

Umkehr beim Verlag als Diskette ab. Gerade die pathetischsten Kritiker der Massenmedien sind ihre skrupellosesten Nutzer. Sie haben es längst geschafft, einen neuen Volkssport zu etablieren – nämlich auf den Massenmedien herumzuhacken: *Media Bashing.*

Es ist deshalb nicht leicht, einmal einen nüchternen Blick auf die Evolution der neuen Medien zu werfen und eine am technischen Stand der Dinge orientierte Diskussion in Gang zu setzen. *Der Widerstand gegen die Medientheorie ist heute, am Ende des 20. Jahrhunderts, ähnlich stark wie der Widerstand gegen die Psychoanalyse zu Beginn des Jahrhunderts.* Humanisten empfinden heute die Wirklichkeit des Computerprogramms genauso als Bedrohung ihres Selbstbildes wie ihre Großväter die Wirklichkeit des Unbewußten. Und in der Tat ist die ignorante Wut, die Vertretern der künstlichen Intelligenz vor allem in Deutschland entgegenschlägt, nur noch mit dem Haß zu vergleichen, den Freuds Entdeckung der Sexualität des Kindes provoziert hat. *Media Literacy* ist also nicht einfach ein neues Stück Bildung, das man sich einverleiben könnte; ihre Einübung hat alle kulturellen Vorurteile unserer Gesellschaft gegen sich.

Wenn gewisse Leute, vor allem Intellektuelle, ihren Kindern verbieten fernzusehen und ihnen »das gute Buch« in die Hand drücken, wenn sie darauf hinwirken, daß ihre Kinder mit anderen Kindern und nicht mit Computern Freundschaft schließen, dann mißverstehen sie das Verhältnis von Menschen und Medien. *Medien sind keine Instrumente, und Kommunikation ist keine romantische Unmittelbarkeit.* Wer seine Kinder vor den neuen Medien durch Prohibition schützen will, macht sie zu ihren Opfern. *Denn man kann die neuen Medien nicht nicht wollen –* aus der Medienevolution auszusteigen ist keine realistische Option. *Das Gespenst der Technokratie läßt sich nicht durch Medienaskese, sondern nur durch Medienkompetenz bannen.* Denn Technokratie droht immer dort, wo die »Techno-Imagination« (V. Flusser) fehlt. Die einzig vernünftige Haltung zu den neuen Medien und technologischen Innovationen ist deshalb die der Pascalschen Wette: Das Spiel hat längst begonnen, und der

Einsatz ist gemacht. Wir können nur noch die unendliche Chance wahrnehmen. Jacques Lacan formuliert dies so: »Le jeu est déjà joué, les dés sont déjà jetés. Ils sont déjà jetés, à part ceci, que nous pouvons les reprendre en main, et les jeter encore.« Zu deutsch: Das Spiel hat längst begonnen, die ersten Würfe sind gemacht, und uns bleibt nur noch die Option, die Würfel aufzunehmen und erneut zu würfeln.

Beginnen wir hierzu mit einer ganz einfachen Überlegung: Medien dienen der Kommunikation, Märkte dienen dem Tausch. Und Tausch ist die Urform von Kommunikation. Ökonomie und Medientheorie sind deshalb zwei unterschiedliche Konzeptualisierungen desselben Sachverhalts. Das wird uns aber erst heute recht bewußt. *Die kommerziellen Massenmedien haben Kommunikation als Ware erkennbar gemacht.* Doch Zeitungen verkaufen sich nicht wie Waschmittel. Ein Fernsehsender ist kein Supermarkt. Hier endet die Kompetenz der klassischen Ökonomie. Im März 1992 konnte man im *Spiegel* hierzu den wunderbar süffisanten Satz lesen: »Noch heute sehen viele Wirtschaftstheoretiker keinen Unterschied darin, ob eine Volkswirtschaft Kartoffelchips oder Computerchips produziert.« Wir können heute aber wissen: Kommunikation ist eine ganz besondere Ware. Was ihren Wert ausmacht, steht in keinem Handbuch der Nationalökonomie. Das heißt aber: *Die neuen Kommunikationsmärkte lassen sich nicht ökonomisch oder durch Marktforschung begreifen.* Denken Sie nur an den PC, den Videorecorder und die Faxmaschine – alle drei unglaubliche Erfolgsgeschichten wider alle ökonomische Vernunft!

Schon in der Bibel finden wir zwei Urszenen der Kommunikation. Der Turmbau zu Babel definiert das Ausgangsproblem: die Verwirrung der Sprachen. Am Ende steht dann das Pfingstwunder eines Übersetzungskontinuums aller Sprachen ineinander – Weltkommunikation. Übersetzen wir diese Urszenen einmal aus dem Theologischen ins Anthropologische, so bedeutet dies: *Weltoffen sein heißt für den Menschen, sich einer ständigen Datenüberflutung auszusetzen.* Und er bildet seine Lebenswelt, indem er sich durch kommunikatives Handeln von dieser Datenlast entlastet. Menschen senden Laute in die Welt, die entweder rückgekoppelt werden oder im Nichts verhallen. Dieser Auswahlprozeß bildet dann allmählich Kommunikationsstrukturen aus. So erfahren Menschen die Außenwelt nicht instinktgeleitet, sondern kommunikativ. Und auch ihre Innenwelt, die sogenannte Seele, ist ein Medieneffekt.

Die Medieneffekte bilden einen geschlossenen Regelkreis, der nichts mehr mit den alten Vorstellungen von Kommunikation zu tun hat. Von diesen Datenprozessen geht eine Faszination ganz unabhängig von ihrem Sinn oder Unsinn aus. *Wir genießen uns selbst, indem wir unsere Sinne in der Medienwirklichkeit baden.* Es geht hier also nicht um Bedürfnisse, sondern um das, was Karl Bühler einmal die »Funktionslust der Sinne« genannt hat. Daß es zum Faszinationsgenuß kommt, setzt aber voraus, daß unsere Aufmerksamkeit abgelenkt wird. Die neuen Medien funktionieren hier ganz ähnlich wie die Hypnose oder die Telepathie:

- Wie Telepathie, denn dank der Massenmedien werden wir durch Ereignisse in weiter Ferne berührt und erregt.
- Wie Hypnose, denn unsere Aufmerksamkeit wird zunächst total fokussiert und dann ebenso total abgelenkt – wir sind in Trance.

Wenn Menschen fernsehen oder telefonieren, geht es ihnen also nicht vorrangig darum, Informationen aufzunehmen oder auszutauschen. Sie wollen gerade in der Redundanz der Botschaft »mitschwingen«. *Es geht nicht um Kommunikation, sondern um Faszination.*

Im Internet

Die Informationsgesellschaft vollzieht sich selbst – die Frage ist nur, ob auch in unseren Köpfen oder nur über unsere Köpfe hinweg. Dabei können wir heute die Entstehung einer neuen Einheit des Fernmeldens und Rechnens beobachten. *Die Techno-*

logien von Computer und Telekommunikation verschmelzen. Es zeichnet sich mithin eine vollständige Medienintegration auf Rechnerbasis ab. Ein Blick auf den Weihnachtsmarkt 1994 zeigt, daß der erste Schritt wohl die Integration der Unterhaltungselektronik in den Multimedia-PC sein wird. Das bedeutet nicht nur ein erhebliches Plus an Komfort, sondern auch qualitativ ein völlig neues Medienangebot – Stichwort: Interaktivität. Wir entfernen uns heute immer weiter vom passiven Medienkonsumenten der sechziger Jahre, der allabendlich zu festen Zeiten mit seinesgleichen vor einem Low-Definition-TV saß, um zwischen zwei (!) Programmen zu wählen(!).

Hinter dem neuen Zauberwort Interaktivität steht technisch die Synthese von Broadcasting, Feedback, Speichern und Rechnen. Um es auf eine Faustformel zu bringen: Fernsehen + Telefon + Computer = *interaktives Medium.* Das Entscheidende an den digitalen Medien ist also die Möglichkeit, dem langweiligen Broadcasting eine »kybernetische« Wendung zu geben: Übertragung + Steuerung. Die versendeten Datenpakete bestehen nämlich nicht nur aus audiovisuellen Daten, sondern auch aus Steuersignalen. Jede Information ist einzeln codiert und kann deshalb präzise ausgewählt werden.

Wer sich unter dieser neuen Medienwirklichkeit noch nichts Rechtes vorstellen kann, sollte einmal ein paar Minuten bei MTV oder VIVA verweilen. Was sich hier zeigt, ist noch lange keine Interaktivität, aber doch schon Fernsehen, das die Grenzen des Fernsehens sprengen möchte. Unsere These lautet: *Der Videoclip ist die aktuelle Selbstreflexion der Medienwirklichkeit.* Der Trendforscher Matthias Horx bemerkt hierzu sehr schön: »Die vielkritisierte Clip-Kultur ist die Notwehr des Gehirns gegen die mediale Flut, eine Ökonomisierung und Rationalisierung unserer Sinneswahrnehmungen. Das erklärt auch die oftmals positive Besetzung der Werbung bei Jugendlichen: Die Pop- und Werbeästhetik konstruiert Brücken zwischen der medialen Flut und der Welt in unseren Köpfen.«

Die mediale Bilderflut – wenn wir nach einer technischen Wirklichkeit hinter dieser beliebten Feuilletonformel fragen, stoßen wir auf einen transnationalen Informationsfluß, der Daten wie Geld behandelt. Und der Datenfluß ist heute in der Tat so grenzenlos und unkontrollierbar wie der Geldfluß; auch Informationen sind »vaterlandslose Gesellen«. In diesem Zusammenhang ist es von entscheidender Wichtigkeit, zu begreifen, daß man Informationen nicht auf Nachrichten beschränken kann. Was wir von den Vereinigten Staaten wissen, verdanken wir weniger der *Tagesschau* als vielmehr den verachteten Serials wie *Dallas* und *Denver-Clan*. Und jeder Werbespot von Nike oder Coke verrät mehr über den American way of life als ganze soziologische Bibliotheken. Peter F. Drucker spricht sogar von einer Subversion der nationalen Identität durch internationale Medienkulturen. Demnach wäre Multimedialität das technische Geheimnis der Multikulturalität.

Der entgrenzte und unkontrollierbare Informationsfluß sucht heute noch nach seinem idealen Medium zur losen Koppelung anonymer Teilnehmer. Auch der berüchtigte Cyberspace ist ja, nüchtern betrachtet, nichts anderes als eine transnationale Datenlandschaft, die den Angeschlossenen aus aller Welt eine virtuelle Nachbarschaft ermöglicht. Zur Zeit ist das alles noch Spielerei und Science-fiction. Das neue Medium steckt noch im Embryonalstadium und zieht vor allem Lunatics, Träumer und Verrückte an. So kultiviert – oder man müßte eigentlich sagen: gegenkultiviert – eine internationale Computerbohème den Cyberpunk, eine gesellschaftlich explosive Mischung aus High-Tech und Low Culture.

Man kann dieses Medium aber auch zur Bildung einer *neuen Öffentlichkeit* nutzen – Stichwort *Internet*. Das Internet hat keine zentrale Kommandostelle, weil es ursprünglich so ausgelegt war, daß es einen Nuklearschlag überstehen sollte; es gibt demnach keinen »Master Switch« zum Ausschalten. Rein technisch ist Zensur unmöglich. So hat ein militärisches Kalkül in nächste Nähe zur Anarchie geführt. Daraus erklärt sich die Bedeutung des sogenannten »Clipper Chips«, mit dem die US-Regierung die Codierungshoheit über Telefongespräche und E-Mail gewinnen will.

Kurzum: *Wer heute eine konkrete Vorstellung vom Technologieverbund der neuen Medien gewinnen will, muß sich mit Internet vertraut machen.* Internet ist die wahre Matrix der Weltkommunikation. Jede Zeile, die man über dieses phantastische Digitalnetz niederschreibt, ist dazu verurteilt, schon im Augenblick des Drucks überholt zu sein. Hier ein paar Zahlen, die sicher schon veraltet sind, aber nur die Dimension gelungener Komplexität andeuten sollen. Internet verknüpft schon heute Tausende von Netzwerken, 15 Millionen interne Anwender in 45 Ländern – und mindestens weitere 25 Millionen sind über Gateways wie *CompuServe* mit Internet verbunden. Das ist Kommunikation als Weltspiel, Leben in einer »elektronischen Biosphäre« (Volker Grassmuck).

Die Synergie von Mensch und Maschine

Das Totem ist ein Ding, das in archaischen Gesellschaften als Ahn und Schutzgott verehrt wird. Der Turing-Test ist ein Experiment, in dem der Menschengeist mit dem Funktionieren eines Digitalrechners verglichen wird. Sie werden sich fragen: Was hat das miteinander zu tun? Unsere These lautet: Es gibt vom Totemismus der Urgeschichte bis zum Turing-Test des Posthistoire ein konstantes Problem menschlicher Selbstdefinition. Denn es gibt keinen direkten Weg des Menschen zu sich selbst; er muß sich mit etwas gleichsetzen, was er nicht ist, und sich zugleich davon unterscheiden. Der archaische Mensch ist nicht identisch mit dem Totem – und ist es doch. Digitale Maschinen können nicht wie Menschen denken – und können es doch. Es ist ein Verhältnis von Identität und Differenz zugleich. Deshalb vergleichen sich Menschen immer wieder mit ihren Techniken, um zu sich selbst zu finden. Das geht bisweilen bis zur fetischistischen Besetzung. Autonarren, Fernsehsüchtige, Hacker und Cyberpunks sind die Geliebten ihrer technischen Apparaturen; man nennt das auch *Gadgeteering*. Und darauf müssen sich Werbung, Marketing und Design in Zukunft einrichten. Im großen Spektrum von Kommunikationstechnologie bis Unterhaltungselektronik werden Rauschmittel, Fetische und Spiele verkauft, nicht Werkzeuge. Einige haben dies schon verstanden. So sagt der Chef der Computerfirma Apple, Michael Spindler: »Wir brauchen grafische Interfaces, die nicht nur benutzerfreundlich sind, sondern die süchtig machen, wie Drogen eben. Wie bei Nintendo.«

Hier sollte man aber nicht gleich den mahnenden Zeigefinger des Volkshochschullehrers heben. Denn dieser Fetischismus ist die Schule einer neuen Synergie von Mensch und Maschine. *Media Literacy heißt vor allem auch: den Computer nicht als Instrument, sondern als Medium zu begreifen.* Gadgets sind Wunschmaschinen, technische Spielereien. Und man versteht die neuen Medien sehr viel besser, wenn man sie nicht als Werkzeug, sondern als Spielzeug begreift. Deshalb finden auch Kinder meist einen schnelleren, reibungsloseren Zugang zur Computertechnologie als Erwachsene. Gadgets sind Verhaltensstützen, also soziale Tatsachen. Und von ihren kindlichen Liebhabern können wir lernen: *Der Schauplatz von neuen Medien und neuen Technologien ist nicht die Fabrikhalle, sondern das konkrete Kommunikationsverhältnis – und der Weltinnenraum des menschlichen Gehirns.*

Der Hund gilt als bester Freund des Menschen. Trotzdem gelingt es nicht, mit ihm einen Dialog zu führen. Kinder, die mit ihrem Computer befreundet sind, haben da bessere Aussichten. Sie spüren, daß der Computer als Medium eine ausreichende Simulation der Kommunikation ermöglicht. Und genau darum geht es in der Welt der neuen Medien – um die Entfaltung von »Dialogzonen« (A. Neumeister) zwischen Mensch und Maschine. Das ist die Aufgabenstellung des Softwaredesigns. Und die sogenannten »Emoticons« in der Computerkommunikation zeigen, daß ein »Emotional Design« daran arbeitet, die ewige Wunde der Mensch-Maschine-Synergie zu pflastern: das Problem der Gefühle, die der Hund ganz zweifellos für seinen Herrn, nicht aber der Computer für den User empfindet.

Der französische Designer Phillipe Starck hat in diesem Zusammenhang von Techno-Zen gesprochen, und schon vor vielen Jahren hieß ein Kultbuch des amerikanischen Autors Pirsig *Zen and the Art of Motorcycle Maintainance.* Doch das sind leider nur schwache Stimmen aus der Ferne. Hierzulande bleibt man lieber Romantiker. Es gehört zur deutschen Frömmigkeit der Technikangst, daß solche Bücher Erfolg haben, die auflisten, was Computer *nicht können.* Ja, zugegeben: Computer können nicht fühlen (obwohl sie sehr erfolgreich mit Sensoren operieren können), nicht bewerten – und vor allem: Sie können nicht Unentscheidbares entscheiden. Um ein vorläufiges Fazit zu ziehen: Computer sind unschlagbar im Rechnen, Speichern und Suchen – hier können Menschen nicht mehr mit ihnen konkurrieren. *Die Menschen sind aber immer noch unersetzbar im Bewerten, in der Gestalterkennung und im Kontextbewußtsein.* So heißt es im Editorial der schon zitierten Medienzeitschrift *Wired* sehr treffend: »In the age of information overload, the ultimate luxury is meaning and context.« Die Sintflut von Daten, die sich tagtäglich über uns ergießt, bietet eben von sich aus keinen Sinn; denn der Sinn von Daten ergibt sich erst aus dem Kontext.

Medientraining

Vielleicht genügen diese Andeutungen, um unsere These plausibel zu machen: *Medientheorie ist die Grundwissenschaft unserer Zivilisation.* Es gibt keine Idylle des Zwischenmenschlichen jenseits der Medien. Doch warum ist das alles so schwer zu begreifen? Warum haben erst die neuen Medien in ihrer publizistischen Aufdringlichkeit ein allgemeines Medienbewußtsein geweckt? Wir meinen, die Antwort ist einfach: Eingewöhnte einfache Kommunikationsverhältnisse von Angesicht zu Angesicht neigen dazu, die eigene Medienvermitteltheit zu vergessen, also sich für unmittelbar zu halten – das gilt für das *Face to Face* des Gesprächs genau so wie für das *Face to Screen* der Fernsehroutine. Die verdrängte Medialität kehrt dann aber in Form der Kommunikationsstörung wieder.

Um das zu erklären, müssen wir Ihnen an dieser Stelle ein

wenig Kommunikationstheorie anbieten. (Wer sich das nicht zumuten will, mag diesen und den nächsten Abschnitt überspringen.) Prinzipiell gilt: *Medien entlasten das Bewußtsein, indem sie Kommunikation stabilisieren.* Die von Medien gesicherte Entlastung des Bewußtseins durch eine sich selbst steuernde Kommunikation ermöglicht es uns, in einer absolut zufälligen Welt zu leben – nichts ist notwendig, nichts ist unmöglich, alles könnte auch anders sein. *Gerade die Weltgleichgültigkeit der Codierung macht Menschen kontingenzfest, also modernitätstüchtig.* Man kann deshalb sagen: Es gibt Seiendes, vieles ereignet sich, und alles scheint zufällig. Wenn wir »davon« Information haben wollen, müssen wir es in Differenzschemata pressen: so – nicht anders; dies – nicht das. Wir spezifizieren vor dem Selektionshorizont anderer Möglichkeiten. Die Umwelt ist ein unbekanntes Land, und wir benutzen die Differenzen unserer Mediencodes, um sie abzutasten.

Die Kommunikationstheorie kann leicht zeigen, wie die binäre Codierung das Risiko jeder Kommunikation auf Dauer stellt – nämlich abgelehnt zu werden. Man muß immer auch nein sagen können. Allerdings lehrt die Erfahrung, die man kommunizierend mit dem Mediencode macht, Sinnformen so anzubieten, daß sich die Ablehnungswahrscheinlichkeit reduziert – das gilt für Wissenschaftler nicht anders als für Politiker und Entertainer. *Das Geheimnis erfolgreicher Kommunikation ist also nicht Konsensfähigkeit, sondern Medientraining.* Und Konsens ist nichts anderes als die rekursive Vernetzung von Kommunikationen, die rein codetechnisch das Ablehnungsrisiko minimiert haben. *Der kategorische Imperativ des Medienzeitalters lautet also: Kommuniziere so, daß andere anschließen können.*

Und das heißt keineswegs, daß das persönliche Gespräch besser funktioniert als eine Telekonferenz. Im Gegenteil, je technischer die Kommunikation ist, desto sicherer schreitet sie fort. Medientechnik ermöglicht nämlich eine selektive Abarbeitung hoher Komplexität. Das heißt, die Medien entlasten uns von der Aufgabe, den prozessierten Sinn zu interpretieren. Mit anderen Worten: *Medien können Sinn erfolgreich prozessieren, ohne ihn verstehen zu müssen.* Derartige Technisierungen steigern also die Kommunikativität, denn sie machen die Annahme einer Selektion nahezu unabhängig von ihrem Inhalt.

Doch Kommunikationstheorie allein genügt nicht. Wir brauchen eine Medientheorie, die versucht, sich dem blinden Fleck des Denkens zu nähern – ebenjenen technischen Medien, die die historischen und technischen Bedingungen unserer »geistigen Tätigkeit« sind. Und es ist denkbar, daß wir heute eine Erkenntnischance haben, die unseren glücklichen Kindern durch die Gnade der späten Geburt vorenthalten bleiben wird. Wie das?

Seit die Medien-Environments aus sich selbst hervortreten, gibt es Geschichte im vertrauten Sinn nicht mehr. Digitalität ermöglicht einen unmittelbaren Zugriff auf alle gespeicherten Vergangenheiten. Die neuen Medien lassen nur noch eine Geschichte erzählen – die ihrer selbst. Und auch diese Möglichkeit haben wir wohl nur einmal. Denn um Medien zu verstehen, muß es noch eine strikte Entsprechung zwischen der Medienevolution und der Entwicklung des Individuums geben. Aber Menschen, deren Entwicklung der Medienevolution parallel läuft, sterben aus. Schon heute sind Kinder elektronischer Kommunikation ausgesetzt, bevor sie sprechen und schreiben können. Zu welcher Generation man gehört, hängt davon ab, in welcher Informationskultur man aufgewachsen ist. Und wir müssen heute feststellen: Es gibt keine gemeinsamen Medien mehr. Unterschiedliche Wertsysteme werden von unterschiedlichen Medien bedient. Zu Recht bemerkt Jon Katz in *Wired*: »Information now splits along demographic, political, and cultural fault lines. We all look into our separate mirrors now.« Zu deutsch: Demographische, politische und kulturelle Verwerfungslinien trennen verschiedene Informationswelten voneinander; jeder schaut in einen anderen Spiegel.

Die Schlüsselkinder der Gegenwart sind die »Latchkey Kids«: mit dem Computer allein zu Hause. Er ist ihr verläßlicher Freund, mit dem sie spielen. Und die Beobachtung eines computerspielenden Kindes kann mehr über unsere neue Medienwelt lehren als eine Militärgeschichte der Universal Turing Machine, dem Vorläufer des modernen Computers. Das ist eines unserer Leitmotive: Es gilt, den Computer nicht als Werkzeug, sondern als Spielzeug zu betrachten. Das »Latchkey Kid« allein zu Hause vor dem Monitor – so wird ein Hacker geboren. Und ganz offensichtlich ist der Hacker der legitime Nachfolger des Bücherwurms. Ursprünglich waren Bücher das Archiv eines Geheimwissens und Lesen eine Arkandisziplin. *Die großen Betriebsgeheimnisse der Gegenwart finden sich aber nicht mehr zwischen Buchdeckeln, sondern unter Benutzeroberflächen.*

Kulturtechnisch gesehen könnte man sagen: Das Buch begünstigt die Bildung des Erwachsenen, der Computer begünstigt das Lernen des Kindes. *An die Stelle des alphabetisierten Humanismus tritt so die digitalisierte Weltgesellschaft.* Man kann es auch so sagen: An die Stelle der linearen Rationalität der Buchkultur tritt heute ein Denken in Konfigurationen. Und konkreter: Die Adaequatio-Lehre der Wahrheit wird vom konstruktivistischen Kriterium des »Passens« einer Theorie abgelöst, Rekursion ersetzt die Kausalität, »Pattern Recognition« ersetzt die Klassifikation. Jeder kann es heute beobachten: *Die Bildungsstrategien der Buchkultur haben ausgespielt.* Die Kinder der neuen Medienwelt beugen sich nicht mehr über Bücher, sondern sitzen vor Bildschirmen. Ihr Suchen und Forschen folgt nicht mehr Zeile für Zeile der Weisheit phonetischer Schrift, sondern läuft über Gestalterkennung. Rezeption heißt heute Chancen wahrzunehmen – mit dem Risiko »Du versäumst etwas...«. Und wo Pixelkonfigurationen auf dem Computerbildschirm den Schein einer stabilen Gegenständlichkeit auflösen, wird die Frage nach einer Referenz sinnlos. Gerade auch die umsorgte Natur, das berühmteste Reflexionsprodukt der alteuropäischen Kultur, wird unter neuen Medienbedingungen als programmierte Umwelt erkennbar.

Info-Animation

Was ist nun neu an den neuen Medien? Die neuen Medien leisten etwas, was im Medium Sprache unmöglich ist – nämlich die digitale Abtastung des Realen in seiner stochastischen Streuung. Dem entspricht ein Begriff von Außenwelt als bloßer Datenkonfiguration. Man könnte deshalb von einer Unschärferelation zwischen Information und Bedeutung sprechen. Denn Mitteilungen der neuen Medien, vor allem der Massenmedien, sind nur Abfallprodukte ihrer Autopoiesis, also ihrer Selbstreproduktion. Die Botschaft der Nachrichten ist Allgegenwart, eine Art abstrakter Weltzeitgenossenschaft. *Wichtiger als das, was mitgeteilt wird, ist das Faktum der Kommunikationen, in denen sich das Mediensystem selbst reproduziert.* Aber gerade dadurch wird sichergestellt, daß Kommunikationen funktionieren, auch wenn man sich nichts zu sagen hat.

Gesellschaft erweist sich immer nachdrücklicher als autonome Kommunikationsmaschine. Sie ist zwar auf Menschen und ihr Bewußtsein angewiesen, kann aber nicht auf sie zurückgeführt werden. Der Philosoph Martin Heidegger meinte einmal, Sprache sei das Haus unseres Seins – das gilt nicht mehr. Das Haus unseres Seins wird heute aus Algorithmen erbaut. Es wäre deshalb ein romantisches Mißverständnis, die Codes und Relais der neuen Kommunikationsverhältnisse als Behelfe zwischenmenschlicher Mitteilung zu deuten. Massenmedien leisten eine totale Integration der Weltgesellschaft. Und längst haben die Verbreitung elektronischer Gadgets, der alles durchdringende Sound der Popmusik und der Konsum von Kultmarken eine Weltkommunikation etabliert, die Sprache kaum mehr braucht.

Massenmedien leisten also eine augenblickliche Koordinierung der Weltgesellschaft in der Gegenwart. Seither sind Zeitstrukturen wichtiger als Konsensstrukturen. *Geschwindigkeit zählt mehr als Argumente.* Die Heterogenität intellektueller Herkünfte verblaßt vor der Homogenität einer Zukunft, die planetarisch im Zeichen der neuen Medien steht. *Zunehmend vollzieht sich die Weltpolitik als Medienästhetik.*

Was heißt das konkret? Realität ist ein Produkt von Selektionen. Ihr Maßstab ist die *Publizität.* Durch Veröffentlichung erfahren Ereignisse einen Zuwachs an Wirklichkeit. Dabei tritt das Ereignis in ein Spiegelverhältnis zu seiner Publikation. Das politische Handeln reflektiert dann immer schon auf seine Berichterstattung. Man könnte also sagen: *Die Realitätsdefinition der Massenmedien erspart der Politik den Kontakt mit dem Realen.* So kann man im Blick auf die von Verbreitungsmedien veröffentlichte Meinung von einer Art Blendung durch Evidenz sprechen.

Neuigkeit, Diskontinuität und Konflikt bewähren sich als Auswahlkriterien in der Datenflut, und zwar aus folgenden Gründen:

- Neuigkeit, weil es im Westen nichts Neues gibt;
- Diskontinuität, weil der Senderahmen von Massenmedien das Erwartbare schlechthin ist;
- Konflikt, weil er den Gegensinn als Anschlußkommunikation erregt.

Man könnte sagen: *Massenmedien sind Techniken der Erwartung des Unerwarteten.* Gerade weil ihre Sendeprinzipien zur Stereotypisierung und Kristallisation tendieren, setzen sie voraus und stellen sie sicher, daß ständig etwas geschieht.

Man kann von der sogenannten Kybernetik zweiter Ordnung etwas Entscheidendes über Massenmedien lernen: Nachrichten berichten nicht, was geschieht, sondern was andere für wichtig halten. Tagespresse und Tagesschau beobachten nicht Ereignisse, sondern Beobachtungen. Mit Hilfe der Massenmedien beobachtet sich also unsere Gesellschaft selbst. Allerdings werden bei dieser Beobachtung alle Beziehungen in Ereignisse mit »News Value« aufgelöst. Alles ist drastisch, leicht zu verstehen und leicht zu vergessen. Der Unterschied, der hier einzig zählt, ist, ob etwas »angesagt« ist oder nur Schnee von gestern.

In der Welt der neuen Medien ist die Aufnahme von Neuigkeiten nicht mehr an Aufmerksamkeitsleistungen geknüpft. *Information wird in der Datenflut fast nur noch über ihre Unterhaltungsqualität ausgewählt.* Genau darauf reagieren heute Wissensdesigner mit dem Konzept des *Infotainment.* Erfolgreiche Marktneuheiten wie etwa der *Spiegel*-Konkurrent *Focus* zeigen, daß das Bedürfnis nach einer Art Fast food des Wissens schnell wächst. Die Kunden des Medienmarktes lassen sich nicht mehr mit »Nachrichten« und »Kommentaren« abspeisen – die publizistische Zukunft gehört deshalb der Info-Animation.

Wir können das bisher Gesagte vielleicht so zusammenfassen: Die Sensation einer Information hängt viel weniger von ihrer Bedeutung als von ihrer Prozessierung ab. Massenmedien informieren also weniger, als daß sie erregen. Sie erregen nämlich weitere Massenkommunikation. Vielleicht sollte man präziser sagen: *Massenmedien informieren, ohne zu orientieren.* Deshalb lautet unsere These, daß die entscheidenden Effekte eines Mediums von seinem Programm völlig unabhängig sind. Und es ist einer der wichtigsten Effekte des Inhalts, vom Medium abzulenken.

Das Design des Medienverbunds

Das etwas spröde, aber treffende Wort *Medienverbund* soll zunächst ganz einfach besagen, daß es keine Einzelmedien mehr gibt. Alle technischen Medien sind ja heute digitalisierbar. Und das heißt: Alle Daten können in ein und demselben Speicher abgelegt werden. Der Medienverbund funktioniert dann als computergesteuertes Algorithmensystem. Wir meinen deshalb: Die Bedeutung eines Mediums wird nur aus seinem Zusammenspiel mit anderen Medien verständlich. Der Medienverbund ist ein System. Er schließt die »Welt« als seine Umwelt aus, um sie dann im Schematismus der Informationsverarbeitung zu beobachten. Der Medienverbund ist also die primäre Gegebenheit. Das müßte man sich bei den Diskussionen über »Telekratie« und »Informationsgesellschaft« vor allem klarmachen.

Philosophen, die kritisch nach der geistigen Situation der Zeit fragen, müßte man sagen: Der Geist ist immanent, nicht transzendent; aber der Geist ist nicht dem Menschen immanent, sondern dem Netzwerk der Weltkommunikation. Dabei muß man immer im Auge behalten, daß Netzwerke *Paradigmen der Komplexität* sind – und das heißt: Sie bestehen aus Verknüpfungen von Fall zu Fall. *Ein Netzwerk ist der Inbegriff nicht der aktuellen, sondern der virtuellen Relationen.* Und natürlich ist das digitale Weltnetzwerk höherstufig, das heißt, immer schon ein Netzwerk von Netzwerken. Wie bei einer russischen Puppe hat man es in Zukunft also mit Netzwerken zu tun, die von großen Anbieternetzwerken »geleast« werden und nun ihrerseits Netzwerkdienste anbieten – gleichgültig, ob es sich dabei um Filme, Informationen oder Finanztransaktionen handelt. Jetzt erst ist Herbert Marshall McLuhans Vision Wirklichkeit geworden: das dezentrale elektronische Weltdorf, die geschrumpfte Welt der Satellitenkommunikation, in der räumliche Distanzen unwichtig sind, solange man ans Netzwerk angeschlossen ist. Die Frage ist nur, ob man nun wie ein alteuropäischer Fisch im Netz zappelt oder als postmoderne Spinne souverän im Netz agiert.

Das gilt gerade auch für Unternehmen. *Bilden Firmen heute doch eben nicht einfach nur Konkurrenzverhältnisse, sondern zugleich auch Netzwerke.* Das schafft eine neue Abhängigkeit, die in Zukunft mächtiger sein wird als die vertraute Marktabhängigkeit. Wir meinen deshalb: *Die große Gestaltungsaufgabe der Zukunft ist das Design des Mediensystems.* Man muß aber nur einen Blick auf die derzeitige Situation der Telekom werfen, um zu sehen, daß die Chancen hierfür hierzulande eher schlecht stehen. In Deutschland gibt es zwar Glasfaserkabel, aber es fehlt die notwendige Vision der Fibresphere.

Der Big Bang des Wissens

Treten wir ein paar Schritte zurück, um uns einen Überblick über die wesentlichen Etappen der Medienevolution zu verschaffen:

- Abschied vom Buch als Archiv.
- Abschied vom Papier als Schauplatz der Schrift.
- Abschied vom Alphabetisch-Literarischen als Medium des Wissens.

Man könnte von einem *Big Bang* des Wissens sprechen. Und die Galaxie des abendländischen Wissens dehnt sich mit Lichtgeschwindigkeit aus. Intellektuelle, die nicht Archivare des Vergangenen, sondern Piloten der Zukunft sein wollen, müssen mit neuen Wissenshalbwertzeiten kalkulieren. Was heute gilt, kann morgen bereits Schnee von gestern sein. Schüler, Auszubildende und mehr noch die Pädagogen müssen begreifen: Man kann nicht mehr »für das Leben lernen«. Deshalb muß der Arbeitgeber der Zukunft auch die Rolle des Lehrers übernehmen. Die an Berufsneulinge adressierte Standardformel ist bekannt: »Jetzt vergiß erst einmal alles, was du an der Uni gelernt hast...« Weil Erfahrung im Sinne von Tradition nicht mehr zählt, wird das Leben ein Prozeß permanenten Umlernens. *So wenig, wie ich heute wissen kann, was ich morgen wissen muß, kann der Unternehmer wissen, was die Märkte von morgen fordern.* Wie für das Lernen gilt auch für die Produktion der Zukunft: just in time. Auf allen Märkten entscheidet die Schnelligkeit des Wandels, die Sensibilität für Zeitdifferenzen über den Erfolg.

Das schon erwähnte Internet erscheint vielen Zeitgenossen heute als blanke Anarchie der Information. Es gibt keine Kontrollmöglichkeit mehr. Und es gibt auch keine vorgegebenen »Bildungswege«, kein stabiles Wissen mehr. Daraus ergibt sich als Hauptaufgabe der Bildungspolitik: einen »Random Access«, einen wahrhaft freien und kompetenten Zugang zu den Archiven und Data-Pools zu organisieren. Das setzt aber auch eine spezifische Medienkompetenz voraus. *Wir müssen die Kunst des Fragens wieder lernen – und zwar als Technik der Komplexitätsreduktion.* Uns fehlt es ja nicht an Wissen, sondern wir suchen die Fragen, auf die unser Wissen eine Antwort sein kann.

Auch für die Welt des Wissens gilt nämlich: Wo Institutionen zerfallen, entsteht »too much discriminative strain«. Weil nichts mehr selbstverständlich und sicher ist, werden wir ständig gezwungen, zu entscheiden und zu unterscheiden. Da fällt es schwer, Prioritäten zu setzen und eine klare Linie zu finden. Es gibt ein Übermaß des Wichtigen, das uns gerade deshalb nicht mehr wichtig ist. *Die Datenflut macht Aufmerksamkeit zur knappen Ressource.* Darauf reagieren die Menschen heute mit ganz neuen Wahrnehmungstechniken wie bei der TV-Rezeption mit Switching und Channel-Hopping. Was Interesse, Aufmerksamkeit anziehen will, muß in Takes oder Clips modularisiert sein. So bildet sich eine rein zeitliche Selektionstechnik heraus: Zapping als Wahrnehmungsstil – das Kaleidoskop wird wieder aktuell.

Die neue Denksinnlichkeit

Die wachsende Komplexität der Welt zwingt uns dazu, Erinnerung, Speicherung und Archivierung vollständig zu mechanisieren. Das heißt im Klartext: *Wir können auf die Wissenskomplexität zivilisatorisch nicht verzichten, aber wir müssen unsere Hirne davon entlasten.* Alle notwendigen Informationen stehen zur Verfügung, doch jeder Zugang wird zum strengen Selektionsakt. Dieses Problem wird ein prägnantes Berufsprofil prägen: die neue Profession des *Wissensnavigators.* Er hat die Aufgabe, stellvertretend für andere, gangbare Wege durch das Labyrinth des Gespeicherten zu bahnen. Solche Wissensarbeiter der Zukunft sind »menschliche Informationsprozessoren«. Ihre spezifische Dienstleistung ist das Infomapping – sie wissen, wo das Wissen ist.

Informationen allein helfen uns bei Problemen nämlich nicht weiter. Sie müssen erst gefiltert, konfiguriert und strukturiert werden. Insofern hat der amerikanische Dichter Donald Hall durchaus recht, wenn er sagt: »Information is the enemy of intelligence.« *Um Information intelligent zu machen, braucht man eben Wissensdesigner.* »Intelligence Service«, Nachrichtendienst – das sind alte Begriffe, die in Zukunft eine ganz andere Bedeutung bekommen werden. Wie der Wissenschaftler, der Regisseur, der Marketingexperte, der Finanzberater oder der Dichter gehört der Wissensnavigator zu jenen Leuten, die mit Problemen handeln und Daten manipulieren – Robert B. Reich spricht in diesem Zusammenhang von »symbolanalytischen

Dienstleistungen«. Sie alle handeln mit Sinn und verkaufen Orientierung.

Dieses Navigationsproblem stellt sich gleichermaßen auch für die Welt der Nachrichten und Unterhaltung. Viacom-Chef Frank Biondi bemerkt in einem *Spiegel*-Gespräch (8/1994): »Theoretisch haben die Zuschauer bald Zugriff auf alle jemals gedrehten Musikvideos. Warum braucht man noch MTV? Weil die Zuschauer die MTV-Präsentation und -Auswahl eben mögen. Genauso werden alle Weltnachrichten ständig zur Verfügung stehen; doch die Menschen wollen, daß die Redakteure der *New York Times* oder des *Spiegel* für sie das Wichtige auswählen.«

Das ist das Stichwort: das Wichtige auswählen – die hohe Kunst der Selektion. An ihr hängt auch das Überleben älterer Medien wie Buch und Magazin.

Wie gesagt, unsere moderne Welt ist hochkomplex. *Komplexität erzwingt kontingente und deshalb riskante Selektionen.* Im Begriff der Selektion steckt natürlich die Frage: Was ist wichtig? Und im Begriff der Kontingenz steckt die Gewißheit: Morgen ist es anders! Die Hauptprobleme des Informationszeitalters sind deshalb Auswahl und Zugang zum Archiv. Immer seltener läßt sich klar sagen, was man sucht. Deshalb wird die Frage vordringlich, *wo* die Antwort in einem Archiv zu finden ist. Man kann ja unter den neuen Medienbedingungen einer Sintflut des Sinns nicht wirklich wissen, was man alles weiß – das heißt, man kann es nicht ›hermeneutisch‹ anwenden und an laufende Kommunikationen anschließen. Insofern kann man sagen, daß der größte Teil der Wissensproduktion heute an das Systemgedächtnis adressiert ist, um dort – hochselektiv – abgerufen werden zu können. Das weiß jeder Wissenschaftler, der einmal einen Aufsatz in einer Fachzeitschrift veröffentlicht hat.

Um es paradox zu formulieren: *Das Hauptproblem in der Datenflut ist, zu wissen, was man weiß.* Informationsüberlastung erscheint heute als Normalfall der Weltwahrnehmung. Deshalb stellt die Informationsgesellschaft immer entschiedener von verbaler auf visuelle Kommunikation um. Man kann nämlich Informationen in errechneten Bildern viel stärker verdichten als in Sprache. Damit endet die Epoche eines unanschaulichen Denkens und bilderloser Texte. Komplexe Sachverhalte werden auch einfacheren Gemütern nachvollziehbar, wenn es dem Wissensdesign nur gelingt, ihre Struktur in Bilder umzusetzen.

Damit sind wir in der Welt der Computergrafiken, die uns eine exakte Bilderwelt jenseits realer Objekte präsentieren. Visionen, Logiken und Abstraktionen werden plötzlich darstellbar. Man könnte mit einem alten Begriff Wilhelm Worringers von einer neuen »Denksinnlichkeit« sprechen: »Visionen werden exakt. Denkprozesse werden sinnlich.« Und eine Expertin aus dem Bereich Computer Aided Design (CAD), Esther Dyson, hat die konkrete Phantasie:»Man könnte Argumente genauso visualisieren wie Daten, indem man alle Standpunkte zu einem Problem als mehrdimensionale Figur darstellt und über Hypertext verbindet.«

Wir arbeiten heute an einem Wissensdesign jenseits des Buches und *beyond publishing*. Der Schlüsselbegriff dieses Wissensdesigns der Zukunft lautet *Hypermedia*. Der Computer erweist sich hier als Medium der Medienintegration. Er ist nun endgültig nicht mehr nur der brave Rechenknecht – und deshalb auch nicht mehr exklusiver Gegenstand einer »Computer Science«. Die Informatik öffnet sich dem Design. *Fragen des Rechnens und Programmierens verschränken sich zukünftig mit Problemen des Interface und der Interaktion.*

Benutzerfreundlichkeit

Das Interfacedesign soll den Anwendern helfen, die Fragen zu formulieren, deren Antworten im Cyberspace bereitliegen. Die gesuchte Information ist also hochkomplex und vollständig bekannt. Doch ist eben – das wußte Hegel schon vor 200 Jahren – das, was bekannt ist, nicht gleichzeitig auch schon *erkannt*. Interface-Design gestaltet die Hypermedien heute interaktiv. Doch damit kein Mißverständnis entsteht: *Interaktive Medien sind nicht dialogisch, sondern fordern die Erkundung eines*

Datenraums – gerade das läßt sich von den »Adventure Games«
lernen. Die vielbelächelten Computerspiele erschweren ja
absichtlich den Weg zu einem gewünschten Ziel – das macht sie
zum idealen Trainingsplatz einer neuen Literarität. Denn wie
Abenteuerspiele bauen auch Hypertexte Simulationswelten auf,
die man dann lesend erforschen kann. Die Geschichte existiert
jeweils in der Echtzeit der Navigation. Autoren sind dann nur
noch Pfadfinder, Chaospiloten und Wissensnavigatoren im elektronischen Datenraum. Auch sie tun nichts anderes als das, was
die Benutzer ihrer Programme tun: sehen, lesen, navigieren,
spielen.

So arbeitet das Wissensdesign heute computergestützt an der
großen Aufgabe der Zukunft: Komplexität zu verstehen. Und wir
wollen hier nur in Klammern bemerken, daß Wissenschaftler uns
dabei kaum weiterhelfen können. Denn bevor man sich daran-
macht, Komplexität verständlich zu machen, muß man Komplexität reduzieren. Die Aufgabe der Wissenschaft ist aber die Steigerung von Komplexität. Reduktion von Komplexität auf dem
Feld der Wissenschaft ist dagegen die Aufgabe des Sachbuchs.
Wir sind hier nun beim großen Thema »Vereinfachung«. Bekanntlich gibt es sowohl schreckliche als auch wohltuende Simplifikationen – auf diesem schmalen Grat bewegt sich der Sachbuchautor. Er will auf dem Feld der Wissenschaft erreichen bzw. vermitteln, was die Religionen seit Jahrtausenden leisten: Sicherheit
und Weltvertrauen.

Der Computer ist nun nicht nur ein Medium der Reduktion
von Komplexität, sondern zugleich selbst ein höchst komplexes
Artefakt. Bevor er uns also wohltuende Simplifikationen auf den
Bildschirm zaubert, muß uns die Angst vor dem Umgang mit dieser Black Box genommen werden. Stichwort: Benutzerfreundlichkeit. »User Friendliness« ist dabei im wesentlichen das, was
der Soziologe Schelsky eine »Vertrautheitsselbsttäuschung«
genannt hat. Vertraut sind uns die analogen Bildchen, fremd
bleibt uns die digitale Codierung. Die seit dem Siegeszug des
Apple Macintosh so beliebten Icons auf den Benutzeroberflächen
sind ja bei Lichte betrachtet nichts anderes als maskierte Digita-

lität. Und auch hinter der berühmten »Virtual Reality« steckt im Grunde nichts anderes als eine digitale Simulation des Analogen.

Benutzerfreundlichkeit bedeutet also: funktionelle Einfachheit bei struktureller Komplexität – leicht zu bedienen, aber schwer zu verstehen. So bekommen die Gadgets etwas Magisches. Denn das macht eben die Magie einer Black Box aus – sie hat eine hochkomplexe Struktur, funktioniert aber ganz einfach. Denken Sie nur ans Auto, den Fotoapparat oder eben an den Computer.

Schwarz auf weiß nach Hause tragen?

Wie so vieles aus Goethes Faust ist auch ein Ausspruch des dummen Schülers zum geflügelten Wort geworden: Was man schwarz auf weiß besitzt, kann man getrost nach Hause tragen. Schon Goethe macht sich also über Leute lustig, die glauben, man könnte Ideen auf Papier fixieren. *Papier ist der Erzfeind des dynamischen Denkens.* Es ist allerdings bis zum heutigen Tag als Speichermedium unverzichtbar. Daß man getrost nach Hause tragen kann, was man schwarz auf weiß besitzt, schrumpft aber immer mehr zu einer Sicherungsmöglichkeit unter anderen: die »Hard Copy«. Hypermedien drängen auf die restlose Eliminierung von Papier. Das Blatt Papier erscheint hier als Engpaß des Softwaredesigns: Nur schnell schaltbare, Perspektiven wechselnde Bildschirme befreien das Denken aus diesem topologischen – und das heißt konkret: typographischen – Gefängnis.

Das klingt zunächst sehr philosophisch im Sinne des alten Widerstreits zwischen Geist und Buchstaben. Aber die Sache hat einen eminent ökonomischen Aspekt. *Der Abschied vom Papier als Schauplatz der Schrift markiert zugleich das Ende der Massenpresse, also einer diffusen, unspezifischen Publikationspraxis.* Zum Beispiel in der Wissenschaft. Jeder Wissenschaftler kennt das: Artikel werden mit langer Zeitverzögerung in Spezialzeitschriften gedruckt, die kaum jemand liest und die dann die Bibliotheken und Archive verstopfen. Viel sinnvoller wäre es hier, solche Artikel elektronisch – und damit ohne die Zeitverzögerung der Drucklegung – zu publizieren, und das heißt auch jeweils nur für den auszudrucken, der sich tatsächlich dafür interessiert.

Zweites Beispiel: die Zeitung. Die meisten Zeitungsleser interessieren sich nur für bestimmte Teile einer Zeitung und werfen den Rest weg. Die *FAZ* liest man wegen des Feuilletons, die *SZ* wegen der Beilage, die *Zeit* wegen der akademischen Stellenanzeigen, die *Bild-Zeitung* wegen des Sportteils – der Rest wandert in den Papierkorb.

Und schließlich die Kleinanzeigen. Jeder kennt diese Qual. Man sucht eine Wohnung, einen Zwillingskinderwagen oder einen Dachgepäckträger und telefoniert sich die Finger wund. Meistens ist dann besetzt oder das Objekt schon verkauft. Hier wird auch dem hartnäckigsten Medienmuffel einleuchten, wie praktisch es wäre,

- den Status der Kleinanzeigen, die elektronisch on-line angeboten werden, ständig zu korrigieren;
- die Anzeigen nach dem individuellen Bedarf zusammenstellen zu können; wer etwa eine Dreizimmerwohnung in Berlin sucht, braucht ja den ganzen Sonntagvormittag, um auf die zwei oder drei Anzeigen zu stoßen, die nach Preis, Größe und Lage in Frage kommen; elektronische Kleinanzeigen hingegen könnten die Infos in Sekunden liefern.

Die Zukunft gehört also dem »On-Demand publishing«, dem individuell zusammengestellten Journal und den elektronischen Kleinanzeigen. Die Zeiten sind nicht mehr fern, ja in Amerika schon angebrochen, wo Fachzeitschriften ihre jeweilige Ausgabe nach Maßgabe konkreter Kundenbedürfnisse individuell variieren. Ithiel de Sola Pool resümiert in seinem Buch *Technologies of Freedom*: »The very definition of ›publishing‹ is changed by convergence between books, journals, and newspapers, which deliver information in multiple copies, and information services, office automation, and electronic mail, which deliver information in editions of one.« Man könnte vor diesem Hintergrund sagen: *Elektronische Veröffentlichungen bilden eine aufregende Mischform aus Publikation und Konversation.*

Hyper, hyper!

Wie Magazine, in denen ja Notizen, Reklame und redaktionelle Artikel aufeinanderstoßen und um die Aufmerksamkeit des Lesers werben, bieten Hypertexte nicht mehr den klinisch sauberen Schriftraum des Buches. Doch anders als Magazine sind Hypertexte kinetisch und interaktiv. *An die Stelle des linearen tritt ein herumstreunendes Lesen.* Ein Hypertext macht deutlich, was lineare Schriften noch der Interpretationsarbeit auflasten: das Netzwerk seiner Referenzen. Während lineare Texte unterstellen, ihre Ideen seien homogen organisiert, ermöglicht der elektronische Text eine Koexistenz verschiedenster Strukturen. Der gesamte Gehalt eines Texts ist somit in der Verzweigungsstruktur seiner elektronischen Darstellung manifest.

Wo alles Geschriebene in Datenbanken aufgeht und dort von anderen Schreibern wieder gebraucht werden kann, entstehen unautorisierte, nämlich autorenlose Texte, die sich gleichsam im Lesen schreiben. Das heißt aber: *Es gibt keine ursprüngliche Einheit eines elektronischen Dokuments mehr.* Man kann es auch so sagen: Hypertext ist keine physikalische Einheit, sondern eine virtuelle Struktur. Strenggenommen existiert er nur on-line. Jeder Anwender entwirft Texte im Horizont von Zeit auf Lesemöglichkeiten hin. Hypertexte sind also provisorisch und radikal zeitlich. *Die Bedeutung eines elektronischen Texts ist sein Gebrauch in der jeweiligen Lektüre.* Elektronische Literatur existiert demnach nur in Echtzeit. Das heißt aber auch: Die Zeichen auf den Bildschirmen sind nicht mehr im traditionellen Sinne typographisch.

Wer Weisheiten schwarz auf weiß nach Hause tragen möchte, wird Schwierigkeiten haben, zu begreifen: Hypertexte sind nicht statisch. Wo immer wieder eine veränderte Perspektivierung und Neuinterpretation möglich ist, gibt es keine definitiven Versionen mehr. *Elektronisches Schreiben wird unabschließbar.* Permanente Revision wird zum Normalfall der Hyper-Textverarbeitung. Es gibt nämlich gar keine Einzelgegenstände des Wissens mehr, Subjekte so wenig wie Objekte; es sind nur noch Knotenpunkte unzähliger Querverbindungen, Gatter und Netze. Und weil diese Datenketten keine ersten und letzten Elemente mehr kennen, schließen sie sich zu ineinander verschränkten Ringen. *Die Darstellungsformen des hypermedialen Wissensdesigns sind also rekursiv* – mit den Grenzwerten von Paradoxie und infinitem Regreß. Das sind auch die Denkformen der Postmoderne: Möbiusbänder, seltsame Schleifen und verwickelte Hierarchien, Krebs und Rückfaltung – sämtlich überraschende Effekte der Selbstbezüglichkeit. Für alle gilt, daß die Unterscheidung von innen und außen nicht mehr funktioniert.

Diese neuen, computergestützten Darstellungsformen entsprechen im übrigen ganz genau den anspruchsvollen Theorieformen, die sich in der Systemtheorie und Kybernetik herausgebildet haben. Komplexe Theorien, die rekursiv und heterarchisch angelegt sind, lassen die Reflexion an mehreren Einstiegspunkten zugleich ansetzen. Und jeder Reflexionseinstieg setzt mehr voraus, als jeweils erläutert werden kann. Das läßt sich linear kaum mehr darstellen. Das Problem lautet also: Simultanpräsenz des Komplexen in Sprache. Auf der Ebene der Theorieform handelt es sich um das Problem der Integration verschiedener Forschungsansätze. Auf der Ebene der Darstellungsform geht es um die »Vertextung« einer Argumentation, die weder linear noch zirkulär, sondern als seltsame Schleife (»Strange Loop«) in Erscheinung tritt. *Hypermedien ermöglichen ein Wissensdesign, das Daten gleichsam frei begehbar macht;* das heißt, sie dekontextualisieren Informationselemente und bieten zugleich Verknüpfungsschemata zur Rekombination an.

Die Softwarestruktur von Hypermedien ist also identisch mit der Theoriestruktur komplexer Sachverhalte: Es handelt sich stets um eine Relationierung von Relationen. Die Entwicklung von Hypermedien ist ein Prozeß des *Knowledge Engineering.*

Der Wert vorgegebener Informationen wird hierbei dadurch gesteigert, daß sie (durch Dekontextualisierung, Modularisierung und eine Verknüpfungstaxinomie) »begehbar« werden. Hypermedien reduzieren die Datenkomplexität, ohne zu klassifizieren und eröffnen eine Vielfalt *virtueller Navigationsperspektiven*. Diesen letzten Begriff wollen wir nun noch etwas genauer betrachten.

Ein Schlüssel zum Verständnis von Hypermedien liegt im Begriff der Navigation. Wie schon die Kybernetik greift das neue computergestützte Wissensdesign auf das Bild des Steuermanns zurück. Zunächst bezeichnet Navigation ja die zugleich sichere und streckenoptimierende Führung eines Fahrzeugs. Im Hypermedienkontext ist hiermit jedoch die Bahnung von Wissenspfaden im Dschungel der Daten gemeint. Dem entspricht die Designaufgabe, das »User Interface«, also die Benutzeroberfläche, als Navigationsfilter zu gestalten. Wohlgemerkt: Es geht hier nicht um die Spezialprobleme von Softwaredesignern, sondern um das Grundproblem moderner Gesellschaften. Der Soziologe Antony Giddens bemerkt hierzu: »In a detraditionalizing society individuals must become used to filtering all sorts of information relevant to their life situations and routinely act on the basis of that filtering process.« Zu deutsch: In einer Gesellschaft, die sich nicht mehr auf Traditionen stützen kann, müssen sich die Individuen daran gewöhnen, alle Informationen, die für ihr Leben wichtig sind, auszufiltern und ihre Lebensroutinen auf der Grundlage dieses Filterungsprozesses einzuüben. *Heute fehlt uns ebendiese Orientierungsleistung der Tradition – und hier muß nun das Wissensdesign einspringen.*

Die Metapher der Navigation umfaßt natürlich auch den Fehlschlag eines Medienabenteuers – den »Schiffbruch im Datenmeer«. Die ungeheure Fülle der Daten, in der man sich mit Hilfe der Hypermedien bewegen kann, erzeugt auch eine ganz medienspezifische Angst: Lost in Cyberspace. Das ist – wie früher der notorische Absturz der Festplatte – prinzipiell immer möglich und muß als »Normal Accident« behandelt werden. *Sich in der Welt zu orientieren hat heute den Charakter einer Cyber-*

space-Odyssee. Wir können daraus grundsätzlich lernen: *Das Reale verhält sich zum Virtuellen wie das feste Land zum offenen Meer.* »Auf die Schiffe, ihr Philosophen!« hatte schon Nietzsche gefordert. Daß die Reise nie zu Ende geht, ist dabei ebenso selbstverständlich wie die Tatsache, daß das Netzwerk der Rechner und Speicher, in dem man navigiert, kein Zentrum hat. Wer nach dem Sinn fragt, hat die Orientierung bereits verloren.

Mein Name ist Knowbody

Der Computer als Medium eröffnet also die Chance, hohe Komplexität zu verstehen. Das heißt aber nicht, daß der Einsatz von Computern selbst schon das Verständnis schafft. Der Wissenschaftler, der seinen PC wie eine bessere Schreibmaschine gebraucht, könnte genausogut weiter mit dem Zettelkasten operieren. Dasselbe gilt natürlich für die Verwaltung eines Betriebs. Probleme der Unternehmensorganisation sind nicht schon dadurch gelöst, daß man die Verwaltung auf EDV umstellt und das mittlere Management mit Software-Tools beglückt. Vor allem im öffentlichen Dienst kann man sogar das Umgekehrte beobachten: Der Einsatz von Computern steigert hier oft noch die Schwerfälligkeit und Umständlichkeit der »Vorgänge«. Der Softwaredirektor von IBM, Peter Kirn, bemerkt hierzu sehr richtig: »Bestehende Verfahren in Software zu gießen steigert nicht die Effizienz, sondern betoniert diese Verfahren.« Computer sind also nicht schon die Antwort auf komplexe Organisationsfragen. Aber sie machen eine praktikable Lösung möglich. Denn prinzipiell gilt: *Medien verhalten sich zu Organisationen wie Optionen zu Entscheidungen.*

Wer sich einen Computer anschafft, kauft damit nicht nur ein Stück Hardware, sondern vor allem auch ein Paket Software – meist mit dem Versprechen der Benutzerfreundlichkeit. In einem anderen Bild heißt das: Man kann sein ganzes Leben Auto fahren, ohne auch nur ein einziges Mal unter die Motorhaube schauen zu müssen. Und man kann eben auch sein ganzes Leben am Computer arbeiten, ohne auch nur ein einziges Mal genauer hinter die Benutzeroberfläche, das »User Interface«, schauen zu müssen. Aber der Vergleich hinkt. Es ist für die meisten von uns wirklich gleichgültig zu wissen, wie das Auto funktioniert. Aber es wird in Zukunft ein Unterschied ums Ganze sein, ob einer weiß, wie ein Computer funktioniert. Was eine Sekretärin beim Windows-Intensivkurs lernt, ist nicht Media Literacy. Ihre Virtuosität bleibt auf die Benutzeroberfläche beschränkt. Die »User Friendliness« erweist sich meist nur als eine freundliche Bornierung des »Untrusted User« (Intel). Zugespitzt: *Ein User ist ein Loser.*

Unter der Benutzeroberfläche operiert das Betriebssystem, eine Art Superprogramm, das die Rahmenbedingungen all dessen definiert, was der Computer tun kann. Ted Nelson definiert sarkastisch: »Operating systems are software you don't have much choice about.« Das Betriebssystem ist derjenige Teil der Software, der einem keine Wahl läßt; den man wie ein Schicksal hinnehmen muß. Auf dieser Ebene werden aber die Kommunikationsstrukturen festgelegt. Und diese wiederum definieren den Innovationsrahmen eines Betriebs. *Jedes Unternehmen ist der Sklave seiner Kommunikationsstrukturen.* M. E. Conway sagt dazu: »Organizations which design systems are constrained to produce systems which are copies of the communications structures of these organizations.« Zu deutsch heißt das: Organisationen, die Systeme entwerfen, sind stets darauf beschränkt, Systeme zu schaffen, die die Kommunikationsstrukturen der Organisation kopieren.

Auf der Benutzeroberfläche werden mittlerweile nicht nur Tools angeboten, die Routineleistungen automatisieren, sondern auch sogenannte *Knowbots.* Das Kunstwort ist aus Knowledge (Wissen) und Robot zusammengesetzt. Mit odysseischer List sprechen einige sogar schon von *Knowbodies.* Gemeint sind Softwareagenten, die spezifisch menschliche Intelligenzleistungen simulieren. Dieses Softwaredesign von Wissen droht in der Zukunft nicht nur Sekretärinnen, sondern auch Inhaber von mittleren Managementpositionen überflüssig zu machen. Und in der Tat ist der unaufhaltsame Vormarsch der Computer auf allen Ebenen der Unternehmen eine Art permanenter Turing-Test für Manager: Welchen Teil ihrer Leistung kann man durch Software ersetzen?

Wie gesagt: Die Computer sind nicht die Lösung eines Organisationsproblems, sondern nur deren Ermöglichung. Die elektronische Datenverarbeitung bietet uns nicht nur Hilfsmittel, sondern auch ein brauchbares Modell der zukünftigen Unternehmensintegration. Was alle Unternehmen von der Computerbranche lernen können, ist die Optimierung der Interfaces. Die Computersimulation, die im Designprozeß Interfaces entwirft, bezieht sich in erster Linie nicht auf das technische Objekt, sondern auf den Anwender. Die Produktformen werden als Lebensformen behandelt. Das heißt aber andererseits: Die Simulation des Designs von Hardware ist softwareorientiert. Ted Nelson hat das auf die griffige Formel gebracht: »A program is a design for events.«

So gibt es längst Software, die bestehende Organisationsstrukturen sprengt. Sogenannte *Meetingware* untergräbt Hierarchien. Wir lernen hier: *Hierarchie ist der Gegensatz von Kommunikation.* Der technische Standard der Netzwerke erzwingt also auch tiefgreifende Veränderungen im betrieblichen Entscheidungsprozeß. Der Befehlsfluß verläuft nicht mehr von der Spitze zur Basis, sondern in kleinen Schleifen – Stichwort: Heterarchie. Und so wie Netzwerke kleiner Rechner die Dinosaurier der Mainframes zum Aussterben bringen, so wird eine Modularisierung der Betriebe in Zukunft einen neuen Organisationsstil fordern – fraktales Management. Das Großunternehmen zerfällt in flexible, »selbstähnliche« Unternehmensmodule, die quasiautonom operieren. Die Außenbeziehungen des Unternehmens nehmen den Charakter der Telekooperation an, seine Mitarbeiter werden zunehmend Telecommuter – mit dem Grenzwert eines virtuellen Arbeitsplatzes. Schon heute gibt es, wie etwa bei der Organisation der Fußballweltmeisterschaft in den USA zu beobachten, virtuelle Unternehmen, die überhaupt nur projektgebunden im Datennetz existieren. Ist das Projekt abgeschlossen, löst sich das Unternehmen in nichts – genauer gesagt: in vollkommen voneinander unabhängige Module – auf.

Die Manager und das Wissen

Das große Buch, das über die profanen Mächte berichtet hat, die die moderne Welt im Innersten zusammenhalten, hieß *Das Kapital.* Wollte man heute versuchen, etwas Ähnliches zu leisten, so müßte das Buch wohl heißen *Das Wissen.* Denn seit den seligen Zeiten von Karl Marx hat sich das Zentrum der Macht verschoben. Im historischen Rückblick wird der »Powershift«, von dem Alvin Toffler als erster gesprochen hat, deutlich: Das ursprüngliche Zeichen von Macht war *der Ruhm.* Politik beginnt, sobald sich Macht nicht mehr in Ruhm, sondern in Gewalt ausweist. Und spezifisch *modern* wurde die Welt in dem Augenblick, da Macht in Geld konvertierbar wurde; man könnte auch sagen: als die Politik zur Magd der Wirtschaft degradiert wurde. Aber auch das ist schon Vergangenheit. Wichtiger als der Geldfluß ist heute schon der Datenfluß. Und *Macht hat, wer Zugang zu Daten hat und sie zu nutzen weiß.* Schon in naher Zukunft wird zumindest für die westeuropäische Wirtschaft gelten: Die traditionellen Produktivitätsfaktoren, also Grundbesitz, Kapital und Arbeit, sind nur noch »Restraints« bzw. »Constraints« der einzigen Wohlstandsquelle: Wissen.

Nun ist die Formel »Wissen ist Macht« nicht neu. Und die innovative Anwendung des Wissens treibt den Produktionsprozeß nun schon seit zweihundert Jahren voran. Doch um zu verstehen, was gegenwärtig geschieht, müssen wir sorgfältig unterscheiden. Altvertraut ist die Anwendung des Wissens auf Werkzeuge. So entsteht seit der industriellen Revolution Technologie im eigentlichen Sinne. Für unsere Fragestellung entscheidend ist erst der nächste Schritt: die Anwendung des Wissens auf die Arbeit. Das ist die Geburtsstunde des Managements, die man ja mit dem Erscheinungsdatum von Frederick Winslow Taylors

»Scientific Management« ziemlich genau datieren kann. Der industriellen Revolution folgt hier also die Produktivitätsrevolution.

Diese Etappe der Wissensgeschichte ist für unsere Gegenwartsdiagnose auch deshalb wichtig, weil man durchaus sagen kann, daß Taylors »Scientific Management« heute in der Computersimulation wiederkehrt. *Artificial Intelligence ist eine Art Taylorismus des Geistes.* So hat Peter F. Drucker das japanische *Zero Defects Management* als Wiederkehr von Taylors »Scientific Management« gedeutet. Nur daß die Aufgabe, der Arbeitsprozeß und die Werkzeuge nun von den Arbeitern selbst studiert werden und daß an die Stelle von Stoppuhr und Fotoapparat die Computersimulation getreten ist. Und dieses Verfahren wird auch in Zukunft zur Steigerung der Produktivität vor allem im Dienstleistungssektor von größter Bedeutung sein. Lernen von McDonald's!

In der Geschichte der Anwendung menschlichen Wissens war aber nun, nach der Entdeckung von Technologie und Produktivität, noch ein letzter Schritt zu tun: die Anwendung des Wissens auf das Wissen selbst. Genau das zwingt uns heute, nach der industriellen und der Produktivitätsrevolution, zur *Managementrevolution. Das Management der Zukunft hat formal die Struktur eines Wissens des Wissens.* Der Manager ist also derjenige in einem Unternehmen, der für die Performanz des Wissens verantwortlich ist. Und bei der Sorge um die Produktivität des Wissens helfen ihm die Pläne der Regierung so wenig wie die Kräfte des Marktes. »It requires«, so resümiert Drucker, dessen Denken in den letzten Jahren scheinbar nur noch um diesen Punkt kreist – »it requires systematic, organized application of knowledge to knowledge.« Systematische Anwendung von Wissen auf Wissen!

Um es noch einmal zusammenzufassen: Die Anwendung des Wissens auf Arbeit hat vor hundert Jahren die Produktivität entdeckt. Heute entfalten wir die Autologie, also die Selbstanwendung des Wissens. Wissen wird auf Wissen angewandt – und hier zeigt sich die Produktivität der geistigen Arbeit. Die eigentliche intellektuelle Leistung der Zukunft liegt also im *Wissensdesign*. Und je wichtiger die Produktivkraft Intelligenz wird, desto mehr konvergieren Wirtschaft und Bildung. *Wissen ist die ultimative Ressource der westlichen Welt,* und deshalb darf »Research into Knowledge« nicht mehr nur die Sache des an Erkenntnis interessierten Wissenschaftlers bleiben. Die Kürzel R&D (Research and Development) bzw. F+E (Forschung und Entwicklung) signalisieren das seit Jahren.

Die Autologie des Wissens – bisher die Domäne der Philosophen – ist heute die Sache des Managements. Die Manager folgen also einem richtigen Instinkt, wenn sie in Sachbüchern und Seminaren philosophischen Rat suchen. Fragt sich nur: bei welcher Philosophie? Und wir meinen eben, die Defizite, die es dabei abzubauen gilt, sind weniger solche der Ethik als der Logik. Also nicht eine Rückbesinnung auf alte Werte, sondern eine resolute Umwertung der Werte insgesamt ist erforderlich. Das ist vor allem auch eine Sache des Denkens. Und Denkfähigkeit kann man üben.

II

Die neuen Götter des Marktes

1

Die Öffentlichkeit
der Werbung

*News is something somebody doesn't want
you to print. All the rest is ads.*
William Randolph Hearst

Es ist zu einer philosophischen Selbstverständlichkeit geworden, daß wir in der Postmoderne leben. Sie ist charakterisiert
durch den Zerfall der Ideologien, ein Denken in Ruinen, eine virtuose Artistik der Oberfläche und die betäubende Kaleidoskopik
der neuen Medien. Im Zeichen der Globalisierung verwischen
sich die alten, orientierenden Linien. Es gibt keine Grenzen für
die großen Kräfte unserer Gegenwart:

- Geld,
- Information,
- Umweltzerstörung,
- Terror.

Die alten Einheiten sind zerbrochen, und die neuen lassen sich
noch nicht denken. Das gilt für Wissenschaft und Politik gleichermaßen. Die Theorie fordert ein transdisziplinäres Denken, die
Politik fordert ein transnationales Denken. Doch was soll das heißen? In beiden Fällen geht es um ein Designproblem. Wer etwa
europäisch denken will, sieht sich zunächst der Frage konfron-
tiert: Wie begrenzt man Souveränität? Und bevor wir die neue
Einheit überhaupt nur in Umrissen wahrnehmen können, haben
wir schon Phantomschmerzen. Die amputierte D-Mark tut
weh.

Für das, was man in Europa und der Weltgesellschaft zu verlieren glaubt, sucht man einen Ausgleich. Wir nennen das *humane Kompensation des Transnationalismus durch Tribalismen*. Das ist rasch erklärt. Gerade weil sich die Weltgesellschaft auf der Ebene von Geld- und Datenflüssen unwiderstehlich verwirklicht, suchen wir wieder nach überschaubaren Terrains, vertrauten Lebensformen. Dasselbe gilt auch für den Bereich der Theorie: Je transdisziplinärer sich eine Wissenschaft der Weltkomplexität stellt, desto heftiger wird der Wunsch nach einem überschaubaren Weltbild.

Wir erwähnen das nur, weil wir Ihr Augenmerk auf ein Komplementärverhältnis lenken möchten. Weltkommunikation und Neoprimitivismus, die *eine* Welt der neuen Medien und die Wiederkehr des Kultischen, gehören zusammen wie konkav und konvex. Mit anderen Worten: Je komplexer unsere Lebenswelt, desto dringlicher werden orientierende Vereinfachungen. Politik und Wissenschaft laborieren an diesem Problem. Es gibt aber einen ganz anderen Bereich, der hier schon mit überzeugenden Lösungen aufwarten kann – nämlich die Werbung und das Marketing. *Werbung zeigt die Tribalismen der Postmoderne und konstituiert zugleich Weltkommunikation.* Unsere These lautet deshalb: Werbung ist die schlüssigste Selbstbeschreibung unserer Kultur. Man kann es auch so sagen: Werbung ist die Rhetorik des modernen Tribalismus.

Übrigens schreibt schon der aller Kulturaffirmation unverdächtige Philosoph Walter Benjamin in seinem Buch *Einbahnstraße*: »Der heute wesenhafteste, der merkantile Blick ins Herz der Dinge heißt Reklame. Echte Reklame kurbelt die Dinge heran und hat ein Tempo, das dem guten Film entspricht.« Eine Beobachtung aus den dreißiger Jahren immerhin.

Gerade Intellektuelle haben Schwierigkeiten, diese Zusammenhänge zu begreifen. Ihre kulturkritische Bibel, die *Dialektik der Aufklärung* von Horkheimer und Adorno, hatte das humanistische Entsetzen über die Öffentlichkeit der Werbung so formuliert: »Reklame wird zur Kunst schlechthin, mit der Goebbels ahnungsvoll sie in eins setzte, l'art pour l'art, Reklame für sich selber, reine Darstellung der gesellschaftlichen Macht.«Aber das heißt, nüchtern betrachtet, eben auch, daß die Werbung einen alten Traum erfüllt hat: daß die Kunst an der Macht sei. Übrigens läßt sich – und das müßte gerade Intellektuelle interessieren – der Vergleich zwischen Werbung und Kunst noch einen Schritt weiter treiben. Wer heute etwa eine Modezeitschrift wie die *Vogue* durchblättert, kann bemerken: Das Reklamefoto verhält sich zum Reklametext wie die moderne Malerei zum philosophischen Kommentar.

Schauen wir uns die gerade zitierte Definition von Horkheimer und Adorno noch einmal genauer an. Reklame ist

- die absolute Kunst,
- selbstbezüglich, autologisch (also Reklame für Reklame),
- die Darstellung der Gesellschaft und ihrer Macht.

Um diese Funktionen und Leistungen der Werbung auf den Begriff zu bringen, müssen wir – wie im folgenden noch vielfach – auf Konzepte der Theologie und Religionssoziologie zurückgreifen. Im folgenden bemühen wir zur Erklärung der kulturellen Effekte von Werbung zwei theologische Modelle, und zwar:

- die Theodizee, also die Rechtfertigung der Weltübel;
- die »Propaganda Fide«, also die missionarische Verbreitung des wahren Glaubens.

Die alte Frage, warum es das Übel in der Welt gibt, wenn diese doch von einem guten Gott geschaffen wurde, hat die großartigen Argumente der *Theodizee* provoziert: die Rechtfertigung unserer Welt. Für unseren Zusammenhang ist nun eines wichtig: Das Bedürfnis nach Weltrechtfertigung bleibt auch in einer Welt bestehen, in der die Religion ihre Kraft der Begründung verloren hat. Deshalb muß die Theodizeeleistung seit der Aufklärung von anderen Disziplinen – und zwar mit untheologischen Mitteln – erbracht werden. Unsere These ist nun ganz schlicht die: *In der Postmoderne übernimmt die Werbung das Pensum der Theodi-*

*zee, also die Rechtfertigung der Welt – aber als ästhetisches Phä-
nomen.* Werbung ist heute das große Ja-und-amen-Sagen zur
Welt, eine Verklärung aller Dinge.

Die souveräne Verführung

Früher war die Welt der Wirtschaft noch einfach: Der Kunde
suchte Waren – und der Markt hat informiert. Heute sucht die
Ware Kunden – und der Markt verführt. Aber wir wissen ja seit
langem: Mundus vult decipi, die Welt will verführt und betrogen
werden. Ein Psychoanalytiker könnte leicht feststellen, daß die
gute Werbung mit der *Liebesverblendung* operiert. Im Zentrum
der Werbung erfolgt die Offerte des Objekts, das uns gerade noch
zu unserem Glück fehlt! Nichts anderes aber geschieht tagtäglich
in der Verblendung der Liebe. Um es mit den präzisen Worten
Jacques Lacans zu sagen: »A persuader l'autre qu'il a ce qui peut
nous compléter, nous nous assurons de pouvoir continuer à
méconnaitre précisément ce qui nous manque.« Zu deutsch:
Indem wir dem anderen einreden, daß er genau das hat, was uns
vervollständigt, versichern wir uns, weiterhin verkennen zu
können, was uns wirklich fehlt. *Verliebt sein und von Werbung
verführt zu werden ist somit psychodynamisch dasselbe.*
Wer aber nur über »geheime Verführer« jammert, ignoriert,
daß die Werbung, ähnlich wie die Kunst, der »Wirklichkeit« einiges voraus hat. Die Bilderwelt der Werbung ist bewußtseinskon-
former und optisch präziser als die Realität. Man könnte deshalb
geradezu von einer biologischen Funktion der Werbung sprechen: Die Reklame entwickelt grafische Embleme, die sich in der
Phantasie der Konsumenten ablagern. Und mit diesen grafischen
Emblemen konstruieren sie nun ihre Welt. Mit anderen Worten,
die Embleme der Werbung steuern das Verhalten. Das geht heute bis zum Grenzwert eines Absolutismus der Mode. Es gibt heute eigentlich gar keinen Lebensbereich mehr, der nicht dem Diktat der Mode gehorcht. *Mode ist also nicht mehr nur eine Sphäre
der Lebenswelt, sondern ihr Schematismus.*

Um die Pointe dieses Kapitels gleich vorwegzunehmen: Wir möchten Ihnen zeigen, daß man die Kapitelüberschrift »Öffentlichkeit der Werbung« nicht nur – wie Grammatiklehrer sagen würden – als Genitivus objectivus, sondern auch als Genitivus subjectivus verstehen muß. Also:

- Die Werbung schafft eine Form von Öffentlichkeit.
- Die Öffentlichkeit ist im Kern eine Werbeöffentlichkeit.

Daraus folgt im Blick auf die vor allem in Deutschland beliebten philosophischen Utopien einer sogenannten kommunikativen Vernunft: Konsens ist Nonsens. Daraus folgt aber auch, daß jede Öffentlichkeit ein Medieneffekt ist. Wenn also heute gerne über das Problem der mediatisierten Öffentlichkeit diskutiert wird, dann handelt es sich schlicht um einen Pleonasmus, also einen weißen Schimmel. Nun gibt es eine berühmte Theorie des kommunikativen Handelns, die aus diesem weißen Schimmel ein Problem gemacht hat. Wir wollen rasch zeigen, wie. (Wer sich nicht für die Träume eines deutschen Geistersehers interessiert, mag die nächsten Abschnitte überspringen!)

Die blaue Blume der Aufklärung

Der berühmte Philosoph und Soziologe Jürgen Habermas führt alle Übel der Moderne darauf zurück, daß *autonom-sachliche Steuerungsmedien* wie Geld und Macht die Lebenswelt durchdringen. Da könnte man zunächst erwarten, daß auch die neuen technischen Medien als Agenten der Selbstentfremdung kommunikativer Alltagspraxis verworfen werden. Das tut Jürgen Habermas klugerweise nicht. Statt dessen deutet er die Massenmedien in technische Behelfe einer erweiterten Zwischenmenschlichkeit um. Das ist sein Bild von Aufklärung: Massenmedien erweitern Intersubjektivitäten zu Teilöffentlichkeiten. Diese Teilöffentlichkeiten organisieren sich in vernünftiger Rede und deshalb universalistisch. Sie verschränken sich zu einer »umfassenden Öffentlichkeit«, in der sich ein »gesamtgesellschaftliches Bewußtsein« ausdrückt. Das heißt aber, daß in der Öffentlichkeit die »Gesamtgesellschaft« sich selbst darstellt und von sich weiß. Die Bürgergesellschaft richtet deshalb an die Vertreter der Massenmedien die verbindliche Erwartung, »sich als Mandatar eines aufgeklärten Publikums zu verstehen« – so Habermas.

Diese phantastische Konzeption hat einen realistischen Kern: *Massenmedien reproduzieren sich in einer Art begriffsloser Selbstbeobachtung der Gesellschaft.* Begriffslos bleibt diese Selbstbeobachtung allerdings, weil sie Beziehungen in Ereignisse mit »News Value« auflöst. Diese »heißen« Ereignisse, die »Action News«, stellen durch ihre Drastik sicher, daß alles, was gesendet wird, ebenso rasch aufgefaßt wie vergessen werden kann. Die Auswahl der Informationen in den Massenmedien folgt hochabstrakten Prinzipien. Man könnte sagen, daß sie an eine Aufmerksamkeit überhaupt appellieren – das nivelliert die Rezeption. An die Stelle sozialer Differenzierung der Kommunikation tritt unter Bedingungen der Massenmedien eine temporale Differenzierung der Information. Das klingt nur kompliziert, gemeint ist aber ganz einfach: Etwas ist angesagt oder Schnee von gestern; etwas ist entweder *in* oder *mega-out*.

Manche beklagen, daß es in Deutschland keine Streitkultur gibt. Und in der Tat mag die öffentliche Meinung keine Konflikte. Jede Partei, die mit mehr als einer Stimme spricht, ist in der Krise. Wir fragen: Warum? Die Antwort ist einfach. Konflikt und Streit haben nur dann »News Value«, wenn sie nicht der Normalfall sind. Gerade weil die Massenmedien süchtig nach Streit sind, brauchen sie als Kontrastfolie des Alltäglichen die Harmonie und das Einverständnis. Wir meinen, unter derartigen Sendeprinzipien kann sich, völlig unabhängig von inhaltlicher »Medienpolitik«, so etwas wie kritisches Bewußtsein nicht mehr melden. Es gibt in der neuen Medienwelt keinen archimedischen Punkt mehr für »kritische Publizität«.

Jeder weiß, daß die real existierenden Medienöffentlichkeiten hierarchisiert, autoritär, zentralistisch (Broadcasting) und –

trotz all des Geredes über interaktives Fernsehen – nicht dialogisch sind. Doch für Habermas sieht die Sache anders aus. Er versteht ja Massenkommunikation als technische Verstärkung bürgerlicher Öffentlichkeit, das heißt, er deutet sie als kondensierte, geraffte, aufgestufte, multiplizierte Verständigungsprozesse, die Kommunikation entprovinzialisieren. Die Bildung der öffentlichen Meinung vollzieht sich folglich nach Habermas heute nicht mehr auf konkreten Schauplätzen des bürgerlichen Lebens, sondern in der »abstrakten Gleichzeitigkeit eines virtuell präsent gehaltenen Netzes«.

Habermas möchte also zwei Ebenen der Massenkommunikation unterscheiden:

- *Erstens* die aus der goldenen Tradition der Aufklärung erwachsenen Medien wie die bürgerliche Presse. Sie sind am öffentlich geführten, rationalen Gespräch orientiert; sie vermitteln und verstärken das Gespräch der Bürger (das ist natürlich eine Theoriefiktion).
- *Zweitens* technische Massenmedien, die die Meinung der Zuschauer und Zuhörer prägen, statt sie nur institutionell zu stützen.

Diese zweite Form der Massenkommunikation kritisiert Habermas denn auch als »manipulativ entfaltet« und »reklametechnisch arrangiert«. Damit spricht er ihr die Qualität öffentlicher Meinung ab. Diese neuen technischen Medien »mediatisieren« ein »*als* Publikum desintegriertes Publikum« (Habermas). Das ist der unheilvolle Strukturwandel der Öffentlichkeit.

Wenn man die Theoriefiktion der *aufgeklärten Publizistik* und das entsprechende negative Vorzeichen vor der technischen Medienwirklichkeit einmal beiseite läßt, ergibt Habermas' Beschreibung ein zutreffendes Bild:

- Massenmedien prägen Meinungen als Formen aus.
- Massenmedien operieren als reklametechnische Manipulation und wenden sich an ein zerstreutes Publikum.

»Öffentliche Meinung« ist in diesem Zusammenhang ein Euphemismus, ein trügerisch freundliches Wort für das, was Hans Magnus Enzensberger einmal »Bewußtseinsindustrie« genannt hat. Kulturkritik ist eines ihrer Spitzenprodukte. *Die Kulturkritiker waren ja immer eine Art Bußprediger des Kapitalismus, die vom schlechten Gewissen des Konsums lebten.* Schon Enzensbergers Begriff der Bewußtseinsindustrie hat ihnen den intellektuellen Kredit entzogen. Und wir sind mittlerweile noch einen Schritt weiter. Wir sind nämlich von der Bewußtseinsindustrie zur Wirklichkeitsindustrie übergegangen. Das macht zwar die Kulturkritiker nicht arbeitslos, aber es macht ihr Denken gegenstandslos. Doch das wird nur deutlich, wenn man aus den Aufklärungsträumen philosophischer Geisterseher erwacht.

Marketing des »Anti-«

Hier rastet gerne ein Mißverständnis ein. Viele meinen, wer die Kulturkritik verabschiede, fordere zur fröhlichen Bekräftigung des Bestehenden, also zum großen Ja-und-amen-Sagen auf – nichts liegt uns ferner. Aber kritische Bewußtseine des Feuilletons wie glückliche Bewußtseine des Marketings sollten sich doch zumindest aus intellektueller Neugier fragen, wie man heute überhaupt noch erfolgreich *nein* sagen kann. Welche subversive Technik kann heute an die Stelle der Kulturkritik treten? In den ätherischen Welten der Literaturwissenschaft hat sich Jacques Derrida schon vor Jahren ein ähnliches Problem gestellt und die Textpraxis der »Dekonstruktion« entwickelt. Daran knüpfen heute die pfiffigsten Köpfe des Underground an – man denke nur an die famose Anti-Ad-Zeitschrift *Adbusters*. Wie der Name schon sagt, geht es hier um Störung, »Noise«, ein parasitäres Dasein in der Welt der Reklame. *An die Stelle der Kulturkritik tritt ein witziges Culture Jamming.*

Adbusters heißen die Hacker in der Bilderwelt – sie arbeiten an der Dekonstruktion der Werbung. Man trifft bereits auf den

Begriff De-Marketing. Schon heute ist es oft schwer, zwischen subversiver Dekonstruktion im Sinne von Adbusters und pfiffiger Selbstironie des Marketings zu unterscheiden. Es gibt also durchaus intellektuelle Techniken der Distanz und Subversion im Zeitalter der neuen Medien. Doch können solche subversiven Unterscheidungen von einem geschickten Marketing eben immer wieder im Sinne des Re-Entry (Spencer Brown) ins Unterschiedene eingeführt werden. Im Klartext: Die Unterscheidung von Mainstream und Underground wird im Mainstream selbst wieder eingeführt – Punk von Lagerfeld, Grunge von Gaultier, der Piercing-Ring in der Nase des Jungunternehmers.

Solche Entwicklungen muß man als Trendchiffren zukünftigen Konsumverhaltens lesen lernen. Die heutigen Konsumprozesse sind schon hochkomplex. Konsum umfaßt heute nicht nur den ironischen Konsum des Konsums – reflexiv und selbstbezüglich wie bei den Yuppies. Sondern er umfaßt auch die Negation des Konsums wie bei der Generation X, also der Zielgruppe, die sich dadurch definiert, daß sie keine sein will. Gerade wo ethisch-kritische oder Subkulturattitüden maßgebend sind, muß die Wirtschaft eine Art Marketing des »Anti-« entwickeln. Bahnbrechend war da Steve Jobs. Sein Apple Macintosh suggerierte ja sehr kunstvoll, daß der Kunde gemeinsam mit der Firma gegen den restlichen Markt (IBM) konspirieren würde. Dasselbe gilt heute auch für Anita Roddicks Body Shop.

In der Idylle der Lebenswelt

Doch zurück zu unserem philosophischen Geisterseher Jürgen Habermas. Er beschreibt die Kommerzialisierung der Kommunikation (von der Geburt der Sensationspresse bis zur EDV) als einen *Sündenfall* der Publizität. Steuerung und Manipulation treten an die Stelle von Kritik und Verständigung. Und vor dem Aufklärungsidyll einer unschuldig nachdenkenden Öffentlichkeit erscheint die neue Medienwirklichkeit als »vermachtete Arena«.

Diese Legende von der unschuldigen Publizität der Aufklärung ist nötig, um eine Unterscheidung zu retten, an der Habermas' ganze Kommunikationsutopie hängt: »die Unterscheidung zwischen autochthonen und vermachteten Prozessen der öffentlichen Kommunikation«. Das soll wohl heißen, daß die öffentliche Kommunikation einerseits eine wahrhafte, echtgeborene und andererseits eine manipulative, von Macht und Geld verseuchte Seite hat.

So entsteht eine interessante Neuzeitlegende: Die Lebenswelt ist im Zuge ihrer Technisierung durch Steuerungsmedien wie Macht und Geld entwertet worden. In dieser Legende ist der Begriff »Steuerungsmedien« von besonderem Interesse. Er soll ausdrücken, daß diese Medien Handlungen ohne Rückbezug auf Sprache koordinieren. Steuerung ersetzt das Verständnis. Kybernetik verdrängt die Hermeneutik – sie funktioniert als eine Art *Bypass* der Sprache. Die moderne Welt scheint demnach:

- ohne Lebenswelt zu funktionieren,
- ohne Sprache zu kommunizieren,
- ohne Verständigung zu koordinieren.

Was Novalis schon vor zweihundert Jahren beklagte, ist heute unabweisbare Erfahrung geworden: Zahlen und Figuren sind Schlüssel aller Kreaturen.

Diese Beobachtungen wären zutreffend und hilfreich, wenn Jürgen Habermas sie nicht wieder im Namen von Konsens und Lebenswelt mit einem negativen Vorzeichen versehen würde. Im Hintergrund steht hier die Peircesche Kritik der technisch simulierbaren Informationsprozesse. Charles Sanders Peirce hat die kybernetische Steuerung durch Zeichen als Verfallsform menschlicher Verständigung verurteilt. Warum dies? Was Peirce und Habermas kritisieren, ist, daß kybernetische Steuerung nicht auf Verständnis, sondern bloß auf den faktischen Erfolg von Kommunikation ziele: »So etwa die Information als Steuerungsprozeß in der Genetik oder in der Radarlenkung von Geschossen«

(Karl Otto Apel). Diese algorithmengeleiteten Kommunikations-
prozesse nennt Habermas »technisiert« – sie bringen das Unheil
über die Lebenswelt.

Wir sind hier am Kern des berühmten Mißverständnisses, das
uns eine kommunikative Vernunft als Vollendung des Projekts
der Moderne verheißt. *Das philosophische Phantasma einer
räsonierenden Öffentlichkeit verdeckt die technische Realität des
Medienverbunds. Die Lebenswelt erscheint als ein Schaltkreis
der Kommunikation, aus dem die konkreten Schaltungen und
die Gadgets der technischen Medien ebenso weggezaubert sind
wie die Steuerungsmedien Macht und Recht.* So malt Habermas
eine Lebenswelt von Solidarität und Einverständnis. Und aus
dieser Perspektive können die profanen Funktionswirklichkei-
ten von Macht und Geld natürlich nur als postparadiesische
»zweite Natur« erscheinen. Steuerungsmedien rauben der
Lebenswelt ihre Unschuld. Deshalb nennt Habermas die ihnen
aufruhenden Interaktionsformen »entweltlicht«. Welt gäbe es
demnach nur diesseits mediengesteuerter Kommunikation.
Aber eine solche Welt ist nicht von dieser Welt. Philosophen nennen so etwas wohl »kontrafaktisch«.

Wir schlagen statt dessen an dieser Stelle eine ganz unphiloso-
phische, kommunikationstechnische Sichtweise der Dinge vor:
Die sekundäre, mediatisierte Öffentlichkeit geht der »eigentlichen« Öffentlichkeit genauso voraus, wie die zweite Natur der
ersten Natur vorausgeht! Erst seit unsere Welt von Technik
durchdrungen ist, entdecken wir Natur als »Natur«. Erst seit
technische Medien ein Publikum formieren, gibt es den Traum
von der freien öffentlichen Meinung. *Der Konsens der räsonierenden Bürger ist die blaue Blume der Aufklärung im Land der
neuen Medien. Massenmedien dienen entweder dem Information Processing oder dem Marketing. Tertium non datur!* Um
dieses Dritte ringt aber die Habermassche Kommunikationsutopie: Die wahre Öffentlichkeit wird beschworen in dem ätherischen Zwischenstadium eines »Nicht mehr« (bloßer Datentrans-
port) und »Noch nicht« (Konsummedium). Aber ebendas ist reine
Theoriefiktion.

Das Geschwätz und die List der Vernunft

Früher hat man die Öffentlichkeitsformen noch nüchterner beobachtet. In dem Teil seiner Rechtsphilosophie, in dem der große Philosoph des Idealismus, G. W. F. Hegel, die Sittlichkeit behandelt, gibt es einen hochinteressanten Abschnitt über die gesetzgebende Gewalt im Staat. An dessen Ende wird die Funktion der öffentlichen Meinung diskutiert. Daraus kann man auch heute noch viel lernen. Öffentliche Meinung ist das, was die vielen meinen – man könnte sagen: die Vorurteilsstruktur der Allgemeinheit. In der öffentlichen Meinung nimmt die Wahrheit die Gestalt des »endlosen Irrtums« an. Wohlgemerkt: Die öffentliche Meinung ist für Hegel nicht der Irrtum, sondern die entstellte Wahrheit. Aber nur der Beobachter kann sehen, wie das Wesentliche, über das sich der Common sense selbst täuscht, »in jenes Konkrete scheint«.

Das ist von Hegel sehr taktvoll formuliert: Die öffentliche Meinung ist *Geschwätz*, aber der philosophische Beobachter erkennt in diesem Geschwätz den Ausdruck subjektiver Freiheit. Kurzum, die öffentliche Meinung ist die *unmittelbare Einheit von Wahrheit und Irrtum* und somit »der vorhandene Widerspruch ihrer selbst«. Deshalb verdient sie es, »ebenso geachtet als verachtet zu werden«. Hegel sieht sehr scharf, daß die – achtenswerte – Freiheit des jeweils eigenen Urteils und seiner Äußerung sofort in den Sog der Massenkommunikation gerät. Und dort macht es sich willig zum Sklaven des »prickelnden Triebes, seine Meinung zu sagen«. Hierfür gibt es nicht erst bei Nietzsche, sondern eben schon bei Hegel nur noch eines: Verachtung. Übrigens, man möchte Tränen der Zivilisation vergießen, wenn man in diesem Zusammenhang liest, wie Hegel ein großes Problem der Pressefreiheit löst – wie man nämlich falschen Anschuldigungen der Massenmedien und Verleumdungen in den Massenmedien zu begegnen habe. Hegels Vorschlag: durch »Duldung in der Verachtung«.

Nur wer die öffentliche Meinung verachtet, kann seiner Zeit sagen, was sie eigentlich will – oder sie immerhin in Gedanken erfassen. Mit der Meinung, auch der Meinung der vielen, weiß Hegel nichts anzufangen, wohl aber mit der Öffentlichkeit. Sie ist nämlich eine Erscheinungsform der List der Vernunft. In der Öffentlichkeit bilden sich die »Muster« des Politischen, denn in ihr ruinieren sich die Meinungen gegenseitig. Auch für Hegel ist Konsens Nonsens – genauso wie das, »was sich jemand zu Hause bei seiner Frau oder seinen Freunden einbildet«. Doch Vernunft manifestiert sich listig in der Öffentlichkeit, »wo eine Gescheitheit die andere auffrißt«. Um es noch einmal auf den Punkt zu bringen: *Vernunft ist nicht Konsens, sondern die Selbstaufhebung des Nonsens.*

Die Diktatur des »Man«

Die berühmtesten philosophischen Gedanken über die Funktion der Öffentlichkeit finden sich aber in Martin Heideggers Hauptwerk von 1927 *Sein und Zeit*, und zwar in den Abschnitten über die Diktatur des »Man«, die auch für denjenigen verständlich sind, der ansonsten für Philosophie »unmusikalisch« ist. Das Neutrum »Man« steht bei Heidegger für *Öffentlichkeit*. Der Grund für diese eigentümliche Namengebung ist simpel: In der Öffentlichkeit gilt eben, was *man* sagt, tut und denkt, ohne daß *man* jemals konkret angeben könnte: wer. Das Neutrum »Man« steht für die anderen in ihrer Unbestimmtheit und Ersetzbarkeit, zu denen man eben auch »selbst« gehört. Auf die Frage, wer denn entschieden, unterschieden und gefragt hat, antwortet die Öffentlichkeit wie der listenreiche Odysseus: Niemand, die öffentliche Meinung. Wir begrüßen sie, weil sie uns von uns selbst entlastet. Was man Öffentlichkeit nennt, ist eine »Vorzeichnung«, die alle Weltauslegung »regelt«. Man geht in ihr auf, wenn man mit der U-Bahn fährt oder die Zeitung aufschlägt. Kurzum: *Die Öffentlichkeit ist die unpersönliche und unsachliche Umwelt des Alltags.*

Mit dieser Beschreibung macht Heidegger die fundamentale Paradoxie der Aufklärung deutlich: Die Öffentlichkeit ist eine unsichtbare Gewalt. Sie verschleiert mit der großen Gebärde des Entlarvens. Jeder Beobachter von Nachrichtensendungen und Talk-Shows wird das ohne weiteres bestätigen: Wir leben unter der Herrschaft der Warner und Mahner, der Betreuer und Betroffenheitsagenten. *Die im Namen von Aufklärung und Emanzipation formulierte Machtkritik ist selbst die raffinierteste und hartnäckigste Form des Machtwillens.* Martin Heidegger sagt hierzu sehr schön: »Die Öffentlichkeit verdunkelt alles und gibt das so Verdeckte als das Bekannte und jedem Zugängliche aus.«

Vielleicht werden geneigte, aber nicht unbegrenzt strapazierfähige Leser, die bei dem Namen (dem Namen!) Heidegger rotsehen, diesen Beobachtungen mehr Aufmerksamkeit schenken, wenn sie erfahren, daß der Soziologe Niklas Luhmann unlängst genau dieselben Beobachtungen angestellt hat. Er übernimmt hierbei die paradoxale Denkfigur Heideggers: daß die Aufklärung verdunkelt; daß die Öffentlichkeit verdeckt. »Für die Politik ist die öffentliche Meinung einer der wichtigsten Sensoren, dessen Beobachtung die direkte Beobachtung der Umwelt ersetzt. Themen der öffentlichen Meinung, Meldungen und Kommentierungen in Presse und Funk haben für die Politik jene offensichtliche Relevanz, die mit ihrer Offensichtlichkeit zugleich verdeckt, was tatsächlich der Fall ist. Es genügt, daß es in den Zeitungen steht. In dieser Funktion der verdeckenden Offensichtlichkeit tritt die öffentliche Meinung an die Stelle dessen, was für ältere Gesellschaften Tradition bedeutet hatte. Sie erfüllt die gleiche Funktion: etwas zu bieten, woran man sich halten kann, und dies in einer Weise, die einem Vorwürfe erspart.«

Politische Inszenierungen

Und damit sind wir bei den beflissensten Verteidigern der öffentlichen Meinung – den in den Massenmedien als Stars sich präsentierenden Politikern. Wenn sie vor laufenden Kameras

»ihres Amtes walten«, entfaltet der Fetisch Öffentlichkeit erst seinen eigentlichen Zauber. *So wie das Preissystem es möglich macht, daß ein Unternehmen zum Instrumentenflug durchs Wirtschaftschaos abhebt, so ermöglicht es die öffentliche Meinung den Politikern, einen Blindflug durch die Welt zu starten.* Die beliebte Rede vom »Raumschiff Bonn« ist also gut begründet. In der Tat haben die Politiker keinen Kontakt zur Basis – und können ihn gar nicht haben. Statt dessen lesen sie den *Spiegel* und die *Bild-Zeitung.* Das ist die politische Version der Reduktion von Komplexität: *Statt die Welt zu beobachten, beobachten Politiker, wie sie von den Massenmedien beobachtet werden.* Ein Psychoanalytiker Lacanscher Prägung könnte auch sagen: Öffentlichkeit ist das Spiegelstadium der Politik.

Die öffentliche Meinung ist demnach nicht die Manifestation des Bürgerwillens, sondern – man ist versucht zu sagen: im Gegenteil! – das Medium der politischen Parteikonkurrenz. Um das zu sehen, braucht man allerdings einen bösen Blick, der offenlegt, was der heute so beliebte *Umbrella Term* »Politikverdrossenheit« mehr verdeckt als benennt: daß nämlich die politischen Parteien, wie Oswald Spengler schon früher hellsichtig bemerkte, »die öffentliche Meinung lediglich als selbstgeschmiedete Waffe gegeneinander erheben«. Und, in Parenthese gesagt, es kommt hinzu, daß sich die Politik zum Volk verhält wie das Management zum Privateigentum. Die Souveräne – nämlich das Volk bzw. die Eigentümer – sind nicht die eigentlichen Herrscher. Die Verdrossenheit gegenüber Politikern und Managern ist also eine Folge der Illegitimität ihrer Herrschaft.

Max Weber hat die öffentliche Meinung in der parlamentarischen Massendemokratie als »ein aus irrationalen ›Gefühlen‹ geborenes, normalerweise von Parteiführern und Presse inszeniertes oder gelenktes Gemeinschaftshandeln« definiert. Diese Definition gewinnt eine besondere Schärfe, wenn man sie vor dem Hintergrund seiner Theorie der Marktvergesellschaftung liest. Die Vergesellschaftung durch Tausch auf dem Markt ist für Max Weber nämlich der »Typos alles rationalen Gesellschaftshandelns«.

Demokratie, das hat Joseph A. Schumpeter schon vor fünfzig
Jahren klar gezeigt, ist die Herrschaft des Politikers. Und dieser
berufsmäßige Politiker muß als Virtuose der »Inszenierung politischer Schaustellungen« verstanden werden. Der Wille des Volkes und die öffentliche Meinung sind also nicht die treibenden
Kräfte des politischen Prozesses, sondern dessen Produkte.
Kurzum: Der berühmte »Volonté Générale« ist ein »fabrizierter
Wille«, und die Technik zur Produktion dieses Artefakts »ist völlig analog zur Art und Weise der kommerziellen Reklametech-
nik«. So Schumpeter in aller Deutlichkeit.

Es gibt für diese These einen schlagenden Beleg. Die Formel
»den Krieg erklären« ist doppelsinnig geworden, seit der amerikanische Präsident Woodrow Wilson den Journalisten George
Creel beauftragte, die öffentliche Meinung über den Ersten
Weltkrieg zu »designen«. Der französische Vordenker Paul Virilio
hat seinerseits den Krieg als »Kampf um die Wahrnehmung«
definiert. Wir meinen, daß dieses Beispiel aus dem Anfang unseres Jahrhunderts beweist: Für das Marketing gilt dasselbe. Marketing ist daher, wie bereits mehrfach festgehalten, ein Kampf
um die Wahrnehmung. George Creel versprach dem Präsidenten
nämlich »the world's greatest adventure in advertising« – ein
Marketing des Krieges, das den Krieg tatsächlich »erklärt«, das
heißt dessen Wahrnehmung definiert. Und seither ist die Werbung gesellschaftlich anerkannt, besitzt politische Weihen. Aber
es gilt eben auch umgekehrt – und das beweist die Geschichte des
Wahlkampfs von den Fernsehauftritten Kennedys bis hin zu den
Postern des brillenlosen Helmut Kohl: *Das Schicksal der Politiker liegt in den Händen der Mediendesigner.*

Fassen wir zusammen: Öffentlichkeit nennt man einmal die
Schnittmenge ständig sich wandelnder Auditorien, an die sich die
politischen Inszenierungen mit ihrer Fabrikation des *Volonté Générale* richten. Sodann heißt Öffentlichkeit die *Marktklientel*, an die
sich die konkurrierenden Botschaften der werbetreibenden Wirtschaft richten. Und diesem zweiten Moment müssen wir uns nun
zuwenden, um endlich zeigen zu können, wer und was sich unter
dem Schirm des Begriffs »öffentliche Meinung« verbirgt.

Kundschaftsverhältnisse

Die Geburt gesellschaftlicher Rationalität aus der Tauschreflexion – das ist das brillanteste Lehrstück von Max Webers Wirtschaftstheorie. Auf dem Markt reflektieren Konkurrenten auf ihre Tauschchancen, das bedeutet konkret: Sie orientieren »ihre Angebote an dem potentiellen Handeln unbestimmt vieler realer oder vorgestellter mitkonkurrierender anderer Tauschinteressenten«. Die Marktbeziehung der Menschen ist radikal unpersönlich, rein sachlich – und gerade deshalb die Geburtsstätte gesellschaftlicher Vernunft. Denn Weber zeigt sehr deutlich, daß »der Markt ursprünglich eine Vergesellschaftung mit Ungenossen, also Feinden, ist«. Der Marktfriede ist mithin die einzig mögliche Erfüllung des christlichen Gebots, den Feind zu lieben.

Liebe deine Feinde – das war und bleibt ein unerfüllbarer Anspruch. Doch die List der Vernunft hat längst eine Entparadoxierung dieser Zumutung gefunden: *Tausche* mit deinen Feinden! Gesellschaftliche Vernunft, Friede und – immerhin: formale – Freiheit entstehen also gerade aus dem »Gegensatz gegen die persönliche Verbrüderung«. Der Tausch mit den Feinden emanzipiert die Menschen aus den »urwüchsigen Strukturformen menschlicher Beziehungen«. Das ist der Grund für unsere These: Der Marktfriede ist die einzig mögliche Erfüllung des christlichen Gebots, den Feind zu lieben. Man könnte von einer Menschwerdung des Menschen auf dem Markt sprechen. Und ebendas ist Zivilisation: Der Feind wird zum Konkurrenten, und die Brüderlichkeit löst sich in »Kundschaftsverhältnisse« auf.

Sehen wir uns Max Webers Definition der Marktvergesellschaftung noch einmal genauer an. Entscheidend ist die Orientierung »am potentiellen Handeln unbestimmt vieler realer oder vorgestellter anderer«. Mit anderen Worten: Der Markt wird bestimmt durch die *virtuelle* Gegenwart unbestimmt vieler Interessenten. Ebendies gilt aber auch für die sogenannte Öffentlichkeit, die als Markt für Informationen und Meinungen verstanden werden kann. *Die Einheit der Öffentlichkeit ver-*

dankt sich einzig und allein der Technik der Massenmedien.
Öffentlichkeit ist also ein Fetisch der Soziologen. Bei Lichte
besehen ist der einzelne ein Knoten im Netz des Medienverbundes, das heißt Zuschauer und Zuhörer ständig wechselnder
medientechnischer Inszenierungen.

Weltkommunikation

Martin Heidegger hat ja immer wieder betont, daß seine (weiter oben zitierte) Charakteristik des »Man«, also der Öffentlichkeit, nicht polemisch-kritisch, also nicht abwertend gemeint ist.
Aber das hat ihm niemand geglaubt. Heute jedoch wird deutlich,
was er gesehen hat: *die Medienhaut der Weltkommunikation,
die uns vor dem Realen schützt.* Im Blick auf unser Thema heißt
das: Öffentlichkeit ist der Markt, auf dem Infos, News und Meinungen gehandelt werden. Statt von Öffentlichkeit sollte man
deshalb besser von *Weltkommunikation* sprechen. Und wohlgemerkt: Weltkommunikation heißt nicht primär Gespräch, Verständigung, Diskussion. Gemeint sind vielmehr die Diffusion der
elektronischen Gadgets und berühmten Marken, die wahrhaft
weltbewegenden Vibrationen der Popmusik, die Faszination des
sprachunbedürftigen Sports und die Bilderflut Hollywoods.
Eben alles, was man als *Dedicated Follower of Fashion* sieht, tut
und kauft. Weltkommunikation heißt also konkret: Walkman,
Gameboy, Ghetto-Blaster, Marlboro, Coke, Nike, Madonna, Nirvana, Symbol, Barcley, Romario, Matthäus, Basic Instinct, Terminator II, Natural Born Killers. Das ist wohl auch der Sinn
einer wichtigen, aber etwas mißverständlich formulierten These
aus Gerd Gerkens Buch *Die fraktale Marke:* »Die Zukunft der
Werbung liegt in ihrem Verzicht auf Kommunikation. Die Werbung wird zum Anbieter von Ideen für Codierungen.« Gerken
meint nicht, daß Werbung auf Kommunikation überhaupt verzichten wird, sondern auf den klassischen Kundendialog und die
direkte Produktinformation. Die Werbekommunikation der
Zukunft wird Welten konstruieren, Themen verketten, Ideen

besetzen, Codes bereitstellen. Um ein gutes Wort von Joseph Beuys zu mißbrauchen: Die Werbung der Zukunft wird eine Art »öffentlicher Plastik« sein.

In dem, was man Weltkommunikation nennen könnte, läßt sich der Datenfluß nicht mehr säuberlich vom Geldfluß trennen. Oder einfacher gesagt: Die Freiheit der öffentlichen Meinung setzt unter Bedingungen der Massenmedien (»Pressefreiheit«) voraus, daß man genug Geld hat, um diese Meinung zu formen. Sie wird ja von Medien nicht einfach *verbreitet* – und insofern ist der auch von dem sonst so nüchternen Niklas Luhmann gern gebrauchte Begriff »Verbreitungsmedium« ein Euphemismus –, sondern *produziert. In den Netzwerken des Medienverbundes verschwindet der Unterschied zwischen Publizieren und Liefern, zwischen Daten und Geld. Das Wahre ist auch nur eine Ware. Unter elektronischen Medienbedingungen koinzidieren die Welten von Öffentlichkeit und Konsum – die Netze unterscheiden nicht zwischen Filmen, Daten, Geld und Waren.*

Lehrstück Benetton

Massenmedien dienen dem Management des Massenkonsums. Die Werbung ist die Schule des Geschmacks; sie lehrt die Brauchbarkeit des Schönen. Und mehr noch: Werbung *trainiert* die Konsumenten, sie ist das Pflegemittel für ihre Meinungen. Je mehr aber die Konsumentenmasse mit dem politischen Publikum zusammenfällt, desto entschiedener muß sich Werbung als Public Relations verstehen. Public Relations, Werbung, Marketing, öffentliche Meinung, Meinungsforschung, Marktforschung – diese Begriffe haben natürlich eine große Familienähnlichkeit. Das gemeinsame Thema lautet »People Processing«. Oder man geht, wie etwa Benetton, noch einen Schritt weiter und signalisiert mit der Werbung: Wir übernehmen als Organisation soziale Verantwortung. Hier scheint die Werbung wieder zu ihrem Ursprung zurückzukehren – »Propaganda Fide«. War doch die erste Werbekampagne großen Stils die Propaganda für den christlichen Glauben. Unternehmensberater vom Typ des Ignatius von Loyola gibt es ja bereits. Wie konnte es dazu kommen?

Werbung war immer schon mehr als die Anpreisung von Waren. Marcel Reich-Ranicki definiert: »Werbung ist die Kunst der Wiederholung.« Natürlich liegt hier die Betonung auf Kunst. Und zwar geht es um die Kunst, dem immer wieder Gleichen Aufmerksamkeit zu verschaffen – ein Wunder, das die Reklame tagtäglich vollbringen muß. Denn das ist ja das Problem jeder Werbung: Sie ist eine *gute* Nachricht – und hat deshalb keinen »News Value«. Und deshalb muß auf allem »neu« stehen. Erst vor diesem Hintergrund wird deutlich, wie genial durchdacht die Kampagne von Benetton ist: Sie versucht erstmals Werbung mit »schlechten« Nachrichten – eben Nachrichten aus »unserer Welt«. Wir können generell feststellen, daß die Faszination des Schreckens für das Marketing immer wichtiger wird – man zitiert »Realität«, die großen Weltprobleme. Die Werbung von Otto Kern oder Body Shop bis hin zu Greenpeace und den Grünen adressiert sich jetzt gerade auch an die Spaziergänger der Apokalypse.

Schockwerbung ist eine Skandaltechnik; sie zielt auf Publicity. In einem *Spiegel*-Gespräch sagte Luciano Benetton: »Mit unserer Werbung wollen wir Information bieten, und zwar nicht zu unseren Produkten. Unsere Werbung ist keine Werbung, die den Verkauf fördert. Wir machen eine neue Art der Kommunikation. Wir verbreiten keine Lügen. Wir sagen, in dieser Welt gibt es Krankheit, Krieg und Tod.« Die Benetton-Werbung signalisiert damit: Wir übernehmen die soziale Verantwortung. Ähnliches gilt für den Umgang des Marketing mit dem Thema Umwelt. Werbung predigt heute eine neue Ethik der Welt; eine Rückwendung des Menschen aus dem futuristischen Weltall der stilisierten Konsumgüter zur bedrohten Erde.

Aus derartigen Parolen kann man etwas Prinzipielles lernen: *Die Warenproduktion insgesamt wird heute »publizistisch«; Idealgüter drängen auf den Markt.* Mit anderen Worten: Der Produzent inszeniert sich als Publizist, der Unternehmer als Politiker – man denke nur an Berlusconi und eben Benetton. Das

Politisch-Soziale wird zum Schauplatz des Marketings. Unternehmen adressieren ihre Brands an den »mündigen Bürger«; die Politik verkauft Parteiprogramme als Sonderangebote und wirbt um Goodwill. Das entlastet den Verbraucher. Er kann das Denken durch Kaufen ersetzen und mit dem Kauf Ideen signalisieren – etwa so wie man eine Flagge hißt. Schon der Soziologe Emil Durkheim hat bemerkt: »Es gibt Formeln, die wie Fahnen wirken.« Genau so muß Werbung funktionieren.

Doch halt! Wir behaupten hier nicht, das Geheimnis der Werbung des 21. Jahrhunderts enthüllen zu können. Man wird auch künftig in verschiedenen Registern »zaubern« müssen. Denn es gibt nicht *die Werbung*, sondern ein Kontinuum der Werbung von den »Classified Ads« bis zum Ideenmarketing.

Die Werbung befreit sich vom Produkt und wird selbstbezüglich. Was heißt in diesem Zusammenhang metonymische Werbung? Wörtlich übersetzt, wäre es eine Werbung, die Namen vertauscht. Rot = Marlboro = Amerika = Freiheit. *Marken besetzen Ideen, um sie schließlich zu ersetzen!*

Ideen sind ja Institutionen des Denkens. Wenn man Ideen besetzt, kann man diese dann ständig aktualisieren, ohne die eigene Identität zu verlieren. Postmodernes Marketing braucht die Verpackungskünstler des Geistes.

»Emotional Design« bedient sich der Kraft der Metonymie, um Ideen durch Markennamen zu besetzen. Man muß die Marke oder Corporate Identity an ein Ideenschema (Freiheit, Zukunftstechnologie, Umwelt) knüpfen, das man dann stets wieder neu ausfüllen kann. Die Ordnung der Ideen ist heute gerade noch gut genug, um Markenartikel zu differenzieren. So können wir an den Ideen festhalten, ohne zu denken – man muß nur kaufen. Das Wahre und die Ware sind dasselbe. Wir haben von der Postmoderne gelernt, daß Kunst ein Geschäft ist. Jetzt müssen wir von der postmateriellen Gesellschaft lernen, daß das Geschäft eine Kunst ist: *Business Art* im Sinne von Andy Warhol.

Die strukturelle Koppelung mit dem Kunden

Ein Unternehmen muß zwischen Kunden und Konkurrenten differenzieren – das ist trivial. Es muß aber auch zwischen Wirtschaft und Gesellschaft unterscheiden – und es muß sich auf beide Umwelten beziehen. Deshalb genügt es nicht, den Markt zu erforschen. Das Unternehmen muß sich auch im Blick auf die Gesellschaft profilieren. Dazu dient einmal die Definition und das »Vor-Leben« einer stimmigen Corporate Identity. Wichtiger noch ist aber die Inszenierung einer »Interaktion als ob« mit den Kunden. Suggeriert wird eine Werbekommunikation, die sich zur Interaktion mit den Kunden verdichtet – interaktives Marketing also! Man kann den »Minister for Tomorrow« kennenlernen, mit Marlboro im gleichnamigen Adventure Team Abenteuer erleben – oder erhält doch wenigstens Camel's Adventure Wear und persönliche Glückwünsche zum neuen Jahr von der Softwarefirma. Ständig soll man anrufen, Coupons ausschneiden und an Wettbewerben teilnehmen. Noch einmal in aller Deutlichkeit: *Das neue Marketing inszeniert Werbekommunikation, als ob sie Interaktion mit den Kunden sei.* Sein Ideal ist die Firma als Clan der Kunden. Hier bekommt dann der Begriff des *Stammkunden*, wie bereits oben angesprochen, eine ganz neue Bedeutung: Der Kunde soll sich als Mitglied eines »Stamms« – des Kundenstamms – empfinden.

Die vom Marketing vielbeschworene Nähe zum Kunden bedeutet in Wahrheit: Steuerung durch Feedback. Ähnlich funktionieren auch die Meinungsumfragen in der Politik. Man kann daraus prinzipiell lernen: Werbung ist ein Medium zur Steuerung von Konkurrenz, Einzelhandel und Konsum. Direkter geht es nicht. Denn der Kunde ist und bleibt wie gesagt eine Black box, ein undurchsichtiges System der Bedürfnisse. Das Unternehmen muß deshalb eine »strukturelle Koppelung« mit ihm erreichen – das ist die Aufgabe des modernen Marketings.

Virtuelle Erlebnisse

Kümmere dich um deine eigenen Angelegenheiten, mind your own business! Nichts fällt uns offenbar schwerer. Anthropologen bestätigen, daß sich Menschen bevorzugt und offenbar instinktiv für die »Geschäfte« der anderen interessieren. Der Klatsch läßt dann Neuigkeiten, Unwahrscheinlichkeiten, Ausnahmezustände zirkulieren. Man kann fragen, warum. Hier hilft die berühmte Formel des Bischofs Berkeley weiter: »Esse est percipi.« Sein ist Wahrgenommenwerden. Das macht anthropologisch Sinn, wenn man beobachtet, wie sich die Wirklichkeit des Menschen im Gesehen- und Gehörtwerden, »im Schnittpunkt der Blickachsen« (Gehlen) konstituiert. Nur der hat Ansehen, der angesehen wird. Genau dieses anthropologische Programm wird dann von den Medien technisch implementiert. Unter den stolzen Titeln Aufklärung und Öffentlichkeit verschafft es sich dann ein gutes Gewissen.

Nüchtern betrachtet, geht es hier nicht um Wahrheit, Diskussion und Konsens, sondern um *Entalltäglichung* und *Erlebnisanreicherung*. Der Anthropologe Arnold Gehlen sagt: »Wo Mensch, dort Rauschmittel. Denn Langeweile ist ein in hohem Grade wahrscheinlicher Zustand, so daß jede Durchbrechung dieses stimmungsgesenkten Zustandes erwünscht ist und freudig ergriffen wird. Bunte oder prächtige Kleidung, Neuerwerb von Schmuck, Rauschmitteln oder Klatsch bedürfen daher nicht der Erklärung, sondern wohl viel eher deren Abwesenheit.« Deshalb starren wir auf die Bildschirme. Sie bieten nicht Information, sondern Faszination, nicht Aufklärung, sondern Rausch. Wir sollten uns endlich mit der bitteren Einsicht vertraut machen, daß der verspottete Couch-Potatoe nur ein anderer Name für den stolzen Homo sapiens sapiens ist. Dann zerfällt Öffentlichkeit als das Phantasma der Höhle.

»Das will ich sehen!« – so wirbt ein öffentlich-rechtlicher Sender, bei dem man überdies stets in der ersten Reihe sitzen soll, für sein eigenes Programm. Natürlich ist es eines der stärksten medienkritischen Argumente, daß man »das« eben nicht sehen will. Die Qualität des Massenmedienangebots ist traurig – keine Frage. Es ist aber ein naiver Irrtum, zu glauben, man müßte die in Platons TV-Höhle gefesselten Leute, eben die Couch-Potatoes, ins Theater oder doch wenigstens ins Kino befreien. Solche Emanzipations- und Kulturprogramme verkennen die Dimension der Virtualität.

Um es an einem ganz einfachen Beispiel klarzumachen: Wenn man auf dem Land lebt, wird die Langeweile der Familie und des Fernsehens oft übermächtig, und man stellt sich vor, wie schön es wäre, jetzt einfach ins Schillertheater oder in den Gloria-Palast zu gehen. Wenn man aber in der Metropole lebt, nutzt man diese Optionen nur sehr selten; man sieht letztlich das gleiche Fernsehprogramm wie der Mann auf dem Lande und registriert sogar die Nachricht von der Schließung des Schillertheaters, ohne mit der Wimper zu zucken. Wie kommt das? Anthropologen sprechen in diesem Zusammenhang vom Erlebnis der *virtuellen Erfüllung*: Ich könnte ins Theater, Kino usw. gehen – und dieses Bewußtsein genügt mir. Deshalb hat man auch nicht das Gefühl der Versäumnis, die Welt nur aus dem Fernsehen zu kennen. *Man kann eben virtuell erleben, in Bildern leben.*

Und genau das hat die Werbebranche begriffen. *Wichtiger als die Propaganda der Waren ist die Diffusion des Gefühls, in einer Medienwirklichkeit zu leben.* Weltkommunikation und die Öffentlichkeit der Werbung sind eins. Und wir alle weben lustvoll an diesem Schleier mit. Der Romanist Rolf Kloepfer hat diesen Zusammenhang mit Novalis' Begriff der *Sympraxis* markiert: »Sie ist so etwas wie ein mediales Brauchtum der Moderne. Audiovisuelle Werbung entwickelt lustvoll das Bedürfnis nach einer immer ästhetischeren Kommunikationskultur. Das ist ihr autopoetischer Effekt.« Das heißt aber: *Werbung antwortet auf Werbung und knüpft an sich selbst an.* Sie bezieht sich gar nicht primär auf die zu verkaufenden Produkte, sondern auf sich selbst. Sie schafft eine *eigene Welt*, an der nicht teilzuhaben für ein Unternehmen gefährlich ist. Man muß die Reklame nicht nur als Umsatzförderung, sondern mehr noch als Sperrvorrichtung begreifen. Das mißverstehen die Chefs, die immer noch kurzsichtig nach einer kausalen Beziehung zwischen Werbeaufwand und Umsatz suchen. Werbung zielt heute mehr denn je nicht mehr primär auf den Kaufakt, sondern auf Attitüden. Wer Werbung treibt, tritt als Spieler in eine ästhetische Welt ein, in der die Lebensstile der Zukunft eingeübt werden.

2

Marketing als Kommunikationsdesign

Wenn man nichts zu sagen hat,
kann man besser kommunizieren.
Gerd Gerken

Marketing ist Kommunikation – das ist trivial. Aber leider ist das, was man Kommunikation nennt, nicht trivial. Deshalb müssen wir hier einige prinzipielle kommunikationstheoretische Überlegungen einschalten. (Überspringen Sie diesen Abschnitt, falls Ihnen Theorie zu grau ist!) Mit Hilfe von Heinz von Foersters Kybernetik zweiter Ordnung könnte man Kommunikation als nichttriviale, historische Maschine definieren. Die Kommunikationsmaschine ist historisch, denn sie kann lernen. Und sie kann lernen, weil sie eben nicht trivial ist. Das heißt, sie reagiert auf einen bestimmten Input nicht immer mit demselben Output, denn jeder Input verändert ihren inneren Zustand. Man hat Erfolg – oder eben nicht. Und dieser simple Sachverhalt verändert die Form, in der man das nächstemal auf denselben Stimulus reagiert. Weil Kommunikationssysteme veränderliche innere Zustände haben, kann man nicht vorhersagen, wie sie auf einen Input reagieren. Doch genug der Theorie – hier ein paar Beispiele.

Der Pädagoge, der Wissen vermitteln will, der Politiker, der seine Wahlkampfversprechen an den Mann bringen will, der Marketingexperte, der eine bestimmte Produktpalette verkaufen will – sie alle haben das gleiche Problem. Man kann zwar den Input (Curriculum, Parteiprogramm, Werbung) präzise bestimmen und designen; doch was das angesprochene Kommunikationssystem (Schüler, Wähler, Kunde) daraus macht, bleibt weitgehend im dunkeln.

- Auf den Input Lateingrammatik wird der Schüler vielleicht mit Ignoranz reagieren; drei Jahre später hat sich sein »innerer Zustand« verändert, und er reagiert auf denselben Input mit dem Aufbau humanistischen Wissens.
- Auf den Input Ökologie wird der Wähler vielleicht mit einem mutigen Wechsel zu den Grünen reagieren; vier Jahre später hat er sie als Pöstchenjäger durchschaut und reagiert auf denselben Input mit Parteiverdrossenheit.
- Auf den Input Umweltverträglichkeit reagiert der Konsument vielleicht mit der Bereitschaft, für bestimmte Produkte mehr Geld auszugeben. Bemerkt er dann aber, daß sich der Grüne Punkt auf fast allen Produkten findet, so wird er auf denselben Input nur noch zynisch reagieren.

Natürlich versuchen nun der Pädagoge, der Politiker und der Marketingexperte zu verstehen, was in den Köpfen ihrer Klientel vor sich geht. Aber zunächst können sie eben nur feststellen, daß ihr Kommunikationsangebot keine Steuerung des Verhaltens bewirkt. Wir haben es bei der Kommunikation und beim Verstehen somit offenbar mit hochkomplexen Vorgängen zu tun. Ein Kybernetiker Foersterscher Prägung würde sagen: Verstehen ist die Beobachtung der Selbstreferenz des anderen. *Wer einen anderen verstehen will, beobachtet das Sprachspiel, das er spielt. Jemanden verstehen heißt also nicht, den Bewußtseinsschirm des anderen zu durchdringen* – er bleibt eine Black box. Man könnte allenfalls sagen: Verstehen ist das Interface von Kommunikation und Bewußtsein.

So schwer also ist Verstehen; so unwahrscheinlich ist Kommunikation. Doch die Sache ist noch komplizierter. Wir müssen uns klarmachen, wie Kommunikationen auf die Umwelt »da draußen« bezogen sind. Nur Romantiker glauben, man könnte mit der Natur kommunizieren. Wagners Siegfried glaubte, die Vöglein im Walde zu verstehen – wir nicht. Denn was »die Natur«, die

Umwelt, die Welt »da draußen« uns bietet, ist nichts anderes als Rauschen, »Noise«. Mit diesem Rauschen könnten wir nichts anfangen, wenn es nicht Sensoren – also unsere fünf Sinne und technische Medien – gäbe, die das Rauschen abtasten und in Daten verwandeln. Doch auch mit den Daten könnten wir nichts anfangen, wenn wir sie nicht selektieren könnten – erst ausgewählte Daten sind Informationen. Und wir meinen, auch mit Informationen kann man nichts anfangen, solange sie nicht bewußt gestaltet sind. *Erst das Design von Informationen, also eine ästhetische Selektion, schafft Wissen.* Und erst auf diesem Niveau gibt es menschliche Kommunikation. *Kommunikation selektiert aus dem Rauschen; sie ist ein Design von Störungen.*

Heilsame Störungen

Sie kennen wahrscheinlich alle die HB-Werbung mit dem Slogan »Offen für . . .« Auf den ersten Blick wird mit dieser Formel der liberale, abenteuerlustige Idealkonsument beschworen. Genauer betrachtet, beschreibt der Claim »Offen für . . .« jedoch auf die kürzestmögliche Weise, wie man auf dem postmodernen Markt überlebt. Denn komplexe Systeme in einer turbulenten Welt stabilisieren ihre Identität gerade durch ihre Offenheit für Umwelteinflüsse. Mit anderen Worten: *Komplexe Systeme wie etwa Firmen müssen sensibel für Irritationen sein.* Das setzt voraus, daß man einen positiven Begriff von Störungen entwickelt. »Offen für . . .« ist also eine Einladung zur Störung. So läßt sich die Selbsterhaltung komplexer Organisationen, also etwa das Überleben einer Firma, als Kommunikationsprozeß in einem Netz von Rückkopplungsschleifen beschreiben.

Man kann prinzipiell sagen: Wenn eine Organisation sich auf sich selbst bezieht, »wird« sie Kommunikation. Im Feedbackprozeß werden die Irritationen und Turbulenzen verarbeitet. Das setzt voraus, *daß ein Unternehmen das Chaos des Marktes nicht als Ausnahmezustand, sondern als Norm begreift.* Und das gilt für alle Organisationen der Gegenwart, die in enger Markt- und Technologiebindung ständig zu raschen Entscheidungen gezwungen sind. Peter F. Drucker nennt die Konsequenz: »Organizations in the post-capitalist society thus constantly upset, disorganize, and destabilize the community.« Zu deutsch: Organisationen der postkapitalistischen Gesellschaft irritieren und erregen die Gemeinschaft, sie entorganisieren und entstabilisieren sie. Das ist der positive Begriff von Störung, den die Leute von Management und Marketing jetzt lernen müssen.

Und es hilft nichts: Wir müssen nun auch noch die heiligste Kuh der neueren Businessliteratur schlachten – den Dialog. Das gilt gleichermaßen für den Dialog des menschenfreundlichen Chefs mit seinen Angestellten wie für den berühmten Dialog mit dem Kunden. Ein Blick auf die Geschichte der Ethnologie könnte einem da viele Enttäuschungen ersparen. *Die Ethnologen suchten den Dialog mit den Wilden; heute suchen die Firmen den Dialog mit den Kunden – das ist dieselbe Illusion und Projektion.* Was man als Antwort bekommt, ist immer nur ein verzerrtes Spiegelbild der eigenen Frage. Wir kommen auf den Vergleich von Marketing und Ethnologie später noch einmal zurück.

Für die komplexe Dynamik eines Unternehmens ist das Modell des Dialogs genauso unbrauchbar wie ein simples Input-Output-Modell. Es scheint uns viel sinnvoller, die entscheidenden Prozesse mit den Begriffen *Störung* und *Koppelung* zu beschreiben. Also etwa so: Der Kunde irritiert das Unternehmen – das hat zunächst noch nichts mit Kommunikation zu tun. Die Marktsensibilität des Managements reagiert auf die Störgeräusche der Kunden – und natürlich auch der Konkurrenz. Wohlgemerkt: Es gibt keine Anpassung an die Bedürfnisse der Kunden. Aber was dann? *Der Kunde irritiert das Unternehmen durch sein Kaufverhalten – das Unternehmen irritiert den Kunden durch die Werbung.*

Daß man dem König Kunden Honig ums Maul schmiert, ist selbstverständlich. Und »Dialog mit dem Kunden« ist sicher eine brauchbare Werbeformel. Aber davon dürfen sich die Marketingmanager nicht das Denken verkleben lassen. Die Wahrheit ist doch: *Die Kunden stören – nämlich durch ihre diffusen Wünsche.* Deshalb will man mit ihnen in Kontakt treten. Aber nach dem gerade Gesagten ist klar, daß das nur heißen kann: Das Unternehmen stimuliert den Kunden, Lärm zu machen. Überall warten auf uns Fragebogen, denen wir unsere Unzufriedenheiten anvertrauen sollen – im Hotel, in der Wartehalle des Flughafens, neuerdings sogar an der Universität. *Die wichtigste Form der wirtschaftlichen Kommunikation ist demnach die Reklamation.* Wir werden zum Protest eingeladen. Wie dieser Lärm dann verarbeitet wird, ist allerdings Sache des Managements. Im Klartext: Jede Firma ist abhängig von den Kunden – das ist trivial. Aber *wie* eine Firma von ihren Kunden abhängt, ist wiederum abhängig von der Firma.

Kein Mißverständnis bitte: Wir sind nicht gegen Kundennähe – das wäre lächerlich. Daß Firmen die Nähe der Kunden suchen sollten, ist ja eigentlich selbstverständlich. Aber Kundennähe darf nicht heißen, auf Kunden zu hören. Um es auf eine griffige Formel zu bringen: Man soll die Kunden hören, aber nicht *auf* sie hören. Mit anderen Worten: Marketingmanager müssen die Kunden besser verstehen als diese sich selbst verstehen.

Der Kunde als statistisches Muster

Jedes Unternehmen interpretiert seine Umwelt auf logistische Rationalisierung, Marktlücken, neue Kundendienste und Konkurrenzchancen hin. Manager brauchen also das, was Nietzsche die »Kraft der Interpretation« genannt hat. Sie ist – neben der schöpferischen Destruktion, auf die wir noch zu sprechen kommen – die wichtigste Energiequelle eines Unternehmens. Warum ist das so?

Unter Bedingungen des Weltmarkts ist es das Hauptproblem jedes Anbieters, den Kontakt zum Verbraucher zu finden. Insofern ist der Verzweiflungsruf nach Kundennähe durchaus verständlich. Vor genau hundert Jahren bemerkte Emile Durkheim hierzu in seiner bahnbrechenden Studie über die Teilung der sozialen Arbeit: »Der Erzeuger kann den Markt nicht mehr überschauen, nicht einmal gedanklich umfassen. Er kann sich nicht mehr die Grenzen vorstellen, da er sozusagen unbegrenzt ist. Dann fehlt der Produktion jeder Zügel und jede Regel. Sie tastet blind umher.« In der Tat.

Die Kaufentscheidung bleibt zufällig. Denn die Bedürfnisse, die uns dazu treiben, Geld auszugeben, sind auf modernen, gesättigten Märkten unkalkulierbar, also zufällig. Das entscheidende Problem des Marketings besteht nun darin, die chaotischen Bedürfnisse der Menschen mit dem Selbstvollzug des wirtschaftlichen Systems abzustimmen. Sie werden fragen: Was hat das mit Kommunikation zu tun? Sehr viel, wie wir meinen, denn man kann auch mit Geld kommunizieren. In der westlichen Wohlstandsgesellschaft geht man ja nicht nur – und vielleicht nicht einmal in erster Linie – einkaufen, weil man etwas braucht. *Shopping ist die große Pädagogik der Postmoderne. Denn Shopping ist kein instrumenteller Akt, sondern ein kommunikatives Ereignis.* Zahlen ist ja auch ein Kommunizieren. Diese sprachlose oder sprachunbedürftige Kommunikation orientiert sich – das kann man spätestens seit den Studien von Friedrich von Hayek wissen – an der Information des Preises.

Preise sind die klassische Technologie, die es ermöglicht, die Bedürfnisse der Menschen in eine statistische Information zu übersetzen. Genau das nennt man dann »freien Markt«. *Der Preismechanismus des freien Marktes verwandelt die »Natur« des Menschen in ein statistisches Pattern des Marketings.* Wir erwähnen das nur, um deutlich zu machen, was zunächst einmal der Sinn jedes Kontakts mit dem Verbraucher ist – nämlich seine Natur in ein statistisches Muster zu verwandeln. Das ist die Kulturleistung der modernen Wirtschaft. Dazu genügt heute aber nicht mehr, wie bereits oben aufgezeigt, die tradierte Marktforschung; vielmehr braucht man Leute, die Expeditionen ins Land des Konsums unternehmen, also die »Szenen« beobachten.

Spion und Prosumer

Es geht hier um die prinzipielle Frage, wie eine Organisation unter chaotischen Bedingungen wie dem kaleidoskopischen, postmodernen Markt überhaupt einen Kontakt mit der Außenwelt herstellt. »Der Kunde« und »die Umwelt« (also vor allem die Konkurrenz) bedeuten für eine Firma eigentlich dasselbe Problem: Wie reflektiert man das »Draußen« *im* System? Gerade wenn man, wie wir, leugnet, daß Produzent und Konsument in einen Dialog der Bedürfnisse treten können, muß man erklären können, wie es überhaupt zur Koordination zwischen Produktion und Konsum kommen kann. Auf den Preismechanismus haben wir bereits hingewiesen – ein alltägliches Wunder, das Friedrich von Hayek immer wieder beschrieben hat. Aber wenn eine Firma selbst gestaltend in diese Koppelung Firma/Kunde eingreifen will, bedarf es anderer Techniken.

Ganz gleichgültig, welche Techniken Management und Marketing hier anwenden werden – ihre Struktur ist immer dieselbe. Es geht nämlich um einen »*Re-Entry*« *der Unterscheidung Produzent/Konsument ins Unterschiedene.* Mit anderen Worten: Das Unternehmen muß versuchen, die Unterscheidung Firma/Kunde zu verdoppeln, und zwar

- entweder auf dem Schauplatz des Konsums – die Firma schickt Spione in die »Szenen«;
- oder in der Firma selbst – das ist die Funktion von Alvin Tofflers *Prosumer,* der verkörperten Einheit von Produktion und Konsum, des Verbrauchsavantgardisten.

Im Blick auf die Warenwelt des 19. Jahrhunderts hat der Essayist Walter Benjamin eine interessante Beobachtung angestellt: »Der Flaneur ist der Beobachter des Marktes. Sein Wissen steht der Geheimwissenschaft von der Konjunktur nahe. Er ist der in das Reich des Konsumenten ausgeschickte Kundschafter des Kapitalisten.« Damit ist etwas Entscheidendes über das moderne Wirtschaften gesagt: *Die Produktion muß durch sen-*

sible Marktbeobachtung gesteuert werden. Es handelt sich dabei eigentlich um eine Doppelbeobachtung; auf dem Monitor des Managements müssen sowohl die Wünsche der Kunden als auch die Strategien der Konkurrenten sichtbar werden.

Beide Beobachtungen hängen eng zusammen, denn im modernen Wettbewerb nimmt der Kampf aller gegen alle die Form eines »Kampfs aller um alle« an. Der Soziologe Georg Simmel hat deshalb die wirtschaftliche Konkurrenz mit der Liebe verglichen. Denn wie der Liebe gelingt der Konkurrenz »das Ausspähen der innersten Wünsche eines anderen, bevor sie ihm noch selbst bewußt geworden sind. Die antagonistische Spannung gegen den Konkurrenten schärft bei dem Kaufmann die Feinfühligkeit für die Neigungen des Publikums bis zu einem fast hellseherischen Instinkt.« Fazit: *Wirtschaftlicher Wettbewerb macht sensibel für den Wandel der Moden.*

Die Wirtschaft schickt also Spione in die Szenen. Das steigert nicht nur die Marktflexibilität eines Unternehmens, sondern hat auch weitreichende Folgen für die Popkultur als dem Inbegriff aller Szenen. Es wird nämlich immer schwieriger, »jenseits«, »subversiv« oder »Underground« zu sein. Die Gegenkultur ist ausspioniert. *Alles wird zur Mode entübelt!* Denken Sie nur an die Hippies, den Punk oder Grunge. Der Kampf gegen den bürgerlichen Chic endet auf den Catwalks von Paris und Mailand; das Protestlied gegen den Weltsound von MTV endet als Nummer eins der Charts. *Das große Nein negiert nichts mehr, sondern wird unmittelbar vermarktet.* Deshalb meinte auch Richard Linklater, der Regisseur des Kultfilms *Slacker*, jüngst in einem Gespräch mit dem Magazin *Wired*: »The ultimate counter-culture act to this whole media-nugget life is to not pay attention to any of it.« Die einzige Haltung gegen die herrschende Kultur wäre, sie gar nicht erst zur Kenntnis zu nehmen. Eine klare Paradoxie, für die man hierzulande die schöne Formel gefunden hat: gar nicht erst ignorieren...

Marketing und Werbung als Sympraxis

Der Romanist Rolf Kloepfer hat in seinem Buch *Ästhetik der Werbung* versucht, einen Begriff des Frühromantikers Novalis für die Zusammenhänge des Marketings fruchtbar zu machen: *Sympraxis.* Gemeint ist, daß der Kunde nicht einfach passiver Empfänger einer Werbebotschaft ist, sondern durch Werbung zur eigenen Produktion von Bedeutsamkeit angeregt wird – Reklame als Erlebnis. Die Firma, die eine Werbung schaltet, und ihr Kunde treten demnach in eine gemeinsame Zeichenpraxis ein, in der eigentlich erst die Botschaft entsteht. *Der Kunde wird zum Mitspieler im großen ästhetischen Spiel der Bedeutsamkeit, das Marketing heißt.* Es geht nicht um die Mitteilung von Inhalten, sondern um die Erregung »kommunikativer Lust«. Deshalb scheint uns im Blick auf die Beziehung Firma – Kunde der Begriff *Sympraxis* in der Tat viel sinnvoller, ja treffender als der Begriff *Dialog.*

Das Marketing als Kunden-Sympraxis will Mode zur Kollektivbindung steigern und damit »Commitment« abschöpfen. »Commitment« heißt ja zu deutsch: Wertbindung. Der Wert, an den man den Kunden binden will, ist natürlich die jeweilige Marke. Wir sehen hier gleich, was eigentlich mit »Markentreue« gemeint ist: Wenn der Kunde anders wählt, bekommt er Schuldgefühle. Das gilt auch politisch: Parteitreue! Doch dazu später.

Markentreue ist zunächst primär ein Designproblem. Die visuelle Orientierung am Logo soll Markentreue stützen. Das Logo ist ja ein Ideogramm, ein bedeutungsgeladenes Zeichen – man könnte auch sagen: ein Hoheitszeichen. *Marketing, das sich als Kommunikationsdesign begreift, verwandelt das Produkt in ein Sinnbild. Die Ware wird zum Emblem.* Man könnte mit einem weiteren frühromantischen Ausdruck von der »Sympoesie« des Marktes sprechen: Prozesse der Syn-Referenz schaffen die Bedeutsamkeit der Waren.

Nun werden vor allem mittelständische Unternehmer durchaus zu Recht einwenden, daß sie nicht einsehen können, warum man gewaltige Summen für Werbeetats aufbringen soll, wenn es gar nicht primär um die Anpreisung von Waren, sondern um ein großes »ästhetisches Zeichenspiel« geht. Natürlich schaltet man Reklame und Werbespots, um Waren zu verkaufen. Natürlich gibt es empirische Marktforschung. Und natürlich wollen Unternehmer, die Millionen in Werbekampagnen investieren, Zahlenbelege für deren Effekt. Und wir wollen gar nicht leugnen, daß es Werbung gibt, die einen Kunden so anspricht, daß er das Produkt kauft. Doch wir müssen endlich begreifen, daß das Marketing eine eigene Systemdynamik besitzt. Das bedeutet: Wir müssen uns von dem Gedanken befreien, daß es zwischen Werbung und Kaufakt eine kausale Beziehung gibt. Es geht vielmehr um die Stiftung einer neuen Kultur. *Marketing als Kommunikationsdesign ist die Ausarbeitung einer kulturellen Metapher.* Hieran nicht teilzunehmen kann teuer werden: Man verschwindet vom Bildschirm des Kundenbewußtseins.

Eins-zu-eins-Marketing

Von den neuen Medien lernen wir, der jeweiligen Mode gemäß zu konsumieren. Hier wird es sinnlos, zwischen Werbung und Information zu unterscheiden. Werbeplakat, Werbespot (TV), Videoclip (MTV) und Hollywoodfilm bilden ein Kontinuum. Die Massenmedien leisten durch ihre Kommunikationen eine *augenblickliche* Integration der Weltgesellschaft. Und darüber hinaus gibt es längst eine Weltkommunikation, die Sprache überhaupt nicht mehr braucht. Hiervon war im Kapitel »Die Öffentlichkeit der Werbung« ja schon ausführlich die Rede. *Die weltweite Verbreitung elektronischer Gebrauchsgegenstände, der alles durchdringende Sound der Popmusik und der kultische Konsum von Markenartikeln sind das wahre Esperanto der Postmoderne.*

Aber diese Weltkommunikation vollzieht sich heute nicht mehr nach dem Schematismus des Broadcasting. Vor diversifizierten Massenmedien, dem sogenannten Narrowcasting, verwandeln sich die Konsumentenmassen in einen Cluster von

Nischenzuschauern. Heute spricht man sogar schon von Point-casting, also einer Eins-zu-eins-Beziehung zwischen Sender und Empfänger.

Videorecorder, interaktives Fernsehen und vor allem natür-lich der Computer führen zu einer weitreichenden Individualisie-rung des Mediengebrauchs und deshalb auch der Werbung. Die Zeiten, da alle im Büro denselben Krimi des Vorabends gesehen haben, sind lange schon vorbei. Die Vielfalt der Sender bringt zwar keine Qualitätsverbesserung des Gesendeten, aber immer-hin die Freiheit, Werbeblöcke zu überspringen. Und bald wird uns intelligente Software in die Lage versetzen, punktgenau nur noch das zu empfangen, was wir sehen wollen. *Massenmarkt und Massenmedien lösen sich auf* – das ist *die* große Herausfor-derung für Werbung und Marketing. Um hier von den Mathema-tikern einen Begriff zu borgen: Es geht um die Negation des All-Operators im Marketing. Was heißt das?

Von der Masse über die Zielgruppe zur Szene und schließlich zum Individuum – daß das Marketing diesem rasanten Zerfalls-prozeß überhaupt folgen kann, verdankt es dem Computer. Denn nur ein computergestütztes Mikromarketing kann mit der Para-doxie eines »Eins-zu-eins-Marketings« zurechtkommen. Das Eins-zu-eins-Marketing ist der logische Grenzwert der Konsumenten-segmentierung – der *endgültige Tod* des Massenmarktes.

Mit Hilfe von Datenbanken können Werbestrategien heute nahezu unbegrenzt ausdifferenziert werden – jedem Kunden sei-ne maßgeschneiderte Botschaft. Und das wäre nun in der Tat eine frohe Botschaft: endlich verschont zu werden von Reklame, die einen ganz und gar nicht interessiert und nur den Briefkasten oder den Bildschirm verstopft.

Mit Hilfe der Datenbanken wird der Kunde als Merkmal-Clu-ster individualisiert. Und das heißt im Klartext, daß es hier nicht etwa um die Anerkennung des einzelnen in seiner Unverwechsel-barkeit geht – im Gegenteil! Das *Individuum des Marketings* ist eine Erfindung der Datenbanken. Jeder Kunde wird zum adres-sierbaren Knotenpunkt eines gigantischen Datennetzes.

Der Rotarier, 45 Jahre, verheiratet, drei Kinder, Hausbesitzer, der Golf spielt, Rotwein trinkt, an der Nordsee Urlaub macht, Vielflieger ist, nicht raucht und gerne mit dem Computer spielt – ein identifizierbarer einzelner, ein Knoten im Datennetz des computergestützten Marketings. Der Kunde ist zugleich »Mitglied zahlloser unsichtbarer, nicht erkannter Bruderschaften« – so die treffende Formulierung von Stan Rapp und Tom Collins in ihrem Buch über den großen Marketing-Turnaround.

So lösen sich die Massen der Industriegesellschaft, ja sogar die Zielgruppen in kaleidoskopische Marktsegmente auf. Politik, Kirche und Wirtschaft haben deshalb alle das gleiche Problem: »Die Masse« läßt sich nicht mehr ansprechen! Wachsende Markenuntreue, Wechselwählerei und Sektenreligiosität sind gleichermaßen Ausdruck einer radikalen Individualisierung.

Übrigens gilt diese Paradoxie nicht nur für das Marketing, sondern auch für die Produktion: In den maßgebenden Firmen der Zukunft wird jeder ein Unternehmer, ein Business sein. Das ist zumindest der logische Grenzwert einer überall sich abzeichnenden Dekonstruktion des Unternehmens, der Entorganisierung der Organisation hin zum Single-Business.

Virtuelle Waren

Die einzigen Waffen auf einem gesättigten Markt sind Kommunikation und Logistik. Auf den Märkten der westlichen Welt wird um Kunden konkurriert, die im Grunde schon alles haben, was sie brauchen. Um es auf eine Faustformel zu bringen: *Das Bedürfnis des Kunden ist zur knappen Ressource geworden.* Viele Waren suchen einen Käufer.

Das Marketing muß aus diesem neuen Sachverhalt die strategische Konsequenz ziehen, daß die Waren der Zukunft mit *kommunikativer Kompetenz* auftreten müssen. Man muß den Kunden in Kommunikation verstricken – deshalb braucht man Waren, die zugleich diskursive Fakten sind. *Postmoderne Waren haben Informationscharakter.* Firmen, die Consulting, Design und Systemmanagement anbieten, handeln rein mit Informationen. Und auch traditionelle Waren lassen sich heute nur noch verkaufen, wenn sie einen »kommunikativen Index« haben.

Wenn man in den letzten Jahren das Marketing etwa von Philip Morris oder Camel beobachtet hat, kann man erkennen, daß diese Marken virtuelle Realitäten entwerfen. Es geht nicht um die gegenständliche Wirklichkeit des Produkts (also eine beliebig auswechselbare und überdies politisch unkorrekte Zigarette), sondern um die Möglichkeit der Kommunikation. *Die virtuellen Marken bilden um sich herum Kommunikationswelten* – gleichgültig, über was da im einzelnen geredet wird (am naheliegendsten natürlich: über neue Medien und Musik).

Die Marke spitzt sich nicht mehr zum Stimulus des Kaufakts zu, sondern sie entfaltet sich als Schauplatz von Kommunikation. Wie gesagt: *Was* da geredet wird, ist gleichgültig. Es geht allein darum, daß kommuniziert wird. »Reden wir miteinander!« Jeder, der einmal Kontakt zu protestantischen Pfarrern hatte, kennt diese Attitüde: Das Faktum, »daß man miteinander spricht«, wird zum Fetisch. *Und das neue Marketing zielt genau auf diese religiöse Kommunikationsform der Gesprächspartnerschaft.* Man nennt das auch *Relationship-Marketing;* es fördert die Beziehungen allein um der Beziehungen willen.

Kommen Sie mit Ihren Problemen zu uns!

Auch über den Begriff Beziehungen müssen wir umdenken lernen. Wenn jemand bei Behörden oder Unternehmen Unmögliches dennoch möglich macht, spricht man gern von »Vitamin B« und sagt: »Der hat Beziehungen.« Aber genau darum geht es heute prinzipiell: Beziehungen und vor allem Beziehungen zu Beziehungen zu haben und daraus ein System zu machen. Der erste Weg hierhin ist, wie oben gezeigt, das Feedback der Reklamationen. Der zweite Weg eröffnet sich, wenn man dem Kunden keine Produkte mehr anbietet, sondern ihn einlädt: *Kommen Sie mit Ihren Problemen zu uns!*

Wenn man den Markt vom Kunden aus betrachtet, verwandelt sich das Produkt in eine Problemlösung oder eine Wunscherfüllung. Und daraus folgt eben: Das neue Marketing verkauft Waren als Problemlösungen, das heißt, der Verkauf maskiert sich als Problemlösung. Wer kauft, tritt in Rapport zum Hersteller. So erscheint auch Hardware als Service. Mit anderen Worten: Das Marketing muß Kommunikationsdesign sein, weil die Kommunikation heute nicht nur den Konsum, sondern auch die Produktion bestimmt. *Das Marktangebot einer postmodernen Firma verschiebt sich von der Produktqualität hin zur Problemlösung.* Die traditionelle Firma hat deshalb keine Zukunft mehr. Telearbeit und computergesteuertes Customizing, also die Einbeziehung des Konsumenten in den Produktionsprozeß, deuten auf eine virtuelle Fabrik voraus. Alvin Toffler spricht hier, wie schon erwähnt, vom »Prosumer«: Die *Produktion* wird von der *Konsum*tion gesteuert.

Postmoderne Arbeit ist Informations-Processing. Programmieren und Kommunikations-Environments zu entwerfen ist längst produktiver als jeder mechanische Job. Und gerade das Programmieren befreit sich heute vom Prokrustesbett der Informatik und wird zum Kommunikationsdesign. *Der Programmierer der Zukunft und der Marketingexperte haben also dieselbe Aufgabe: nämlich ein Ereignisdesign zu entwerfen.* Der Erfinder von Hypertext, Ted Nelson, hat dafür die lapidare Formel gefunden: »A program is a design for events.« Ein Programm gestaltet Ereignisse.

Wie verkauft man Unsichtbares?

Hier können wir nun erkennen, daß zwei vertraute Trends der letzten Jahrzehnte wie Vorder- und Rückseite derselben Medaille zusammengehören. Jeder aufmerksame Zeitgenosse hat ja längst bemerkt, daß sich die Bedürfnisstruktur der westlichen Industriegesellschaft radikal gewandelt hat. *Das Genießen ist raffinierter, spiritueller geworden.* Und man muß nur einmal auf die CeBIT gehen, um zu sehen, daß die neuesten Techniken überhaupt nichts mehr zu sehen geben. *Die technische Immaterialität und die postmaterialistischen Werte haben die Konsumlandschaft dramatisch verändert.* Jetzt muß man Dinge verkaufen, die eigentlich unsichtbar sind – und die Kunden melden Bedürfnisse an, die man früher an die Kunst oder Religion adressiert hat.

Die große Frage lautet also: Wie macht man Werbung für das Immaterielle und die Black boxes? Wir müssen uns ja immer häufiger auf eine Sache verstehen, ohne die Sache selbst zu verstehen. Um so wichtiger wird die Gestaltung der Benutzeroberfläche, die allein noch Licht ins Dunkel der Black box bringen kann. Das nennt man *Interface-Design. Die Aufgabe des Marketings verlagert sich weg von den handfesten Gegenständen und hin zum Immateriellen, Unsichtbaren, Medialen.*

Das Design der Schnittstelle von Telekommunikation, neuen Medien und Computertechnologien ist deshalb die wichtigste gestalterische Aufgabe der Zukunft. Wir brauchen dazu eine neue Designwissenschaft, die die spezifischen Probleme eines kommunikationszentrierten Technologieeinsatzes untersucht. Diese neue Designwissenschaft darf Forschung nicht als *nachträgliche Theorie* begreifen, sondern muß ihre Aufgabe als Marketing *vor* dem Produkt definieren. Nur dann ist sie einer Wirtschaft gewachsen, die zunehmend »soft« und immateriell auftritt. Kurzum: *Die Kommunikation macht dem Konsum Konkurrenz. Wer sich auf dem Markt behaupten will, muß Konsumformen der kommunikativen Lust prägen.* Und Marketing muß eben Kommunikationsdesign sein, weil die Kommunikation den Konsum überlagert.

Das Design des Unterschieds

Der amerikanische Soziologe Talcott Parsons hat einmal sehr schön definiert: »Jede Werbung beruht auf dem Prinzip, Aufmerksamkeit für Selektionsvorschläge zu kaufen.« Man könnte sagen: *Marketing ist der Kampf ums Dasein der Marken in den Köpfen anderer.* Mit anderen Worten: Die Schlacht des Marketings wird im Kopf des Verbrauchers geschlagen. Man muß deshalb seine Wünsche und Träume, sein Glaubenssystem kennen – denn nur dort lassen sich Marketingwerte plazieren. In diesem Bewußtsein haben Don Schultz, Stanley Tannenbaum und Robert Lauterborn das Konzept der »Integrated Marketing Communications« entwickelt. Das Fazit lautet: »In a parity marketplace, the only real differentiating feature that a marketer can bring to consumers is what those consumers believe about the company, product, or service and their relationship with that brand. The only place that real product or brand value exists is within the minds of the customers.« Zu deutsch: Auf gesättigten Märkten gibt es nur ein wirklich unterscheidendes Merkmal, mit dem das Marketing den Verbraucher ansprechen kann – nämlich das innere Bild, die Ansichten, die der Konsument von der Firma und dem Produkt hat. Daher läßt sich sagen: *Der Wert einer Marke existiert nur im Kopf des Kunden.*

Doch wie kommt man nun zu Unterscheidungen, die einen Unterschied machen? Was ist die Kunst der entscheidenden Differenz? Theodore Levitt hat das Marketing einmal als »die Suche nach der sinnvollen Unterscheidung« definiert. Doch welche Unterscheidungen sind *sinnvoll?* Ganz offensichtlich nicht solche, die auf rationale Begründungen zielen. Denn das Problem ist ja: Wie fördert man die Treue zu Marken, die sich in nichts Sachlichem von Konkurrenzmarken unterscheiden? Aber Treue ist eben keine Sache der Logik, sondern der Liebe. Deshalb muß man den Kunden nicht mit guten Gründen, sondern mit unwiderstehlichen Gefühlen versorgen. Ganz in diesem Sinne hat Vance Packard das Marketing als Lehre vom »unvernünftigen Unterscheiden« definiert. *Und erst vor dem Hintergrund solcher unvernünftigen Unterscheidungen und der unlogischen Markentreue bekommen dann Vernunft und Logik ihre Marketingfunktion.* Sie alle kennen die Werbeformel: »Es gibt gute Gründe, XY zu kaufen.« Nach dem bisher Gesagten ist aber klar, daß »vernünftige« Argumente in der Werbung immer nur Rationalisierungshilfen für den Verbraucher sind. Rationalisierung heißt nämlich, einer emotionalen Entscheidung nachträglich die Form eines logischen Arguments zu geben; auch das ist eine Art Kundendienst.

Damit sind wir wieder in der Welt der Kommunikation. Denn für die Welt der Kommunikation ist es charakteristisch, daß Wirkungen durch Unterschiede entstehen – und nicht durch materiell-energetische Ursachen. Gregory Bateson hat die Information als einen Unterschied definiert, der einen Unterschied macht; also einen Unterschied, der zählt. Eine Information »makes a difference« – und genau das wollen die Menschen auch! Anerkennung, Stolz, Commitment – all das dreht sich um das »making a difference«! Peter F. Drucker hat in den letzten Jahren immer wieder auf die spezifisch amerikanische Konzeption des »Volunteer« hingewiesen. Der Volunteer überläßt die Aufgaben der Gemeinschaft nicht mehr der Regierung, sondern übernimmt selbst Verantwortung; als einzelner wird er im Sinne der Bürgergesellschaft aktiv, und das heißt eben: Er macht einen Unterschied. Worauf es in unserem Zusammenhang ankommt, ist »the sense of satisfaction and pride that comes from making a difference« (Drucker). Und das ist nun keine amerikanische Spezialität mehr.

Die Menschen der postkapitalistischen, postmaterialistischen, postmodernen Gesellschaft wollen einen Unterschied machen und fordern hierzu Dinge, die einen Unterschied machen. Entscheidend für den Verkaufserfolg ist deshalb: *Draw a distinction that makes a difference!* Design ist die Technik der Differenz, die zählt. Das sollten aber auch alle Marketingexperten im Auge behalten, die heute als Erben der New-Age-Bewegung auf die Spiritualität des Konsums setzen. Der *eine* Geist von New Age ist so trügerisch, wie es vor zweihundert Jahren der *eine* Geist des Idealismus war. Was wir in Zukunft brauchen, ist die *neue Spiritualität* der Differenz. Das Design der Differenz operiert als Selektion aus einem Repertoire. Und dieses Repertoire ist heute größer denn je. Henry Fords alte, böse Weisheit »*History is bunk*« hat nämlich eine spannende Zweitbedeutung:

Die ganze Geschichte dient uns heute als Repertoire modischer Selektion. Man kann das auch Posthistoire nennen: die Zitierbarkeit aller Zeiten nach dem Ende der Geschichte.

Lernen von Hollywood

An Märkten und Einkaufsstraßen, Ausstellungen und Passagen wird jedem sofort klar, daß die Ware eine architektonische Funktion hat. Und dort wuchert auch die Plakatwelt: Reklame wird zu Stein, die Häuserfassade wird heute zum Bildschirm. Aber hier war eben noch ein weiterer Schritt zu tun – die neueste Erweiterung der Werbung: Nike-Town, die Stätte des Kult-Marketings. Städtisches Leben zentriert sich immer mehr auf die Entertainment-City. Und ein altes Wort ist heute wahrer denn je: »There is no business like show business.« *Das Showbusineß ist jetzt der Prototyp jedes Geschäfts.*

Unter den Bedingungen von gesättigten Märkten, qualitativer Produktgleichheit und selbsterklärender Produkte sind rationale Informationen über das, was jeweils verkauft werden soll, für die Werbung sinnlos. Der Gebrauchswert ist gewissermaßen »taken for granted«. *So bleiben als Werbewerte und Kaufmotive nur noch Prestige und Erlebnis.* Auf den Erlebnishunger haben die Kaufhäuser mit einem radikalen Trading-up reagiert: Es sind nicht nur Warentempel, sondern auch Erlebniswelten – denken Sie eben an Nike-Town in Chicago. Design und Marketing haben ja immer schon die Werbung ins Produkt hinein verlängert. Denn das Produkt soll mehr sein als ein Gegenstand. *Ware und Service der Zukunft werden Medien für Erlebnisse sein.* Sehr richtig spricht deshalb der führende Konsum- und Verhaltensforscher Werner Kroeber-Riel vom »Erlebnisprofil einer Marke«.

Die Ware der Zukunft ist der Fetisch einer Themenwelt, die von Marketingmanagern, Szenen und Prosumern gemeinsam erfunden wird. Ein gutes Produkt entführt in eine interessante Welt. Die Verkoppelung großer Hollywoodfilme mit einer ganzen

Produktpalette ist dafür paradigmatisch. Doch diese interessante Welt ist immer eine Fiktion; ihr Wert liegt in unserer Interpretation. Erlebnisse sind Interpretationen. Deshalb muß Marketing heute zur Hermeneutik werden: zur Deutung von Events.

Moral zu verkaufen

Große Unternehmen versuchen sich bereits seit vielen Jahren in einer Selbststilisierung, die Produktpaletten mit der Unverwechselbarkeit einer Persönlichkeit prägen soll. Je mehr ein Unternehmen diversifiziert und je breiter das Spektrum seiner Angebote wird, desto dringlicher braucht es – nicht nur für die Kunden, sondern auch für die eigenen Mitarbeiter – ein stabilisierendes, orientierendes Bild seiner Einheit. *Die Corporate Identity definiert dabei ein stabiles Schema, innerhalb dessen ein Unternehmen dann mit ständig neuen Produktmustern die Aufmerksamkeit des Marktes faszinieren kann.* Wenn man die »Minister«-Kampagne von Philip Morris oder die auf der Ravewelle surfende »Move!«-Kampagne von Camel beobachtet, bemerkt man sehr rasch: *Das Marketing ist selbst die Botschaft –* es geht hier um nichts anderes als den Aufmerksamkeitserfolg.

Corporate Identity wird um so wichtiger, je mehr sich die Wirtschaft insgesamt in ein Kaleidoskop verwandelt. Es ist aber sehr schwer geworden, eine CI zu gestalten, denn es wird immer undeutlicher, wo die Grenzen eines Unternehmens eigentlich verlaufen. Man kann nämlich prinzipiell bemerken: *Elektronische Kommunikation verwischt die Grenzen der Organisation.* Und deshalb meinen wir: Nur Kommunikationsdesign kann noch eine Corporate Identity schaffen.

Daß elektronische Kommunikation die Grenzen eines Unternehmens verwischt, ist das eine. Noch wichtiger aber ist, *daß Marketing als Kommunikationsdesign die Grenze zwischen Unternehmen und Produkt verwischt.* Hier müssen wir noch einmal auf die hochkontroverse »Schockwerbung« zu sprechen kommen und sie als kulturelles Symptom deuten. Die Werbekampagne von Benetton hat ja Dokumentarfotos für Reklamezwecke benutzt. Daraus kann man dreierlei lernen:

- Die wichtige Konsumentengeneration der Zehn- bis Achtzehnjährigen kennt die Medienwirklichkeit überhaupt nicht anders als in der Mischform fiktiver Fakten und faktengestützter Fiktionen.
- Werbung und Information lassen sich kaum mehr unterscheiden. Und in der Tat sind die sogenannten »Infomercials« auf dem Vormarsch! Werfen Sie nur einmal einen Blick in eine Computerzeitschrift. Erstens lassen sich »unabhängige« EDV-Zeitschriften nur noch schwer von firmengebundenen Magazinen unterscheiden. Und zweitens: Wer sieht noch einen Unterschied zwischen der »informativen« Anzeige für den neuesten Digital Assistant und dem redaktionellen Beitrag darüber auf der nächsten Seite?
- Die Werbung nimmt sich der großen Problemthemen an, die von der Politik nicht angepackt werden: Aids, Welthunger, Migration, Überbevölkerung, Fremdenhaß.

Die »sozial verantwortliche« Werbung und das Umwerben des »bewußten, aktiven« Konsumenten sind zwei Seiten derselben Marketingstrategie. Das Design hat die Werbung immer schon bis ins Produkt hinein verlängert. *Heute verlängert das moderne Marketing die Werbung bis ins Moralbewußtsein der Konsumenten hinein.* Marketing als Kommunikationsdesign zielt also darauf, im Moralbewußtsein des Kunden die Werbebotschaft sozialer Verantwortung mit dem Appell der Markentreue zu verknüpfen. Das wäre ein neues Modell der sichtbaren »Bewährung« – nicht mehr in der Produktion, wie es der puritanische Kapitalismus einmal einübte, sondern im Konsum!

3

Marketing als Gottesdienst am Kunden

Die Mode schreibt das Ritual vor,
nach dem der Fetisch Ware verehrt sein will.
Walter Benjamin

»Production matters«, hieß es früher einmal. Diese Zeiten scheinen vorbei. Alles dreht sich heute um den Kunden – stets zu Diensten! Doch hier steckt ein ernsthaftes Problem, das von den menschenfreundlichen Marketingparolen unserer Tage nur verkleistert wird. Dienstleistungen werden immer wichtiger und immer höher bewertet. Das widerspricht ihrer ursprünglich parasitären Stellung im traditionellen Produktionsgefüge. Heute sind die Parasiten von gestern, eben die Servicefirmen, an der Macht. Doch warum tun wir uns vor allem in Deutschland nach wie vor so schwer mit dieser Entwicklung?

Wir vermuten hier zwei wesentliche Gründe. Wie immer man *Service* übersetzen mag – es steckt darin ein Dienen. Obwohl der große Philosoph des deutschen Idealismus, G. W. F. Hegel, daraus seine ganze Philosophie entwickelt hat, fehlt uns immer noch eine Vision von der Produktivität des »dienenden Bewußtseins«. Das ist das eine. Und zweitens sind die von Fourastié so genannten »tertiären« Berufstätigkeiten nur sehr begrenzt technisierbar. Den Steuerberater mag in Zukunft eine intelligente Software ersetzen – den Friseur und den Kellner nicht. Auch Erziehung und Bildung werden immer deutlicher als nicht »automatisierbare« Dienstleistungen erkennbar. Und der Bedarf wächst exponential. Darauf muß sich das Marketing einrichten. Die Waren der Zukunft sind smart und dienstbeflissen. Deshalb meinen wir,

Marketingmanager müssen *Verpackungskünstler* sein. Sie hüllen das Produkt in Dienstleistungen ein. So kann man prinzipiell sagen: *Das Produkt der Zukunft hat einen Intelligenzkern und eine Servicehülle.*

Der Titel dieses Kapitels hat also etwas mehr im Sinn, als fromme Menschen zu provozieren. Wir wollen den Dienst am Kunden mit dem Ritual des Gottesdiensts vergleichen. Mit anderen Worten, wir müssen den Kunden nicht nur als *König*, sondern als *Gott* adressieren. Und das heißt eben: *Wir wollen die neuen Strategien des Marketings aus der Funktion der Religion heraus erklären.* Vielleicht haben Sie weniger Schwierigkeiten mit diesen Thesen, wenn Sie sehen, daß einige intelligente Menschen schon früher über diese Zusammenhänge nachgedacht haben.

Lernen von Karl Marx und Kenneth Burke

Beginnen wir mit einer unverächtlichen Trivialität: Die Bibel des 19. Jahrhunderts, mit deren Hilfe einige Berufsrevolutionäre unsere westliche Welt aus den Angeln heben wollten, heißt nicht *Die Revolution* oder *Das Proletariat*, sondern *Das Kapital*. Dieses Buch ist fasziniert vom Zauber der Waren und des Geldes. Und dieses Buch fasziniert auch heute noch durch seine Analyse dieses Zaubers.

Nun wissen wir alle: Der Marxismus hat weltweit abgewirtschaftet. Aber gerade deshalb können wir einmal ganz unaufgeregt nachschauen, was Marx eigentlich beobachtet hat, als er *Das Kapital* schrieb. Das erste Bild, das die kapitalistische Welt dem Beobachter bietet, ist das einer »ungeheuren Warensammlung«. Und genau hier setzt Marx an. Was er nun bei der Analyse der Ware zu sehen bekommt, ist »ein sinnlich übersinnliches Ding« – er nennt es auch »Wertding«. Das sind natürlich paradoxe Formulierungen. Ein Wert ist kein Ding, und ein Ding ist sinnlich und nicht übersinnlich. Was Marx beobachtet hat, ist also, daß die Ware unserer kapitalistischen Märkte etwas Paradoxes, Geheimnisvolles ist.

Daß etwas Übersinnliches sinnlich greifbar ist, kennt man eigentlich nur aus der Welt der religiösen Symbole. Und in der Tat betrachtet Marx die Warenwelt in Analogie zur religiösen Welt. Dabei kommt er zu einer grandiosen Einsicht: *Das Geheimnis der Ware hat nichts mit ihrem Gebrauchswert zu tun.* Die Waren sind nicht einfach Dinge für den Konsum. Sie befriedigen nicht einfach ein konkretes Bedürfnis, sondern sie verkörpern Soziales – analog zum Totem! Deshalb nennt Marx das Produkt, das auf dem Warenmarkt erscheint, eine »gesellschaftliche Hieroglyphe«.

»Hieroglyphos« ist der griechische Name für denjenigen, der heilige Bilderschriftzeichen eingraviert. Was Marx uns also sagen will, ist, daß die Waren des kapitalistischen Marktes als eine Art Geheimschrift gelesen werden können, in der sich unser gesellschaftliches Leben religiös chiffriert. Wir ahnen schon: *Das Geheimnis der Ware und das Geheimnis der Religion sind dasselbe.*

Daß die Ware eine Art Geheimschrift unseres sozialen Lebens ist, erklärt sehr schön, warum die Produkte des kapitalistischen Marktes ein Eigenleben führen. Produzierte Dinge sind nicht tot, sondern entwickeln eigene Lebensformen. Für Marx war das ein Gespensterspuk, und er spricht deshalb von einer »phantasmagorischen Form« – wir würden das heute viel nüchterner *Emergenz* nennen.

Kenneth Burke ist der zweite intelligente Mensch, den wir hier als Eideshelfer bemühen möchten. Er spricht von »Money as ›God Term‹«. Damit ist gesagt: *Das Geld funktioniert als technischer Ersatz für religiöse Motive.* Aber darüber hinaus bietet das Geld auch einen Symbolismus an, in den fast alle Kommunikationsformen übersetzt werden können. Um hier kein Mißverständnis aufkommen zu lassen: *Geld suggeriert nicht den Sinn des Lebens.* Jede Behauptung eines Lebenssinns kann von der modernen Wirklichkeit nur enttäuscht werden. Der Geldverkehr ist also *nicht* der Sinn des Lebens, aber sein abstrakter Formalismus bietet unserem Leben eine »Sinnform« an, in der man alle Zufälle der Existenz unterbringen kann.

Dieses wunderbare Geldmedium aber braucht natürlich einen Mechanismus, der die Wirtschaft mit der Außenwelt verkoppelt. Das ist der Konsum. Systemtheoretiker sprechen in diesem Zusammenhang von einem symbiotischen Mechanismus – er stellt die Beziehung zum Realen her. Man kann also sagen: Konsum ist die kritische Stelle, wo die Wirtschaft es mit »Menschen« zu tun bekommt, die motiviert sein wollen und von denen man »Commitment«, Wertbindung, also Engagement erwartet. Hier stößt das allmächtige Geld an eine Leistungsgrenze – es ist unfähig zum »People Processing«. Und hier beginnt das Marketing.

Und nebenbei bemerkt: Hier wird auch deutlich, worum es beim Thema »Markentreue« eigentlich geht. »Markentreue« ist ja gleichbedeutend mit »Commitment«, also Selbstfestlegung; ich lege mich freiwillig auf eine Marke fest und lehne andere Optionen ab. Markentreue hat also dieselbe Struktur wie ein religiöses Bekenntnis!

Allen aktuellen Marketingparolen zum Trotz müssen wir sagen: *Der Kunde kann nicht mit einer Firma kommunizieren.* Deshalb suggeriert man ihm, er könne in einen »Stamm«, den andern Orts erwähnten »Tribe«, aufgenommen werden – so wird der »Stammkunde« geboren. Das ist ein eleganter Ausweg aus einem prinzipiellen Dilemma der Kommunikation – und im Marketing spitzt sich dieses Dilemma zu. Kommunikation ist heute nämlich nicht selbstverständlich, sondern unwahrscheinlich. Daß jemand auf meine Vorschläge und Angebote eingeht und sie zu Bedingungen seines eigenen Handelns macht, grenzt an ein Wunder. Aber genau dieses Wunder macht die Gesellschaft aus. Ob Marketing, Mode oder Massenmedien – das Problem ist immer dasselbe: Wie macht man eine Selektion (ein neues Produkt, einen Lifestyle, eine Information) für andere verbindlich? Denken Sie nur an die geradezu barocke Tyrannei der Modezaren unserer Haute Couture. Mit Dialog und Intersubjektivität hat das herzlich wenig zu tun. *Das Neue muß anders sein, aber nicht radikal anders, sondern anschlußfähig anders.*

Kleine Theorie der Mode

Vielleicht gehören Sie zu den Menschen, die hin und wieder – und immer mit großem Genuß – in der *Vogue* oder doch wenigstens in *Max* blättern. Dafür muß man sich durchaus nicht schämen; die Lust hat einen guten Grund. Denn Modezeitschriften widmen sich dem, was unsere Wissenschaftskultur und politische Öffentlichkeit verdrängen, nämlich den nächsten Dingen – und den Göttern.

Lateinisch »Religio« heißt »Rückbindung«. Und wenn wir dieser genauen Wortbedeutung folgen, können wir sagen: *Moden sind Kurzzeitreligionen, nämlich starke, aber schnell wieder auflösbare Bindungen.* Mode kultiviert den Sinn für das, was Nietzsche den »Wert des Kürzesten« genannt hat. Daß etwas morgen Schnee von gestern sein wird, ist kein Einwand! Moden faszinieren kurzfristig – und damit entsprechen sie präzise einer Gesellschaft, die geprägt ist von der Individualisierung der Kunden und der Zufälligkeit alles Öffentlichen. Und genau so präzise entsprechen sie der Wirtschaft dieser Gesellschaft. Denn *Modezyklen kommandieren heute auch die Produktionsgeschwindigkeit.*

Die Funktionsweise der Mode ist ganz einfach: Sie verneint das Jüngstvergangene. Der Code der Mode operiert also mit den beiden antithetischen Wertstellen »in« und »out«. Mit anderen Worten, die Mode erklärt ohne Skrupel das, was gerade noch »angesagt« war, als völlig »untragbar«. An dessen Stelle setzt sie nun aber nichts Neues, sondern sie wählt aus dem Repertoire der Vergangenheit. So kommt es zu einem *Recycling der Zeiten.* Und das prägt nicht nur unser Outfit, sondern auch unser historisches Bewußtsein. Dem Moderecycling entspricht ein entfesselter Historismus, der die Geschichte als Kostümkammer für Stilmaskeraden benutzt. Auch Moral (etwa »Political Correctness«), Religion (zum Beispiel der Buddhismus) und Kunst sind heute nur noch modische Kostümierungen – der große Karneval des Posthistoire.

Die Mode – genauer gesagt: die Orientierung des Lebens an

ihr – wird um so unvermeidlicher, je unabhängiger unsere Zukunft von unserer Herkunft wird. Denn daß das, was war, nichts mit dem zu tun hat, was kommt, bedeutet, daß uns die eigene Vergangenheit zu einem ganz anderen wird. Deshalb können wir schon in den Neunzigern die Siebziger recyceln – mit dem Reiz des Neuen, anderen. Walter Benjamin hat einmal, Nietzsche parodierend, gesagt: »Die Mode ist die Ewige Wiederkehr des Neuen.« Das war natürlich als Kritik gemeint, läßt aber auch eine andere Lesart zu. Denn die Mode ist eben nicht nur die Wiederkehr des Neuen als des Gleichen, sondern immer auch ein Stück Umwertung der Werte in der Phantasie. Vielleicht könnte man sagen: *Die Mode hilft der Gesellschaft beim Träumen. Und in der Werbung träumt die Industrie.*

Doch man kann nicht von Neuem träumen, ohne Altes abzuräumen. Mode ist deshalb immer auch ein Akt schöpferischer Zerstörung. Das Zerstörte verschwindet aber nicht, sondern wird gesampled, recycelt und neu geordnet. Man macht nicht reinen Tisch, sondern spielt mit dem Überlieferten und Vorhandenen. Mode ist die Welt der Permutationen, ein Spiel mit der Syntax der Kultur. Deshalb ist der Spott der Intellektuellen über Modephänomene ganz und gar unberechtigt; denn ihre zivilisatorische Leistung ist gerade heute gar nicht hoch genug zu schätzen. Der *Dedicated Follower of Fashion* mag im bürgerlichen Sinne ungebildet sein – aber er ist nicht borniert. Die Mode lehrt nämlich, das Thema zu wechseln. Und was heute fast noch wichtiger ist als ihre positive Wechselhaftigkeit: Die Mode ist transnational.

Doch damit sind wir schon mitten in der Soziologie der Mode. Sie wird von einer Dialektik bestimmt, die Georg Simmel schon vor hundert Jahren klar erkannt hat. Die Mode ermöglicht »einen sozialen Gehorsam, der zugleich individuelle Differenzierung ist«. Das ist die paradoxe Leistung, durch Anpassung an die Allgemeinheit einen Unterschied zu machen. Man könnte sagen: *Mode ist der Konformismus der Abweichung.* In den Jeans, die alle tragen, bin ich endlich ich selbst. Der Manager mit der bunten Krawatte und dem Ohrsticker wird zur Partynorm. Und längst gibt es den Rasierapparat für Dreitagebärte.

Dem eigenen Leben Form geben, individuell und anders sein war ja bisher das Privileg der wenigen am oberen Rand der Gesellschaftsskala. Hier verdanken wir gerade der Tyrannei der Mode eine Demokratisierung des Andersseins. Mode ist die Form der vielen – die Paradoxie eines Gesetzes, das Freiheit, Selbstvertrauen und Geselligkeit ermöglicht. Die Mode schenkt den Massen – so die schöne, präzise Beobachtung Nietzsches – eine »wohltuende Selbstzufriedenheit mit der Form«.

Wir sagten ja schon, daß die Mode mit den Codewerten »in« und »out« operiert. Sicher ist dabei nur eines: daß das heute Angesagte morgen Schnee von gestern ist. Das ist die für unsere Zeit charakteristische Gewißheit des Immer-anders-Seins. So wie man sich vor dem Familienstreit schützt, indem man rechtzeitig das Thema wechselt, so stabilisiert sich unsere Kultur gerade dadurch, daß sie ständig die Stilformen wechselt. Was neumodisch ist, lädt zur Nachahmung einer Abweichung ein. Das befriedigt ein doppeltes Bedürfnis – nämlich mitzumachen und einen Unterschied zu machen, zugleich dazuzugehören und »anders« zu sein. Das häßliche Holzfällerhemd der Schmuddelkinder aus Seattle liegt morgen stapelweise bei H&M. So erfolgt die gesellschaftliche Integration gerade durch Devianz. Niklas Luhmann resümiert: »Die Mode weicht ständig von dem ab, was vorher galt, und gerade dadurch erreicht sie hohe Konformität.«

Der formale Reiz der Grenze

Angesichts dieses abstrakten Formalismus von »in« und »out« kann der Modeschöpfer als barocker Tyrann auftreten. Es ist nicht so wichtig, was er als neue Frühjahrsmode deklariert; entscheidend ist, daß er überhaupt etwas anderes »ansagt«. Seine Entscheidungen sind tatsächlich aus dem Nichts geboren – genauer gesagt: aus dem Nicht-Gestern. In und Out codieren den reinen Wechsel. Was uns an der Mode reizt, ist nichts Substantielles, sondern ein Spiel von Anfang und Ende.

Und das ist ja charakteristisch für unsere von einer Art Vergänglichkeitskult geprägten Kultur:

- Man liest nicht, sondern schlägt eine Seite der Zeitschrift auf und hat auch schon wieder weitergeblättert.
- Man raucht nicht, sondern entzündet eine Zigarette und hat sie auch schon wieder ausgedrückt.
- Man sieht sich keinen Film an, sondern schaut mal in eine Sendung rein und hat sich auch schon wieder weitergezappt.
- Man folgt keiner Einladung, sondern kommt zu einer Party, um gleich wieder zu gehen.
- Man reist nicht, sondern kommt irgendwo an, um auch schon wieder ans Abreisen zu denken.

Der Soziologe Georg Simmel hat für diese rätselhaften Verhaltensweisen schon vor achtzig Jahren die Lösungsformel gefunden. Was der Mode ihre unbegrenzte Macht über den Alltag der westlichen Welt verleiht, ist »die Stärke des formalen Reizes der Grenze«.

Der Reiz der Mode stammt also nicht aus der Substanz, sondern aus der reinen Differenz – man könnte auch sagen: aus der rein formalen Wertung. Es geht um das Erlebnis von Grenze und Wechsel an sich. Reine Differenzen sind aber etwas, was es in der Natur nicht gibt. Die Natur kennt Kontraste und Verschiedenheiten, aber keine Unterschiede und Gegensätze. Deshalb operiert die Mode antiphysisch – gegen den Strich der Natur. Wir betonen das deshalb mit allem Nachdruck, weil sich in den letzten Jahren »der pure Stil« so gut verkauft. Doch der Aufdruck »naturbelassen« bringt die Mode der Natur keinen Schritt näher. Wenn sich heute einige Leute sündhaft teure Shaker-Möbel ins Wohnzimmer stellen, so ist diese Wiederkehr der Sachlichkeit ein typischer Fall von Moderecycling. Das große Simulakrum Weltmode verspricht das Unsimulierbare. Und gerade weil es nur noch um formale Reize und Differenzen geht, kann ein Sportschuhhersteller erfolgreich suggerieren, es gäbe ein Jenseits der Mode: »Das Wesentliche, sonst nichts.«

Doch daß die Werbung heute gerne von Natur, dem Puren, Elementaren, Reinen und Wesentlichen spricht, ist nichts anderes als das, was wir in anderem Zusammenhang schon *Wertezitat* genannt haben. Dahinter steckt ein mächtiger Antitrend: Mode gegen den Strich der technischen Evolution. Das Unbehagen an einer hochkomplexen, »mediatisierten«, durchtechnisierten Kultur schafft einen wachsenden Markt für den Kult des Einfachen, Natürlichen und Persönlichen. Wieviel ehrlicher als diese neue »Ehrlichkeit« klingt da der Name einer japanischen Modefirma: *Hysteric Glamour*. Man kann das Geheimnis der Mode nicht prägnanter fassen als in diesem Namen. Oder in den Worten von Silvia Bovenschen: »Der natürliche Feind der Mode ist die Natur.«

Der Kunde als Gott und Bettler

Der Philosoph L. E. J. Brouwer sagte einmal sehr schön: »By so-called exchange with another being, the subject only touches the outer walls of an automaton.« Während man glaubt, in einem Verhältnis des zwischenmenschlichen Austauschs zum anderen zu stehen, berührt man doch in Wahrheit nur die Außenwand eines Automaten. Das gilt gerade auch für das Verhältnis eines Unternehmens zu seinen Kunden. *Es genügt deshalb nicht mehr, den Kunden als König zu behandeln. Der Kunde ist ein Gott – man kann ihn nur überlisten, indem man ihm dient.*

Im *Spiegel* (27. 6. 1994) haben Jan Fleischhauer und Hans-Jörg Vehlewald eine Art Negativkarriere des Kunden »vom König zum Bittsteller« nachgezeichnet. »Das Bild vom Kunden als König scheint nur noch bei Verbraucherschützern hoch im Kurs zu stehen. Im Alltag taugt es allenfalls als Witzvorlage. Ob im Supermarkt oder Restaurant, am Fahrkartenschalter oder Banktresen: Der Kunde ist Bettler und Bittsteller – schlicht ein Störenfried.« Das widerspricht aber unserer These vom Gottesdienst am Kunden nur auf den ersten Blick. Vielmehr macht die Leidensgeschichte des Störenfrieds Kunde – und jeder von uns könnte ja ein Kapitel dazu beitragen – nur deutlich, wie unwahrscheinlich die Kommunikation zwischen Unternehmen und Verbrauchern ist. Der Kunde ist Gott und Bettler zugleich! Und wie wir noch sehen werden, ist er Parasit und Informant zugleich! Unsere These lautet deshalb: *Marketing ist Gottesdienst am Kunden – man verführt ihn mit Fetischen, verstrickt ihn in Produktliebe.* Der Cargo-Cult ist deshalb das Urmodell des Markenartikelerlebnisses.

Der Futurist Filippo Tommaso Marinetti hat Anfang des Jahrhunderts die Kulturwelt mit dem Satz skandalisiert, ein Rennwagen sein schöner als die Nike von Samothrake. Die damalige Aufregung hat sich gelegt. Wahrscheinlich würden die meisten Menschen heute Marinettis Skandalsatz zustimmen. Wir könnten allenfalls noch ergänzen: Auch ein Turnschuh von Nike ist schöner als die Nike von Samothrake, von der er ja seinen Namen hat! Derartigen Gebrauchsgegenständen wird längst eine Art kultischer Verehrung zuteil. Man pilgert nach »Niketown« in Chicago – das Sportgeschäft als Kirche mit Ikonen, die angebetet werden. Michael Jordan und Charles Barkley sind die Hohenpriester. »Niketown« zeigt also nur offen, was das Warenhaus immer schon war: *Tempel eines religiösen Rauschs.*

Man sollte sich aber in der nüchternen Analyse vom Weihrauch dieser religiösen Konsumtempel nicht benebeln lassen. Auch hier zeigt sich erneut die Grundstruktur des modernen Marketings – nämlich eine *Technik der Differenz* zu sein. Der spirituelle Mehrwert eines Produkts soll es aus qualitativ gleichwertigen Konkurrenzprodukten herausheben und zugleich den Verdacht betäuben, es sei nutzlos und überflüssig. Die Werbung dringt nun in den Bereich der Transzendenz vor. Unsere These lautet deshalb: *Die postmoderne Werbung übernimmt die Funktion der Religion. Sie entfaltet die Spiritualität des Konsums.* Denn wie kann man in der Bilderflut der Fernsehreklame überhaupt noch eine Differenz markieren? Leslie Savan bemerkt hier sehr treffend, es gehe jetzt für die Werbung darum, »heilige Löcher« in den Bildschirm zu brennen. Der Konsum verliert sein schlechtes Gewissen, wenn es gelingt, den Akt des Einkaufens als eine Form des Gebets zu stilisieren. *Das Ideal des Marketings ist die religiöse Ikonenverehrung.*

Wir haben gerade gesagt, es gehe für das Marketing und die Werbung darum, dem Konsum das schlechte Gewissen zu nehmen. Das ist gerade in unserer Überflußgesellschaft ein entscheidendes Problem. Was unser Gewissen quält, ist ja nicht nur das Wissen vom Elend der Welt, sondern auch das Bewußtsein, daß unser Wohlstand eine Funktion jenes Elends ist. Und seit Jahrzehnten können wir beobachten: Die Bußpredigt der Kulturkritik lebt vom schlechten Gewissen des Konsums. Sie suggeriert uns, Konsum sei Schuld. Angesichts dessen hat die Werbung eine viel wichtigere Aufgabe, als naive Gemüter zum Kauf bestimmter Genußmittel zu verführen. *Werbung verführt nicht nur zum Genuß, sondern erspart ihm die Reue.*

Werbung zielt heute auf ein Kultbild, in dem der Imperativ steckt, ein Ritual des Konsums zu vollziehen. *Der Kunde soll nicht einfach nur kaufen und verbrauchen, sondern eine rituelle Handlung vollziehen.* Seit es »Kultmarken« und »Kultprodukte« gibt, ist ihm der Weg auf dem Schauplatz des Marktes klar vorgezeichnet – vom *passiven* Konsum zur *aktiven* Devotion. So konnte man im *Journal of Consumer Research* (Juni 1989) lesen: »Consumption can become a vehicle of transcendent experience: that is, consumer behavior exhibits certain aspects of the sacred.« Zu deutsch: Der Konsum kann eine transzendente Erfahrung transportieren, das heißt, das Konsumentenverhalten trägt gewisse Aspekte des Heiligen zur Schau. So entfaltet sich der Konsumismus als Religionssystem. Und das führt uns heute zum Ursprung der Bedeutung des Konsums zurück – zum Totemismus der Eßgemeinschaft.

Emotional Design I

»Virtual Reality«, Telepräsenz und Cyberspace sind Techniken einer Visualisierung des Immateriellen und Ungegenwärtigen. Hier macht sich ein ungegenständliches Genießen fest. *Es geht uns nicht mehr um Zweck und Funktion, sondern um Erlebnis und Emotion.* Solche Bedürfnisse und Erwartungen lassen sich nicht mehr mit herkömmlichen Verbrauchsgütern erfüllen. Was heute auf dem Markt Aufmerksamkeit finden will, muß geistig angereichert sein – sei es durch smarte Mikrochips, sei es durch »Emotional Design«. Der postmoderne Markt ist auf einen »zerebralisierten Konsum« (Arnold Gehlen) ausgerichtet. Es geht um *Kopfgenüsse.* Kurz: Das Marketing muß auf der Klaviatur des Zentralnervensystems spielen können.

Konsum hat – zumindest in der westlichen Welt – längst nicht mehr nur mit Bedürfnisbefriedigung zu tun, sondern ist das Medium dessen, was schon Oscar Wilde »Self-Culture« genannt hat. Nur so erklären sich die charakteristischen Eigenschaften des postmodernen Konsumverhaltens. Man kann seit Jahren eine *Doppelcodierung des Konsums* beobachten: *Preisbewußter* Discountkauf von Grundnahrungsmitteln und gleichzeitig *erlebnisbewußter* Boutiquekauf ohne Preislimit. Konsum findet für ein und denselben Menschen in verschiedenen Registern statt. Dadurch wird der Konsum »reflexiv«, das heißt, er bezieht sich auf sich selbst: *Wir konsumieren nicht nur Güter, sondern wir konsumieren gleichzeitig auch das Konsumieren.* Solche raffinierten, paradoxen Bedürfnisse fordern Produkte, die sich im Geist des Kunden formen. Wenn eine bestimmte Schwelle zivilisatorischer Sättigung überschritten ist, spielt sich alles Entscheidende nur noch im Kopf ab: eben *Zerebralkonsum.*

Dieser neue ungegenständliche Konsum orientiert sich an »Intangibles«, also an Qualitäten, die sich nicht mit Händen greifen lassen, sondern geistiger Art sind. Deshalb ist es wichtig, die Produkte nicht mehr als Dinge, sondern als *Persönlichkeiten* zu begreifen. Ob man Pepsi- oder Coca-Cola trinkt, ist keine Frage der Geschmacksnerven, sondern des Weltbildes, das der Videoclip der weltumspannenden Werbekampagne entwirft. »Emotional Design« bietet Patterns an, mit denen die Konsumenten ihre Gefühle modellieren können – genau das tun Hollywood-Filme bereits seit Jahr und Tag. *Marketing als Kommunikationsdesign formt die Erlebnisse im Medium des Konsums. Gestaltet werden nicht mehr Gebrauchsgegenstände, sondern Beziehungsmuster.*

Prinzipiell gilt ja: *Design steigert die Lesbarkeit der Welt.* Doch das erreicht man heute nicht mehr, indem man »sachlich« versucht, Formen an Funktionen abzulesen. Es war das Genie Nicolas Hayeks, mit dem Kultobjekt Swatch ein reines Gefühlsprodukt auf den Markt zu bringen, als durch die Quarztechnologie alte Sachlichkeits- und Funktionalismusstandards hinfällig wurden. Überhaupt löst sich die Aufgabe des Designers immer mehr von konkreter Gegenständlichkeit ab. *An die Stelle des Objektdesigns tritt zunehmend das Design von Wahrnehmung und Lebensstil.* Der französische Philosoph Paul Virilio spricht in diesem Zusammenhang von einem »Metadesign der Sitten«.

Als Kommunikationsdesign zielt das moderne Marketing nicht mehr auf das Bewußtsein, sondern vielmehr auf dessen Immunsystem: die Gefühle. Emotionen entsprechen Verhaltensmustern und werden in gewisser Weise erlernt. Deshalb ist es möglich, Gefühle zu modellieren.

»Emotional Design« gestaltet Gefühlsmuster. Hierbei können Marketingmanager etwas Entscheidendes von Kulturhistorikern lernen. In der archaischen Welt, an der Schwelle der abendländischen Zivilisation, entstanden die Gefühle nicht spontan im Menschen, sondern wurden ihm *von den Göttern* aufgeprägt. Heute könnten wir ganz analog sagen: Die Gefühle werden uns *von den Gütern* und den Medien aufgeprägt.

Doch wie können Güter an die Stelle von Göttern treten? Von den Ethnologen kann man lernen, daß für den Totemkult primitiver Gesellschaften das Göttliche in den Dingen des Alltags vorhanden war. »Qualitäten sind Götter«, könnte man sagen. Von den Alltagsgegenständen unterscheidet sich das Totem aber durch seine Eigenschaft, als faszinierendes Bild zu wirken, das Gefühle an sich bindet; es ist ein Wappen. Und auch die Güter unserer Märkte tragen dieses Totemwappen – nämlich das Markenzeichen oder das Logo. Es ist, wie es Emile Durkheim einmal sehr schön formuliert hat, »der sichtbare Körper Gottes«.

Begehren statt Bedürfnis

Marketing und Design müßten sich daranmachen, die alten kritischen Vokabeln wie »Warenästhetik« und »Kulturindustrie« umzuinterpretieren, und das bedeutet im wesentlichen, sie von ihren negativen Vorzeichen zu befreien. *Kultur ist eine Industrie, Ästhetik ist die Theorie designter Waren, und Waren lassen sich nur noch ästhetisch verkaufen.* So gelangen wir zu einer Entübelung des Warenfetischismus. Dabei ist vielleicht eine Erinnerung hilfreich: In primitiven Gesellschaften ist Fetischismus kein Vorwurf.

Was heißt eigentlich Fetischismus? Schaut man im Lexikon nach, dann erfährt man, daß der Fetisch etwas *dem Natürlichen Entgegengesetztes* ist, dem man übernatürliche Kräfte zuschreibt und das deshalb kultisch verehrt wird. Anfang des 19. Jahrhunderts hat Fetischismus aber auch schon die kritische Bedeutung einer »krankhaften Erregung durch einen Gegenstand«. Was kann man daraus lernen? Das Begehren hat nichts mit dem Bedürfnis zu tun. Daß man ißt, weil man Hunger hat, daß man Kleider kauft, weil man sich anziehen muß – das ist nicht die Welt des Wunsches. *Marketing hat es nicht mit Bedürfnissen zu tun, sondern mit dem Begehren.* Und das ist – zum Glück für den Markt – unerfüllbar. Deshalb ist der Kühlschrank genauso übervoll wie der Kleiderschrank.

I can't get no satisfaction – das ist das ganze Geheimnis des Begehrens. Noch einmal: Zum Glück für die Wirtschaft zielt das Begehren des Menschen immer auf etwas, was nicht benennbar ist.

Der Psychoanalytiker Jacques Lacan hat einmal bemerkt: »Le retour du besoin vise à la consommation mise au service de l'appétit. La répétition demande du nouveau. Elle se torne vers le ludique qui fait de ce nouveau sa dimension.« Zu deutsch: Die Wiederkehr des Bedürfnisses ist auf Konsumtion aus, auf Konsumtion im Dienst des Appetits. Dagegen verlangt die Wiederholung nach einem Neuen. Sie verschreibt sich dem Spiel, das sich dieses Neue zu eigen macht.

Das Lustvolle, Stimulierende des Konsums liegt nicht in der Befriedigung von Bedürfnissen, sondern gerade in der *Unbefriedigung*, die das Begehren neu entflammt. Nietzsche hat es so formuliert: »Man liebt zuletzt seine Begierde und nicht das Begehrte.«

Begehren, Bedürfnis, Wunsch – das scheinen nur verschiedene Namen für denselben simplen Sachverhalt zu sein. Wir meinen aber, hier lohnt es sich, genauer hinzusehen und zu unterscheiden. Denn der Unterschied zwischen Bedürfnis und Begehren ist der Unterschied, der für das Marketing bedeutsam ist. Denken Sie nur an die zur Zeit so beliebte »Kundennähe«. Es scheint ja das Vernünftigste und Naheliegendste von der Welt zu sein, die Produktion eines Unternehmens an den Kundenwünschen zu orientieren. Was will der Kunde nun wirklich? Fragen wir ihn doch einfach! Aber so einfach ist das nicht. Marktforschung hilft hier kaum weiter. Die mächtigsten Wünsche sind die unbewußten – und gerade die »weiß« ich eben nicht. Das Begehren ist der blinde Fleck der Selbstbeobachtung – es ist sinnlos, den Kunden zu fragen, was er wünscht.

- Wenn man Frauen fragt, wie ein Mann sein soll, dann werden sie einen Softie beschreiben – aber den Macho heiraten.
- Wenn man TV-Zuschauer fragt, ob »Sex and Crime« gezeigt werden sollen, dann werden sie sich von Pornographie und Gewaltorgien distanzieren – um dann aber genau hiernach im Nachtprogramm zu suchen.
- Wenn man Schüler fragt, wie Lehrer sein sollen, dann werden sie verständnisvolle Pädagogen fordern, mit denen man womöglich per du ist – um dann Jahre später zu gestehen, daß sie das einzige, was sie in der Schule gelernt haben, den autoritären »Ärschen« verdanken.

Solche Fragen sind also gut gemeint, aber sie verdunkeln das Begehren. Die ungeheure Wichtigkeit des Service, der Dienstleistung, verleitet heute oft zu dem Mißverständnis, man müsse sich nach den »Bedürfnissen« des Kunden richten. Es ist aber der Normalfall, nicht zu wissen, was man will.

Das Marketing muß deshalb lernen, zwischen Bedürfnis und Begehren zu unterscheiden. Begehren kann nicht durch Objekte befriedigt werden. Wir haben es heute geradezu mit einer Mystik des Konsums zu tun. Man muß ein Begehren nach Gütern zweiten Grades ködern. Wie ködert man aber das Begehren eines Gottes? Mit Ikonen. Wenn man den Gott an sein Bild bindet, kann man ihn zwingen. Genau diese Lektion muß das Marketing heute von der Religion lernen.

Wir halten es also für illusorisch, den Kunden nach seinen Wünschen zu fragen, um diese dann zu erfüllen. Denn er weiß nicht, was er will, und will nicht, was er weiß. Man sollte besser sagen: *Das Marketing interpretiert das Begehren des Kunden – und letztlich ist der Wunsch des Kunden nichts anderes als diese Interpretation.* Halten wir aber jetzt schon fest: Erfolgreiches Marketing ist kein Dialog mit den Bedürfnissen des Kunden, sondern ein Zaubern mit dem Objekt seines Begehrens – auf EDV-Basis selbstverständlich. Der Fetischismus funktionierte schon immer als Zauberapparat des Marketings; heute kann es sich überdies auf Datenbanken stützen. Der Computer schafft durch Feedbackschleifen – weil wir alle so gerne reklamieren, Beschwerden schreiben und Coupons ausfüllen – ein Kunden-Pattern, mit dem das Marketing dann »zaubern« kann.

Kein Mißverständnis, bitte! Was Menschen wirklich begehren, kann man nicht kaufen. Aber man kann diesem Begehren Anerkennung verschaffen in einer Ware – einem gleichgültigen Ding, das aber im symbolischen System der Werbung organisiert ist. Die Elemente der Werbung und Unterhaltung, also das Triviale und Vulgäre, sind Zeichenmaterial, mit dem ein unsagbarer Wunsch ausgedrückt wird. Sut Jhally resümiert zur Bedeutung der Werbung: »Advertising is so powerful because it recognizes the real things that people want, the things that make people human: friendship, love, security, some kind of autonomy.« Die Macht der Werbung liegt somit darin, daß sie die Dinge ernst nimmt, die Menschen wirklich bewegen, also Freundschaft, Liebe, Sicherheit und Selbständigkeit. *Der Marketingexperte wird zum Verpackungskünstler des Zwischenmenschlichen.*

Je sachlicher die Menschen, desto persönlicher werden die Produkte. Die Dinge sind ja auch verläßlicher und dauerhafter als die Menschen. So treten heute käufliche Dinge an die Stelle von Werten und Menschen. Man sagt zwar zu Recht: »Liebe kann man nicht kaufen!« Aber das spricht heute gegen die Liebe zu Menschen und für das, was man kaufen kann. Mit anderen Worten: Wir dürfen uns nicht verleiten lassen, die Liebe zu schnell auf Menschen zu beziehen. Wichtiger ist – wie Nietzsche so schön sagt – »die Liebe zu Sachen und Gespenstern«. Auf diese Gespenster muß sich das Marketing der Zukunft verstehen. Es kultiviert den Fetisch als Schlüssel zur Erlebniswelt.

Emotional Design II

Wir können vom Fetischismus noch ein Zweites lernen: Gefühle gelten nicht den Menschen, sondern den Dingen. In der sachlichen Welt der modernen Zivilisation gehen Emotionen ins Leere. Man könnte sagen: *Wir leben in einem Vakuum der großen Gefühle. Und hier springt der postmoderne Konsum ein. »Emotional Design«* besorgt den Transfer der *»zwischenmenschlichen«* Werte in die Dingwelt. Auf dem Schauplatz des Marktes treten Waren wie Personen auf. Man könnte auch sagen: Reklame funktioniert wie eine Allegorie.

Und ein Weiteres kommt hinzu. Seit der Revolution der Popart kann man wissen: Gefühle zeigen ihre wahre Intensität nicht im Leben, sondern im Kino und im Konsum. So heißt es bei Andy Warhol in aller wünschenswerten Klarheit: »The movies make emotions look so strong and real, whereas when things really do happen to you, it's like watching television – you don't feel anything.« *So bieten uns heute die sogenannten Themenwelten eine »surreale« Verdichtung des Erlebnisses: wirklicher als die Wirklichkeit. Wer wirklich etwas erleben will, sucht dieses Erlebnis eben nicht mehr in der empirischen, sondern in der virtuellen Realität. Die ist formbar und weniger störanfällig. Und wer tief fühlen will, der geht ins Kino. Die Kinder der Popkultur* wissen heute, daß die Gefühle der Liebe und des Hasses in der Kinohöhle echter sind als im eigenen Schlafzimmer.

»Emotional Design« operiert nun genauso wie das Kino: Es präsentiert das Produkt als *erotisches Ereignis*. Damit können Menschenreize nicht mehr konkurrieren. Kino und Erlebniskonsum tauchen uns in eine Welt der virtuellen Ereignisse – alles andere, nämlich das Reale, ist zu gefährlich. Im Blick auf die Aufgabe des Marketings bringen wir das auf die Faustformel: *Postmoderne Werbung ist objektlose Erregung*. Das ist ganz einfach zu verstehen. Nur die Werbung und das große Kino schaffen noch Symbole, an denen wir unsere Affekte festmachen können. Mit anderen Worten: Werbung verschafft den objektlosen Emotionen einen Außenhalt; sie bietet Gefühlsformeln an. Und in diesem Sinne war schon die deutsche Romantik eine Art »Emotional Design«. Man kann seine Aufgabe nicht prägnanter formulieren als mit den Worten Wackenroders: »Verdichten der im wirklichen Leben verloren umherirrenden Gefühle«.

Analog und digital

Das *Ritual* vermittelt zwischen »analog« und »digital«, genauer gesagt: zwischen analoger und digitaler Kommunikation. Analog kommuniziert man mit Bildern und Gesten, digital mit Texten und Namen. Analoge Kommunikation beruht auf Ähnlichkeit, digitale Kommunikation beruht auf Arbitrarität, das heißt auf einem zufällig-willkürlichen Verhältnis der Zeichen zum Bezeichneten. In der digitalen Kommunikation geht es um die Übermittlung von Inhalten, die analoge Kommunikation besteht aus Beziehungsappellen. Logik ist digital, die Emotionen und Stimmungen kommunizieren sich analog. Die Kluft zwischen beiden Welten zu überbrücken ist hier die große Aufgabe von Marketing und Werbung. Auf der Zeichenebene versucht man das seit eh und je mit dem Logo und mit Bildunterschriften. Marketing als Kommunikationsdesign und »Emotional Design« versucht es nun mit *dem Ritual*.

Im Rückweg zum Analogen sucht die digitale Kommunikation unserer modernen Welt eine Art Bodenhaftung. Und eben hierbei funktioniert das Ritual als symbiotischer Mechanismus, der Zeichen und Menschen gleichsam verkoppelt. Der Soziologe Niklas Luhmann hat dies aufmerksam beobachtet: »Die Funktion der Religion wird nicht in der Kirche, sie wird als Kirche erfüllt. Dazu müssen Rituale erhalten bleiben.« Und die finden wir heute vor allem in Szenen und auf dem Markt.

Das Ritual ist die Antwort auf das fundamentalste Problem jedes Anbieters. Man kann den Menschen nicht verbieten, nein zu sagen zu einem Warenangebot. Deshalb muß man auf der Ebene des Marketings versuchen, die Negation außer Kraft zu setzen – das leisten Rituale. Genau auf dieser Ebene läßt sich definieren, was ein Kunde ist: *Ein Kunde ist derjenige, der ein Geschäftsangebot nicht ausschlägt.* Im 16. Jahrhundert hieß Kundschaft Gemeinschaft, ja Brüderschaft – das aktuelle Marketing ist wieder auf dem Weg dorthin.

Brüder oder andere?

Was das bedeutet, wird erst deutlich, wenn wir uns – mit Max Weber – daran erinnern, daß die Marktvergesellschaftung, die für unsere Wirtschaft und Gesellschaft bestimmend ist, Brüderlichkeit ausschließt. Ja, mehr noch: Die kühle Rationalität des Marktverkehrs ist das genaue Gegenteil persönlicher Verbrüderung. Hören wir dazu Max Weber mit einem ausführlichen Zitat aus seinem Hauptwerk *Wirtschaft und Gesellschaft*: »Die Marktgemeinschaft als solche ist die unpersönlichste praktische Lebensbeziehung, in welche Menschen miteinander treten können. Eine solche absolute Versachlichung widerstrebt allen urwüchsigen Strukturformen menschlicher Beziehungen. Der Markt ist in vollem Gegensatz zu allen anderen Vergemeinschaftungen, die immer persönliche Verbrüderung und meist Blutsverwandtschaften voraussetzen, jeder Verbrüderung in der Wurzel fremd.« Das ist Klartext. *Der Markt ist ursprünglich kein*

Schauplatz der Brüderlichkeit, sondern eine Vergesellschaftung mit Feinden.

Und auch in Zukunft werden uns auf dem Weltmarkt keine Brüder, sondern »andere« erwarten – allen Parolen von »Fair Trade«, Solidarität mit der Dritten Welt und »One World« zum Trotz! Es ist nun aber gerade ein entscheidender kultureller Effekt der Marktvergesellschaftung, daß uns die anderen vertrauter und die Brüder fremder geworden sind. Der »fremde andere« wird kreditwürdig – aber der eigene Bruder muß jetzt auch Zinsen zahlen. Der Weberschüler Benjamin Nelson hat das auf die lapidare Formel gebracht: »In modern capitalism, all are ›brothers‹ in being equally ›others‹.« Alle Menschen sind unsere »Brüder« im Geist des Kapitalismus geworden, sofern wir sie alle gleichermaßen als »andere« behandeln. So umreißt der Untertitel von Nelsons Hauptwerk *The Idea of Usury* prägnant die Entwicklung der kapitalistischen Kultur: »From tribal brotherhood to universal otherhood.« Unsere Kultur hat sich aus der Stammesgemeinschaft von Brüdern zu einer Gesellschaft universaler »Andersheit« entwickelt. Um einen bekannten antirassistischen Slogan zu variieren: »Wir sind alle andere – fast überall«.

Wir sind aus einer segmentär geordneten Welt in eine funktional differenzierte Fremde ausgezogen – seither spricht man von *bürgerlicher Kälte*. Denn wir haben damit natürlich die Wärme der Stammesgemeinschaft verloren. Doch heute suggerieren uns Tribalismen, wir könnten wieder aus der Welt der funktionalen Differenzierung ins Segmentäre zurückkehren! Es ist die große kulturelle Verheißung der Zukunft, daß wir nach den Etappen der »Tribal Brotherhood« und »Universal Otherhood« nun wieder vor einer neuen Gemeinschaftsform stehen: der »Organizational Neighbourhood«. Und das sind auch die beiden Kulturvisionen, mit denen das Marketing heute operiert: von der Gesellschaft (»Universal Otherhood«) zurück zur Gemeinschaft (»Tribal Brotherhood«) oder vor zum Netzwerk (»Organizational Neighbourhood«). Dazu später noch mehr.

Was ist ein Ritual?

Rituale sind prinzipiell »Restricted Communication«, also eingeschränkte Verständigung. Und zwar ist Einschränkung hier positiv zu sehen: *Rituale kontrollieren das Kommunikationsrisiko, abgelehnt zu werden.* Denken Sie etwa an Begrüßungs- und Höflichkeitsrituale. »Wie geht's?« – »Beste Grüße an die verehrte Gattin!« Da kann man nicht nichts sagen. Und umgekehrt ist »Mein herzliches Beileid« bei aller Steifheit das Beste, was man einem Hinterbliebenen sagen kann – jede Eigendichtung persönlicher Betroffenheit wäre nur indiskret und peinlich.

Rituale operieren aber vor allem auch sprachlos, nämlich mit Rhythmus und Stereotyp; sie appellieren an den Körper. Denken Sie nur an die Popmusik. *Das Ritual manipuliert die Menschen, indem es ihnen zum Ausdruck verhilft.* Und genau dieser Zusammenhang wird nun von »Emotional Design« und Kult-Marketing aktiviert. Wir können prinzipiell sagen: *Das Marketingritual verlagert die Aufmerksamkeit vom Gebrauchswert der Produkte auf ihren Ausdruckswert.* Das bedarf der Erläuterung.

Ritual heißt vor allem: das Bestehende nicht verändern, sondern sichern. Der Anthropologe Arnold Gehlen hat es als die wesentliche Leistung des Ritus bezeichnet, in Wahrnehmung, Bewußtsein und Verhalten der Menschen »Stabilisationskerne« zu legen. Ein Ritual ist eine zum Selbstverhältnis stilisierte Handlung. Entscheidend ist also, daß die *Form* des rituellen Verhaltens mit ihrem *Inhalt* identisch ist. Man könnte sagen, Riten funktionieren als eine Art religiöser Formalismus. Das ist für unseren Zusammenhang von allergrößter Wichtigkeit. Denn aus dem Gesagten wird schon klargeworden sein, daß es auch »Riten ohne Gott« gibt, ja, daß Götter aus Riten geboren werden. Der Soziologe Emile Durkheim hat das in seinem Werk über die elementaren Formen des religiösen Lebens klar herausgearbeitet. Sein Fazit: Religion ist weit mehr als die Idee eines Gottes oder heiligen Geistes. Deshalb haben auch gottlose Zeiten wie die unsere eine Religion – man darf sie nur nicht in den offiziellen Kirchen suchen. *Nicht die Kirchen, sondern die Konsumtempel sind heute der Ort moderner Religiosität.* Das haben die Kirchenmänner selbst schon bemerkt. So vergleicht der Theologieprofessor Harvey Cox auch die Schaufenster der Warenhäuser mit der Krippenszenerie; das Etikett mit dem Markenzeichen deutet er als »säkularisierte Hostie«. Deutlicher kann man es wohl nicht sagen.

Gefühlsmuster

Wenn man Waren tauscht oder etwas kauft, vollzieht man nicht einfach nur einen ökonomischen Akt. Kaufen und tauschen heißt vor allem auch: sich in Beziehung setzen, Gegenseitigkeit stabilisieren. Das Marktgeschehen ist ein »Sozialritus« (Gehlen). Das Geben und Nehmen stiftet Beziehungen und Gegenseitigkeit. Wir meinen deshalb: Die Befriedigung von Bedürfnissen ist fast zweitrangig, wenn man sie mit dem vergleicht, was man die *Selbstbegegnung des Begehrens* im Ritual des Marktes nennen könnte. Sobald man also auf Kultisches und Rituelles stößt, kann man sicher sein, daß der Ausdruckswert des Produkts wichtiger ist als sein Gebrauchswert.

Um eine Definition zu geben: *Das Ritual ist die symbolische Transformation von Erfahrung.* Das heißt aber auch, daß Rituale »Emotional Patterns« (S. K. Langer) anbieten, in denen man die eigenen Gefühle ausdrücken kann. Diese Gefühlsmuster bieten somit Weltorientierung. Denn man findet Patterns und Stereotype ja deshalb gut, weil sie die »unerträgliche« Vielfalt der Welt erträglich machen – genauer gesagt: *Gefühlsmuster verwandeln die übergroße Weltkomplexität in ein buntes Warenangebot.* Es geht beim »Emotional Design« also einerseits darum, den Menschen zu zeigen, daß sehr vieles möglich ist, zugleich aber sie vor der Erfahrung zu schützen, alles sei auch anders möglich, also zufällig. Und das ist eben die Funktion des Rituals. Das Ritual ist ein »Restricted Code« (Mary Douglas), also eine

Einschränkung des Möglichen. Damit ist das Ritual aber der Gegenpol zur Kontingenz der Welt – Kontingenz nennen die Philosophen den Sachverhalt, daß in der modernen Welt alles, was ist, auch anders möglich ist.

Unsere Faustformel für »Emotional Design« lautet also: *Rituale kompensieren den Weltzufall.* Dabei geht es im wesentlichen darum, die Menschen von der Datenflut, von der Überfülle der Eindrücke und Optionen zu entlasten. Was Susan K. Langer »Emotional Patterns« genannt hat, hilft uns, die Bürde der Freiheit zu tragen. Das meint auch Arnold Gehlens anthropologisches Konzept der »emotionalen Schemata« – sie stellen die Grundformen der Alltagsästhetik dar.

Cargo-Kult

Wenn man keine Ahnung vom Produktionsprozeß hat, kann man die Güter als das Werk von Göttern verstehen – und Götter kann man durch Rituale manipulieren. Das gilt aber auch umgekehrt für die Black box des Konsuments. Der Kunde hat die undurchdringlichen Launen eines Gottes; man muß ihn durch Rituale manipulieren.

Das Ritual sichert den Glauben durch das, was der amerikanische Soziologe Talcott Parsons »Real Assets«, wirkliche Güter, genannt hat – damit sind wir beim Cargo-Cult. Der Cargo-Kult nimmt wörtlich, was alle Religionen versprechen: bei korrekter ritueller Performanz gewisse erwünschte Güter zu liefern. Und zwar ist Cargo nicht einfach die Ware, sondern zugleich auch *Macht* als eine Art Mehrwert der Ware.

Das Tausendjährige Reich stellen sich gewisse »primitive« Gesellschaften ganz konkret als die Ankunft von Schiffen und Flugzeugen vor, die mit fremden Waren beladen sind. Aber erinnern Sie sich nur einmal an die Bürger der DDR nach dem Fall der Mauer. Otto Schily hat damals in einer Fernsehdiskussion über Ursachen und Perspektiven der »Wende« stumm eine Banane auf den Tisch gelegt – konnte man deutlicher argumentieren?

Auch für die Menschen des Ostblocks ist das westliche Heil sehr konkret (gewesen); man wollte die D-Mark statt des »dritten Wegs«. Der Anthropologe I. C. Jarvie resümiert diesen Cargo-Kult so: »The offer is not of spiritual joy in a mysterious life after death, but of material wealth in six weeks' time«. Die Verheißung spricht nicht von geistigen Freuden in einem geheimnisvollen Leben nach dem Tod – sei's christlich, sei's sozialistisch –, sondern von materiellem Wohlstand in kürzester Zeit.

Hier können Marketingmanager wiederum sehr viel von den Ethnologen lernen. Sut Jhally, der diese Lektion als erster verstanden hat, schreibt hierzu in *Adbusters*, dem Dekonstruktionsorgan von Marketing und Werbung: »Advertising creates a world in which goods come to play magical roles in our lives. Buying the right good can act as a sort of passport into a magical world of consumption and style.« Zu deutsch: *Die Werbung schafft eine Welt, in der wir in magische Beziehung zu den Gütern treten. Indem man den richtigen Markenartikel kauft, hat man den Schlüssel zur magischen Welt von Mode und Lifestyle.*

Die Welt des Marketing und der Werbung ist also nicht die Welt der Zwecke, Bedürfnisse und Rechnungen, sondern die Welt der Magie, des Totemismus und Fetischismus. Die Marke ist ein Totem-Emblem. So schreibt Peter York in der *Financial Times* (20./21. 11. 1993) über den Luxus der achtziger Jahre: »A luxury brand is one believed to confer magic status on its owners. Luxury brands, whatever their origins, are vigorously promoted names in the marketplace now. Their values are totemic ones; the name is everything.« Kurz: Luxusmarken scheinen einen magischen Status zu verleihen. Der Wert dieser Marken ist totemistisch; alles, was zählt, ist der Name.

Was ist nun ein Totem? Die Anthropologen haben uns gezeigt, daß der Totem als Clan-Abzeichen und Wappen (»Heraldic Badge«) funktioniert. *Totemismus ist eine Technik der Differenz und der Integration*: Ein »Naming from without« befriedigt das Bedürfnis nach Unterscheidung. Und dies ist ja entscheidend, um sich auf dem Markt durchzusetzen. Das gilt sowohl für die Produzenten als auch für die Konsumenten. Nike ist nicht Reebok ist nicht Adidas. Man will nicht Turnschuhe kaufen, sondern einem Clan angehören. Und es ist keine Frage der Ergonomie, sondern in der Tat eine Glaubensfrage, ob man mit einem Tennisschläger von Wilson oder Prince spielt. Das erklärt auch die längst selbstverständlich gewordene Indiskretheit, den Firmennamen oder das Logo deutlich sichtbar auf Textilien zu drucken. Ob man mit dem Lacoste-Krokodil oder dem Vereinsschal von Schalke 04 herumläuft, macht keinen Unterschied – außer eben dem einen: verschiedenen Clans zuzugehören. Das Totem/die Brand markiert also gleichermaßen die Unterscheidung und die Zugehörigkeit zu einer Gemeinschaft. Nur so kann man Massenartikel an Individuen verkaufen. Nur so kann man anders sein und zugleich dazugehören.

Werbung und Marketing sind Opfer des Totem-Clans Firma an den Gott-Kunden, um ihn geneigt zu machen. Die schon zitierte Philosophin Susan K. Langer resümiert: »A deity is invoked by being pleased, either by service or flattery.« Man muß dem Kunden dienen oder ihm schmeicheln – gerade auch mit dem Werbeaufwand, den man betreibt. Wenn sich der Chef darüber aufregt, daß die Werbeabteilung Unsummen verpulvert, ohne daß sich dies unmittelbar in Verkaufserfolg umsetzt, dann verkennt er den Opfercharakter des Werbeaufwands. Er muß lernen: Nur eine Opferhandlung macht die Gottheit geneigt.

Essen und Trinken hält Leib und Seele zusammen, sagt man zu Recht. Und man kann noch mehr sagen: Genau hier entsteht Gemeinschaft als die der Kommensalen. Die heilige Kommunion und das Abendmahl erinnern daran – eben als Totemmahlzeit. Der Totem ist das Ma(h)l der sozialen Verpflichtung – das soziale Band. Den engen Zusammenhang von Religion, Gesellschaft und Konsum hat man schon vor hundert Jahren klar erkannt – im Blick auf sogenannte primitive Gesellschaften. Ich will hier nur drei der bedeutendsten Stimmen zitieren. Der Anthropologe Frazer bemerkt: »The totem bond is stronger than the bond of blood or family in the modern sense.« Die Verbindung des Totems ist stärker als die Familienbande oder die Blutsverwandtschaft. Ganz in diesem Sinne hat der Soziologe Ferdinand Tönnies den

Clan als »Familie *vor* der Familie« charakterisiert. Und der Psychoanalytiker Sigmund Freud definiert das Totem als »einen magischen Produktions- und Konsumverein«. Unsere These lautet hier: Ebendieses vorgeschichtliche *Co-operative Magic* einer rituell-kultischen Koppelung von Produktion und Konsum will das Marketing der Nachgeschichte wiederherstellen – das Ziel ist der bereits angesprochene *Prosumer* Alvin Tofflers.

Der Kapitalismus als Religion

Der Philosoph Walter Benjamin hat schon in den dreißiger Jahren die ebenso erstaunliche wie rätselhafte Bemerkung gemacht: »Der Kapitalismus war eine Naturerscheinung, mit der ein neuer Traumschlaf über Europa kam und in ihm eine Reaktivierung der mythischen Kräfte.« Die Bedeutung des Mythos in der Moderne wird von Benjamin also aus der Entfaltung des Kapitalismus erklärt. Doch dieser seinerseits wird nun als Ausdruckszusammenhang religiöser Kräfte gedeutet.

Max Webers berühmte These über den *Geist des Kapitalismus* besagt im Kern, daß eine asketische Form des Protestantismus eine alltagsbestimmende Lebensmethodik geschaffen hat. Diese Lebensmethodik stützt das kapitalistische Wirtschaften wie ein Korsett und versieht es zugleich auch mit Heilsprämien. Formelhaft gesagt, heißt das: Der Kapitalismus ist religiös bedingt. Das war von Max Weber natürlich als Konkurrenzthese zu jener marxistischen Grundformel, nach der das gesellschaftliche Sein die Gestalten des Bewußtseins bestimme, gemeint.

Walter Benjamin geht in seiner Analyse nun noch einen Schritt weiter; für ihn ist der Kapitalismus nicht nur in eine religiös bestimmte Lebensmethodik eingebettet – Benjamin geht es um den Nachweis der »essentiell religiösen Struktur des Kapitalismus«. Der Kapitalismus ist schon deshalb eine Religion, weil er in der Lage ist, auf die aus Leid und Qual geborenen Fragen der Menschen eine befriedigende Antwort zu geben – nämlich eine Antwort der Befriedigung. Und zwar ist die Reformationszeit der historische Augenblick der Verwandlung von Christentum in Kapitalismus. Das setzt voraus, daß die ganze abendländische Geschichte als Entwicklung eines parasitären Verhältnisses begriffen werden muß: Der Kapitalismus entsteht als Parasit des Christentums und zehrt so sehr von dessen Kräften, daß schließlich – eben zur Zeit der Reformation – das Verhältnis in eines der Identität umschlägt. *Die neuzeitliche Geschichte des Christentums ist die Geschichte des Kapitalismus.*

Präparieren wir nun diese essentiell religiöse Struktur des Kapitalismus noch deutlicher heraus. Ich nenne die beiden wichtigsten Charakteristika:

① *Der Kapitalismus ist eine reine Kultreligion.*
Das heißt im Klartext, daß die kapitalistische Religion weder eine Dogmatik noch eine Theologie besitzt. Sie ist also unmittelbar praktisch orientiert – genau wie die Urformen heidnischer Religiosität. Die kapitalistische Religion ist also neuheidnisch. Sie begründet ihren Ritus ohne Gotteswort – und daß der Kult Vorrang vor der Lehre hat, ist eben typisch heidnisch. In unserem Fall ist es der Vorrang der kapitalistischen Praxis vor der christlichen Lehre, der sie parasitär aufsitzt. Kapitalismus ist also eine Form des Neuheidentums. Mit dieser Einsicht ist Benjamin schon in den dreißiger Jahren dem Geheimnis des Zeitgeistes auf der Spur. Er läßt sich dabei nicht von der triumphalen Technologie der westlichen Welt blenden: »Die ersten Jahrzehnte dieses Jahrhunderts stehen im Zeichen der Technik. Gut! Aber das sagt nur denen etwas, die wissen, daß sie auch im Zeichen der wiedererwachenden ritualen und kultischen Traditionen verlaufen.«

② *Der Kult der kapitalistischen Religion dauert permanent an; jeder Tag ist ein Festtag des Warenfetischismus.*
Und die Anhänger zelebrieren den Kult unausgesetzt in äußerster Anspannung. Der Kult der kapitalistischen Religion ist natürlich ein *Kult der Ware.* Das heißt konkret, daß der Tauschwert zum Gegenstand religiöser Verklärung und

zum Medium eines religiösen Rausches wird. In diesem Zusammenhang gebraucht Walter Benjamin den Begriff der *Phantasmagorie*. Gemeint ist ein Raum des Vergnügens und der Zerstreuung, der sich genau dort auftut, wo der Gebrauchswert der Waren gleichgültig wird. »Die Inthronisierung der Ware«, also die Verehrung eines Produkts als Fetisch nach dem Ritual der Mode, ist der einzige Inhalt des kapitalistischen Kults.

Die »theologischen Mucken« der Ware, von denen Karl Marx sprach, das heißt ihr zweideutiges Sein als »sinnlich-übersinnliches Ding«, sind also grundlegend für unsere moderne Welt. Es ist deshalb nicht metaphorisch gemeint, wenn Benjamin schreibt: »Weltausstellungen sind die Wallfahrtsstätten zum Fetisch Ware.« Und die Pariser Passagen, die Vorläufer der amerikanischen Malls, sind die ersten »Tempel des Warenkapitals«. Ja, Benjamin geht so weit, an der Eisenkonstruktion der Pariser Passage Analogien zu einer Barockkirche abzulesen: In der »Warenreihe« der alten Pariser Passage stecke »ein Rest vom Kirchenschiff«. Es gibt also eine Art *Sakralarchitektur der kapitalistischen Religion*. Hier findet Baudelaires religiöser Rausch der Großstadt seinen konkreten Schauplatz: »Die Warenhäuser sind die diesem Rausch geweihten Tempel.«
Da ist es nur konsequent, daß Benjamin die Banknoten als Heiligenbilder der kapitalistischen Religion interpretiert. An den Banknoten kann man zeigen, daß die Embleme des Barock in der Moderne als Waren wiederkehren. Banknoten stellen ja als reiner Ausdruck des Tauschwerts zugleich Allegorien dar: »In diesen Dokumenten gebärdet der Kapitalismus sich naiv in seinem heiligen Ernst.« Die Ornamentik des Geldes, die Emblematik der Banknoten ist die Reinform der Verklärung des Tauschwerts.

Auf der Suche nach dem verlorenen Geist

Doch noch einmal zurück zu Max Webers Religionssoziologie des Kapitalismus. Er hat das grandiose Bild vom innerweltlichen Asketen des Puritanismus entworfen, der sich die Lebenssorge kapitalistischen Wirtschaftens wie einen dünnen Mantel umwirft – aber dieser Mantel erstarrt zum Panzer, zum »stahlharten Gehäuse«. Die Askese baut die Welt um – und gerade durch ihren strahlenden Erfolg gewinnen die Güter eine ungeheure Macht über die Menschen. Seither funktioniert der Kapitalismus als perfekte Maschine – auch ohne Geist. Für die Menschen heißt das praktisch: Sie haben keinen Beruf mehr, sondern einen Job.

Der heute wieder laut werdende Ruf nach einer »Wirtschafts-ethik« ist die verzweifelte Suche nach dem verlorenen Geist des Kapitalismus. Wir brauchen einen neuen kapitalistischen Geist – aber was kann an die Stelle der christlichen Askese treten? Der reine Wettbewerb, der Wettkampf von Workaholics?

Max Weber hat das Schwinden des Geistes christlicher Askese diagnostiziert und die Folgeerscheinungen benannt. Weil das religiöse Fundament des Kapitalismus weggezogen ist, haben wir den reinen Wettkampf des Sports, aber auch des Workaholics. Deshalb kehren die alten Götter des Heidentums wieder – man wählt grün und vergöttert die Natur; man gewinnt das Design des neuen Mikrochips in buddhistischer Meditation; man ist Holist und glaubt an die schöpferische Macht des Chaos. *Der Aberglaube ist die Wahl der Eigenformel.* Heute wird tatsächlich jeder nach seiner eigenen Fasson selig. Und deshalb leben wir in einem Polytheismus der Wertreihen. Im Klartext des kapitalistischen Marktes heißt das: Wir leben in einem Polytheismus der Marken und Moden. *Branding schafft die Mythologie des Post-histoire.*

Denn worum geht es eigentlich bei der Prägung einer Marke? Brands sind Signaturen von »Added Value«. Und dieser Mehrwert besteht im allgemeinen darin, daß das konkrete Produkt in eine Hülle von Story, Mythos und Service verpackt wird. Von anderen Geschichten unterscheidet sich ein Mythos dadurch, daß er sich gleichsam von selbst erzählt; er operiert mit Archetypen, die keinen Autor haben. Und genau daran versucht die Werbung heute anzuknüpfen. Unsere sachliche Wissenschaftskultur wollte den Mythos ausrotten – heute richtet ihm die Werbung eine Art »mentalen Naturschutzpark« ein. Dabei handelt es sich natürlich nicht mehr um Produktwerbung. Es geht vielmehr darum, ein nicht auf Begriffe zu reduzierendes Konzept zu verkaufen, einen Fetischcharakter zu entfalten. Gerd Gerken hat das so formuliert: »Die Marke wird zum Fetisch von erfundenen Welten.«

Doch zurück zur Geschichte unserer Wirtschaftsmentalität. Mit dem Geist des Kapitalismus verhält es sich wie mit dem Geist in der Flasche – ist er erst einmal heraus, wird es unmöglich, ihn wieder zurückzuzwingen. Man muß also ganz nüchtern fragen: Was kann an seine Funktionsstelle treten? Ich denke, wir können auch hier von den Japanern lernen. Der Philosoph Alexandre Kojève spricht in diesem Zusammenhang einmal vom *japanischen Snobismus*. Gemeint ist, daß die Japaner nach total formalisierten Werten leben – ihre zeremonialen Formen beziehen sich nur noch auf sich selbst, völlig abgelöst von jedem Inhalt. Es handelt sich also um eine Art Lebensartistik – denken Sie nur an die Samurai, das No-Spiel, die Teezeremonien usw.

Natürlich wäre es lächerlich, dem Westen zu empfehlen, japanische Lebensformen zu kopieren. Bei uns zerfallen ja sogar die fundamentalsten gesellschaftlichen Umgangsformen. Genau hier setzt aber die große Kulturleistung von Marketing und Werbung an. Die verlorenen Lebensformen werden durch »training in consumer taste« ersetzt (David Riesman). Werbung produziert heute die Symbole, die das Soziale strukturieren. Marketing bearbeitet die »religiösen« Fragen und schafft Weltvertrauen.

Die Funktion der Religion

Alle Überlegungen dieses Kapitels waren von der Grundthese inspiriert, daß das moderne Marketing als Kommunikations- und »Emotional Design« die bisher vakante Funktionsstelle der Religion besetzt. Wir wollen deshalb abschließend noch einmal zusammenfassen, was die Funktion der Religion ausmacht.

Religion ist das Management von Enttäuschungen. Und durch diese fundamentale Leistung schafft eine Religion Weltvertrauen.

Religion lebt also von der Spannung zwischen »eigentlichem« Leben (Sinn) und gesellschaftlichem Leben (Funktionieren). Atheistische Aufklärung kann daran nichts Wesentliches ändern. Denn die gesellschaftliche Funktion der Religion ist völlig unabhängig davon, ob die Mehrzahl der Menschen an Gott glaubt oder nicht. Man könnte sagen: *Der Mensch kann auf Religion verzichten, die Gesellschaft nicht.* Das Religiöse ist das Gefühl der Kollektivität – und es kann sich an jedes beliebige Ding heften. Jacob Burckhardt hat schon vor über hundert Jahren die neue Religiosität so charakterisiert: »Verehrung und unermüdliche Kombination der Reste der Überlieferung«, ein religiöses Sampling und Recycling also.

Religion ist der Thesaurus, die Schatzkammer des Sinns. Und wir können deshalb auch umgekehrt behaupten: Aller Sinn ist religiös. Wie wir gesehen haben, hat die Religion aber im Lauf der Geschichte ihren Schauplatz gewechselt. Gott als Kultzentrum ist erst durch die Gesellschaft und dann durch das Individuum ersetzt worden. Mit dem Kommunismus endet heute vor unseren Augen die Säkularreligion, die den Glauben an die »Erlösung durch Gesellschaft« gepredigt hat.

Wir müssen fragen: Was tritt nun an die Stelle einer Gesellschaft, die ihrerseits an die Stelle Gottes getreten war? Offenbar das Individuum. Gerade wenn man mit Systembegriffen operiert, sieht man nämlich, daß das Individuum kein Teil oder Element der Gesellschaft ist. Man könnte eher sagen: Das Individuum ist aus der Gesellschaft ausgeschlossen! Aber gerade dadurch wird es »transzendent« – also ein brauchbarer Gottesersatz.

Das Individuum ist also nichts Selbstverständliches, Geborenes oder Naturgegebenes, sondern eine mühsam konstruierte soziale Rolle. *Als Individuum macht sich der Mensch zum Kultzentrum einer Religion der Einmaligkeit.* Deshalb ist heute

Buddhismus angesagt – als Lehre von der Selbsterlösung. Und wem das zu spirituell ist, dem bleibt doch die Selbsterregung und die Selbstherausforderung. Man nimmt Drogen, berauscht sich an den körpereigenen Endorphinen – oder am besten eben: an der Droge »Ich«. Und das sind durchaus echte Kultformen, denn diese haben ihren Adepten stets auch Erholung und Zerstreuung gewährt. Es wäre aber ein Mißverständnis zu glauben, der Ichkult sei ein Schritt der Befreiung des einzelnen aus den Fesseln der Gesellschaft. Das hat Emile Durkheim schon sehr klar gesehen: »Der Kult, den das Individuum für sich selber und in seinem Innern organisiert, ist, statt der Kern des Kollektivkultes zu sein, nur der Kollektivkult, der für die Bedürfnisse des Individuums hergerichtet ist.« Das sei all den Soziologen, Szene-Scouts und Marketingexperten ins Stammbuch geschrieben, die heute einen Megatrend zur Individualisierung verkünden.

Im Ichkult ist der Mensch weniger souveränes Individuum als unglücklicher Prothesengott. Er umstellt sich mit Hilfskonstruktionen der Existenz aus der Welt der Moden, Drogen und Zerstreuungen. Und er ist längst unumkehrbar abhängig von den Hilfsorganen seiner Techniken und Medien. Wir meinen, daß es sich hier in der Tat um Prothesen der Gottähnlichkeit handelt. Medien bieten Ersatzformen von Allwissenheit und Allgegenwärtigkeit an.

An die Stelle religiöser Kommunikation tritt heute Kommunikation als Religion. Totale Verkabelung, die Verbindung im elektronischen Netz wird der unbefangene Blick aber als profane Variante von *Religio*, eben Rückbindung, erkennen. In der Vernetzung zum integralen Medienverbund ist uns eine stabile Umbesetzung der Transzendenz gelungen. Das Göttliche ist heute das Netzwerk. Und Religion funktioniert als Endlosschleife.

4

Marketingmythen und Kundenterror

Lifestyle-Shopping und Warendemokratie

Lifestyle-Shopping bezeichnet nicht ein modisches Mittel zur Verkaufsförderung – das ginge vielmehr in Richtung des »Happy Consuming« und der »Conspicuous Consumption« der achtziger Jahre. Diese Formen erregen Nostalgiegefühle bei vielen, aber diese Zeit wird nie mehr unter den vergangenen Bedingungen zurückkehren, auch wenn die Sehnsüchte danach groß sind. Es heißt vielmehr: *Der Akt des Kaufens ist der fundamentalste Akt in allen unseren Lebensbereichen geworden.* Was immer wir tun, stets hat es etwas mit »Kaufen« zu tun. Was jemand kauft, wo er es kauft und wie er es kauft, sagt heute (fast) alles über seine Persönlichkeit aus. Auf jeden Fall viel mehr als die schöngeistigen Worte, die sie kommuniziert. Selbst der anerkannte amerikanische Konsum- und Kulturforscher und -kritiker Stuart Ewen bekannte, daß diese Frage zur entscheidenden Lebensfrage geworden ist: Er hielt in New York eine Vorlesung über das Konsumverhalten und die Warensehnsüchte. Am Schluß kam ein Student zu ihm und fragte: »Herr Professor, und wo kaufen Sie eigentlich Ihre Schuhe?« Diese Frage hätte ihn richtiggehend wachgerüttelt, meinte Ewen. Kurz: Das Lifestyle-Set einer Person ist weder nebensächlich noch zufällig. Es ist aufregend und aufklärend.

Das hat insbesondere politisch weitreichende Konsequenzen. Wir wissen heute: Die Politik – genauer: Parteienpolitik und Politiker – interessiert die nachfolgenden Generationen immer weniger. Je jünger die Leute sind, desto weniger glauben sie, Politik sei der Ort, an dem gesellschaftlich relevante Prozesse initiiert werden. Man verstehe das nicht falsch: Das heißt keineswegs das Ende der Demokratie. Es heißt nur: Die politische Demokratie mutiert in einer Gesellschaft, die sich primär über den Akt des Kaufens definiert, zu einer *Konsumdemokratie*, zu einer *Demokratie der Waren*. Erwähnter Stuart Ewen hat dafür den Ausdruck »Consumer Democracy« geprägt. Alle Probleme, die die Lebensqualität bestimmen – Gesundheit, Vorsorge, Glück, Arbeit etc. –, hängen von Konsumakten ab. Konsum ist die fundamentale und erste Realität unserer Gesellschaft. Wenn es dort Demokratie gibt, gibt es auch in der Politik Demokratie. Nicht – bzw. nicht mehr – umgekehrt. Der einzige wirklich kritische und fundamentale Test ist der Warentest. Der Bürger ist daher in erster Linie ein *Konsumbürger*, und was Freiheit ist, weiß er nicht mehr ohne Bezug auf den Konsum.

Diese fundamentale Tatsache der Warendemokratie soll durch einige Bemerkungen ergänzt werden. Durch die schnellen Veränderungen und den Siegeszug der sogenannten »Marktorientierung« in allen Kontinenten dieser Erde sind wir heute alle gezwungen, den unterschiedlichsten gesellschaftlichen und wirtschaftlichen Anforderungen zu genügen. Ob ich nun

- ein neues Auto oder ein Stück Brot erwerbe,
- einen Film anschaue oder die Oper besuche,
- den Kindergartenunterhalt für meinen Sohn bezahle,
- elektrischen Strom vom Staat beziehe,
- mit meiner Freundin eine gemeinsame Wohnung beziehe –

stets geht es darum, daß Leistungen in gesättigten Märkten bereitgestellt, ausgetauscht und über den Geldmechanismus abgewickelt werden. Ob sich das um eine soziale, kulturelle, wirtschaftliche oder politische Leistung handelt, ist letztendlich egal. Zentral ist: *Der fundamentalste Akt, den wir alle vollziehen, und der uns ähnlich macht, ist der Akt des Kaufens.* Ob wir reich sind oder arm, jung oder alt, alternativ leben wollen oder ein traditionelles Familienbild haben, der Konsumsucht verfallen oder Konsumgegner sind, ob wir unser Geld als Dealer oder Junkie, als Immobilienmakler oder als Hausfrau verdienen – der fundamentalen Tatsache, daß der Akt des Shoppings die Lebensstile entscheidend prägt, können wir nicht entgehen. Einkaufen ist das Grundgerüst unserer Tätigkeiten, das Lebensscharnier. Daher geben wir gerne das wichtigste Zitat von Faith Popcorn weiter, in dem sie sagt: *Wir leben in einer »Konsumentenkultur, und wenn wir verändern, was wir kaufen – und wie wir es kaufen –, dann verändern wir uns selbst«.*

Um es zu verdeutlichen: Kaufen ist nicht mehr ein Akt unter vielen anderen. Er vollzieht sich nicht einfach in der Freizeit oder nach Arbeitsschluß. Er ist omnipräsent. Was wir zusammenkaufen, sagt (fast) alles über uns selbst. Gesättigte Märkte erlauben keine Ausrede mehr, sie stellen uns gnadenlos dar und aus. Den Akt des Kaufens nennt Gerhard Scherhorn, Professor für Konsumtheorie und Verbraucherpolitik, ein *Inhalieren der Symbole.* Das heißt, es geht gar nicht mehr um materiellen Verzehr oder den Gebrauch von Gütern. Symbolisch-psychologisch lebt der Mensch inmitten von Gütern. Er definiert sich nicht mehr als über ihnen stehend: Da ist ein Subjekt, das ein Objekt auswählt. Produkte sind Symbolträger, und Käufer werden – den Produkten sei Dank! – über die Produkte ebenfalls zu Symbolträgern.

»Der Kunde ist König« – »Customers suck!«

Die Stimmung auf den Konsummärkten wird von Kultprodukten selbst unübertreffbar auf den Punkt gebracht: so zum Beispiel von dem Hollywoodfilm »Falling Down« mit Michael Douglas in der Hauptrolle und den beiden eher mit bescheidener Intelligenz ausgestatteten Charakteren des MTV-Cartoons »Beavis & Butt-head«.

Douglas tritt in einer Szene bei McDonald's als Kunde auf, der um 11.32 Uhr, also zwei Minuten nach Ablauf der vorgegebenen Zeit, noch ein Frühstück bestellen will. Er erfährt die Unmöglichkeit, frustrationsfrei zu bekommen, was ein ganz normaler

Kunde bekommen möchte, der nur minimal von der bürokratischen Verordnung des Restaurants abweicht. Von Flexibilität, Sensibilität oder gar der Fähigkeit, einen ziemlich anspruchslosen Kundendialog zu führen ist bei den Hamburgerbratern keine Spur. Der Kunde, der gar nichts außer Frühstück will, fühlt sich betrogen – und rastet aus. Er erlebt sich selbst als *Sklave*, nicht als *König*. Er merkt, wie er in ein künstliches Abfertigungssystem hineingerät, das im Grunde nur hohle Floskeln und Anbiederung kennt – warum eigentlich wird er von wildfremden Leuten geduzt, wo er doch mit seinem Chef, den er seit über sieben Jahren kennt und respektiert, immer noch und völlig natürlich per Sie verkehrt? Und warum kriegt er portionsmäßig nicht das serviert, was auf den schönen Abbildungen drauf ist?

In einer umgekehrten Perspektive, derjenigen des Verkäufers, befinden sich Beavis & Butt-head. Es gibt eine wunderbare Szene, in der die beiden als McDonald's-Verkäufer mit einem Kunden ihre liebe Mühe haben. Die Realität dieser Perspektive sieht nicht minder ernüchternd aus. Die beiden führen ihren Job professionell betrachtet interesselos aus. Sie zeigen aber auch die Unfähigkeit des Personals, jenseits standardisierter, also denkbefreiter Kategorien zu funktionieren. *Wozu* es eigentlich Kunden gibt, erscheint unklar. Sicher ist nur: »Customers suck!«, was bedeutet: *Genaugenommen ist der Kunde mein Feind, denn er ist ein Störelement.* Das hatten wir ja bereits schon oben. Der Kunde verdirbt den Spaß am Job, er ist alles, aber nicht der Existenzgrund des Jobs. Aber das ist nur konsequent und bringt auf den Punkt, was viele Verkäufer ohnehin denken. Denn wenn ich nicht mehr weiß, was die Kunden *wirklich* wollen und wie mit ihnen angemessen umzugehen ist, kann aus dem »Kunden König« (oder »Partner« oder »Freund«) schnell der »Feind Kunde« werden. Auch in einem scheinbar so einfachen und streng regulierten Busineß wie dem erfolgreichen Fast-food-Geschäft können Kunden zum unüberwindbaren Problem werden. Und daß Kundennähe schnell zur Kundenanbiederung überschwappen kann und zu einer Art Zwangsgemeinschaft wird, zeigt das Falling-Down-Beispiel mit Michael

Douglas. Warum werde ich da eigentlich von wildfremden Leuten geduzt, wo ich doch nur Frühstück will? Und warum kriege ich nicht, worauf ich Lust habe, ich bin ja kaum zwei Minuten nach halb zwölf Uhr da?

Der Kunde ist ein schwieriges – sagen wir vorerst einmal: »Ding«. Je demokratischer der Konsum, je professioneller die Standards von Verkäufern, je emanzipierter die Kunden, desto einfacher müßte das Einkaufen sein. Doch das ist nur Theorie. *Die Beziehung wird um so schwieriger, je gesättigter die Märkte sind. Die Deregulierung der Verhaltenserwartung ist komplett.* Niklas Luhmann hat das schon lange erkannt und mit dem Begriff der »doppelten Kontingenz« bezeichnet. In gesättigten Märkten sind Kunde und Verkäufer »füreinander nicht durchsichtig und nicht kalkulierbar«. Sowohl Verkäufer wie Kunde haben keine Möglichkeit, *wirklich* herauszufinden, was der andere eigentlich will. Man begegnet sich als »Black box«. Das verweist auf grundsätzliche Kommunikationsprobleme in gesättigten Märkten, in denen leicht Substitutionsmöglichkeiten bestehen. Luhmann weist wenigstens die Richtung einer Lösung: »Es geht um Wiederherstellung von Transparenz trotz intransparenter Komplexität, und dies kann nur durch Emergenz neuer Ebenen der Systembildung erreicht werden.«

Der Kunde als Black box

Wenn wir herausfinden, der Kunde will für das Produkt x ein anderes Verpackungsdesign und mehr Handlichkeit, dann mögen wir das ernst nehmen und die entsprechende Änderung vornehmen – aber ob der Kunde nicht bald darauf ganz andere Wünsche hat oder ob er nicht gar abspringt und ein anderes Produkt auswählt, kann man nicht garantieren. Das haben wir zum Beispiel gesehen, als Coca-Cola 1985 versuchte, die uralte Geschmacksformel zu verändern. Trotz positiven Testindikatoren war die Produktveränderung ein Flop, und beinahe hätte man einen unbezahlbaren Mythos ruiniert. Oder wir konnten es bei der

Erfindung des Walkman vor 15 Jahren beobachten, der unter rationalen Kriterien nie auf den Markt gekommen wäre. – Der Kunde wird in gesättigten Märkten zu einer unberechenbaren *Black box*, genau wie unser PC oder unser Automobil. Ein ziemlich kompliziertes Ding, dessen Funktionsweise wir nur unangemessen verstehen. Denn das *Begehren* läßt sich prinzipiell nicht steuern. Genauso wie man religiöse Gefühle nicht rationalisieren kann.

Noch radikaler gefragt: Wenn der Kunde wirklich eine Black box ist, muß man ihn dann noch bewerben und umwerben? Kann man dann nicht viel autoritärer mit ihm umgehen? Denn der Kunde ist zugleich ein sehr sensibles, anfälliges Wesen, das Umhätschelung und Schmeicheleinheiten bis in die Rituale hinein braucht, *und* eine Maschine, die – freiwillig! – fast beliebig manipulierbar ist. Wir wissen ja: Der Kunde läßt sich im Extremfall sogar in den Dienst der eigenen Werbung stellen, und der bezahlt erst noch dafür. Kult-Labels für Kids geben hierfür ein gutes Beispiel ab.

Keine Branche zeigt das Problem der Kundenkommunikation schärfer als die Gastronomie. Sie ist das ideale Studienobjekt. Denn die Gastronomie ist zugleich die rückständigste und die anspruchsvollste Branche für das Marketing. Dort sind die gegenseitigen Verhaltenserwartungen vollständig dereguliert und der Bedarf an neuen Konzepten am höchsten. Keiner weiß, wie sich der andere eigentlich zu verhalten hat, das heißt, man stolpert von einer Unsicherheit oder nicht selten Peinlichkeit in die andere hinein. In Szenelokalen etwa kann man von einem Kellner geduzt, vom nächsten gesiezt und vom dritten überhaupt nicht bedient werden. Die Spannweite reicht hier von Überbetreuung bis Ignoranz. Das neue Gastro-Konzept von Mövenpick sieht nicht zufällig vor, daß der Kunde einen »Gastgeber« zu ertragen hat. Damit soll wohl durch das Suggerieren von mehr Cocooning bzw. Häuslichkeit vom kommerziellen Aspekt abgelenkt werden.

Der letzte Hort der klaren Kommunikation ist vielleicht noch die französische – nicht die schweizerische oder gar die deutsche

– Luxusgastronomie à la Taillevent oder Paul Bocuse. Dort wird nach den unverwechselbaren Regeln des Kundenservices der Haute Cuisine bedient, und wer da als Kunde nicht weiß, worauf er sich einläßt, ist selber schuld.

Sieben Marketingmythen verhindern neue Märkte

In unserer modernen, überinformierten und aufgeklärten Welt, so meinen wir, haben inzwischen alle Illusionen, Märchen und Mythen ausgespielt. Nüchternheit triumphiert. Man weiß Bescheid. Wer kann mich da noch »linken«? Das Business geht seinen »normalen« Gang: Das Marketing ist rational, weil immer bessere Daten zur Verfügung stehen und die Informationssysteme in Nullzeit über den neuesten Stand meiner Zielgruppen berichten können. Es ist rational, weil schließlich von gescheiten und bestens geschulten Managern geplant und realisiert. Die – ebenfalls bestens informierten – Kunden verhalten sich rational, das heißt, sie richten sich bei der Produktwahl strikt nach dem Preis-Leistungs-Verhältnis. Qualität setzt sich durch. Kurz: das Marketing ist »kundenorientiert«, das Management auf dem neuesten technologischen Stand und der Kunde wirklich »König«.

Doch tatsächlich ist das Gegenteil der Fall: Noch nie waren wir so illusionsbereit, märchenbesessen und mythenanfällig wie heute. In gesättigten, sich globalisierenden Märkten wirken sich solche an traditionelle Religionen erinnernde Glaubenssysteme für das Konsumgütermarketing verheerend aus.

Daher ist es auch kein Zufall, daß Manager massenweise den Versprechungen von Gurus (Berater-Heiligen, Trend-Päpsten) und Professoren (Wissenschafts-Priestern, Zahlen-Fetischisten) erliegen – oder im umgekehrten, ebenfalls verheerenden Fall einem Konservatismus huldigen, der sich jeder Innovation entfremdet und »Lean Management« allein als Reduktion von Marketingaktivitäten versteht.

Im folgenden soll auf einige der am häufigsten kursierenden und am effizientesten wirksamen Marketingmythen hingewiesen und die Grundstruktur der kommenden Konsumformen erläutert werden.

Es genügt, sich zunächst einmal einige grundsätzliche Fragen zu stellen:

- Warum gelingt die Marktkommunikation immer seltener?
- Warum müssen immer neue Shoppingkonzepte erstellt werden?
- Warum fühlen sich die Kunden im ausgehenden Jahrtausend mehrheitlich frustriert, wütend, gestreßt, sie fühlen sich belästigt, ja zeigen oft sogar eine ausdrückliche Abneigung gegen das Shopping?
- Warum sagt Beavis so unmißverständlich: »Customers suck«?

Es scheint fast so: Je mehr man den Kunden zum König erklärt oder verklärt hat, desto weniger hat man ihn erreicht.

In gesättigten Märkten – und die haben wir fast überall – werden viel zu viele Produkte angeboten. Und es werden nicht nur viel zu viele Produkte angeboten; diese Produkte sind in der Regel *fast beliebig auswechselbar*. Produkte und Artikel, insbesondere Markenartikel, haben inzwischen einen sehr hohen Qualitätsstandard erreicht, den der Kunde voraussetzt. Das heißt, es gibt überall Substitutionsprodukte. In einem durchschnittlichen Supermarkt in Westport, Connecticut, kann man heute 14 Sorten Zahnseide zählen. *Es gibt ein Überangebot von allem und von jedem.* Und schlimmer: So, wie dieses Überangebot präsentiert und kommuniziert wird, *nervt* es den Kunden. Noch schlimmer: Das Überangebot suggeriert dem Kunden: Hier werde ich ohnehin übers Ohr gehauen. Die Preise, die angeschrieben sind, sind nicht reell. Krasser: Ich werde betrogen. Hier wird nicht 1:1 kommuniziert, sondern rein strategisch. Hier wird nicht offen mit einem erwachsenen Kunden kommuniziert, sondern unehrlich.

Das besagt: Der Kunde erlebt das Angebot primär als *ein Paket von Zumutungen.* Er muß Dinge über sich ergehen lassen, die ihm nicht behagen.

MYTHOS NR. 1: Die Kunden brauchen mehr Optionen.
MYTHOS NR. 2: Technik ist der entscheidende Erfolgsfaktor.

Unsere Planer haben ganz rational gemeint, je mehr Optionen sie dem Kunden bieten, desto zufriedener wird er. Das ist Unsinn. Am deutlichsten haben wir das in der Automobilindustrie gesehen: Der Schweizer Kunde setzt die neueste Technologie voraus, und über die Optionen und Accessoires will er eigentlich gar nicht diskutieren – er handelt damit rational und setzt sie stillschweigend voraus. Er will sie einfach inklusive: Wenn das die Japaner können, können das bitte schön auch die deutschen Konkurrenten.

Was also heißt das? Vergleichbare Produkte haben heute einen technischen Reifegrad, ein Preisniveau, und bieten einen Komfort, der quasi analog ist. Aber: *Bei analogem oder quasi analogem Leistungsangebot wird die Produktewahl – rein rational betrachtet – arbiträr, zufällig.* Es gibt mit anderen Worten in gesättigten Märkten keinen *rationalen* Grund mehr, ein bestimmtes Produkt einem Konkurrenzprodukt vorzuziehen. Es sind nicht mehr rationale Gründe, die den *Kaufakt* bestimmen. Sonst hätte Mercedes-Benz wohl keinen einzigen S-Klasse-Wagen verkauft.

Der Entscheid deckt nicht mehr ein *rationales Bedürfnis* ab, das sich physiologisch begründen ließe, etwa mit Fortbewegungsbedürfnissen, mit PS- und Motorisierungsbedürfnissen oder ähnlichen motivationalen Zusammenhängen. Hier bewegen wir uns auf ein ganz anderes Terrain hin.

Machen Sie einmal die Probe. Fragen Sie Ihren Sohn, warum er lieber mit Air Max von Nike statt mit Planet Reebok herumläuft. Er wird Ihnen eine Antwort geben, die nichts mit dem Material und dem Preis zu tun hat. Aber er ist sich hundertprozentig sicher, daß er *nur diesen* Schuh begehrt. Er stürzt mit ihnen am Arm im Geschäft genau auf diesen Schuh zu. Der Schuh drückt nicht, o. k. Der Schuh ist nicht einmal besonders schön, aber der Sohn hat ohnehin andere Vorstellungen von Schönheit als Sie, also was soll's. Nein. Der Sohn wird sich bestenfalls minimalistisch ausdrücken: Nike ist eben »cool«, und »Reebok« »ätzend« oder ähnlich. Oder fragen Sie Ihre Tochter, warum sie Diesel-Klamotten tragen will. Auch sie weiß ganz genau, was sie will – aber verbalisieren kann sie ihre Antwort nicht. Oder, um zum Automobil zurückzukehren: Hören Sie einmal einem Gespräch von zwei Porsche- oder Ferrari-Fans zu, wenn sie über ihr Automobil sprechen. Rein rational betrachtet, reden die einen riesigen Unsinn zusammen.

Worum geht es? Um ein *Begehren*, das sich *nicht so leicht verbalisieren* läßt. Und dieses Begehren sagt etwas über die sogenannte *arationale* Seite des Kunden aus, das sich nur sehr schwer einordnen läßt. Es ist arational, nicht irrational. Fans, die sich über ihre geliebten Produkte unterhalten, bewegen sich nicht im Bereich des Irrationalen, sondern des Arationalen.

Die Frage, die man sich im Marketing stellt: »Was will der Kunde eigentlich?«, ist daher falsch formuliert. Denn wie bereits mehrfach festgestellt: In gesättigten Märkten *weiß* der Kunde auch nicht mehr, was er will. Er kann seine Wünsche nicht verbalisieren. Denn was er verbalisieren kann, ist nur der *rationale* Teil – also die technischen, quantifizierbaren Merkmale. Der aber ist in gesättigten Märkten *uninteressant, weil er nur die kalkulierbaren Qualitätsmerkmale abdeckt,* und die sind für alle direkten Konkurrenzprodukte fast analog. Das Begehren hingegen – den Nike-Turnschuh, den der Sohn unbedingt will – kann man nicht verbalisieren.

MYTHOS NR. 3: Der Kunde weiß genau, was er (morgen) will.

MYTHOS NR. 4: Der Kunde kann seine Wünsche verbalisieren.

MYTHOS NR. 5: Marktforschung findet heraus, was der Kunde will.

*MYTHOS NR. 6: Kundennähe und Kundenorientierung ist
das Ziel.*

Wir können heute davon ausgehen, daß die Kunden gut, ja
sehr oft zu gut über die Produkte informiert sind. Insbesondere
jüngere Konsumenten wissen sehr genau, welche Qualitäten ein
Produkt hat. Sie können die Produkte vergleichen. Aber der Vergleich findet wiederum auf der *diskutablen Ebene* statt, nicht
jedoch auf der Ebene, die in gesättigten Märkten den Ausschlag
gibt. *Das heißt, der entscheidende Teil, nämlich das Wissen um
die Produktepräferenz, kann nicht ermittelt werden.* Hier befinden sie sich auf einer Ebene, die man nicht diskutieren kann:
*beim arationalen Konsum geht es um Bekenntnisse, um spiritu-
elle Vorzüge, kurz: Weltanschauungen, die religiös motiviert
sind, nicht mehr um die Ebene der Bedürfnisse.*
Es ist also noch schlimmer: Der Kunde weiß nicht nur nicht
mehr, was er will – *er kann seine Wünsche auch nicht verbalisieren.*
Daher ist es völlig korrekt und angemessen, wenn Ihnen Ihr Sohn
als Antwort gibt, Nike sei eben »cool« und Reebok sei »ätzend« oder
ähnlich. Es ist wie bei den Göttern – über die Götter sollen wir nicht
sprechen wollen, sondern staunen und uns wundern.
Das hat aber für die empirische Marktforschung die Konsequenz, daß sie sich sehr leicht im Kreise dreht. Sie wird in gesättigten Märkten mithin tautologisch. Wenn der Kunde nicht weiß
bzw. ausdrücken kann, was er will, dann kann man auch nicht im
Dialog mit ihm Produkte entwickeln. Denn damit erforscht man
immer nur mit rationalen Mitteln die rationale Seite des Kunden.
Die entscheidende Seite, die arationale, wird ausgeblendet.

MYTHOS NR. 7: Ethik löst die Probleme.

Der wohl größte Mythos, den wir in Zeiten der Normunsi-
cherheit und Wertekonfusion immer wieder aufgewärmt bekommen, ist der Ethikmythos. Da werden ständig neue Werte angemahnt, Menschen zur Vernunft gebracht bzw. gezwungen, Erzie-
hungskonzepte vorgestellt, die allesamt eines gemeinsam haben:

Sie haben keinen Bezug zu unserer Realität. Den Ethikmythos verdanken wir der deutschen Gründlichkeit, die es in Krisenzeiten immer wieder versteht, den amerikanischen Pragmatismus mit dem Zeigefinger in die Ecke zu drängen.

Der Kern der Sache ist wohl der: Statt einer universalistischen Großmoral mit uneinlösbaren und frustgenerierenden Appellen nachzuhängen zeigen sich heute intelligente Unternehmen *cause-related*, das heißt, sie unterstützen *eine bestimmte, ganz konkrete Idee.* Statt der universalistischen Weltverbesserungsethik nachzuhängen, unterstützen sie pragmatisch bestimmte Projekte. Das besagt: Es geht um *fragmentierte Interessen,* um ganz gezielte und nach bestimmten Kriterien gewollte Unterstützung. Wann immer das Wort »Ethik« auftaucht, ist Vorsicht geboten. Zumeist ist nur Appellitis gemeint oder wird das eigentliche Anliegen kaschiert, nämlich Ethik als Kunst der »Monethik« zu promoten. Der Prüfstein liegt darin, ob es den Verfechtern der »Ethik« gelingt, in aller Offenheit konkrete Projekte mit Betroffenennutzen zu definieren.

Und nur beiläufig sei erwähnt: Auch beim *Sponsoring* empfiehlt sich Vorsicht. Sponsoring als Weiterführung des Marketings mit anderen Mitteln oder als Möglichkeit, sich vom eigenen Produkt zu befreien, indem man die Interessen auf eine marktethische Grundhaltung des Unternehmens lenkt, kann sehr leicht danebengehen. Wie die meisten Beispiele zeigen: Heute wird immer noch viel zu konzeptlos und von wenig qualifizierten Managern drauflosgesponsert, so daß einem die klassischen Mäzene mit ihrem aristokratischen Bewußtsein fast schon liebenswürdig vorkommen.

Was drücken nun diese sieben Marketingmythen in gesättigten Märkten aus? Man möge diese in der Tat gravierenden Zustände nicht falsch verstehen. Das ist kein Aufruf zum Verzicht auf den Dialog mit dem Kunden oder zum Verzicht auf Marktforschung. Aber man muß sich bewußt sein: *Mit diesen klassischen, direkten Instrumenten der Kommunikation klammert man die entscheidenden Momente der Produktepräferenz aus.* Die Versuche, das Marketing immer noch mehr zu rationalisieren – mit Ethik, Sponsoring, Social Marketing, Guerilla-Marketing, Entdiversifikationsstrategien etc. –, bedeuten nur »mehr vom selben«. Sie zeugen von derselben Denke. In gesättigten Märkten liegen die Probleme auf einer ganz anderen Ebene.

Es hat schon was, wenn es Bücher gibt wie *Abschied vom Marketing* oder *Marketing ist Chefsache*. Sie sind symptomatisch dafür, *daß sich die rationale, direkte Marktkommunikation in der Sackgasse befindet.* Es ist nochmals eine rationale, ja unter Umständen sogar eine hyperrationale Reaktion, wenn man auf ständiges Versagen von Marketingansätzen mit ihrer vollständigen Preisgabe reagiert. Es gibt Firmen, die das ja tendenziell auch getan haben. Und es ist nochmals eine rationale Reaktion, wenn man unlösbaren Problemen dadurch begegnet, indem man sie zur Chefsache erklärt.

Aber man darf sich nicht verrückt machen lassen. Vielmehr empfiehlt sich eine nüchterne Betrachtung von einfachen Grundunterscheidungen. Und das heißt, daß es unter Umständen auch mehr nützen kann, einen Kurs in Religionssoziologie oder in Kulturethnologie zu belegen als in Marketingplanung.

Drei Konsumformen: Vom Preis-Junkie zum Kultie

Es gibt heute drei Formen des Konsums, die unser Verhalten steuern. *Rationaler Konsum, irrationaler Konsum und arationaler Konsum.* Zweiterer nimmt zu und letzterer ebenfalls. Denn in gesättigten Märkten zeigt sich: Lifestyle-Shopping ist nicht einfach ein mechanistisches Abspulen von Kaufakt-Pensen. Lebensstile haben vielmehr ästhetische und religiöse Dimensionen. *Lebensstile sind an Kulte, Bekenntnisse und manchmal an den »Total Need« gebunden.* Der klassische rationale Bedürfniskonsum (bestimmt durch Preis-Leistungs-Verhältnisse und den Vergleich nach quantifizierbaren Kriterien) verschwindet langsam von der Bildfläche. Er ist, historisch gesehen, natürlich auch eine Generationenfrage.

Der typisch rationale Konsum wurde von den *Builders* eingeführt, also der Vorgängergeneration der Babyboomers, die zwischen zirka 1920 und 1945 geborene Generation. Sie haben nach
1945 die sich voll entfaltende Konsumgesellschaft gepuscht, im
wesentlichen aber Maß gehalten, gespart und die Früchte der
Arbeit nicht wirklich ausgekostet. Als »skeptische Generation«
hatte der Konsum für sie eine rationale politische Funktion. Vor
dem irrationalen und dem arationalen Konsum bewahrte sie die
erlernte Moral der aufgeschobenen Bedürfnisbefriedigung.
Doch heute scheinen die Dämme zu brechen: Maßlosigkeit und
Vulgarität, wohin wir schauen. Die Modelle des irrationalen,
gierbefriedigungsbezogenen Konsums (Preis-Junkie) und des
arationalen, ästhetisch-religiösen Konsums (Kultkunde) sind in
den neunziger Jahren zu den volumenmäßig eindeutig dominierenden Modellen geworden. Die Diagnose für die übersättigten,
globalen Märkte dürfte in ihrer Grundrichtung so aussehen: *Der
rationale Konsum wird rasch an Bedeutung verlieren.* Irrationaler und arationaler Konsum sind einfach »geiler«. Sie haben mehr
Sex-Appeal. Allerdings gibt es zwischen den beiden Typen wichtige Unterschiede. Der irrationale Konsum ist die Steigerung des
rationalen Konsumenten. Er ist einfach »more of the same«. Der
arationale Konsum hingegen ist eine neue Qualität auf den Märkten. Klären wir das auf:

Irrationaler Konsum: Aktionitis-Aktivitäten von Großver-
teilern, Dauertiefstpreisangebote und Preisbrecherorgien scheinen kundengerechtere Formen des Konsums. Der Spaßkonsum
als Spaß-Junkiekonsum hat seinen auf Dauer sich umstellenden
großen Reiz. Was früher das Januarloch füllte und nur an
bestimmten Zeiten des Jahres als »Ausverkauf« daherkam,
erweist sich nun als dauerhaft, und zwar auch mentalitätsmäßig.
Das ist das Entscheidende. In den USA können wir den Anstieg
der Bedeutung von Outlet-Centers beobachten, die Tiefstpreise
garantieren, weil direkt beim Produzenten bezogen wird. Beliebt
sind dort Produkte mit ganz kleinen Produktionsfehlern und
einem Preisnachlaß bis zu 90 Prozent. Der *Preis-Junkie* kauft
hier wie wahnsinnig. Das Preisbewußtsein gibt ihm den emotio-

nalen Kick. Das einzige, was er weiß, sind Preise. Und er erhält die höchste Befriedigung dadurch, daß er ein bestimmtes Produkt absolut billig eingekauft hat. Er ist ein Aldi-Mensch. Der Preis-Junkie ist kein kaufkraftklassenabhängiges Phänomen. Er ist vielmehr ein gestörtes Tier, das man aber – und das ist das Entscheidende – berechnen kann: Seine uneingestandene Devise ist »immer mehr für immer weniger Geld« oder wenigstens »immer mehr zum gleichen Preis«. Der Preis-Junkie ist kein emanzipierter Konsument. Denn im Unterschied zum arationalen Konsumenten spielt er das Spiel mit der Preiselastizität voll mit. Er ist abhängig und handelt nicht souverän. Er bestellt sich im Restaurant auch drei Schnitzel, wenn er sie zum Preis von zweien bekommt.

Doch vom Volumen her noch wichtiger ist der *arationale Konsum*. Denn in gesättigten Märkten, in denen man überall leicht substituierbare Produkte vorfindet, entscheidet mehr und mehr der *Kultmehrwert* eines Produktes über die Präferenz. Es ersetzt das rationale Abwägen nach dem Preis-Leistungs-Verhältnis, das seinerseits immer mehr zum Mythos wird. Daran ändert gerade die Wichtigkeit des Preises überhaupt nichts; denn vergleichbare Konkurrenzprodukte im Kultbereich haben im mörderischen Preiskampf sofort wieder fast gleiche Preise. Das kennen wir etwa aus der Computerbranche, dem Automobilbereich oder auch aus der Freizeitbranche. Kultprodukte, die sich konkurrenzieren, haben den gleichen Preislevel, und bei Verschiebungen pendelt er sich rasch wieder ein. Und damit klinkt der rationale Mechanismus sofort wieder aus. Daß es natürlich immer Nischenreservate für Monopolsituationen im elitären Luxussegment gibt, wollen wir gar nicht bestreiten. Aber uns interessieren eher die großen Bewegungen auf den Märkten. Das extravagante Verhalten von Milliardären ist dafür ohne Relevanz. Aber wenn Herr Müller und Frau Meier vom rationalen Konsumenten zum arationalen Konsumenten mutieren, läßt das aufhorchen und ist einige Überlegungen wert.

Mit dem Kult driftet der Konsum in Richtung religiöse oder quasireligiöse Werte. Und das eröffnet neue Perspektiven des Marktzugangs und der Marktkommunikation.

Was zeichnet nun die verschiedenen Konsumformen aus?

Rationaler Konsum: der maßvolle und gehemmte Kunde
Kennzeichen:
- Vergleich von Produkten nach quantifizierbaren Kriterien.
- Bedürfniskonsum: Bedürfnisse wollen befriedigt werden.
- Sprachlich, verbalisierbar.
- Kalkulierender, berechenbarer Kunde.
Seine Bedeutung in gesättigten Märkten: *abnehmend*.

Irrationaler Konsum: der Preis-Junkie
Kennzeichen:
- Immer mehr zum gleichen Preis oder gar billiger: Aktionitis/Multipack-Konsum, Outlet-Konsum, Preis-Junkietum etc., Ausverkauf als Ursituation.
- Bedürfniskonsum: Gleiche Bedürfnisse werden mehrfach befriedigt.
- Sprachlich, verbalisierbar.
- Gierbefriedigungskunde. Er kauft mehr, als er braucht und sinnvollerweise verzehren kann.
- Berechenbarer Kunde.
Seine Bedeutung in gesättigten Märkten: *zunehmend*.

Arationaler Konsum: der Kultie
Kennzeichen:
- Vergleich von Produkten nach nichtquantifizierbaren Kriterien, das heißt nach quasireligiösen Motiven.
- Begehrenskonsum, unberechenbarer Kunde. Kapitalismus der gesättigten Märkte (»immanente Transzendenz« der Produkteliebe, die keine Welt jenseits der Konsumwelt mehr kennt).
- Sprachlos, nicht verbalisierbar.
Seine Bedeutung in gesättigten Märkten: *stark zunehmend*.

Der *arationale Konsum* erweist sich als *der* Konsumtypus der gesättigten Märkte. Er eröffnet neue Dimensionen nicht nur des Marktzugangs, sondern auch der politischen Kategorien. Er ist der *subversive Konsum*. Er unterminiert sämtliche Marktgesetzlichkeiten, weil er religiös-kultisch durchsetzt ist. Denn erst der arationale Konsument ist *souverän*. Er läßt sich treiben von seinem Begehren, ohne auf die Verkaufsgier von Marketingstrategen und Markenartiklern zu schauen. Heute Calvin Klein, morgen Jockey. Heute Ford, morgen VW. *Promiskuität* ist das Prinzip seines Marktzugangs. Er ist weder dem Preisdiktat des Produzenten noch der Konjunktur des Marktes unterlegen. Die Konsequenz für die Marketer: *Das religiös-kultische Motiv kann sich niemand aneignen, weil man es nicht rationalisieren kann.* Es gibt keine »religiösen Strategien« in dem Sinne, wie es rationale Marketingstrategien gibt. Über das Heilige kann man nur sehr unangemessen sprechen. Das heißt: Der Anhänger von Kultprodukten ist *prinzipiell unberechenbar*. Denn er läßt sich treiben. Er muß nicht mehr nach rationalen Kriterien seinen Marktzugang begründen. Er ist auf einer neuen Stufe der Emanzipation angelangt: der *Marktemanzipation*. Die Souveränität, die der Mensch als *Homo politicus* verloren hat, gewinnt er als *Homo consumptor* in gesättigten Märkten wieder.

Kultprodukte als Glaubensstützen

Was bedeutet diese Zunahme des arationalen Konsums nun konkret für Marketingkonzepte und Marktkommunikation?

These 1: In gesättigten Märkten ist Marketing nicht mehr primär damit beschäftigt, (kalkulierbare) Bedürfnisse zu befriedigen, sondern ein *endloses Begehren* zu ködern.

Das besagt: Mit den *direkten Strategien* der Kundenkommunikation kann man in gesättigten Märkten nur noch seine eigenen Illusionen produzieren. Statt daß der Kunde *direkt und verbal angesprochen werden kann, muß man andere Formen der Kommunikation finden.*

Denn die Bedürfnisse beim rationalen Konsum kann man befriedigen, sie tauchen nach einer bestimmten Zeit wieder auf, sie sind berechenbar. Wie beim Hunger oder beim Durst: das Bier, das man jeden Abend trinkt, das Brot, das man täglich ißt. Das Bedürfnis ist befriedigt. *Das Begehren* hingegen kann man nicht mehr stillen. Das läuft endlos weiter. Es ist eine Umlaufbahn von unstillbaren Sehnsüchten. Von Liebe, von Lebenssinn, von »Good Vibes« hat man nie genug. Daher ist der Marktzugang ganz anders:

Es geht um den Unterschied zwischen der Wiederkehr der Bedürfnisse und der Wiederholung des Neuen.

Bedürfniskonsumenten sind kalkulierbare, treue, typische Wiederkäufer. Sie kehren wieder, sie kehren zurück. In Anlehnung an den Philosophen Gilles Deleuze können wir sagen: *Begehrenskonsumenten sind nichtberechenbare Wiederholungstäter.* Sie wiederholen etwas Neues, immer wieder, endlos. Daher dürfte es schwierig werden, in Zukunft noch Stammkunden zu gewinnen. Ältere Menschen, die mit Mangel und Loyalitätsverpflichtungen aufgewachsen sind, dürften die letzten noch verbleibenden Stammkunden abgeben. Wer aber wie die Babyboomers oder gar deren Kinder aufgewachsen ist, kennt nur die gesättigten Märkte: Alles ist schon da. Warum soll ich einer Marke die Treue halten, wenn ich Lust auf ein Konkurrenzprodukt habe? Es gibt keinen *rationalen* Grund, einer Marke die Treue zu halten, es sei denn vielleicht die Trägheit, die vor dem Kennenlernen des anderen abhält. *Kundenträgheit* kann tatsächlich oft beobachtet werden. Man wechselt die Automarke nicht, weil man sonst wieder einen neuen Ansprechpartner in der Werkstatt hat, und das kann etwa wegen persönlicher Animositäten Ärger geben. Aber nochmals: Promiskuität ist der *normale* Marktzugang in gesättigten Märkten. Kurzzeitreligionen, die Kultprodukte anbieten, kommen hier dem ganz persönlichen, eigenwilligen Begehren entgegen.

Das Begehren ist zeitlos, es bewegt sich in einem fort auf den Umlaufbahnen der Sehnsüchte. Es ist daher auch *konjunkturunabhängig* – die religiöse Energie besetzt in Zeiten der Rezession einfach andere Produkte: Wer in den Achtzigern dem Weinkult nachging, ist heute einfach ein Anhänger des Rezessionsgetränks Bier.

These 2: Statt die Illusion des direkten Zugangs zum Kunden (Kundendialoge, Marktorientierung, Kundennähe) überzustrapazieren, müssen *indirekte* Formen der Ansprache gefunden werden: durch Ritualisierung.

Das heißt: Wir brauchen statt der direkten, verbalen, auf Informationen abzielenden Form indirekte Formen – und die Vorlagen dazu finden wir nur *in den Religionen*. Daher sind vor allem Rituale so wichtig.

Die Produktqualität wird zur Selbstverständlichkeit. Was man noch vor kurzem als die »Erlebnisqualität« bezeichnet hat, erhält nun eine weitere Präzisierung. Was die Spezialisten des Erlebnismarketings wie Horst W. Opaschowski und Andrea Gröppel festgestellt haben, kann an dieser Stelle nun noch einmal präzisierend bestätigt und ergänzt werden: *Nicht nur der sogenannte »Erlebniskonsum« wächst schneller als der sogenannte »Versorgungskonsum«, auch die Kultprodukte und der Kultkonsum wachsen schneller als der Bedürfniskonsum. Guter Erlebniskonsum wird zum Kultkonsum. Er bietet nicht nur Unterhaltung, die als solche nach Abschluß des Konsumaktes erledigt ist, sondern den religiösen Mehrwert. Er hinterläßt im Gedächtnis eine Spur.*

Der Weg von der *Produktqualität* zur *Erlebnisqualität* war ein ganz wichtiger Schritt. Diese Unterscheidung deutet an, daß heute im Konsum die Emotionalität eine wichtige Rolle spielt. Aber das ist erst der erste Schritt, der Spezifikationen verlangt: Was bislang etwa als »Event Marketing« verkauft wurde, ist in der Regel eine triste Fortsetzung der achtziger: Embellissement, Verschönerung der Umgebung, ein bißchen Fondueplausch – konzeptlose Beschränkung auf *Ablenkungsqualitäten*. Erfolge im Erlebnismarketing waren Zufallstreffer, und nicht selten wußten die Erlebnismanager gar nicht, was sie taten. »Fachmenschen ohne Geist« produzieren hier allzuoft für »Genußmenschen ohne Herz« (Max Weber).

Aber immerhin: Gerade beim Erlebniskonsum kann man lernen. Erlebnisse haben etwas mit der Konsumentenseele zu tun, die nicht so leicht rationalisierbar und verständlich ist. Und daher können wir ergänzen: *Auch der Begehrenskonsum wächst schneller als der Bedürfniskonsum.* Und zweitens haben wir gesehen: Erlebniskonsum muß nicht notwendigerweise teuren Konsum bedeuten. Potentiell sind fast alle Güter des täglichen Konsums erlebnisfähig. Genau dasselbe gilt für die Kultprodukte. Ob sie im Luxussegment oder im Discountsegment positioniert sind – *es ist letztlich eine Frage der indirekten Kommunikation, und die betrifft die Frage des Zusammenhangs von Religion und Kapitalismus.*

Wir haben deshalb ein Seminar zum Thema »Marketing ist Gottesdienst am Kunden« durchgeführt, um aufzuzeigen, wie wichtig die Rituale sind. Und da machten wir eine erstaunliche Entdeckung: Man hat immer gemeint, der Kapitalismus erledige jede Religion oder das Wertebewußtsein oder gar die Moral. Das Gegenteil ist der Fall. Der Kapitalismus *selbst* ist zur stärksten aller Religionen geworden. *Die Waren selbst werden zur stärksten aller Religionen.*

Kein Geringerer als Karl Marx hat die Funktion der Ware für die gesättigte Gesellschaft exakt vorweggenommen: »Eine Ware scheint auf den ersten Blick ein selbstverständliches, triviales Ding. Ihre Analyse ergibt, daß sie ein sehr vertracktes Ding ist, voll metaphysischer Spitzfindigkeiten und theologischer Mukken.« Kurz: Dem Kapitalismus gelingt es, die Waren zu unseren Göttern zu erheben.

Kultprodukte stützen ihren göttlichen Status dabei auf folgende Qualitäten:

a) Wortlose und dogmenfreie Überlegenheit

Die Stärke von wirklichen Kultprodukten besteht darin, daß sie *wortlos* überlegen sind. Wirkliche Kultprodukte brauchen keine Erklärungen, keine Informationen. Wenn Sie Ihrem Kunden Ihr Produkt erklären müssen, haben Sie kein Kultprodukt anzubieten. Genauso bestand ja die Stärke der katholischen Kirche gegenüber der protestantischen Kirche nicht in der schriftlichen Dogmatik, sondern in den wortlosen Ritualen und kultischen Handlungen. Sie besaß *starke Bilder und einfache Symbole, die das Heilige vermittelten.* Wer glaubt, wir können ohne diese auskommen, irrt sich.

Die Unfähigkeit zur Kommunikation rührt also daher, daß das *moderne Marketing* denkt wie ehemals die protestantische Kirche – rationalisiert und engstirnig, in viel zu vielen Informationen mit schwachen Wirkungen. *Kult-Marketing* denkt wie die katholische Kirche – in starken Bildern und Symbolen.

Dabei besitzen die Kultprodukte einen ganz großen Vorteil: Sie vertrösten nicht auf ein Jenseits, sondern lösen die Probleme hier und jetzt, sofort. Sie sind an den alltäglichen Wünschen, Sorgen und Sehnsüchten orientiert. Wenn Sie Sheba kaufen, erhalten Sie die Liebe Ihrer Katze. Mit Calvin Klein erlangen Sie die Ewigkeit. Die C-Klasse von Mercedes-Benz versichert Ihnen, daß sich Gefühle steuern lassen. Das heißt, solche Produkte wollen sich in die Umlaufbahn unserer alltäglichen Sehnsüchte einklinken und unsere Aufmerksamkeit besetzen. Das kann man heute, in gesättigten Märkten, nur noch über konkrete Lebensinterpretationsangebote und durch bestimmte Orientierungsmuster.

b) Sprachlose globale Kommunikation

Kultprodukte stehen für sich selbst. Allein durch ihre Gegenwart überzeugen sie. Sie machen eine Diskussion über das Dafür oder das Dagegen überflüssig – wie beim Turnschuh gesehen. Sie besetzen Symbole und haben eine hohe und einfache Wiedererkennung. Daher treten zwei Kommunikationsmöglichkeiten in den Vordergrund: *Sound and Vision* – der inszenierte Ton und das inszenierte Bild.

Hierzu zwei Extrembeispiele. Der Marke Marlboro ist es gelungen, die Farbe Rot mit sich gleichzusetzen. In der Schweiz hat die Migros es geschafft, die Farbe Orange zu besetzen – sie gilt daher als der »orange Riese«. Noch Eindrücklicheres vollbrachte die Migros mit der Werbemusik. Durch eine Melodie mit einer sehr einfachen Grundstruktur, die auch von Kindern leicht nachzuahmen ist, können je nach zu vermarktendem Produkt und Zielpublikum Rhythmus und Instrumente variiert werden. Die Wiedererkennung für die Musik ist in der Schweiz extrem hoch und stellt sich schon beim ersten Takt ein. Oder ein fast unerschöpfliches und darum gerne angezapftes Reservoir bieten die großen Kinofilme. Wenn Sie zwei senkrechte schwarze Striche malen und einen horizontalen gelben, so wissen medienerprobte Zeitgenossen – das ist ein Taxi in einem Krimi in New York.

Kultprodukte können wirklich global kommunizieren. Sie sind der »Global Player«, der seine Botschaft durchbringt. Jenseits weltweiter kultureller Unterschiede und Überzeugungen ist es ihnen gelungen, sich durchzusetzen: Nehmen Sie den Hamburger von McDonald's, nehmen Sie den Marsriegel, nehmen Sie den Macintosh – diese Sprache versteht man. Daher kann man ohne Übertreibung und ohne Pathos die These aufstellen: *Was uns in einer globalen Welt wirklich verbindet, sind nicht primär politische oder kulturelle Zugehörigkeiten, sondern das Kult-Marketing von Weltunternehmen.* Was der spanische Student, der japanische Techniker, der philippinische Restaurantbesitzer und der amerikanische Manager gemein haben, was sie miteinander verbindet, sind Firmen wie Sony, Apple oder Coca-Cola. Diese Sprache verstehen sie ganz genau. Die Sprache der Politiker hingegen hat kaum mehr als lokale und regionale Bedeutung – sie ist unverständlich in einem globalen Kontext. Das gilt auch für die letzte verbleibende sogenannte Großmacht, die Amerikaner. Auch hier können wir ohne Übertreibung und ohne Pathos feststellen: In Wahrheit sinkt das Interesse der Welt an den Amerikanern sofort und unmißverständlich, sobald es nicht mehr um Waren – vornehmlich natürlich Kultprodukte – geht, mit denen Corporate America die Welt beglückt. Man will »Made in the U. S. A.«. Die Magie von Coca-Cola, Hollywood und Madonna interessiert, und wenn militärische Interventionen schon sein müssen, dann bitte nur, wenn sie die Warenbefreiung bringen.

Es ist geradezu absurd, wenn man sieht, wie die Franzosen zur Zeit versuchen, einen *nationalen Gegenkult aufzubauen*, indem sie möglichst alle klaren, einfachen englischen Wörter aus der Sprache verbannen wollen und zum Beispiel in der Werbung unter Androhung von Bußen aus einem Airbag einen »Sac Gonflable«, aus einer CD-ROM ein »Mémoire Morte« und aus dem Fast-food-Restaurant ein »Restovite« machen wollen. Auch die Deutschen sind diesbezüglich weit hinter dem Zeitgeist zurück und laufen Gefahr, gar ins Reaktionäre abzurutschen. Im Zeitalter des Marketings denken sie immer noch in Begriffen von »Absatz«, »Verbrauch« und »Verzehr«. Management ist »Betriebswirtschaft«.

Wenn Sie praktisch Konsumrituale vordemonstriert bekommen wollen, sehen wollen, wie weltweit erfolgreich kommuniziert wird, beschäftigen sie sich übungshalber mit einer der sicherlich genialsten Erfindungen dieses Jahrhunderts, dem Musiksender MTV (auch wenn der Sender heute etwas eingeschlafen ist); das ist eine Maschinerie zur Produktion von Stimmungen und starken Bildern im Zusammenhang mit Konsumritualen und Markenartikeln – weltweit. Dort wird vorexerziert, wie sich die erfolgreiche Kommunikation immer mehr wegbewegt von klassischen Formen der Informationsvermittlung. Dort klinkt man sich ein in die Umlaufbahn der arationalen Sehnsüchte. Und damit bekommt man auch eine ganz andere Sicht über die Kompetenzen der Konsumenten. Wiederum heißt es in unnachahmlicher Verdichtung bei Beavis und Butt-Head (B & B): *»Words suck«* – Wörter brauchen wir eigentlich gar nicht.

Das bedeutet: *Je mehr sich die Kultprodukte durchsetzen, desto mehr werden die Weltmärkte sprachlos.* Effiziente Kommunikation, also Kommunikation, die Spuren in unserem Bewußtsein hinterläßt, ist *sprachlose* Kommunikation. Oder, wie es B & B in unübertreffbarer Verdichtung und Zuspitzung vorwegnehmen, in Kultmärkten genügen zwei Ausdrücke völlig: »That's cool« und »That sucks«. Den Rest erledigen dann die Bilder und der Sound, der für das Produkt steht.

Kurz: Der Kapitalismus hat die Kraft, die Waren in den Mittelpunkt aller unserer Tätigkeiten zu stellen – er kann aus allem ein Produkt und einen Kult machen –, im Extremfall, wie bei B & B gesehen, kann sogar »Grease« zu einem Kult werden:

»Grease is cool«, und wir alle lieben das Fett von McDonald's – oder gar: Wir lieben McDonald's, weil seine Produkte so fettig sind.

Allerdings, darauf sei nochmals hingewiesen, einen Punkt muß man vergessen: die Kundentreue. Der Kapitalismus drückt prinzipiell *Untreue* aus. Jedesmal wenn ein neues Produkt auf der Umlaufbahn erscheint, ist die Treue in Gefahr. Sehnsüchte kann man nicht kontrollieren.

c) Bekenntnisse und Missionierungsbewegung

Wenn Kultprodukte etwas mit unserer Persönlichkeit zu tun haben, dann suchen wir auch die Produkte aus, die unseren Wertvorstellungen entsprechen. Wir haben gesehen, daß sowohl die Politik als auch die westlichen Religionen ihre Botschaften nicht mehr ausreichend kommunizieren können. Als vertrauenswürdige Orientierungs- und Lebenshilfe haben sie in den vergangenen Jahren einen kontinuierlichen, dramatischen Vertrauensverlust erlitten. Und je jünger die Befragten, desto größer und eindeutiger der Verlust.

In diese Bresche springt heute der *Bekenntniskonsum*. Das heißt: Über die Wahl eines Kultproduktes *bekenne* ich mich auch zu einem bestimmten Thema, das an ein Produkt gebunden wird. Firmen wie etwa Body Shop, Patagonia oder Ben & Jerry's, aber auch Benetton oder Esprit oder Burton, erfüllen hier ganz bestimmte Bekenntnisansprüche: Ich kaufe und identifiziere mich mit einem Produkt, *weil* es nach biologisch-dynamischen Kriterien hergestellt wurde, *weil* damit der Schutz des Regenwaldes unterstützt wird, *weil* damit auf Krieg aufmerksam gemacht wird. Kurz, weil es meinen ganz persönlichen Überzeugungen und Präferenzen entspricht. *Wichtiger als das Produkt ist hier der alternative Lebensstil, der verkauft wird:* Man verkauft »Tea Mind« oder »Öko-Spirit« oder »Snowboard Mind«. Das Qualitätserlebnis des Produktes trifft mit dem spirituellen Bekenntnis zusammen.

Die Stärke von Firmen wie Ben & Jerry's ist die dazugehörige

Firmenphilosophie. Je mehr sie ebenfalls meine Bekenntnisansprüche erfüllt, desto besser. Diese Form des Bekenntniskonsums dürfte übrigens auch die heutigen Sponsoring-Ideen umkrempeln – was etwa unseren Banken Mühe bereiten dürfte, wenn sie intern graue Mäuse züchten und extern versuchen, Punkbands zu sponsern. Das wirkt künstlich und unglaubwürdig.

Die kommende Form der Kultprodukte wird sehr stark nach persönlich-moralischen Kriterien vermarktet werden. Das heißt konkret: *Ich lasse mich freiwillig auf die Missionierung meines Bewußtseins ein.* Dafür steht die Bezeichnung *Bekenntniskonsum.*

Wenn wir in Zukunft keine politischen Blöcke mehr haben, heißt das noch lange nicht, daß es keine kriegerischen Auseinandersetzungen mehr geben wird. Die kriegerische Energie verlagert sich *vom Politischen ins Ökonomische.* Daher werden *die Kreuzzüge* in der Zukunft von den missionierenden Großunternehmungen durchgeführt. Und das Marketing spielt hierbei die Hauptrolle. Kriegerische Auseinandersetzungen – das muß überhaupt nicht heißen, daß hier physische Gewalt den Ausschlag gibt. Es geht um *Religious Wars*, um religiöse Kriege in gesättigten Märkten. Und die finden in erster Linie auf der Ebene des Geistes bzw. der Bekenntnisse statt. Der Geist ist nicht der »Soft«-Teil des Menschen, und seine Physis der »harte« Teil. In gesättigten Märkten ist der Geist und die Religion dasjenige, *das spaltet und Streit verursacht.* Nur im Extremfall wird versucht, mit physischer Gewalt wieder zu zentralisieren und zu vereinigen. Aber so weit wird es nicht kommen, solange es gesättigte Märkte gibt.

d) Tribale »Communitas«: Sehnsucht nach Zugehörigkeit

Wir können nun sagen: Wenn heute viele Leute nicht gerne einkaufen, heißt das noch lange nicht, daß Einkaufen als solches nicht gerne getan wird. Es heißt nur, daß wir eine zu rationale Vorstellung davon haben: Walter Benjamin hat schon in den Dreißigern erkannt: Warenhäuser werden, genaugenommen, zu modernen Wallfahrtsstätten, und Einkaufen ist, richtig verstanden, eine Form des Gebets – der Erlösung, der Buße –, und die richtige Inszenierung der Waren ist ein religiöser Akt, weil er den Einkaufenden Lebenshilfe, die Interpretation ihrer täglichen Probleme und Sorgen anbietet. Wenn man aber die Kunden lieblos mit »Protzkonsum« überfährt oder wenn man die Warenauslage nach der Logik von Militärparaden aufbaut, schreckt man die Konsumenten ab, weil man auf rationale Inszenierung statt auf arationale Rituale setzt. Es fehlt das Wohlgefühl, die »Good Vibes«. Nimmt man etwa das Beispiel der neuen Konsumkathedralen, der amerikanischen Malls, so stellt man fest: Innerhalb der erkennbaren Gesamtinszenierung ist der zentralste Punkt der Kulte die Frage der Zugehörigkeit.

Wir kennen das Problem aus anderem Zusammenhang: Der Politik gelingt es heute nicht mehr, positiv Zugehörigkeiten herzustellen – die Schweizer als politische Nation verbindet nur noch negativ die Abwehr des Neuen. Und die alten Solidaritäten, etwa Klassenzusammengehörigkeiten, wie sie früher beim Glas Bier in der Stammkneipe nach der Arbeit entstanden, verschwinden immer mehr.

Demgegenüber können wir heute eine eigenartige Bewegung beobachten: *Was früher die politischen und sozialen Gemeinschaften und die religiöse Communitas waren, sind heute die Stammeszugehörigkeiten zu Kulten und Kultprodukten. Aus rationalen, berechenbaren Stammkunden werden arationale Kundenstämme*, die also auf einer fluktuierenden Mitgliedschaft aufbauen. Im Zeitalter der Individualisierung wird ein altes, nicht rationales Zusammengehörigkeitsmodell wieder aktuell: *der Tribalismus*. Es lohnt sich, dieses Phänomen einmal etwas genauer anzuschauen. Kundenstämme als postmoderne Zugehörigkeitsmodelle haben folgende charakteristischen Merkmale:

① Stämme sind, nach ethnologischer Definition, »homogene, in politischer und sozialer Hinsicht autonome Gruppen, welche ein ihnen eigenes Territorium bewohnen. Es handelt sich dabei meist um die *umfassendste* Einheit, die man in einer Gesellschaft finden kann«, also *nach* dem Ende der traditionellen Gemeinschaften wie der bürgerlichen Familie, Kirche, politischen Gruppierungen. Was heute entsteht, ist die Fangemeinde, die Lifestyle-Gemeinschaft, wie wir sie aus Rockszenen und Fußball-Fanclubs kennen. Ihre Territorien, die sie bewohnen, sind die Malls, Passagen, Boutiquen, Satelliten.

② »Der Stamm setzt sich aus Gruppen *geringerer Größenordnung* zusammen wie zum Beispiel ein Clan, kann sich vorübergehend oder dauernd mit anderen Stämmen zu militärischen oder religiösen Zwecken zu einer Konföderation zusammenschließen.« Ein Clan etwa definiert klare Kriterien der Zugehörigkeit. Der Insider wird vom Outsider ab- und ausgegrenzt. In der Marketinggesellschaft haben wir die demokratische Vorgabe, daß potentiell jeder in einen Stamm aufgenommen werden kann, wenn er über das nötige Kleingeld verfügt. Daher sind Konsumstämme nur formell elitär, in ihrer realen Existenz kann aber jeder dazugehören. Stämme können sich zusammenschließen, indem sie Erlebnis- und Kultallianzen bilden, wie wir das von Disneyland her kennen, indem Kultprodukte wie etwa Coca-Cola eine exklusive Allianz eingehen. Oder es kann auch zu *Kriegsallianzen* kommen wie in der Automobilbranche.

③ Wer in Kontakt mit einem Kultprodukt kommt, wird in einen Stamm aufgenommen, der bestimmte explizite oder implizite Zugangsriten hat. In Anlehnung an den großen Religionsphilosophen Ernst Troeltsch können wir den Tribalismus als Bewegung von *Konsumsekten* bezeichnen. Wichtig ist für sie das *mystische Erlebnis*. Es geht um die *symbolische Struktur* des Erlebnisses und Kultes, nicht um die rationale Struktur. Daher kann man von einer »Sekte« und nicht von einer »Kirche« sprechen. Bei Konsumsekten ist der sogenannte instituierende Aspekt zentral, das heißt, *die ständige Erneuerung des Zusammenseins will erlebt werden*. Es braucht also nicht eine *sichtbare* institutionelle Ordnung, entscheidend ist nur, daß man sich als *glaubender Teil* der Sekte fühlen kann. Die ganze formale Struktur, wie sie etwa die katholische Kirche anbietet, ist gar nicht mehr nötig. *Konsumsekten sind viel flexibler als traditionelle Religionen der westlichen Welt.* Sie erscheinen vielleicht unorganisiert, weil sie nicht mehr auf Ewigkeit getrimmt sind. Aber sie sind solide, und solange das Sektenmitglied glaubt, glaubt es richtig.

④ Kundenstämme als Sekten sind die postmoderne Form der Zusammengehörigkeit. *Geschichtlich gesehen heißt Kundschaft nicht zufällig Gemeinschaft.* Ein Kunde wird mit dem Kaufakt in eine Gemeinschaft aufgenommen. Es wird heute unterschiedlich versucht, diese Gemeinschaft zu definieren. Bei Kultprodukten kann man das sehr gut aufzeigen. Der Generaldirektor von Toyota Schweiz, Leonhard Müller, der zugleich für die Marke Lexus zuständig ist, sagt konsequenterweise, daß der »Käufer eines 100 000 Franken teuren Automobils wenig interessiert ist, sich in die gleiche *Käuferfamilie* mit den 10 000- oder 30 000-Franken-Autos einzureihen«. Seine Wertestruktur ist anders. Oder um ein Medien-Beispiel zu erwähnen: In der Eigenwerbung von RTL aus dem Jahre 1994 baut man auf die Fangemeinde der RTL-Stars: »Unsere Stars sind deine Freunde«, heißt es. Die Kultsendung »Lindenstraße« der ARD zieht Sonntag für Sonntag zehn Millionen Fans vor den Kasten: Hier ersetzt die *Fangemeinde* die Kirchgänger. Die Stars der Sendung haben ihre eigenen Fangemeinden, die so handeln, als wären ihre bewunderten Lieblinge real existierende Wesen.

⑤ Im Tribalismus, so meint Michel Maffesoli, ist nicht das Ziel das Entscheidende, sondern die *Energie*, die verbraucht wird, um eine Gruppe als solche zusammenzusetzen. Das *emotionale Investment*, nicht das rationale Ziel macht hier die Differenz aus. Das kann man gar nicht genug unterstreichen: Während die moderne Marktwirtschaft vom rationalen Individualismus ausgeht und somit den Bedürfnismenschen in nichtgesättigten Märkten als Vorgabe nimmt, geht die postmoderne Marketinggesellschaft davon aus, daß das fluktuierende Begehren ständig neue Gemeinschaften schafft, die sich affektiv-emotional verbunden fühlen.

Wir haben bei politischen Großsystemen lernen können: Diese riesigen, nach rationalen Kriterien konstruierten Gebilde wie der Nationalstaat sind nicht mehr in der Lage, Gemeinschaftsenergien zu mobilisieren – es sei denn reaktionäre im Sinne von primitivem Nationalismus oder gar Nationalsozialismus. Diese haben aber *kein konkretes Produkt, keine konkrete Ware, an der sie sich orientieren können.* Diese traditionelle politische Zugehörigkeit ist auferlegt, aufgezwungen, *nicht selbst gewählt.* Das ist entscheidend. Die Konsumgemeinschaft in der Konsumsekte ist selbstgewählt, freiwillig und demokratisch. Ich kann jederzeit aussteigen. Im Gegensatz zur politischen Gemeinschaft, mit der ich rein zufällig verbunden bin, oder mit der Menschheit, mit der ich zufällig verbunden bin, oder gar die Blutsverwandtschaft, die ich mir nicht selbst ausgewählt habe, habe ich die Kaufbruderschaft selbst ausgewählt. Wir sehen heute: All die großen, abstrakten Strukturen und Systeme sind saturiert und generieren keine Verbindlichkeiten mehr – warum auch? Diese Art der Verbundenheit muß ich mir rational und ex post erklären. Bei der Kaufgemeinschaft ist die emotionale Dimension das Wesentliche. Sie verlangt keine herbeigezwungene Identität und keine Identifikation mehr mit Abstraktionen (*die* Nation, *die* Unternehmung, *die* Familie), sondern erlaubt die Hingabe an stets neue, selbstgewollte Identifikationsprozesse mit Gruppen wie Fangemeinden aus Markenartikeln, Sport, Musik etc.

⑥ Die Konsumgemeinschaft ist die moderne Form der Gemeinschaft, denn sie erlaubt *Zugehörigkeit ohne persönliche Beziehung.* Fangruppierungen von Rockbands beispielsweise konstituieren sich über den emotionalen Event, das Konzert als Happening. Die Zugehörigkeit ist affektiv-emotional. Durch die gemeinsame Konsumtion des Live-Erlebnisses, des Events, der von der Band geleistet wird, werde ich Teil einer bestimmten Konsumgruppe, mit der ich mich verbunden fühle. Die Konsumgemeinschaft ist also eine Form der *öffentlichen Meinung*, die die Identifikation mit dem Produkt (die Stars der Band) und der Art von Person erlaubt, die das Produkt benutzt (die anderen Mitglieder der Fangemeinde). Der »Shared Consumption«, also der *Teilnahme an einem Konsumakt* (dem Konzert als Event), für den ich mein gutes Geld ausgebe, kommt demnach diejenige Bedeutung zu, die das Abendmahl in der christlichen Gemeinschaft hatte. Das hat, wie nun leicht ersichtlich geworden sein sollte, nichts mit rationalen Kriterien zu tun.

⑦ In demokratischen Gesellschaften und gesättigten Märkten ist die hier beschriebene Form der Konsumgemeinschaften und Konsumsekten nicht etwa nur in bestimmten Phasen des Lebens wie der Jugend wichtig, sondern während des ganzen Lebens.

Auf den Punkt gebracht: Wenn also Produkte Ausdruck eines bestimmten Lebensstils sind, auf selbstgewählten Zugehörigkeitskriterien aufbauen und wir uns dazu bekennen, kann man der Definition des Konsumsoziologen Rob Shields zustimmen: »*Consumer groups appear to be structured around informal, tribal rituals of belonging and rites of passage rather than codes of membership and regular customership.*«
Die moderne Form der Gemeinschaft ist – trotz ihrer Arationalität und Emotionalität – clean, cool, ganz für das Zeitalter von Latex zugeschnitten.

5

Das ultimative Kundenmodell – der Junkie

Simple Drugs: die freundliche Abhängigkeit

Wer Waren zu verkaufen hat, träumt davon, daß das Geschäft gut läuft. Und zwar so gut wie nur möglich. Doch was heißt »so gut wie nur möglich«. Wenn wir die Logik des irrationalen Kunden – des Gierbefriedigungskonsums – weiterziehen, gelangen wir zum Junkiemodell des Kunden. Den *Preis-Junkie* kennen wir bereits. Und daß er ein kaufkraftklassenunabhängiges Phänomen ist, wissen wir auch. Wenn wir die Logik des arationalen Kunden – des Kultkonsums – weiterziehen, gelangen wir wahrscheinlich auch zum Junkiemodell des Kunden. Der irrationale und der arationale Konsum sind die heute dominierenden Formen des Konsums in sich globalisierenden und gesättigten Konsumgütermärkten. Was ist also mit dem Junkiemodell des Kunden gemeint?

Ein »guter« Kunde steht in einem *Abhängigkeitsverhältnis* zu seinem Produkt, das er begehrt oder für das er ein klares Bedürfnis verspürt. Jeder, der zum Beispiel Markenprodukte verkauft, sieht es gerne, wenn der Kunde in einem Abhängigkeitsverhältnis zu seinem Produkt steht. Das nennt man dann marktethisch »Kundentreue«. Der Verkäufer darf davon ausgehen, »kundenorientiert« zu handeln.

Doch in globalen und gesättigten Märkten wird die *Steigerung* zum Überlebensprinzip: *Preispolitik und Kultpolitik*, also irrationaler und arationaler Konsum, müssen ständig geködert werden. Effizienteres Produzieren – mehr für weniger oder wenigstens zum gleichen Preis – auf der einen Seite und mehr religiöse Ingredienzen in die Produkte hineinbringen auf der anderen Seite, also Produkte als Sinnangebote positionieren. Es geht also um die *immer effizientere Produktion und Vermarktung von Sinn*. Es wäre logisch falsch und moralisch heuchlerisch, nicht zuzugeben, daß die zwei Überlebensprinzipien unserer westlichen Zivilisation der Überfluß (mengenmäßiges Angebot) und der Überdruß (in Form von Sinnüberschüssen) sind. Der Kampf um den Kunden – um seine Seele – wird unvermeidlicherweise härter und geht management- und marketingtechnisch in Richtung einer Brutalisierung der Märkte. Unter diesen Voraussetzungen ist es ratsam, die niedlichen Kundenmodelle (wie etwa »Der Kunde ist König« als Ausdruck der »Kundenorientierung«), wie sie uns Hochschulen und Berater durchdeklinieren, gründlich neu zu überdenken.

Mit dem zuvor skizzierten Beispiel »Marketing als Gottesdienst am Kunden« wird ein Ausweg gezeigt, nämlich mit der indirekten, über *Rituale* gesteuerten und damit den Regeln des *Emotional Design* folgenden Kundenbeeinflussung. Sie bezieht ihre Analogien von der katholischen Kirche, die damit unter anderen »Marktvoraussetzungen« und in einem anderen Kontext erfolgreich auf Seelenfang ging. »Marketing als Gottesdienst am Kunden« läßt sich so auf den Kultkonsum anwenden.

Dieses Modell ist realistisch und zeitgemäß, denn es ist nur auf eine letztendlich als vernünftig zu bezeichnende Kundenakquisition und -bindung aus und verkörpert damit eine *harmlose* Form der Abhängigkeit. Sie liegt konzeptuell in der Linie der Verwirklichung der »Erlebnisgesellschaft«, die uns bislang erst eher dürftiges *Kulissenmanagement* (Stichwort: »Erlebnisgastronomie«!) und bescheidenes *Event Marketing* beschert hat. Da Menschen in der pluralistischen Gesellschaft auch Religionen wechseln können, wie es ihnen beliebt, können sie auch Produktereligionen wechseln, wie sie wollen. Denken wir die Vorgaben der Rituale konzeptuell konsequent weiter, so ist leicht ersichtlich, daß auch die Ritualisierung mit viel härteren Mitteln durchgeführt werden könnte. Damit gelangte man zu einer Art Abhängigkeit, von der nur unter erschwerten Bedingungen oder gar nicht mehr wegzukommen ist. Es sind natürlich die nicht zufällig weiter erstarkenden Psychosekten, die uns diesbezüglich die eindrücklichsten Beispiele vorgeben. Mit ihrem Mentalterror gegenüber den Anhängigen führen sie ein Modell der Kundenbeziehung ein, das nicht mehr auf der Ebene der »Simple Drugs« liegt. Es ist eine harte Form der Abhängigkeit. Hier geht es wirklich um Drogen.

Die Erfahrung hat uns gezeigt: Jede Gesellschaft hat ihre Drogen, das Gerede von einer drogenfreien Gesellschaft macht nicht nur anthropo*logisch*, sondern auch moralisch keinen Sinn. *Es geht in unserer maß-losen Gesellschaft um Steigerungen, um ein »Mehr oder weniger«, »Entweder schneller oder langsamer«.* Bei einem gewissen Punkt, ab einer gewissen Quantität, kippt diese Quantität in Qualität über: Aus weichen Drogen werden harte Drogen. Normale Konsumgüter oder Genußmittel wie Schokolade und Zigaretten können durch »Emotional Design« zu sogenannten *»Simple Drugs«* werden, ein Ausdruck, den ein österreichischer Jeanshändler gebrauchte, um seine Ware zu promoten. Eine treffende Bezeichnung, die aber bei der älteren Generation schlecht ankam. Doch genau darum geht es: In gesättigten Konsumgütermärkten müssen Waren »Simple Drugs« sein, damit sie den Mehrwert gegenüber alltäglichen Konsumgütern unterstreichen und sich damit aus der Angebotsflut abheben können.

Total Need: die totale Abhängigkeit

Kein Geringerer als William S. Burroughs hat in seinem Buch *The Naked Lunch* von 1959 die ultimative Form der »Kundenabhängigkeit« von einem Produkt dargestellt und modellhaft skizziert. Es ist das Junkiemodell des Heroinsüchtigen. Die Erfolgsregeln für den Dealer haben drei unumstößliche Gesetze:

① Never give anything away for nothing.
② Never give more than you have to give (always catch the buyer hungry and always make him wait).
③ Always take everything back if you possibly can.

Junk (Rauschgift) ist das ideale Produkt und der *Junkie* der ideale Käufer. Der Junkie braucht mehr und mehr Junk, um Reste eines menschlichen Antlitzes zu bewahren. Junk ist der Humus, um Monopolsituation und Besitz zusammenzubringen. Junk ist meßbar und läßt sich leicht quantifizieren: Je mehr Junk man braucht, desto weniger hat man davon, und je mehr man davon hat, desto mehr braucht man.

Junk macht jedes Verkaufsgespräch überflüssig. Der Kunde wird durch die Kloake kriechen und auf den Knien um die Ware betteln. Denn der Junkverkäufer *verkauft nicht das Produkt an seinen Kunden, er verkauft den Kunden an sein Produkt.* Er verbessert nicht sein Produkt, um langfristig die Kundenbindung zu erhöhen. Er kann es sich leisten, seinen Kunden sofort zu degradieren. Er macht den Kunden sozusagen zu seinem Mitarbeiter und bezahlt ihn in Junk. Je länger dieser Mitarbeiter im Geschäft ist, desto schlechter geht es ihm.

Der Kunde gehorcht der »Algebra of Need«, den Gesetzen des »Total Need«. Wenn eine bestimmte Frequenz überschritten ist, kennt das Bedürfnis keine Limits und Kontrollen mehr. Ob lügen, stehlen oder den besten Freund erschlagen: *»Total Need« macht alles, um den »Total Need« zu befriedigen.* Denn es gibt keine Alternative zum Junk. Die Junkwelt kennt daher *keine Zufälle.* Es ist eine Welt der linearen Kausalität, in der alles vorausbestimmbar und kalkulierbar ist. Ein tollwütiger Hund kann nicht wählen. Er beißt zu!

Die Attraktivität des Junks und damit seine Brauchbarkeit als zukünftiges Modell liegt nebst der leichten Kalkulierbarkeit ohne jeden Zweifel in der horrenden Gewinnmarge. Psychologisch liegt der Zusatznutzen in der Umkehr der Verhältnisse, die die heutigen Kundenideologien suggerieren: Degradation statt Adulation. Die sadistische Komponente kommt also dazu, eine nicht ganz unwichtige Dimension.

Das Modell, auch nur als Gedankenspiel durchexerziert, wird für die Konsummärkte um so attraktiver, je kleiner die Margen für Hersteller und Händler werden und je mehr die *Neidmechanismen* zum Tragen kommen. Junk ist auch darin konkurrenzlos überlegen. Wir können im Abschnitt über den »Akkumulationsprozeß des Kapitals« bei Karl Marx nachlesen, welche psychologischen Mechanismen die Aussicht auf riesigen Profit auslösen:

»Kapital«, sagt Marx, den *Quarterly Reviewer* zitierend, »flieht Tumult und Streit und ist ängstlicher Natur.« Das ist zwar wahr, aber doch nicht die ganze Wahrheit. Marx weiter: »Das Kapital hat einen Horror vor Abwesenheit von Profit oder sehr kleinem Profit, wie die Natur vor der Leere. Mit entsprechendem Profit wird Kapital kühn. *Zehn Prozent sicher, und man kann es überall anwenden; 20 Prozent, es wird lebhaft; 50 Prozent, positiv waghalsig; für 100 Prozent stampft es alle menschlichen Gesetze unter seinen Fuß; 300 Prozent, und es existiert kein Verbrechen, das es nicht riskiert, selbst auf Gefahr des Galgens.* Wenn Tumult und Streit Profit bringen, wird es sie beide encouragieren. Beweis: Schmuggel und Sklavenhandel.«

Die Welt des »Total Need« hat die Beweise des Schmuggels und des Sklavenhandels nicht mehr nötig. Der Handel mit Junk steht an der Spitze dieser Steigerungslogik. Für sie existiert tatsächlich »kein Verbrechen«, das nicht riskiert würde.

Die Spitze des Junks machen Heroin und Opium aus. Heroin und Opium sind dabei absolut *profane Produkte*, sagt Burroughs. Alle halluzinogenen Drogen (wie etwa LSD) gelten bei ihren Konsumenten als heilig. Für alle gibt es Kulte. Aber nie habe jemand, der Junk benütze, vorgeschlagen, Junk sei heilig. Heroin und Opium sind profan und quantitativ wie Geld. Sie sind daher die »Spitzenprodukte« für den Kapitalismus, die begehrtesten Produkte.

Während die halluzinogenen Drogen also strukturell durchaus noch in die Welt der Kultprodukte gehören, geht der Junkkonsum darüber hinaus und formuliert Gesetze einer anderen Welt.

III

Kulturdiagnose der Gegenwart

1

Die Gesellschaft
der heiligen Vulgarität

Marktorientierung:
Konsumgüterdenke und Proll-Kultur

Wir gehen auf eine Welt zu, die durch Marktorientierung, Vulgariät und Heiligkeit gekennzeichnet ist. Diese drei Orientierungspunkte sind wie Leuchttürme in einer stürmischen und dunklen See. Die treibende Kraft ist dabei die Ideologie der »Marktorientierung« oder der Marktnähe. In einer demokratischen Kultur – und welche moderne Kultur will sich nicht als demokratisch bezeichnen? – werden alle Kräfte entfesselt, die dem Pathos der Gleichheit widersprechen. Wir können in einem der größten Klassiker der Moderne, nämlich *De la Démocratie en Amérique* von Tocqueville, nachlesen, daß eine Gesellschaft um so untrüglicher demokratisch wird, je weniger sie bereit ist, Differenzen zwischen den Bürgern zu akzeptieren. Aber gleichzeitig müssen wir nach Tocqueville anerkennen: Je geringer die verbleibenden Differenzen noch sind, desto härter wird der Kampf um die Gleichheit der Menschen. Wenn das Begehren nach Gleichheit einmal losgelöst ist, dann können wir es nicht mehr stoppen. Es läuft endlos weiter. Je mehr also die Menschen formal gleich werden vor dem Gesetz und in ihren Rechten, desto weniger werden sie friedlich und lassen sich gegenseitig in Ruhe. Je mehr der Kampf um immer weniger entbrennt, desto subtiler muß er geführt werden. Und desto mehr muß derjenige, der den Kampf führt – die Kirche, die Partei, der Markenartikler, der Händler –, »kundenorientiert« handeln. Denn eines wollen die Kunden der Moderne immer: Schmeicheleinheiten. Demokratische Menschen wollen detailliert beschmeichelt werden. Und dafür bekommt jeder die Gelegenheit, sich als »Wanna-be« auszugeben.

Klassisch-politisch hat man das als »Bürgernähe« oder »Volksnähe« bezeichnet und damit angezeigt, daß man Politiker will, die auf die Begehren des Bürgers Rücksicht nehmen. Man fordert Gesetze, die verständlich und einfach sind. Heute wissen wir, daß Politik ein geschlossenes System ist, das in erster Linie sich selbst dient. Seine problembezogene Lösungsfähigkeit wird immer geringer. Schärfer formuliert es Luhmann: Die »alteuropäischen Erwartungen an Politik müssen auf Null abgeschrieben werden«. Genauso wie die Religion hat auch die Politik die Entwicklung zur Kundenorientierung sozusagen *verschlafen* und wird daher immer weniger ernst genommen.

Klassisch-politisch wurde der Bürger und das politische Leben noch als Kulminationspunkt des menschlichen Lebens schlechthin bewertet. Heute haben wir mit der Schubkraft der »Marktorientierung« eine komplette Umkehr der Verhältnisse. Statt »Bürgernähe« haben wir »Kundennähe«, und der Fokus auf den Bürger wird ersetzt durch den Fokus auf den Konsumenten. Das ist auch ganz logisch, wenn man die Entwicklung der Gesellschaft seit der Entstehung der Marktwirtschaft beobachtet.

Zuerst definierte die Religion verbindlich die Wertesphäre der Gesellschaft. Mit der Aufklärung und der Amerikanischen bzw. der Französischen Revolution ging diese Definitionsmacht vom Religiösen an die Politik über. Damit wurden gewaltige Erwartungshorizonte geöffnet, die nie eingeholt werden konnten. Politik ist daher heute in erster Linie zum *Enttäuschungsmanagement* geworden. Wenn der Bürger immer nur »gibt« und nie einen »Return on Investment« erfährt, sinkt sein Interesse an den Repräsentanten der Politik – den Parteien und den Politikern.

Heute geht die Definitionsmacht vom Politischen ans Ökonomische über. Viele Unternehmen erfüllen heute längst Funktionen, die eigentlich dem Staat zukämen. Insbesondere die Ordnungs- und Sicherheitsfunktion ist von zentraler Bedeutung. Ohne die Steuerleistungen von Großunternehmen wie Banken und Versicherungen könnten zum Beispiel viele Städte bzw. Kommunen heute Konkurs anmelden, und ohne die Industrie- und Dienstleistungskonglomerate in den Agglomerationen wären ganze Nationen in noch viel tristerer finanzieller Lage. Für unseren Zusammenhang unmittelbar wichtig ist die folgende Dimension: Die Waren, die die Konsumgüterindustrie und der Handel zur Verfügung stellen, übernehmen innerhalb dieses funktionalen Paktes den Teil der Werte und der Ideologien. Sie übernehmen also das Kernstück, die Legitimationsfunktion. Doch was heißt das konkret?

Was in der Politik früher an Ideologien präsent war und sich in Parteiprogrammen manifestierte – von den Rechten, Konservativen, Christlichen, Liberalen über die Sozialisten bis zu den Kommunisten –, spielt heute in der fortgeschrittenen Demokratie keine wirkliche Rolle mehr. Die hehren Werte der Parteiprogramme – vom Recht auf Arbeit über die zentrale Stellung der Familie bis zur Abschaffung des Kapitalismus – sind realpolitisch verdampft. Solche Werte gibt es zwar immer noch, aber um mehr als »mitlaufende Erwähnung« im Sinne »einer Art Schmieröl im Getriebe der Politik« (Luhmann) geht es nicht mehr: »Das und nichts anderes bekommt man zu sehen und zu hören, wenn man in den Hinterzimmern den Vorberatungen oder Nachberatungen politischer Schachzüge beiwohnt.« Diese Werte sind nun nicht einfach verschwunden, wie Pessimisten und Melancholiker sogenannter »guter alter Zeiten« glauben. Sie finden sich nur in einem – wie man in der modernen Linguistik sagen würde – anderen semantischen Feld wieder. Was früher in den Bedeutungszusammenhang der Politik gehörte, findet sich heute im Bedeutungszusammenhang der Wirtschaft wieder. Und das Legitimationssystem stellen die Konsumgüterindustrie und der Handel zur Verfügung. *Statt Parteiprogrammen haben wir heute Werbekampagnen, statt politischen Werten haben wir die Botschaften von Markenartiklern.* Sie, und nicht mehr die Politik, erklären uns heute, was uns menschlich macht und was wir brauchen, um glücklich und zufrieden zu sein. Werbung ist zur »primordialen Welt« geworden, wie man in der Philosophie sagen würde.

Das heißt, daß die süßliche Glasur, mit der die Werbeindustrie unsere Medienwelt überzieht, nicht mehr einfach ein oberflächliches, mitlaufendes gesellschaftliches Phänomen ist, sondern unsere Wahrnehmung insgesamt *präformiert. Unsere alltägliche Wahrnehmung ist Ableitung von der Werbewahrnehmung.* Der Werbeblick ist primär, der sogenannte »natürliche« Blick sekundär. Wenn also Politik heute Parteiprogramme aufstellt, braucht sie zuerst ein gutes Werbekonzept, und wenn Kirchen Botschaften abgeben, brauchen sie zuerst ebenfalls ein gutes Werbekonzept. Politiker und Heilige werden vermarktet wie Popstars, Popstars werden vermarktet wie Levi's-Jeans oder Coca-Cola, und Levi's-Jeans oder Coca-Cola werden vermarktet als Kultgegenstände, als Heiligtümer und Heilsbringer der Kultur. Der Kreis schließt sich, allein die semantischen Felder wechseln.

Auf diesem Hintergrund erkennt man: *Mit der Verallgemeinerung des Paradigmas der »Marktnähe« und der »Markt-« bzw. »Kundenorientierung« auf alle gesellschaftlichen Bereiche wird auch die Konsumgüterdenke allgegenwärtig.*

Statt daß sich die großen Parteien bekämpfen, finden die wirklich relevanten, werteprägenden Kämpfe bei den Markenartiklern und Händlern statt. In übersättigten Märkten werden die Legitimationssysteme ausgeklügelter, und was wir früher bei den Religionen als Häresien und Kämpfe um Glaubensgenossen beobachten konnten, wiederholt sich auf der Ebene der Marktanteile von Waren. Der Streit zwischen Coca-Cola und Pepsi-Cola, der Streit um Marktanteile zwischen Adidas und Puma oder der Kampf um die Vorherrschaft im Jeansmarkt verläuft strukturell parallel zu den früheren religiösen und politischen Häresien.

Kehren wir zu Tocqueville und zur Beobachtung zurück, nach der der Kampf um so gnadenloser ausfällt, je geringer die Differenzen der einzelnen propagierten Wertesysteme werden. Früher konnten wir beobachten, daß gerade christliche Religionen sich um so mehr bekämpften, je näher sie sich standen und je analoger ihre Leistungen aussahen. Sie waren um so verfeindeter, je geringer die Differenzen in der Auslegung der Heiligen Schrift – der Bibel – war. Noch eindrücklicher haben wir das bei den kommunistischen Splittergruppen beobachten können, die sich um so mehr verfeindeten, je geringer die Differenz in der Auslegung der Heiligen Schrift – *Das Kapital* – war. *Aber: Religion und Politik sind gescheitert, weil sie das Versprechen auf Kundennähe nicht einlösen konnten.* Sie waren zuwenig konsequent in der Umsetzung. Der Protestantismus hat zwar radikal den »direkten Draht« zu Gott herstellen wollen und damit die Vermittlungsinstanzen der katholischen Kirche ausgeschaltet. Aber mit seinem bilderstürmerischen Wahn hat er zugleich die Ritualität und damit die Emotionalität der Kundenbindung liquidiert. Die Krise der protestantischen Kirche liegt in ihrer kalten Rationalität begründet. Die Krise der katholischen Kirche liegt in der Unfähigkeit, ihren reichen Traditionsbestand für die Gegenwart zu aktivieren. Sie wollen immer noch »Kirche pur«, ohne die sozialen Veränderungen der letzten zweihundert Jahre mitzureflektieren.

Marketingplaner und Marktforscher verhalten sich noch immer wie die protestantische Kirche: Sie glauben an den rationalen Glauben der Konsumenten und sehen nicht, daß, wie bereits mehrfach gesagt, in gesättigten Märkten die rationale Argumentation nicht mehr ankommen kann. Kunden brauchen ein Recycling der reichen rituellen Traditionsbestände der katholischen Kirche und das Bewußtsein der Modernisierungsunvermeidlichkeit der protestantischen Kirche.

Aber auch dann gilt noch immer: Das Versprechen auf Marktnähe und Kundenorientierung löst man nur mit mehr Vulgarität ein: *Man muß näher an die Glaubensgemeinschaft herankommen bzw. mit ihr verschmelzen.* Sobald sich nur noch bürokratische Eliten ausdifferenzieren, die den Kunden aus den Augen verlieren, ist man verloren. Wenn die Kirche bzw. die Politik an mangelnder Kundenorientierung gescheitert ist, so ist sie an mangelnder Umsetzung der »Vulgarität« gescheitert.

Kurz: Das semantische Feld hat gewechselt. Das Begehren nach Unterscheidung auch noch im kleinsten Detail erfüllt heute nicht mehr die Religion oder die Politik, sondern der Markt mit seinen Spitzenprodukten. Das kann man nur mit ausgeklügelten Wertestrategien, die mit *heiligen Botschaften* operieren. Insbesondere der flexible Konsumgütermarkt mit seinen Kultmarken erfüllt für die jüngeren Generationen längst eine wertemäßig entscheidende Rolle.

Vulgarität: »Low Life«, nicht Geschmack interessiert das Marketing

»Vulgär« und »Vulgarität« ist negativ besetzt. Wer den Vorwurf erhält, vulgär zu sein, ist zu Recht beleidigt. Oscar Wilde sagt, solange man den Krieg als boshaft und niederträchtig anschaut, wird er immer seine Faszination haben. Aber wenn wir ihn als vulgär bezeichnen, wird er seine Popularität verlieren.

Doch was ist mit Vulgarität gemeint? John Ruskin, ein Klassiker der Vulgarität des letzten Jahrhunderts, hat deren Bedeutung mit dem Stichwort »Low Life« auf den Punkt gebracht. Auch Ruskin hat hierbei, ohne das schon explizit so zu benennen, die Thematik der »Marktnähe« reflektiert. Je mehr sich der Marktmechanismus durchsetzt, desto mehr setzt sich der Kampf um die *Kundenseele* durch. *Denn die Seele ist wichtiger als seine Geldbörse.* Ohne die Seele kriegt man die Börse nicht mehr. Voraussetzung ist die »mentale Vulgarität«, eine »Vergröberung des Geistes« (Nietzsche), die allmächlich die körperliche Vulgarität erfaßt und nach sich zieht. Marktnähe, konsequent umgesetzt, sägt am Differenzierungsvermögen und steuert auf den kleinsten gemeinsamen Nenner zu. Wer vulgär ist, ist direkt, distanzlos, unsensibel für feinere Unterschiede, seien sie emotional, moralisch oder ästhetisch. Wer vulgär ist, mag leidenschaftlich sein, aber er ist immer geschmacklos. »Nichts ist wohlfeiler als die Leidenschaft! ... man braucht nichts gelernt zu haben«, heißt es bei Nietzsche. Wer Geschmack hat, kann differenziert urteilen. Wer vulgär ist, hat immer nur das gleiche im Kopf und in den Beinen. Ein Vulgärer kann beispielsweise nicht zwischen Freude und Spaß oder zwischen Porno und Erotik unterscheiden. Bei ihm geht die ganze Skala der positiven Emotionen im Einheitsbrei des Labels »Spaß« unter. Spaß haben – darauf steuert die Vulgarität immerfort zu.

Bis Ende des 17. Jahrhunderts wird das Wort »vulgär« neutral als Beschreibung des »Common People« gebraucht. Erst seit Beginn des 19. Jahrhunderts setzt sich die rein abwertende Bedeutung durch. Das hängt zusammen mit dem Aufstieg der Mittelklassen und deren Abgrenzung gegen unten. Dieser Versuch der Abgrenzung ist zentral, denn unter der treibenden Kraft der Marktorientierung werden solche Abgrenzungen zunehmends obsolet.

Als vulgär gilt natürlich der »Pöbel«. Der Ausdruck geht zurück auf das Französische »peuple« und auf das Lateinische »populus«, also abwertend die Volks(menge) meinend: eine ungebildete, gemeine, rohe Menschenmasse von niedriger Denk- und Handlungsweise, von denen der einzelne nicht aus eigenem Antrieb handelt, sondern sich mit Gleichgesinnten zusammenrottet und in der Masse randaliert und gewalttätig wird, so der Duden.

Wir sehen bereits: »Geschmack« interessiert den marktorientierten Marketingmanager nicht, dafür Vulgarität um so mehr. Denn Geschmack setzt eine Menge Bildungsballast voraus. *Marketing aber setzt die Kenntnis von Leidenschaften voraus*, und das heißt: Sich differenzieren ist zwar wichtig – aber nicht im alten hochkulturellen Sinne, sondern im vulgären. Statt »immer feiner« heißt es nun: »immer verrückter«, »immer sensationeller«, »immer abwegiger«. Wir können leicht untrügliche Zeichen des rasanten Aufstiegs der Vulgarität erkennen. So beispielsweise anhand der Unterhaltungsindustrie, die immer mehr vom Aspekt der »Low Culture« durchdrungen wird. Nach James B. Twitchell läßt sich folgendes Schema der Kulturebenen festhalten (Ausschnitt):

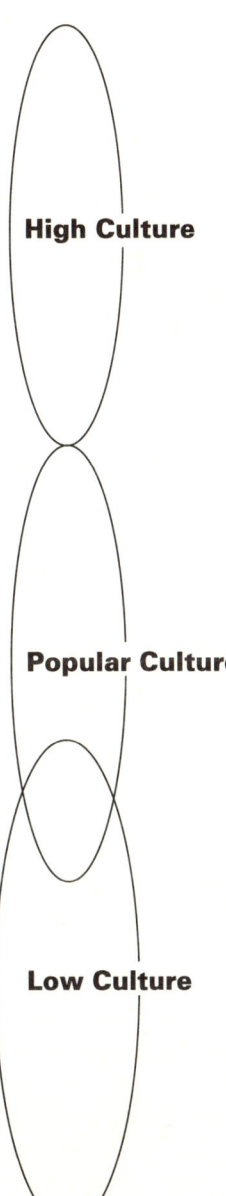

High Culture

Popular Culture

Low Culture

Wertebegriffe

»Schöne Künste«, Elite, intellektuell, guter Geschmack, selbstbewußt, erwachsen, literarisch, klassisch, kritisch, innovativ etc., kurz: Pförtner des Kreativen und Kanonischen, Nichtreproduzierbaren

Leute, Werke, Ideen in abnehmender Wertung

Abstrakter Expressionismus, Kants Erhabenes, Quantenmechanik, Jean Luc Godard, James Joyce, Dekonstruktion, Modernismus, die Kathedrale von Reims, New Music, Film Noir, Kubismus, die Ruinen des alten Rom, Dada, Gustav Mahler, Jazz, Sigmund Freud, Andy Warhol, George Bernard Shaw, Madonna (für einige), Maria Callas, Hemingway, Nouvelle Cuisine, PBS, Ivana Trump

Vulgarität, Junk, spießerisch-anspruchslos, Bad Taste, juvenil, karnevalesk, exzessiv, eskapistisch, formelhaft, repetitiv, massenhaft, laut, freakish, sensationell, reproduzierbar etc.

Donald Trump, Mickey Mouse, Cosby Show, Phil Donahue, I love Lucy, die Oscars, Seifenopern, Kitsch, Disco, Stephen King, Marilyn Monroe, Elvis Presley, die Coca-Cola-Flasche, Spaghettiwestern, HBO, Designerjeans, New-Age-Musik, MTV, Dracula, USA Today, Madonna (für die übrigen), die Coca-Cola-Dose, Dallas, Kung Fu Movies, Las Vegas, Splatter Movies, professionelles Wrestling

Wir können die Liste leicht fortführen, etwa indem man die lange Liste der »Enzyklopädie des schlechten Geschmacks« durchforstet: Dort findet man fast alle vulgären Produkte wieder, die heute (wieder, bald wieder, immer noch, neu) als *trendy* gelten: vom künstlichen Nylonrasen im heimischen Garten (den Elvis Presley einst so liebte, daß er den natürlichen Rasen um seinen Swimmingpool in Graceland ausreißen ließ, weil er ihm zuwenig grün war) über die Chippendales (die Ende der siebziger in Hollywood ihren Anfang nahmen als eine der ersten Stripmänner, die sich nicht an Homosexuelle wandten) und das knallfarbige Hawaiishirt (als Symbol des ungenierten Touristen, das zurückgeht auf christliche Missionare, die darauf bestanden, daß nackte Eingeborene Kleider trugen, die so weit waren, daß sie mit uniformer Größe auskamen) über die Loud Ties bis zum professionellen Schlammwrestling »Kategorie Frauen« (das als »Good Fun« und »Cheap Sex Show« bezeichnet wird, bei dem sich vorwiegend fettleibige Frauen im klebrigen Schlamm bekämpfen; von der *New York Times* immerhin noch als »The Latest in Good Clean Family Fun« betitelt).

Wenn wir vorhin den Pöbel erwähnt haben, so müssen wir auch den Mob würdigen. »To mob« (lärmend herfallen über, bedrängen) ist nicht identisch mit »the mob« (Gesindel, Pöbel, lärmende Menge). Das Wort *Mob* ist viktorianischer Prägung und die Slangversion des *Mobile Vulgus*, die den »Pöbelhaufen in Bewegung« bezeichnet. Dieser mußte separat gehalten werden, und auch hier wollte sich vor allem die aufkommende Mittelklasse distanzieren. Aber auf dem Hintergrund des Gesagten können wir festhalten: Es ist kein Zufall, daß zur Zeit *Mobbing* als zentrales Thema in Unternehmen gehandelt wird. Mobbing kehrt zurück – als Form des Anekelns und Anpöbelns von Mitarbeitern. Mobbing ist im Zeitalter der Vulgarität wohl die angemessene Form des Umgangs mit Mitarbeitern.

Aber: Die entscheidenden marktrelevanten Anzeichen des Aufstiegs der Vulgarität können wir auf der Ebene der mentalen Vulgarität erkennen. Sie ist unmittelbar wichtiger als die offensichtliche Produktebene, die bereits existiert oder am Entstehen ist. Denn dort wird mental und damit viel dauerhafter vorbereitet, was sich später massenhaft umsetzen läßt.

Strategien der Social Commodification

a) Das Ende der Distanz

Eines der wichtigsten sozialen Regulative und Ordnungsgrößen war bislang die Distanz gegenüber Personen und Dingen. Gegenüber gewissen Leuten sagt man bestimmte Sachen nicht. Einen Vorgesetzten oder einen Fremden duzt man nicht einfach. Und gewisse Dinge sind tabu. Gewisse Dinge erfüllen uns mit Scham. *Der Vulgäre kennt keine Scham mehr.* Er verschmilzt differenzlos mit seiner Bezugsperson – marketingbezogen: mit seinem Kunden. Beide begegnen sich als Waren – in Form *sozialer Gebrauchsgegenstände*. Nietzsche hat nicht zufällig in kulturkritischer Absicht vom »Pathos der Distanz« gesprochen: Intelligente Menschen können Distanz halten, für sie ist ein minimaler Abstand selbstverständlich. Daß diese Form von Intelligenz heute ihre Selbstverständlichkeit verloren hat, zeigt etwa das Verhalten von Postämtern und Banken in ihrer Handhabung des Schalterbetriebs. Das Schlangestehen und Warten ist mühsam. Aber statt ein kreatives Ausnutzen ärgerlicher Zeitverschwendung anzubieten, regulieren sie den Punkt der Diskretion, der unmittelbar den Kundenkontakt mit dem Schalterangestellten betrifft. So weisen Schweizer Postämter etwa schriftlich (!) signalisiert und moralisch appellativ auf das Einhalten von Anstandsabständen hin.

Die Moral wird hier in der Regel optisch mit Stangen und Pfeilen unterstützt, die eine Absperrung symbolisieren. So kann der Sicherheitsaspekt betont werden. Man will also die Vulgarität buchstäblich in die Schranken verweisen und glaubt, so einen Trend aufhalten zu können.

Genau beobachtet, dominiert längst eine Art Anähnlichung auch von Extremen bis hin zu ihrer Austauschbarkeit. Diese

Anähnlichung ist nicht nur ein Phänomen, das im sozialen Verhalten der Menschen zu beobachten ist, sondern auch bezüglich der Dinge: Nicht nur unsere Produkte ähneln sich tendenziell immer mehr, auch unsere Persönlichkeitsstruktur ist von derselben »Nähe« geprägt. Am eindrücklichsten und sichtbarsten ist das bei der Androidität zu beobachten: Menschen werden immer maschinenähnlicher und damit dingähnlicher. Konsequenterweise hebt sich damit die Distanz zwischen Kunde und Produkt vollständig auf: Maschinen werden wie Menschen betitelt, und Menschen werden wie Maschinen behandelt. Die schönsten Beispiele gibt hier die Parfüm- und die Autowerbung ab. Kurz: Die Aufhebung der Distanz zwischen dem Kunden und dem Produkt zieht deren wechselseitige Ersetzbarkeit nach sich. Oder, wie es Walter Benjamin ausgedrückt hat: »Die Dingwelt rückt auf die Menschen zu.«

b) Produkte sind perfekt, Menschen defekt

Der vulgäre Mensch ist passiv. Er läßt sich die Dinge vorgeben, er will sie pfannenfertig abholen. Er hat stets ein Warenmanko, das er auffüllen möchte. Er grast das Angebot ab. Und es macht ihm nichts aus, daß seine Persönlichkeitsstruktur zum Abbild der Warenkultur wird. Der *Homo vulgaris* bezieht die Vorlagen seines unstillbaren Begehrens mit Vorzug von den Markenpersönlichkeiten. Kultmarken sind die Markenstars. Sie erfüllen in höchster Vollendung, was Hans Domizlaff als Ziel der Markentechnik bezeichnet hat: »die Sicherung einer Monopolstellung in der Psyche der Verbraucher«.

Der an der Haas School of Business an der University of California lehrende Professor für strategisches Marketing David A. Aaker zeigte kürzlich anhand des Beispiels des Ford-Modells Saturn, ein Wagen der unteren Mittelklasse, »wie eine Markenpersönlichkeit aufgebaut wurde«. Er verweist darauf, wie eine solche »Persönlichkeit« promotet wird, und unterscheidet ganz profan nach Kriterien wie:

- »hauptsächliche Triebkräfte der Markenstärke« (beispielsweise Werbung und Händlerpräsenz),
- »Dimensionen der Markenstärke« (Markenbewußtsein, an die Marke geknüpfte Gedankenverbindungen, wahrgenommene Qualität, Loyalität, Händlersystem),
- Herausforderungen beim Bewahren der Markenstärke.

Mit dem »Aufbau« einer Produktpersönlichkeit wird das Persönlichkeitsmuster inszeniert. Produkte haben Charakter, und Produkte handeln aktiv in dieser Welt. Sie sind die normative Vorgabe. Beim Menschen in der pluralistischen Gesellschaft würde kein solcher Mechanismus mehr zugelassen. Da jeder Werte verfolgen kann, die ihm passen, gibt es keine Charaktere, geschweige denn »große« Charaktere und Persönlichkeiten, mehr, die man als Vorlage akzeptieren würde. *Kultprodukte haben diese Leerstelle wieder besetzt. Menschen werden zu Nachahmern von Produkten.* Produkte stellen perfekte Vorgaben dar und weisen uns auf unsere menschlichen Defizite hin:

- Die 1994er BMW-Werbung für den neuen 7er suggeriert: »Charakter ist eine Frage der inneren Werte.« Hier bekommt der Käufer »die Kraft der Ideen« zu spüren: »Der Charakter eines Automobils besteht nicht allein aus der Addition möglichst vieler technischer Raffinessen.« – »Echte Werte bekommen wieder Raum«, weil es um »ein neues Denken für eine neue Zeit« geht, in dem »Bewußtsein vor Status« kommt – so die Werbung für den 94er Omega von Opel. Das Automobil »stellt die Harmonie zu seinem Fahrer in den Vordergrund«. Wohlgemerkt: Es geht nicht um den Fahrer, es geht um das Automobil: *Es* handelt, *es* umsorgt, *es* »geht auf die echten Bedürfnisse neu ein«; *es* hat die inneren Werte, *es* gibt die Persönlichkeit ab, die dem Menschen abhanden gekommen ist.
- Dasselbe Bewußtsein, etwas weniger deutsch-pädagogisch, können wir in den USA beobachten. In der 1994er Werbung von Honda (Civic-Modell) heißt es: »In five years you will

have more rattles, creaks and loose screws than it will« – Die
Message: Der Mensch ist physisch anfällig und hinfällig, der
Honda aber nicht.

- Und ganz direkt fragt die neue Fiat-Punto-Werbung: »Wieviel
Liebe braucht ein Auto?«

Auch hier bestätigt sich Tocquevilles Prophetie: Je mehr wir
uns unter dem Imperativ der Gleichheit als Menschen einander
gleich werden, desto mehr entfernen wir uns als Personen. Vulgarität liquidiert Stilfragen und macht sie zu vagabundierenden
Modefragen – sie werden der gierigen Leidenschaft preisgege-
ben. Nachdem die Menschen also entpersonalisiert wurden im
Verlaufe der Moderne, gewinnen sie über die Vermittlung »intelligenter« Produkte wieder nachahmenswürdige Vorbilder. Produkte sind die Vorbilder des Homo vulgaris. Was das »Wahre«,
das »Schöne« und das »Gute« ist, gibt heute die Werbung vor.
Menschen werden nicht mehr für die Gestaltung der ersten
Realität gebraucht. Sie orientieren sich vulgär an den formatier-
ten Vorgaben der Werbung, *surfen* über die Angebotsüberfülle
hinweg und bleiben stecken, wo ihre vagabundierende *Modegier*
sie gerade hinfallen läßt.

Was aber, wenn die Waren selbst vulgär werden? Als hätte er
geahnt, wie sich die Konsumgütermärkte entwickeln, hat Hans
Domizlaff sozusagen die Kultwaren vorgewarnt: Sie dürften kei-
nesfalls selbst vulgär werden. Eindringlich mahnt er die Mar-
kentechniker an, daß die Produkte ihren Charakter und ihre Persönlichkeit bewahren müßten:

- Keine laute Reklame und kein forcierter Verkauf an den Konsumenten, zumindest in den Anfangszeiten des Markenauf-
baus, es brauche viel Geduld.
- Der Stil der Markentechnik ist der Stil einer unaufdringlichen
Vornehmheit und einer selbstsicheren Würde nach dem Maßstab des zugehörigen Marktes.
- Der Preis hat seine eigene Würde, die sozusagen unantastbar
ist.

Heute wissen wir: Kultprodukte behalten ihren heiligen Status, auch wenn sie sich vulgarisieren. Die Erfolge der Popkultur liefern die besten Beweise, aber auch deutsche Kultproduzenten wie Mercedes-Benz lassen sich mittlerweile auf vulgäre Spiele ein: Der Preis wird bei gewissen Produkten schon in der Werbung marktschreierisch mitgeliefert. Ein Schock für jeden diskretionsorientierten Benz-Kunden.

c) »Greifen Sie zu!« – Der Kult des Berührens

Zur zentralen Welterfahrung im Zeitalter der Medien- und Computertechnologie ist die Berührung des Tastaturbretts, des Keyboards, geworden. Denn dort tippen wir die Befehle ein, durch die wir an die große weite Welt angeschlossen sind: die Fernbedienung am TV, der Personalcomputer am Arbeitsplatz, die Telefontasten, die Videogames der Kids, der Bordcomputer im PKW, die Nadel des Plattenspielers. Unsere Welterfahrung ist *taktil* geworden.

Warum ist Berühren nur so eng mit der Vulgarität verbunden? Unsere Sinne haben ganz unterschiedliche Qualitäten. Sprechen wir von Kulten und vom Heiligen, so haben wir auf der einen Seite das Extrem des Sehens – die magische Seite. *Sehen ist magisch, Sehen verklärt.* Am Ende der anderen Seite der Skala haben wir das Extrem des Berührens. *Berühren entmystifiziert, Berühren bringt auf den Boden zurück*, erklärt der Semiologe Roland Barthes. Solange wir ein Objekt nicht berührt haben, kennen wir es nicht richtig, belassen wir es im magischen Stadium. Das ist ganz entscheidend. Kleine Kinder wollen nicht zufällig alles berühren, anfassen. »Nur mit den Augen schauen, nicht mit den Händen«, lautet daher die eindringliche Mahnung. Auch Männer verhalten sich in der Hinsicht oft wie kleine Kinder: Sie wollen die Entmystifikation und können es nicht bei der Magie des Sehens bewenden lassen, wie das erwachsene Frauen oft mit Stil können. Ein schönes Beispiel gibt in diesem Kontext das Automobil ab, eines der Lieblingsobjekte des begehrenden Mannes. Wenn in einem Autosalon die neuesten Modelle präsentiert werden, ist der Akt des Berührens der entscheidendste Akt, auf den die Neugier abzielt. Es ist zugleich der erotischste Akt: Erst *dann* hat man eine intime Beziehung zum Objekt der Begierde. Das Berühren des Steuerrads, dann das Symbol auf dem Kühler oder hinten am Heck, die Feinheit des Polsters, der lackierte Griff des Schaltknüppels... In den Ausstellungshallen wird daher das Auto mit einer speziellen Aufmerksamkeit besichtigt, die fast als amourös bezeichnet werden darf: *Nach* der Besichtigung mit den Augen kommt die große und entscheidende *taktile Eroberungsphase* – wie beim Sex: der Moment, in dem das visuell Wunderbare die wohlgeplante Bestürmung durch das Berühren in seinen unterschiedlichen Varianten erfährt. Das Produkt ist nun vollständig prostituiert, appropriiert...

Der Akt des Berührens in seinen unterschiedlichen Varianten spielt nicht nur beim *arationalen Begehrenskonsum*, sondern auch beim *irrationalen Gierkonsum* – erinnern Sie sich noch? – eine entscheidende Rolle. *Der Ausverkauf scheint die Urform des vulgären Kaufens zu sein:* »Greifen Sie zu!« – und schon stürzen sich die Kunden hemmungslos auf die feilgebotene Ware. Dabei werden alle Umgangsformen vernachlässigt, die im entferntesten Sinne eine gute Kinderstube erahnen ließen: Wühlen und Grapschen in den Angebotsbergen und hinterher ein heilloses Chaos hinterlassen gehören einfach dazu. Der Pöbel lebt vom *Neid*, sagt Nietzsche, und damit trifft er auf einen wunden Punkt der Marktorientierung: »Seine Seele schielt, sein Geist liebt Schlupfwinkel, Schleichwege und Hintertüren, alles Versteckte mutet ihn als seine Welt, seine Sicherheit, sein Labsal.« Die Begierde und Begehrlichkeit wird um so maßloser und vulgärer, je mehr die Produkte triumphieren. Der mörderische Preiskampf im internationalen Detailhandel ist ein Beispiel, wie die Vulgarität angetrieben wird. Der *Preis-Junkie* ist eine Form des vulgären Konsumenten. Die Schweizer Billi-Kette ködert in der Werbung die Gier mit vulgären Klassikerslogans: »Preisschokker«, »Wahnsinns-Preise« werden, »solange Vorrat reicht«, angeboten, in Verkaufsläden, in denen »Sparen Spaß macht!«

Am schlimmsten aber erscheint der *Berührungskult* in der

Welt der Unterhaltungsindustrie, etwa im Sport. Sport duldet keine Distanz. Man will die »*Stars zum Anfassen*«. Man kann paradigmatisch den Fußball nehmen, aber problemlos auch Tennis und bald einmal wahrscheinlich auch Golf. Jener Jugendliche, der Autogramme von Fußballern sammelt, hat mit Höchstgefühl zu seinen Fankollegen gesagt: »Ich habe Maradona berührt.« Die »*zudringlichen Bewunderer*« (Nietzsche) sind zur Kulturspezies ersten Ranges geworden. Der Akt des Berührens ist der Kulminationspunkt des Fanseins. So erstaunt es nicht, daß sich kaum noch jemand ärgert, wenn man heute Sportler – distanzlos – duzt. Sie sind wie du und ich, eben »zum Anfassen«. Man hat sie »zum Fressen gern«.

»Bitte nicht berühren« ist daher in die letzten Reservate des Museums und des Zoos verbannt – aber auch dort wohl bald nur noch als frommer Wunsch. Der Homo vulgaris fordert die *totale Intimität*. Und die erhält anscheinend ihre Erfüllung erst über den Akt des Berührens. Wahrscheinlich gilt »Bitte nicht füttern« definitiv nur noch für diejenigen Wesen, die nicht zur Gattung Homo sapiens gehören.

d) Kontakte – das ungenierte Plaudern

Es ist nun keineswegs so, daß die im Hochkulturschema von James B. Twitchell oben angegebene Elitekultur tatsächlich auch die Geschmackselite wäre. Mit Tocqueville läßt sich vielmehr vermuten, daß es sich dabei ganz einfach um den *Geldadel* handelt, der sich bürgerlich verhält und die Abgrenzung nach unten durch kulturelle Unterscheidungen sucht. Wer sagt uns, daß der Käufer eines Rolls-Royce wirklich Geschmack hat? Wer sagt uns, daß der Besucher des Restaurants von Joël Robuchon wirklich etwas von der Haute Cuisine versteht? Wer sagt uns, daß der Käufer eines Turners tatsächlich etwas von Malerei versteht? Doch er muß das auch gar nicht mehr, es genügt, wenn er so tut und bezahlen kann. *Der Geldadel ist wahrscheinlich das leichteste Opfer der Marketingplaner.*

»*Pöbel unten, Pöbel oben*«, erkennt Nietzsche richtig und

verkündet so die Verallgemeinerung des Pöbels in der marktorientierten Gesellschaft. Die »*Allgegenwart einer schmutzigen
unersättlichen Begehrlichkeit und einer überallhin spähenden
Neugierde bei jedermann*« läßt auch das Hochkulturschema nach
unten in den Low-Life-Bereich rutschen. Wir können heute sogar
beobachten, daß Borniertheit als normal gilt, und nicht nur
das.

Wer borniert ist, kann mit Zustimmung rechnen. Auch an den
Stätten des Wissens und der Hochkultur, den Universitäten,
wird ungeniert geplaudert:»Bildung scheint heute durch Empa-
thie ersetzt zu werden. Man kann nicht den kleinsten lateinischen Satz aussprechen, ohne daß die Zuhörer, auch in Universitäten, zugeben (!), daß sie ihn nicht verstehen« (Luhmann). In
Steigerung der schon grassierenden Vulgarität können wir heute
feststellen, daß die Bornierten zu ihrer Borniertheit stehen und
sogar, nach Anerkennung heischend, Applaus erwarten dürfen:
»Ich bin stolz darauf, ein Doofer zu sein.« Die Krönung der Vulgarität besteht darin, wenn der Spruch noch auf einem bunten T-
Shirt verewigt und zur Schau getragen wird.

Die *Pöbelkultur* hat kein Wissen um die Dinge – aber sie giert
nach ihnen, um Leidenschaft zu demonstrieren. Aber: Sie
braucht das Wissen auch nicht mehr.

Die Aufhebung der Distanz und damit die unmittelbare
Bezugnahme zur Realität führt zu ihrer *Anbiederung, ja zu ihrer
Anbetung*. Wo man früher aus moralischen Gründen Zurückhal-
tung und Abstand wahrte, sind heute überall »*Kontakte*« entscheidend geworden (vom Lateinischen »contactus« bzw. »con-
tingere« = berühren!). Jeder hat so seine Kontakte, an die er permanent angeschlossen ist. Aber es geht nicht nur um Kontakte,
es geht um viel mehr: das distanzlose *Zugreifen*. Wer in der Welt
der Vulgarität keine Kontakte hat, ist verloren. Die Rolle der
Unternehmensberater unterschiedlichster Couleur als neue
Lumpenintelligenz kommt hier zum Tragen. Sie sind die Kontak-
ter, die Vermittler, die Schnellerwisser. Während die alte Intelligenz – der Intellektuellen – wenigstens noch Reibungsflächen
fand und Debatten loslöste, beschränkt sich die neue Beraterin-

telligenz auf die bescheidene Rolle, das bestmögliche »Schmier-öl« im Getriebe der Marktnähe zu sein.

Es gäbe hier noch viele interessante Geschichten der Vulgari-tät zu erzählen. Stellvertretend sei nun noch kurz diejenige von Joseph Epstein in Form einer Checkliste erwähnt, die wir auf-führen, weil sie paradigmatisch für vulgäre Tendenzen steht:

① *Publicity.* Wer Publicity sucht, tendiert fast integral zur Ent-blößung der Würde. Man verkauft sich selbst, um sein Pro-dukt zu verkaufen. Wir haben übrigens absichtlich das TV nicht als Promoter der Vulgarität erwähnt. Es versteht sich von selbst, daß TV *immer* vulgär ist. TV ist immer voyeuri-stisch und kann nie anders sein.

② *The Oscar Awards.* Die sich wiederholenden Zeremonien der Selbstbeweihräucherung und Selbstadulation.

③ *The Aspen Institute for Humanistic Studies.* Dieses Institut steht für extravagante eigene Ansprüche und Behauptungen, die es nicht erfüllt: »Dialogue«, »The Bridging of Cultures«, »The Interdisciplinary approach« – das sind falsche, unechte Losungsworte.

④ *Talk-Shows.* Siehe Punkt 3.

⑤ *Pulitzer Prizes.* Siehe ebenfalls Punkt 3.

⑥ *Barbara Walters.* Sie befragt seit Jahren vulgär und wird dafür bezahlt – sie ist die *liebenswürdige Unaufrichtigkeit* in Person: Was dachten Sie, als Sie erfuhren, daß Ihr Mann tot ist? Was ging in Ihnen vor, als Sie wußten, daß Sie Krebs haben? Sie beweist: Alles kann amüsant sein und Spaß machen, wenn man es nur richtig dreht.

⑦ *Interviews mit Schriftstellern.* Schlimmer als falsche Bescheidenheit ist *keine* Bescheidenheit, aber Literaturleute sprechen in Interviews zu Sachen, von denen sie keine Ahnung haben – die Qualität ihrer eigenen Arbeit, den Zustand der Welt etc. Sie nehmen damit an der Vulgarisierung teil, obwohl sie sie verachten.

⑧ *Lauren Bacall.* Sie erzählt in ihrer Autobiographie »alle ihre Geheimnisse«. Sie steht für die Vulgarität falscher Offenheit und Redlichkeit.

⑨ *Dialog als Ideal.* Siehe Punkt 3.

⑩ *Psychologie.* Psychologie ist maßlos in der Selbstüberschätzung des Erklärungspotentials: Statt zu sagen: »Ich weiß es nicht«, spricht die Psychologie von einem »ungelösten Ödipuskomplex«, von einem »manisch-depressiven Syndrom« oder einer »Identitätskrise«. Wie früher der »vulgäre Marxismus« behauptet sie, alle theoretischen Schlüssel in der Hand zu haben, aber in der Praxis weiß sie nicht einmal, wo die Tür ist.

Zusammengefaßt: Exhibitionismus, Simplizität, Prätentiosität, Selbstbeweihräucherung, Selbstwichtignehmerei, Hypokrisie, Übervertrauen sind heute elementare Faktoren für die Vulgarität. Vulgarität ist nicht die Unfähigkeit, eine Weinkarte in einem Sternerestaurant lesen zu können. Es ist die Unfähigkeit – in sozialen Situationen, und dazu gehört auch die Kaufsituation – zu unterscheiden. Es ist der »Nouveau Riche«, der mit Operngläsern ins Pornokino geht. Oder es ist der Professor, der sich im Hörsaal über die Oberflächlichkeit von TV-Shows beklagt. Das heißt: *Vulgarität steht zum Common sense konträr.* Die *Klarheit* des Common sense ist zwar eine beschränkte Klarheit, und intelligenter Common sense weiß um diese Beschränktheit. Wer Common sense hat und um diese Beschränktheit weiß, ist gut dran. Wer aber zu *Common-sense-lastig* wird und alles, was nicht darunter subsumierbar ist, ängstlich wegschneidet, *wird vulgär. Bewußter*

Common sense wird nie vulgär, unbewußter aber sehr schnell.

Vulgarität ist also nicht notwendigerweise stupid, aber *immer unsensibel*. Er ist Mangel an Sensibilität, eben Ausdruck von »Low Life«.

Tettamantis Irrtum

Der Schweizer Financier und Unternehmer Titto Tettamanti ist ein glühender Vertreter eines konsequenten Kapitalismus. Das sind wir im wesentlichen auch, aber wir glauben nicht, daß konsequente »Marktwirtschaft«, »Marktnähe« und »Kundenorientierung« irgendwo anders hinführen kann als in die Vulgarität, den Triumph der Popkultur und den Kultprodukten. Was sagt Tettamanti?

Konsequenter Kapitalismus ermöglicht den Menschen, ihre eigenen Bedürfnisse besser zu befriedigen. Wenn heute Hedonismus vorherrscht, dann ist das das Resultat der enormen Leistungsfähigkeit des kapitalistischen Systems, in dem »der letzte Wagen von heute besser als der Luxuswagen von früher ist«. Aber »daß die Geschmäcker dieser Verbraucher *vulgär und banal* sind, ist die Schuld der Erziehung und nicht des Kapitalismus. Dem Problem ist entgegenzutreten.« Denn: »Vom Kapitalismus zu fordern, daß er moralisch sei, ist falsch. Nicht vom Kapitalismus müssen wir verlangen, daß er moralisch ist, sondern von den Menschen, daß sie sich besser verhalten.« So wie Tettamanti denken viele Unternehmer in Deutschland und der Schweiz. Sie wollen die Konsequenz ihres eigenen Tuns nicht weiter reflektieren und ziehen plötzlich, irgendwann in ihrer Karriere, die Moralbremse. Sie reden von »Schuld« und »Dekadenz« und sehen nicht ein, daß sie selbst der »Motor« dieser »Dekadenz« sind. Kapitalismus ohne Vulgarität, Rockkultur und Kultprodukte funktioniert nicht. Ob Vulgarität, Rockkultur und Kultprodukte etwas mit Dekadenz zu tun haben, ist nicht erwiesen. Das sind Wunschvorstellungen von Leuten, denen es bei ihrem Tun eigentlich unwohl ist. Daß beim konsequenten Kapitalismus die Moral auf der Strecke bleibt, ist gar nicht gesagt. Vielleicht ist es tatsächlich nur ein Bonmot von Wertekonservativen, die insgeheim ahnen, in welcher Schizophrenie sie stecken. Und wenn nur die Vorstellung von »Erziehung« von Herrn Tettamanti auf der Strecke bleibt, ist das wahrscheinlich auch nicht so schlimm.

In einem Punkt müssen wir Herrn Tettamanti allerdings voll und ganz recht geben: »Es gibt keinen schlimmeren Kapitalisten als den *müden* Kapitalisten.«

2
Die Renaissance des Bösen

Trouble is my business.
Raymond Chandler

Die Entübelung des Vulgären ist ein deutliches Symptom dafür, daß sich unsere Gesellschaft mit ihrem Verdrängten in Beziehung setzen will. So schreibt Matthias Matussek im *Spiegel* (38/1994) über den »Triumph des Vulgären« in den Neunzigern: »Das exzentrisch Böse wird ebenso gefeiert wie das Peinliche, Groteske, Gemeine. Wie eine mörderische Wiederkehr des Verdrängten werden nun Inzest, Ehebruch, Freßsucht, Verstümmelungen und Perversionen zur Massenunterhaltung aufbereitet.« Das ist nicht nur eine gute Beobachtung, sondern auch ein erster Ansatz zur Erklärung der *neuen Faszination des Bösen.* Matussek gebraucht ja die Denkfigur »Wiederkehr des Verdrängten« – und die stammt bekanntlich aus der Psychoanalyse Sigmund Freuds. Sie besagt im Kern: Unsere Zivilisation zwingt die Menschen, bestimmte Wünsche zu unterdrücken; doch damit sind sie nicht ausgeschaltet, sondern sie suchen unentwegt nach neuen Möglichkeiten des Ausdrucks. Und irgendwann kehrt das Verdrängte in entstellter, oft unkenntlicher Form wieder.

Wenn man Freud wirklich lesen würde, statt immer nur über ihn hinaus zu sein, könnte man das wissen und würde auf die Renaissance des Bösen nicht immer nur mit Kopfschütteln oder Abscheu reagieren. Sehen wir einmal genauer hin. Der Mensch besitzt kein ursprüngliches, natürliches Vermögen der Unterscheidung von Gut und Böse. Das zeigt sich schon daran, daß das, was man › böse‹ nennt, oft ein ganz unschädlicher Gegenstand des Genießens ist. Daß man nun etwas durchaus Erwünschtes dennoch böse heißt, setzt die Unterwerfung unter ein Diktat von außen voraus. Nun gibt es eine für alle lebensprägende Situation, die eine solche Unterwerfung unters Diktat des anderen begründet: die Hilflosigkeit des Babys. Die Anerkennung des Diktats von Gut und Böse aus »Angst vor dem Liebesverlust« wird nun zum Muster menschlichen Verhaltens weit über die Situation infantiler Hilflosigkeit hinaus – deshalb spricht Freud auch von »sozialer Angst«. »Das Böse ist also anfänglich dasjenige, wofür man mit Liebesverlust bedroht wird.«

Unsere Kultur lehrt uns nicht, mit dem Bösen umzugehen. Man könnte auch sagen: *Gesellschaftliches Leben, wie wir es kennen, setzt ein Tabu über Destruktivität voraus.* Seit Freud kann man wissen, welche Folgen das hat: Die verdrängte Zerstörungslust kehrt in entstellter Form wieder – häßlich, schrill, geschmacklos. Das wachsende Interesse am Monströsen, an der Untat zeigt, daß sich die Menschen heute in ein Verhältnis zum *verfemten Teil* ihrer Welt setzen wollen. Und dieser verfemte Teil steckt im Stolz des Menschen selbst, seinem Gehirn. Das Gehirn ist nämlich nicht nur überkomplex in seinen unnachvollziehbar vielen neuronalen Verschaltungen; es ist nicht nur in die zwei Hemisphären des abstrakt-analytischen und des konkret-ganzheitlichen Denkens aufgeteilt. Der Skandal des Gehirns ist das, was Paul MacLean seine »Dreieinigkeit« genannt hat. Das Menschenhirn besteht aus drei Gehirnen unterschiedlichster evolutionärer Entwicklung. Und das heißt konkret: Unser Gehirn besteht nicht nur aus dem Neocortex, dem Sitz der begrifflichen Intelligenz. Ein *Säugetiergehirn* sorgt für unsere Emotionen. Und unsere Aggressionen haben ihren physiologischen Ursprung in einem *Reptiliengehirn*.

Die Anbetung des Teufels

Wir meinen, es gibt ein prinzipielles Problem bei der Diskussion von Themen wie dem Bösen, der Perversität und der Zerstörungslust. Solange man sie nicht als Mächte der Wirklichkeit anerkennt, verdrängt man sie. Hat man aber erst einmal die

»Existenz des Bösen« anerkannt, so begreift man nicht mehr, daß man seine Allgegenwärtigkeit so lange übersehen konnte. Auch der größte Kenner des Bösen, eben Freud, konnte sich ja erst spät zur Anerkennung einer autonomen Macht der Destruktion durcharbeiten. Doch diese Erkenntnis ist stets – übrigens auch in psychoanalytischen Kreisen – auf »Abwehr« und »Widerstand« gestoßen. »Denn die Kindlein, sie hören es nicht gerne, wenn die angeborene Neigung des Menschen zum ›Bösen‹, zur Aggression, Destruktion und damit auch zur Grausamkeit erwähnt wird. Gott hat sie ja zum Ebenbild seiner eigenen Vollkommenheit geschaffen, man will nicht daran gemahnt werden, wie schwer es ist, die unleugbare Existenz des Bösen mit seiner Allmacht und seiner Allgüte zu vereinen«, so Freud weiter.

Schon vor hundert Jahren hat ein Zeitgenosse Freuds, der Soziologe Thorstein Veblen, daran erinnert, daß das Ehrenvolle ursprünglich das Furchtbare war und daß Würde allein dem Übermächtigen zugestanden worden war. Es handelt sich also ursprünglich um ein Lob der *erfolgreichen Aggression. Gewaltanwendung wurde in archaischen Gesellschaften verherrlicht.* Veblen spricht sogar vom »hohen Amt des Mordens«. Statt darüber nur zu erschrecken, sollten wir daraus lernen: *Aggression ist kein Ausnahmezustand, sondern der Normalfall unseres gesellschaftlichen Lebens.* Das gilt für Politik, Beruf und Sexualität gleichermaßen. Darüber hat der Kulturprozeß ein Gespinst von Konventionen ausgebreitet, das heute zu zerreißen beginnt. Wir leben heute in einer *regellosen* Gesellschaft. *Anomie* hat das der Soziologe Emile Durkheim genannt – »das Übel der fehlenden Grenzen«. Das legt eine erste Erklärung für den peinlichen Sachverhalt nahe, warum uns bewaffnete Aggression fasziniert. Denn Waffen sind die archaischen Techniken der Grenzziehung und Distanzsicherung. Der Philosoph Peter Sloterdijk meint gar, der archaische Mensch sei ein »Terminator« gewesen – ein schockierender Kurzschluß von Urmensch und Spätkultur, den Filme wie Oliver Stones Gewaltorgie *Natural Born Killers* zu bestätigen scheinen.

Das ist durchaus auch im weltpolitischen Rahmen zu begreifen. Die Wiederkehr des »alten Adam« scheint logisch und unaufhaltsam zu sein, seit der letzte, nämlich kommunistische Versuch einer »Erlösung durch Gesellschaft« gescheitert ist. Insofern, meinen wir, ist heute die alte Erbsündenlehre realistischer als der Marxismus. Das bedeutet: Der Mensch ist von Natur aus böse – deshalb sollte er eigentlich aus der Natur austreten und »Antiphysis« sein! Doch davon ist unsere offizielle Kultur weiter entfernt denn je. Sie beschwört ja gerade »Natur« als das neue Gottesreich. Und der Teufel, der das Kommen dieses Naturgottesreichs verhindert, heißt dann etwa Sex and Crime.

Warum beten aber so viele Menschen heute diesen *Teufel* an? Wir meinen, das ist eine Folgelast der Aufklärungsideologie, die uns den guten, natürlichen Menschen gepredigt hat. Unsere These lautet also: *Horror, Porno und Crime nähren sich von dem kulturellen Sachverhalt, daß die »guten Menschen« der Aufklärung die menschliche Aggressivität blockieren.* Nur weil wir alle den Teufel im Leib haben, kann Hollywood einen »permanenten Kult des Bösen« (A. Gehlen) zelebrieren. Und dieser Teufel steckt gerade auch im Leib derjenigen, die heute so medienwirksam über Pornographie und Horror, Katastrophen- und Skandaljournalismus lamentieren. Wer vor alldem Angst hat, ängstigt sich nämlich vor sich selbst. Hier kann man von der Psychoanalyse lernen: *Im Angsttraum ängstigen wir uns nicht vor dem Schrecklichen, sondern vor unserem eigenen Wunsch nach dem Schrecklichen.*

In der Wiederkehr des Verdrängten hat unsere Kultur jetzt ein Stadium erreicht, wo die Langeweile des Alltags nur noch durch die *Reizwerte des Untersagten* durchbrochen werden kann. *Faszinierend ist alles, was unsere Zivilisation mit einem Bann belegt.* Das provoziert – um ein Wort des Bosheitsexperten Nietzsche zu zitieren – den »Mut zum Verbotenen«. Man kann das zunächst einmal als reinen Spaß an der Zerstörung deuten. Der freie Geist freut sich über die Unfähigkeit unserer Kultur, gute Gründe für ihre Tabus anzugeben; hier wird Nihilismus zum Glücksgefühl der Intellektuellen. Das haben die scharfsinnigsten Aufklärer auch selbst erkannt. So spielt Juliette, eine Figur aus dem phantastischen Universum des Marquis de Sade, eine Hauptrolle in dem für Studentenbewegung und linksintellektuelle 68er wichtigsten Buch – der *Dialektik der Aufklärung* von Max Horkheimer und Theodor Adorno. Denn Juliette verkörpert die »intellektuelle Freude an der Regression, amor intellectualis diaboli, die Lust, Zivilisation mit ihren eigenen Waffen zu schlagen«. Und wem diese Spiritualität zu intellektualistisch ist, dem bietet sich der Kult des Bösen als eine inverse, umgedrehte Religion an. Denn der Tabubruch ist eine Handlung, die mit der religiösen Handlung, dem Ritual also, konkurriert. Lediglich die Vorzeichen werden hier gewechselt: *Das Sakrament wird durch das Sakrileg ersetzt.*

Subkultur als Verkaufsschlager

Seit Platon weiß man, daß sich »normale« Menschen von Verbrechern lediglich dadurch unterscheiden, daß sie sich damit begnügen, nur zu träumen, was die Verbrecher wirklich tun. Heute könnten wir sagen: Wir begnügen uns damit, den Mord im Fernsehen zu genießen. Das Böse zeigt sich, wenn die Verdrängungen abgeworfen werden – das ist im Traum, in der Masse und in der Fiktion der Fall. Der Schlaf, der Krieg und die Medien lockern die Zensur, die die bösen Wünsche im Unbewußten hält. *Im Traum, im Krieg und im Film ist die Untat erlaubt. Sie zapfen das Reservoir des Bösen an.* Und die Psychoanalyse Freuds hat erstmals eine kaltblütige wissenschaftliche Expedition in diese »Hölle« der »bösen, verworfenen Wünsche« unternommen. Heute ist die Expedition ins Böse eine alltägliche Dienstleistung der Popkultur. Der *Gangsta-Rap* ist eine der deutlichsten Formen, die dieser Kult des Bösen in der Popkultur hervorgebracht hat – man brüstet sich offensiv mit der eigenen Straffälligkeit. Es ist chic und verkaufsfördernd, wenn der Filmstar seine Frau verprügelt, der Boxer wegen Vergewaltigung vor Gericht steht und der Musiker mit der Schrotflinte in der Hand fotografiert wird. Die Negativwerte versprechen das Heil; man könnte das auch »Vulgär-Gnosis« nennen. Dazu paßt die Ästhetik des Häßlichen in der Mode – denken Sie nur an Punk und Grunge, Beavis und Butt-Head von MTV oder die Simpsons.

Wer diese Szenen beobachtet, kann leicht dem Mißverständnis aufsitzen, die entfesselten Mächte des Untergrunds hätten die Macht übernommen und das empfindliche Geflecht unserer Kulturkonventionen zerstört. Da können wir Entwarnung geben. Denn auch das Böse und Häßliche des Pop wird nicht so heiß gegessen, wie es gekocht wurde. Der Grunge-Lärm aus Seattle kam ursprünglich vielleicht einmal aus dem dionysischen Underground. Doch was MTV daraus gemacht hat, ist zum Schema beruhigt, eine stabile Sendeform – *das Böse als Konfektionsware*. Und so lautet denn ein Selbstwerbeslogan von MTV zu Recht: »The music revolution will be televised.«

Was geschieht hier eigentlich? Simon Reynolds hat im *Melody Maker* (16. 10. 1993) die bereits oben zitierte griffige Formel geprägt: »Counterculture has become over-the-counter-culture« – die Gegenkultur ist zum Verkaufsschlager geworden. *Wer die Dynamik der Popkultur verstehen will, muß begreifen, daß fast alle Innovationen auf diesem Markt aus einer Entübelung des Subversiven entstanden sind.* Designer-Grunge ist dafür nur das spektakulärste Beispiel – Geschmacklosigkeit und Armseligkeit als letzter Schrei der Haute Couture. Denken Sie hier etwa auch an die Einführung von S & M-Accessoires auf dem »normalen« Markt. Um es auf eine Faustformel zu bringen: *Die neuen Nischenmärkte entstehen durch die Entübelung der Ghettos* – seien es nun unterdrückte Rassen oder verdrängte Triebe. Pop ist also die Kraft, mit der unsere Kultur ihr eigenes Gegenteil übergreift. Und das ist die unerschöpflichste Ressource der Zukunftsmärkte. Darauf hat sich das Marketing natürlich schon längst eingestellt. Der Trendforscher Matthias Horx kann dazu aus der Schule plaudern: »Subkulturen können heute kaum noch ein Geheimnis aufbauen. Eine ganze Armada von Spürhunden der Industrie macht aus jeder noch so kleinen rebellischen Geste sofort ein Label, ein Outfit, eine Plattenpressung.«

Klassiker der Gegenkultur – das ist eine Paradoxie, die für die

Popszene charakteristisch ist. Man weiß heute, daß Punk eine grandiose Marketingidee von Malcolm McLaren war. Und die Sex Pistols stehen deshalb auch ganz zu Recht im CD-Tower des Jungmanagers. Das Schema ist deutlich: Der Außenseiter wird zum Popidol – wie zuletzt Eddie Vedder von Pearl Jam. Und für die Alternativen der Independent Labels gilt ebendasselbe, was für die Alternativen in der Politik gilt: Sie sind Fermente in der Evolution des Massengeschmacks. Christopher John Farley bemerkt hierzu in *Time Magazine* (22. 11. 1993): »Alternative music is currently one of the most potent forces in the mainstream.« Deutlicher kann man es nicht sagen. Der Mainstream wird gerade von denen bestimmt, die anders sein wollen als der Mainstream. *Wir haben es hier, wie prinzipiell bei allen Modephänomenen, mit einer Art Konformismus des Andersseins zu tun.* Die Subkultur wird zum Markenartikel, der Rebell zum Fernsehstar, die alternative Szene wird zum Motor der Unterhaltungsindustrie. Das Anderssein ist also längst nicht mehr »links« und »subversiv«. Das erschüttert natürlich das Ordnungsdenken der Feuilletonrevolutionäre. So orakelt Andrian Kreye in einem Bericht über die Generation X im *FAZ-Magazin* (15. 4. 1994): »Die Signale der Gegenkultur sind nicht mehr zu deuten.«

Ästhetischer Satanismus

Der *Kult des Bösen* ist nicht aus dem Nichts entstanden. Seine Vorgeschichte läßt sich mit wenigen Strichen skizzieren und ist lehrreich. Wir laden Sie also ein zu einer kleinen Reise durchs 19. Jahrhundert. Der ästhetische Satanismus führt uns nämlich bis in die Romantik zurück: Man wird zum Teufel, um die »Hölle« des Schönen auszuschöpfen. »Das satanische Subjekt hat einen gewissen Enthusiasmus der Verworfenheit«, sagt der Hegel-Schüler Karl Rosenkranz – und das gilt für den Teufel des christlichen Dogmas ebenso wie für den Künstler der Moderne. »Aus den unruhig ermatteten, genußgierigen, impotenten, übersättigt gelangweilten, vornehm cynischen, zwecklos gebildeten,

jeder Schwäche willfahrenden, leichtsinnig lasterhaften, mit
dem Schmerze kokettierenden Menschen der heutigen Zeit hat
sich ein Ideal satanischer Blasiertheit entwickelt.«

Wir sind satanisch blasiert, wenn wir meinen, daß böse Gesellschaft besser ist als schlechte. Wir sind satanisch blasiert, wenn
wir bekennen, daß uns die Hölle interessanter erscheint als das
Himmelreich. Man merkt gleich: *Das Gute ist diffus, das Böse
prägnant.* Deshalb sucht der moderne Künstler nach dem Leeren und Schwarzen, nach dem Obskuren und Ungewissen. In diesem Abgrund ist das Göttliche vom Höllischen, die Wohltat vom
Verbrechen nicht mehr zu unterscheiden. Und hier entsteht die
neue Schönheit.

Ästhetisch souverän ist, wer über den diabolischen Ausnahmezustand entscheidet. 1853 erschien die *Ästhetik des Häßlichen* von Karl Rosenkranz. Vier Jahre später erscheinen Charles
Baudelaires *Blumen des Bösen.* Der Titel ist Programm. Was
geschieht hier eigentlich? *Der Künstler inszeniert sich als den
Helden, der die Kraft hat, sich an den Reizen des Horrors zu
berauschen.* Planmäßig sucht er nach dem »perfekten Monster«.
Er will nur die Crème des Bösen genießen. Dem entspricht eine
Erotik, die nicht Engel vergöttern, sondern Hexen verfallen
will. Und zwar betet der Künstler nicht die tödlichen Frauen an,
sondern die schreckliche Leidenschaft, die ihn an sie kettet. Das
wird zum Königsweg auf der Suche nach dem Neuen.

Wer sich von der Moral befreit hat, will das Böse nicht mehr
unschädlich machen, sondern in Dienst nehmen. »Die schrecklichen Energien – das, was man das Böse nennt – sind die zyklopi-
schen Architekten und Wegebauer der Humanität«, meinte
schon Nietzsche. Und er fährt fort: »Man soll das Böse schonen,
wie man den Wald schonen soll.« Mit solchen Überlegungen ist
Nietzsche zu einer Theorie des Bösen *jenseits* von Gut und Böse
vorgedrungen. Seine genealogischen Forschungen zielen ja darauf, das Gute, Wahre und Schöne als Emergenzen des Bösen zu
erweisen. Wie der ästhetische Satanist ist der Genealoge der
Moral ein Abenteurer im Bösen. Er zeigt uns: *Jedes lebendige
Gute trägt in sich ein unterworfenes Böses.*

Seither kann man wissen: Das Böse ist ein Atavismus des ehemalig Guten, und das Gute ist ein in Dienst genommenes Böses von ehedem. Kultur als Triebverzicht aber verwandelt das primitiv Böse ins Soziale: Der Tierquäler wird zum Tierschützer, der kleine Sadist wird zum Menschenfreund. »Alles Furchtbare in Dienst nehmen, einzeln, versuchsweise, schrittweise – so will es die Aufgabe der Kultur. Überall, wo eine Kultur ihr Böses ansetzt, bringt sie damit ein Furchtverhältnis zum Ausdruck«; sie markiert damit den Bereich des Verbotenen und Feindlichen. Deshalb lautet denn auch Nietzsches entscheidende Frage an eine Kultur: Nimmt sie das Böse souverän in Dienst, oder verdrängt sie es?

Was Sie schon immer über »Sex and Crime« wissen wollten

Wir folgen dem Leitfaden des Bösen, weil wir ahnen, daß es das Inkognito unserer besten Kräfte ist. So haben schon in den ersten Jahrzehnten des 20. Jahrhunderts einige der bedeutendsten Denker versucht, uns einen veränderten Begriff von Zerstörung zu lehren. Schauen Sie sich nur einmal die Schriften des Architekten Adolf Loos, des Philosophen Walter Benjamin oder des Nationalökonomen Joseph Schumpeter an. Ihre gemeinsame Entdeckung ist die *Kreativität der Destruktivität.* Sie erfüllen damit ein Programm Nietzsches: »die Heiligung der mächtigsten, furchtbarsten und bestverrufenen Kräfte, im alten Bilde geredet: die Vergöttlichung des Teufels«.

Der Kern des Bösen ist das Unberechenbare – also das schlechthin Neue. Hier wird die Lust am Risiko geboren. Daraus erklärt sich auch, warum Nietzsche einmal ausruft: »Auf die Schiffe, ihr Philosophen!« Denn von alters her – und zumal christlich – gilt das Meer als Sphäre bedrohlicher Ungewißheit und damit als Erscheinungsort des Bösen. Die Metapher von der philosophischen Fahrt ins Blaue des offenen Meeres macht besonders deutlich, auf welche Qualitäten Nietzsche in seiner Umwertung des Bösen zielt:

- das Jenseits der Sitten,
- das Willkürliche,
- das Unvorhersehbare,
- den Zufall,
- das Plötzliche.

Solange der Blitz in Häuser einschlug, war er ein furchtbarer Zufall, der die Furcht vor dem Zufall begründete. Seit es aber Blitzableiter und analoge Sicherungsmechanismen der Zivilisation gibt, schwindet die Angst vor dem radikalen, tödlichen Zufall. *Und was bisher Abscheu und Angst erregt hat, bildet nun das Medium raffinierter Lüste: der Zufall, das Ungewisse, das Plötzliche.* Damit aber verschwindet das Theodizeeproblem, also die große, bohrende Frage, warum Gott das Böse in der Welt zuläßt. Diese Frage stellt sich nicht mehr, wenn man die Weltübel gleichsam als *Stimulantien des Lebens* versteht. Genau das, was im christlichen Glauben das Nein zur Welt provozierte, begründet jenseits von Gut und Böse das absolute Ja und Amen. Der neue Mensch kehrt in die Wildnis der Seele, ins Herz der Finsternis zurück. Und er »genießt das Übel pur, ›cru‹, er empfindet das sinnlose Übel als das interessanteste. Hat er früher einen Gott nötig gehabt, so entzückt ihn jetzt eine Weltunordnung ohne Gott, eine Welt des Zufalls, in der das Furchtbare, das Zweideutige, das Verführerische zum Wesen gehört« (Nietzsche).

Wer auf den Rausch nicht verzichten will, muß es riskieren, vergiftet zu werden; denn alles ist eine Frage der Dosierung, des Mischungsverhältnisses von Göttlichem und Höllischem – das gilt für Rauschmittel genauso wie für die moderne Schönheit. Die alten Griechen wußten, daß es keine »bösen« Lüste gibt – allein der Gebrauch bestimmt ihren Wert. Nichts ist uns aber heute unbekannter als die wahre Mitte, das bekömmliche Mischungsverhältnis. Unsere Grunderfahrungen sind vielmehr identisch mit den Grundverfehlungen des antiken Gebrauchs der Lüste: Exzeß und Passivität.

In diesem Zusammenhang von Exzeß und Konsumorgie müssen auch die heute so heiß diskutierten Phänomene von »Sex and

Crime« verstanden werden. *Porneia* ist griechisch und heißt sowohl Hurerei als auch Götzendienst. Die Unterwerfung der Sexsklavin funktioniert offenbar als Erlösungsersatz. Daraus kann man lernen, daß es sich bei »Sex and Crime« durchaus um eine religiöse Faszination handelt – vielleicht die einzige, die es in einer scheinbar tabulosen Welt noch geben kann. Unsere These lautet also: *Die Inszenierung des Mordes und die Pornographie sind in einer restlos säkularisierten Welt Beschwörungen des verlorenen Heiligen.* Oder um es mit einem Wort des Philosophen Michel Foucault zu sagen: »Sex and Crime« sind Formen einer »gegenstandslosen Entheiligung«.

Pornographie ist Erregung – das ist trivial. Nicht trivial ist aber die Bedingung dieser Erregung, nämlich Anonymität, namenlose Körperlichkeit. Der Zuschauer beobachtet die Szene, als ob er dem faszinierenden Treiben fremder Tiere beiwohnte. Es handelt sich also nicht um ein mechanisches Funktionieren der »Sex-Machine«, wie entsetzte Kulturkritiker immer wieder mutmaßen, sondern vielmehr um »sexuellen Behaviorismus«. Die stereotypen Großaufnahmen machen dabei deutlich, daß es der Pornographie um die monströse Sichtbarkeit des Körpers und des Geschlechts geht. Pornographie ist besessen vom Realen – und das teilt sie mit den Massenmedien. Denken Sie nur etwa an das sogenannte Reality TV. Aus dieser Obsession entsteht aber nur eine Flut von kalten Zeichen und Bildern. Wenn also der Anthropologe Arnold Gehlen einmal von »Pornokratie« spricht, ist damit sehr viel mehr gemeint als nur die Herrschaft des Schmuddelsex. Der Pariser Philosoph Jean Baudrillard vermutet in diesem Zusammenhang: »Vielleicht ist der Porno im übrigen nichts als eine Allegorie, das heißt ein Wuchern der Zeichen, ein barockes Unterfangen der Übersignifikation, das ans ›Groteske‹ grenzt.«

Sie werden fragen, was das alles mit Marketing und Werbung zu tun hat. Wir meinen: sehr viel. *Sex ist die »Zweitwährung« aller menschlichen Antriebssysteme.* Sex funktioniert also ähnlich wie das Geld als Medium. Und zwar gerade deshalb, weil es in den sexuellen Beziehungen zwischen Menschen in der Regel schiefläuft. *Als Ersatz für das Fehlschlagen des Sex zwischen Mann und Frau existiert das Objekt des Begehrens.* Und die Psychoanalyse hat sehr schön deutlich gemacht, daß jedes Wunschobjekt vom Selbstbild des Begehrenden eingehüllt ist – um nichts anderes geht es ja im Narzißmus. Und das ist natürlich für Marketing und Werbung von fundamentaler Bedeutung: *Das Bild statt des Objekts hält das Begehren am Leben.* Der Marketingexperte Dean MacCannel sagt dazu:»Sex sells by modeling desire. Advertising functions to keep sexual desire alive outside of sex.« Zu deutsch: Werbung hat die Funktion, das sexuelle Begehren jenseits des Sex am Leben zu erhalten. Erinnern Sie sich, was wir im Zusammenhang mit Pornographie über den sexuellen Behaviorismus gesagt haben. Genau darum geht es hier. Sex in der Werbung – das sind die Verhaltensweisen, die man ködern kann. Sex ist mechanisch schaltbar – nämlich durch Bilder. Und das bedeutet eben für Marketing und Werbung: *Sex kann man ködern!*

Die Lust am Schrecken

Aber wir haben ja nicht nur versprochen, die Betriebsgeheimnisse des Sexus zu enthüllen, sondern in eins damit die Geheimnisse der Gewaltfaszination. Wie kommt es zu der stabilen Konjunktion »Sex and Crime«? Um das zu erklären, müssen wir die griechische Göttergeschichte ein wenig gegen den Strich ihrer humanistischen Lesart bürsten und Eros als Gott der Gewalt kenntlich machen. Wir folgen hier George Bataille. Für ihn ist Erotik »eine Wesensverletzung der Partner, die an den Mord grenzt«. Das haben auch zarter besaitete Gemüter wie der Romantiker Novalis erkannt, der schon vor zweihundert Jahren über »die Assoziation von Wollust, Religion und Grausamkeit« grübelte. Genau um diesen Zusammenhang geht es uns: *die religiöse Funktion von »Sex and Crime«.*

Seit der 68er-Bewegung hält sich unsere Gesellschaft viel auf ihre Emanzipation der Sexualität zugute. Wir meinen aber, daß es keine Emanzipation der Sexualität ohne eine Entübelung der Aggressivität geben kann. Und auch wenn Sie diese Auffassung am Ende unserer Darlegungen nicht teilen wollen, wird es Sie doch interessieren, zu erfahren, warum Gewalt heute so fasziniert. Werfen wir hierzu zunächst noch einmal einen Blick ins 19. Jahrhundert zurück. Der schon erwähnte »ästhetische Satanismus« hat das Lob des Bösen als eine neue Form der Kulturkritik etabliert. Statt *Widerspruch* lautet die subversive Parole nun: *Übertretung*.

Edgar Allan Poe hat das in seiner großartigen Erzählung *The Black Cat* deutlich gemacht. Poe weiß von einem Geist, den die Arroganz der abendländischen Vernunft bisher zu ignorieren beliebte: »the spirit of perverseness. Of this spirit philosophy takes no account.« Die Philosophen wissen nichts vom Geist der Perversion. Perversität ist ein nicht weiter auflösbares, ursprüngliches Vermögen des Menschen. Es manifestiert sich in den Wünschen, sich selbst zu quälen und das Falsche um des Falschen willen zu tun. Es geht um die Lust »to violate that which is law«. Die Lust also, das Gesetz zu brechen. Ein unschuldiges, treues Tier nicht im Affekt, sondern langsam und kaltblütig zu Tode quälen – was kann einen Menschen dazu treiben, wenn nicht »a mobile without motive, a motive not motivirt«: »The Imp of the Perverse«. Das grundlose Motiv. Es geht hier also um einen Akt der *grundlosen Zerstörung*. Und dabei genießt sich der Geist der Perversion in dem Bewußtsein, eine Todsünde zu begehen: »A deadly sin that would so jeopardize my immortal soul as to place it – if such a thing were possible – even beyond the reach of the infinite mercy of the Most Merciful and Most Terrible God.« Eine Todsünde, die meine unsterbliche Seele so sehr gefährden würde, daß sie selbst von der unendlichen Gnade des allmächtigen Gottes nicht mehr erreicht werden könnte...

Die von Poe in Worte gefaßte Grundstruktur der Gewaltfaszination wird hier sehr deutlich: *Das Böse ist das Verbotene, der Genuß liegt in der Übertretung und der Schrecken steigert den Reiz.* Und besonders aktuell an Poes Geschichte ist, daß sich die Gewalt von jeder Begründung emanzipiert hat. Die sozialpsychologische Deutung grundloser Gewalt liegt auf der Hand: Ein Begehren, das keine Anerkennung findet, schlägt um in die Zerstörung des anderen. Zerstörung ist nämlich eine fundamentale Art, sich zum Herrn zu machen. Doch das wollen wir hier auf sich beruhen lassen, denn uns interessiert, warum die Bilder der grundlosen Gewalt andere faszinieren.

Abstrakte Kriminalität, Polizeiwidrigkeit um ihrer selbst willen, ist ein Ideenersatz, das Andere der Norm. Gerade wenn einer Gesellschaft die Ideen ausgehen, wird die Figur des Verbrechers besonders interessant – er weckt den Sinn für Normen. Flagrant wird das am Mord, ohne den kein Krimi auskommt. Der Mord ist der *reine* Tabubruch. Er gewinnt dadurch eine unwiderstehliche Faszinationskraft, weil gerade unsere rationale, wissenschaftliche Zivilisation kein Prinzip angeben kann, das das Gebot »Du sollst nicht töten« stützen würde. Es wiegt schwer, wenn sogar untadelige kritische Geister wie Max Horkheimer und Theodor Adorno von der »Unmöglichkeit sprechen, aus der Vernunft ein grundsätzliches Argument gegen den Mord vorzubringen«. Wenn aber religiöse und ethische Standards nicht mehr zu greifen sind, ästhetisiert sich das Problem sehr schnell. Und heute macht jeder Krimi die Probe auf Thomas de Quinceys Formel »Mord als schöne Kunst betrachtet«. Das Böse und das Schöne verschränken sich im Augenblick zur Aura der Vernichtung. Nietzsche meinte ja schon vor hundert Jahren, die Welt sei nicht mehr theologisch, sondern nur noch ästhetisch zu rechtfertigen. Die Krimis nehmen Nietzsche heute beim Wort und überprüfen seine Weisheit am Ernstfall des absoluten Tabubruchs. Die Darstellung des Mordes ist der Härtetest jener ästhetischen Rechtfertigung der Welt.

Die Notsüchtigen

Und damit sind wir bei Film und Fernsehen. Sie operieren beide mit der Lust an der Unlust. Das ist aber – bei Kant kann man es nachlesen – charakteristisch für die Erfahrung des Erhabenen. Deshalb meinen wir: *Der Horror ist die Massenkommu-nikation des Erhabenen.* Das bedarf der näheren Erläute-rung.

Gehen wir zunächst einmal davon aus, daß Massenmedien Wünsche erfüllen – oder dies doch wenigstens versprechen. Aber welcher Wunsch wird da eigentlich erfüllt? Unsere These lautet hier: *Massenmedien befriedigen ersatzweise die in unserer Zivilisation freigesetzte, vagabundierende Aggressionslust.* Wir sollen ja Kosmopoliten in der *einen* Welt sein, deren Kernländer schon im ewigen Frieden zu leben scheinen. Nur im Spielfilm darf man noch zwischen Freund und Feind unterscheiden. Nur im Sport darf man noch siegen. Und auch der »mündige Bürger«, der sich täglich durch Nachrichtensendungen über die Übel der Welt informiert – und, wie wir wissen, nur das Üble, Böse hat »News Value« –, ist fasziniert vom Erhabenheitseffekt des Fernsehens: Man kann durch einen Schirm geschützt Katastrophen betrachten. Die Medien präsentieren den Alltag des Schreckens, den Weltbürgerkrieg als Fernsehserie. Hans Magnus Enzensberger bemerkt hierzu: »Wen der Terror der Bilder nicht zum Terroristen macht, den macht er zum Voyeur.«

Technische Medien schützen uns vor der Direktheit der Sinneswahrnehmung. Und so bieten uns die Massenmedien in ihren Nachrichtensendungen eine geschützte Weltwahrnehmung. *Hinter diesem Schirm geborgen wird uns der Schrecken zur Lust.* Seriöse Fernsehsendungen liefern uns Gewaltberichte frei Haus – natürlich unter dem Vorwand der Abscheu vor Gewalt. Damit wird aber nicht ein Informationsbedürfnis befriedigt, sondern *ein Katastrophenwunsch* erfüllt. Wir Fernsehzuschauer sind die »Notsüchtigen«. Und der Bildschirm ist die Wand, an die wir das Unglück der anderen malen. In einem Aphorismus der *Fröhlichen Wissenschaft* notierte Nietzsche ungemein hellsichtig: »Not ist nötig! Daher das Geschrei der Politiker, daher die vielen falschen, erdichteten, übertriebenen ›Notstände‹ aller möglichen Klassen und die blinde Bereitwilligkeit, an sie zu glauben. Diese junge Welt verlangt, von außen her solle – nicht etwa das Glück – sondern das Unglück kommen oder sichtbar werden;

und ihre Phantasie ist schon voraus geschäftig, ein Ungeheuer daraus zu formen, damit sie nachher mit einem Ungeheuer kämpfen könne.«

Die Frage, warum wir uns am Unglück der anderen ergötzen, ist alt. Schon Lukrez bemerkte (*De rerum natura* II 2), es sei süß, »des anderen mächtige Not vom Lande zu schauen«, weil man eben im Augenblick des Zuschauens vor diesen Leiden und Gefahren sicher ist. Die Götter der alten Welt sind offenbar als Zuschauer des sinnlosen Leidens erfunden worden. Sie haben Spaß an der Grausamkeit des Zufalls, der den Menschen mitspielt. An die Stelle der antiken Götter sind heute die Zeitungsleser und Fernsehzuschauer getreten: »Leiden-sehn tut wohl«, sagt Nietzsche. *Wir betrachten heute die Katastrophen der Welt, als ob wir die unbetroffenen Götter der Antike wären.*

Und gerade diese unbetroffenen Zuschauer sind dann das willige Publikum von Betroffenheitsdarstellern, die sich in Kommentaren und Talk-Shows zu Anwälten des Weltleids stilisieren. So entsteht die Illusion der Weltverantwortung. Doch stabile Ferninteressen gibt es eben nur in einer Medienwirklichkeit. Und ein Weiteres kommt hinzu: Die inszenierte Betroffenheit läßt sich trefflich gegen die eigene Gesellschaft wenden. Schon vor Jahrzehnten hat der Soziologe Helmut Schelsky diese Propagandatechnik des »geborgten Elends« analysiert: Der Fernsehimport des fernen Elends – sei es nun Somalia, Bosnien oder Tschetschenien – wird als Dekadenzsymbol der eigenen Gesellschaft inszeniert.

Solchen Katastrophenbetrachtungen und Betroffenheitsdarstellungen kommt die Sendestruktur der Massenmedien entgegen. Sie sind, genau wie die Politik, auf Harmonie fixiert – gerade weil sie von Streit und Konflikt leben. Sie brauchen dringend das, was zu fürchten sie vorgeben: den Streik, den Rücktritt, den Skandal, die Katastrophe. Das ist das Diabolische, Entzweiende, Verfeindende. *Das Böse macht den Unterschied, der zählt: Bad News.*

Störer und Parasiten

Im Paragraph 4 des Ersten Buches der *Fröhlichen Wissenschaft* entwickelt Nietzsche ein interessantes Bild: Die gesellschaftliche Ordnung droht einzuschlafen. Die guten Menschen beackern ständig das gleiche Feld – und dadurch verliert die Produktion immer mehr an Qualität. Deshalb muß es Menschen geben, die entzünden, wecken und irritieren – Menschen, die mit der »Pflugschar des Bösen« die verbrauchte Erde auflockern, die soziale Ordnung erfrischen. Sie haben Lust am Risiko, an der Innovation. Damit stören sie natürlich die Sicherheitsbedürftigen auf – und geraten in Verruf. Nietzsche resümiert deshalb: »Das Neue ist unter allen Umständen das Böse, als das, was erobern, die alten Grenzsteine und die alten Pietäten umwerfen will.« *Das Böse ist also das Inkognito des Unvorhergesehenen, Ungewohnten, noch Unbestimmten, wahrhaft Neuen.* Oder um es noch einmal mit Nietzsches Deutlichkeit zu sagen: »Was ist das Böse? Dreierlei: der Zufall, das Ungewisse, das Plötzliche.«

Der Böse ist der gute Geist der Möglichkeiten, der stets verneint und widerspricht, weil er allem Starren entgegengesetzt ist. Nur der Stachel des Bösen schützt die Menschengeschichte vor posthistorischer Erstarrung. »Dies ist die eigentliche philosophische Idee des Satan.« Ohne ihn, sagt schon der idealistische Philosoph Schelling, würde »die Welt einschlafen, die Geschichte versumpfen«.

Der oder das Böse ist also der Geist der Differenz. Biblisch ist ja das Wissen böse – und das bestätigt unsere Überlegung. Denn Information ist per Definition immer Information von Neuem und damit Differenz. Wenn aber das Wissen böse ist, dann muß die Begierde nach Neuem, eben die Neugier, eine Sünde sein. Und genau so hat das die christliche Kirche auch gesehen. Sehr schön spricht Nietzsche hier einmal von der »Infektion des Neuen«. Man muß sich deshalb beim Ruf nach Innovation immer vor Augen halten: *Das Neue war ursprünglich das Böse und trägt auch heute noch dessen Spur.* In einem System tritt das Böse als Störung auf; das Neue erscheint zunächst als parasitärer Lärm.

Mit anderen Worten: *Die Innovation hat die Gestalt eines aufsässigen Parasiten.*

Das Neue stört das reibungslose Funktionieren. Und nun muß sich der unternehmerische Geist in dem fabelhaften Mut bewähren, die Störung als Nahrung, den Parasit als Ressource zu behandeln. Der erfolgreiche Unternehmer weiß, daß das Neue, das dem Sklaven des Systems als böse erscheint, in Wahrheit genau die nahrhafte Störung ist, die das Unternehmen jetzt braucht. Ganz analog gilt: Das Schöne ernährt sich vom Häßlichen, das Gute vom Bösen, die Erkenntnis ernährt sich vom Irrtum, die Tradition vom Fortschritt und die Ordnung ernährt sich vom Chaos. Auf eine Formel gebracht: »Order from Noise«. *Das »Böse« ist eine Art Schutzimpfung des Systems gegen die Gefahren der Langeweile, Erstarrung und Entropie.*

Wir müssen also lernen – und hier empfehlen wir die Lektüre der Werke Michel Serres –, über Parasiten umzudenken. Denn *Evolution gibt es nur durch Störer.* Der Parasit irritiert das System und zwingt es dazu, sich neu zu konfigurieren. Nur so kann eine Firma marktsensibel und innovativ werden. Erfahrungen sind nämlich nichts anderes als Störfälle auf dem Monitor der Erwartungen. Vom diesem Sachverhalt lebt ein ganzer Berufszweig – und zwar nicht schlecht. Gemeint sind die Unternehmensberater. Wer als Manager jemals an einem Symposion zur Unternehmensführung, an einem »Trend-Tag« oder »Future Summit« teilgenommen hat, weiß, daß man dort auf konkrete Fragen keine Antworten bekommt. Unternehmensberatung funktioniert nämlich ganz anders. Ein Management-Guru, nennen wir ihn N. N. oder G. G., ist ein Parasit: Er irritiert und erregt – ohne daß es um konkrete »Inhalte« ginge. Unternehmensberatung hat daher nicht primär *Take-Home-Value.*

Unternehmensberatung ist eine Profession, die ihren Klienten allererst konstituiert – nämlich die marode Firma. So wie der Arzt den Kranken definiert. Das Honorar des Unternehmensberaters ist so überhöht wie das des Psychoanalytikers – und das ist für den therapeutischen Erfolg wichtig. »Kassenanalyse« funktioniert nicht, denn da fehlt der Druck, der Psychozwang des

Geldes. An den eigenen Zensurmechanismen zu arbeiten tut weh
– und dazu ist man nur bereit, wenn die investierte Zeit bares
Geld ist. Und ein Weiteres kommt hinzu: Psychoanalytische Sitzungen »enttäuschen« den Patienten – und das müßte eigentlich
auch für Unternehmensberatungen gelten. Denn erinnern Sie
sich: Wir sagten ja, daß Erfahrungen Störfälle auf dem Monitor
der Erwartungen sind. Wenn also ein Unternehmensberater die
in ihn gesetzten Erwartungen erfüllt, heißt das: Er hat den Narzißmus des Managements bedient! Die begeisterte Zustimmung
zur neuesten Managementphilosophie ist ein untrügliches Zeichen dafür, daß alles beim alten bleibt. Denn jede »richtige Aus-
kunft« enttäuscht.

Betrachten wir das Treiben von Management und Unternehmensberatung einmal von außen. Es handelt sich im Kern um
Beobachtungsverhältnisse, man könnte auch sagen: eine Stufenfolge böser Blicke.

● Der Manager stört den Betrieb.
● Der Unternehmensberater delegitimiert das Management.
● Der Managementtheoretiker entlarvt den Unternehmensbe-
  rater als Guru!

Es geht hier stets um den Einbau einer Beobachtung zweiter
Ordnung ins Unternehmenssystem. Die eigentliche Funktion
des erfolgreichen Managers läßt sich nur als seltsame Schleife im
Sinne von Douglas Hofstadter beschreiben: »Something *in* the
system jumps out and acts *on* the system, as if it were *outside* the
system.« Ein Element innerhalb des Systems bezieht sich so auf
das System, als ob es außerhalb des Systems wäre. Sobald dem
Manager dieses Kunststück nicht mehr gelingt, ruft man den
Unternehmensberater.

Man kann diese Zusammenhänge auch als Stufenfolge parasitärer Verhältnisse deuten:

● Die Produktion kann sich nicht selbst koordinieren – deshalb
  gibt es Manager.

- Die Kontrolleure können nicht finanzieren – deshalb gibt es Aktionäre und Banken.
- Diese Unfähigkeiten und blinden Flecke kann man als wunde Punkte deuten – deshalb gibt es Unternehmensberater.

Der Gegenstand der Unternehmensberatung ist der blinde Fleck eines Unternehmens. Und um eine Metapher mit einer anderen zu erläutern: Der blinde Fleck ist »die Leiche im Schrank«. Wenn sie von außen entdeckt wird, erscheint diese Entdeckung als *guter Rat.* Wenn dieselbe Beobachtung aber von einem Mitglied des Systems gemacht wird, erscheint sie als *Störung.* Dirk Baeckers Frage weist deshalb ins Zentrum des Problems: »Brauchen wir eine Unternehmenskultur, in der man sich seinen guten Ruf als Störenfried und Spielverderber erwirbt?« Wir meinen: ja.

Auf Spielverderber treffen Unternehmen ja allerorten. Der Aktionär ist der natürliche Feind des Managers – innen. Und der Kunde ist ein notwendiges Übel – außen. In der bereits zitierten Titelgeschichte des *Spiegel* »Störenfried Kunde« vom 27. 6. 1994 bemerken Jan Fleischhauer und Hans-Jörg Vehlewald sehr zutreffend: »Der Kunde steht im Mittelpunkt und damit im Weg.« Mit seinen Sonderwünschen und Reklamationen steht der Kunde nämlich einem reibungslosen Vollzug des Handels im Weg; er irritiert das Angebot. Und nun liegt für ein erfolgreiches Unternehmen alles daran, diese Störungen als hilfreiche Informationen zu interpretieren – nämlich als Informationen darüber, wie Service den entscheidenden Mehrwert eines Produkts schaffen kann. Das bedeutet aber, daß *der protestierende Kunde die wichtigste Informationsquelle für ein Unternehmen ist! Eine Organisation, die ihre eigene Entwicklungslogik versteht, ist für jede Beschwerde dankbar.* Deshalb die Vordrucke in den Hotelzimmern, denen wir anvertrauen sollen, was uns nicht gepaßt hat. Und jeder Gastronom sollte froh sein, hin und wieder auf Kunden zu treffen, die auf die rituelle Frage, ob es denn geschmeckt habe, nicht mit »Ja, wunderbar« antworten. Der Vorstand der Deutschen Bahnen, Heinz Neuhaus, hat diesen

Zusammenhang auf eine prägnante Formel gebracht: »Im Grunde sind Reklamationen ja kostenlose Marktforschung.«

Reklamationen als Schlüsselinformationen zu verstehen heißt aber im Grunde nur, aus Fehlern zu lernen. Allerdings mit der charakteristischen Akzentuierung, daß nur Fehler jene Lernprozesse in Gang setzen, die es einem Unternehmen ermöglichen, die Turbulenz der Märkte zu überleben. Tom Peters fordert deshalb Organisationen auf, schneller Fehler zu machen. »Action calls for the bold embrace of failure.« Um handlungsfähig zu sein, muß man Fehler nicht einfach nur ertragen, sondern geradezu umarmen. Das ist mehr als nur ein guter Witz. *Denn jeder Fehler gibt einem System die Chance, sich selbst kennenzulernen* – mit George Spencer Brown könnte man von einem »Re-Entry«, einer Wiedereinführung der Ungewißheit in die Gewißheit der Organisation sprechen.

Nun werden Sie vielleicht fragen, wieso ausgerechnet *Ungewißheit* bei der Orientierung auf turbulenten Märkten hilfreich sein sollte. Die Antwort ist einfach. *In einer Zeit, in der es zur Selbstverständlichkeit geworden ist, daß nichts mehr selbstverständlich ist, markieren Gewißheiten Sackgassen.* Die Probleme von heute sind ja deshalb so schwer zu erkennen, weil sie aus den Problemlösungen von gestern entstehen. Die Krise von heute ist so schwer zu enträtseln, weil sie aus dem Erfolg von gestern resultiert. Das Problem der Probleme ist also: Niemand wagt Fehler!

Dieses Problem entsteht gleichsam von selbst, genauer gesagt: aus der Differenz von innen und außen. Die Innenperspektive einer Organisation, zumal der faszinierte Blick auf die Zahlen, verstellt den Blick auf die Umwelt, den Auftrag und den Kunden. Und daraus definiert sich die wichtigste Aufgabe des Managers, die er dann aber meist dem Unternehmensberater überläßt – nämlich die Unterscheidung Unternehmen / Umwelt wieder ins Unternehmen einzuführen (»Re-Entry«). Statt immer nur harmoniesüchtig vom Dialog mit dem Kunden zu schwärmen, sollte sich der Manager klarmachen, daß es vor allem darum gehen muß, den Unterschied zwischen Firma und

Markt, Firma und Kunden in der Organisation selbst zu repräsentieren. Im Klartext: *Manager müssen Unruhestifter sein.* Statt Friede, Freude und Eierkuchen – »Order from Noise«. Also Irritationen nach innen, Ordnungsangebote nach außen. Menschenfreundlichkeit schadet dem Unternehmen; dann werden Probleme unbenennbar, ja unsichtbar.

Schöpferische Zerstörung

Vielleicht lassen sich die hier skizzierten Anforderungen selbstverantwortlichen Unternehmern leichter klarmachen als angestellten Managern. Denn der Unternehmer ist zu Beginn seines Geschäftes als »Fremder« auf dem Markt aufgetreten, hat etwas »Neues« gebracht und hat deshalb auch einen Sinn für den entscheidenden Unterschied. Kurzum, mit dem Unternehmer kommt eine Intelligenz ins Spiel des Marktes, an das kein Verwaltungswissen heranreicht. So bemerkt Max Weber in *Wirtschaft und Gesellschaft*: »Der kapitalistische Unternehmer ist die einzige wirklich gegen die Unentrinnbarkeit der bureaukratischen rationalen Wissensherrschaft immune Instanz.« Der Urahn des Unternehmers war der Abenteurer, der Glücksritter. Und noch heute ist das Risiko des Bankrotts die moralische Legitimation seines Profits. Der Unternehmer ist als Wirtschaftsrevolutionär ein Parvenü und Homo novus, das bedeutet, er ist frei von Bindung und Tradition. Man kann es auch so formulieren: *Der Unternehmer spaltet die Zukunft von der Herkunft ab.* Er hat »das Gehirn, das zuerst in der Lage war und Anlaß hatte, Beefsteak und Ideal auf gemeinsame Nenner zu bringen« (Schumpeter). Nun haben wir bereits gesehen, daß das Böse der Gegensatz des Herkömmlichen ist – genau wie der freie Geist. Im Sinne unserer vorangegangenen Überlegungen könnte man also sagen: Der Unternehmer ist der »Böse«. Er weiß um die Notwendigkeit der schöpferischen Zerstörung – wir kommen gleich darauf zurück.

Wir sagten gerade, mit jedem Unternehmer betritt ein

»Fremder« den Markt. Oder, um es etwas weniger poetisch aus-
zudrücken: *Ein Unternehmen muß aus der Wirtschaftswelt her-
austreten, um sich in ihr zu konstituieren.* Das heißt aber, daß
der erste Schritt, mit dem sich ein Unternehmen erfolgreich etabliert, kein wirtschaftlicher sein kann. Hier braucht man den
Mut, gegen den Strich der ökonomischen Vernunft zu operieren.
Und davon weiß die Betriebswirtschaftslehre nichts. *Wer erfolgreich in der Wirtschaft sein will, muß einmal den Mut zum
Sprung aus der Wirtschaft heraus haben. Das ist das Arkanum
des Unternehmers.* Dirk Baecker bemerkt in seiner glänzenden
Analyse der Unternehmensform zu Recht: »Die Betriebswirtschaftslehre setzt genau dort an, wo sich das sich von der Wirtschaft unterscheidende Unternehmen wieder auf die Wirtschaft
zurückbezieht.«

Wirtschaftliche Innovation nennen wir mit Joseph Schumpeter die »Durchsetzung neuer Kombinationen«; es handelt sich
also um eine »Andersverwendung« der Produktionsmittel – das
Neue bringt eine Störung ins System. Innovativ produzieren
heißt also immer: »anders kombinieren«. Und neue Kombinationen durchzusetzen definiert die Funktion des Unternehmers.
Überall, wo es etwas Neues gibt, entsteht Führungsbedarf. Die
»Einpassung« des Neuen vollzieht sich dann vor allem in Phasen
der Rezession.

Wohlgemerkt: Der Unternehmer ist nicht der, der neue Kombinationen erfindet, sondern der sie durchsetzt. Man kann sich
diesen Unterschied am Verhältnis der Apple-Begründer Wozniak
und Jobs sehr schön deutlich machen. Steve Jobs, den Macher,
kennt alle Welt. Aber wer ist Wozniak? Das ist der vergessene
Erfinder jener neuen Kombinationen. Schon Schumpeter sagte:
»Der neuen Möglichkeit und nur der neuen Möglichkeit gegenüber entsteht die spezifische Führeraufgabe« – nämlich die Ver-
lebendigung von Möglichkeiten.

1942 erschien *Capitalism, Socialism and Democracy* von
Joseph Schumpeter. Das grandiose 7. Kapitel dieses Werkes ent-
wickelt den Schlüsselbegriff der »schöpferischen Zerstörung«.
Dieser Begriff ist hier jedoch keineswegs kritisch gemeint.

Schumpeter spricht vom »ewigen Sturm der schöpferischen Zerstörung«, der das Wesen des Kapitalismus ausmacht. Über allem wirtschaftlichen Handeln liegt die disziplinierende Drohung der Konkurrenz. Und zwar geht es hierbei nicht um Preis oder Qualität, sondern um »die Konkurrenz der neuen Ware, der neuen Technik, der neuen Versorgungsquelle, des neuen Organisationstyps«.

Peter F. Drucker, der große alte Mann der Managementphilosophie, hat im Grunde nichts anderes getan, als die Schumpetersche Zerstörungstheorie fortzuschreiben und zuzuspitzen: »Innovation begins with abandonment. It's not what you start, it's what you stop that counts.« Zu deutsch: Innovation beginnt mit der Abschaffung des Vertrauten. Was zählt, ist, womit man Schluß macht. Die größte Gefahr eines Unternehmens ist demnach der vergangene eigene Erfolg – er wird ihm zur Zwangsjakke. Daher: *Gerade das Gute, Gelungene ist oft die Mauer, die uns von der Zukunft trennt.* Mit anderen Worten, der *heutige* Erfolg steht dem *zukünftigen* Erfolg im Weg. Karl Weick hat das durch folgende Zauberformel präzisiert: »Adaption precludes adaptivity.« Wer sich einer Situation anpaßt, ist gerade dadurch nicht mehr anpassungsfähig. Je besser es läuft, desto geringer wird die Fähigkeit, sich an das Unvorhersehbare zu assimilieren. Gerade die Effektivität eines Produktionsprozesses vergrößert den »blinden Fleck« einer Firma.

Die große Frage lautet also: Wie kann sich eine Organisation auf Innovation und ständigen Wandel programmieren? Das würde für eine Firma bedeuten, die Lebensdauer ihrer Produkte nicht von der Konkurrenz abhängig zu machen, sondern sie selbst aus eigenem Antrieb heraus zu verkürzen. Das heißt zugespitzt: *Eine Firma, die Innovation organisieren will, muß die eigenen Produkte systematisch »abschaffen«.* Und da steht die emotionale Bindung an die bewährten Produkte natürlich im Weg. Aber nur solange man Marktnischen innovativ, und das heißt eben auch als erster, bedienen kann, gibt es Profite – unter Wettbewerbsbedingungen gibt es dann nur noch Produktkosten. Kurzum, die Organisation einer zukunftsfähigen Firma ist eine systematische Desorganisation; Stabilität erreicht sie nur durch Destabilisierungen. »It must be organized for systematic abandonment of the established, the customary, the familiar, the comfortable« (Drucker). *Das Etablierte, Vertraute, Bequeme ist die größte Gefahr eines Unternehmens.* Hier kann nur Destruktivität kreativ wirken. Das ist das »Peter-Drucker-Paradoxon« der Selbsterhaltung durch Selbstzerstörung.

Übrigens, auch in diesem Zusammenhang erweist sich der beliebte »Dialog mit dem Kunden« als Sackgasse des Marketings. Daß Kunden spontan neue Bedürfnisse entwickeln, auf die sich die Wirtschaft einstellen muß, ist ein Mythos. Joseph Schumpeter hat das einmal in aller wünschenswerten Deutlichkeit ausgesprochen: »Neue Bedürfnisse werden den Konsumenten von der Produktionsseite her anerzogen.« Das könnte man von Sony, Sega und Nintendo lernen.

3

Der Glücksfaktor

Vichy: Morgen, Durchlaucht! Frühling!
Polowetter!
Gerolstein: Aber die Austern werden fade,
es gibt kein reines Glück.
Gottfried Benn, *Etappe*, 5. Szene

Man darf heute vieles sein in unserer postmodernen Welt: Couch-Potatoe, Workaholic, fundamentalistisch, sado-masochistisch, buddhistisch, transsexuell, drogenabhängig oder republikanisch. Nur eines nicht – neidisch. *Neid ist ein Supertabu unserer Gesellschaft.* Wir stehen hier vor einer echten soziologischen Paradoxie: Von Neid darf nicht gesprochen werden – gerade weil er eine der mächtigsten psychischen Antriebskräfte der westlichen Kultur ist. Um so besser lassen sich Geschäfte mit dem Neid machen – in der Werbung nicht anders als in der Politik. Der Wahlkampfbegriff des »Besserverdienenden« operiert ebenso schamlos mit dem Neidtabu wie die Rover-Werbung: »Shock your neighbour!«

Man spürt die Schärfe dieses Tabus, wenn man sich und anderen vor Augen führt, daß auch der scheinbar so selbstverständliche Anspruch »sozialer Gerechtigkeit« einer Politik des Neids entspringt. Kein Mißverständnis bitte: Das ist kein Plädoyer gegen Sozialpolitik. Wir weisen nur darauf hin, daß ihre Implementierung nichts mit Gerechtigkeit zu tun hat.

Zu Recht hat die Zeitschrift *Focus* eine Titelgeschichte (42/1994) der *Neidgesellschaft* gewidmet. *Der verdrängte Neid schafft sich Luft in der Attacke auf Symbole des sozialen Unterschieds* – Mercedes-Sterne pflücken ist da noch die lustigste Form. Man könnte sagen: Unser gesellschaftliches System ist selbst eine Art Schule des Neids. Man lernt hier systematisch, sich als Unterprivilegierter zu verstehen: als Frau, als Farbiger, als Senior, als Homosexueller, als Buddhist, als dickleibig oder häßlich. Ich bin benachteiligt, also bin ich. Was geschieht hier eigentlich? Der Neider beobachtet das Glück der anderen – genauer gesagt: den Glamour, der als Symbol des Glücks erfahren wird – und begreift es nicht als Ausdruck von Tüchtigkeit, sondern als Beweis der eigenen Benachteiligung, die nach gesellschaftlicher Kompensation verlangt. Sein Bild des Glücks ist aus dem Neid geboren.

Der Tourist auf Sinnsuche

Wir sagen nicht, daß dieses Bild des Glücks falsch ist; es ist vielmehr *ein* Bild neben anderen. Aber es fragt sich, ob es überhaupt einen sinnvollen Gebrauch dieses Wortes gibt. Das ist deshalb von allergrößter Bedeutung, weil uns Soziologen heute glaubhaft darstellen können, daß »Glück« den »Sinn« als Letztorientierung des Lebens verdrängt hat. Heiner Barz konstatiert: »Das persönliche, private Glück ist zur letzten Instanz geworden.«

Man kann also sagen: *Glück gilt heute als höchster Zielwert.* Es ist aber durchaus möglich, daß sich dieser Wert überhaupt nicht konkretisieren läßt. Und gerade dann wäre er für Marketing und Werbung von höchstem Interesse. Denn wenn es Glück nur im Märchen gibt, müssen eben Märchen für den Markt erzählt werden. Marketing und Werbung, die mit dem »Glücksfaktor« rechnen wollen, werden dann zur Fantasy-Story. Der moderne Markt lebt nämlich davon, daß es das gesuchte Glück nicht gibt und daß es doch immer wieder beschworen werden kann. Denn an glückliche Menschen kann man nichts verkaufen – man sagt ja: wunschlos glücklich. Sehen wir also näher zu.

Vereinfacht läßt sich sagen: *Kunden betreten den Schauplatz des Marktes nicht, um Bedürfnisse zu befriedigen, sondern um Glück zu kaufen.* Flagrant wird das im Tourismus. Verkauft wird die Reise als Königsweg zum Glück. Die Sache ist dabei gerade einmal zweihundert Jahre alt. Um 1800 – nicht zufällig auch die Geburtsstunde der Romantik – wird der Tourist geboren. Was soll das heißen? Mit der Reise verfolgt man nun keine Absicht mehr, sondern man reist, um zu reisen. Die Reise wird also selbstbezüglich und zweckfrei. Und so kann 1805 mit dem Badischen Hof das erste moderne Hotel entstehen.

Die selbstbezügliche Reise dreht sich um das Erlebnis. Und die Reinform des Erlebnisses ist natürlich das Abenteuer. Heutzutage ist ganz klar zu sehen, welches Produkt die Tourismusindustrie verkauft: das Abenteuer als Präparat. Man muß kein Ritter oder englischer Lord mehr sein, um die Thrills der Ferne zu erleben. *Tourismus ist die Demokratisierung des Abenteuers; das abenteuerliche Herz wird durch Massenartikel befriedigt.* Und das verändert unser Bild von der Welt radikal. Die touristische Reise ist ja kein Erfahrungskontinuum, sondern sie ist zu einer Serie von Sehenswürdigkeiten modularisiert. Im Urlaub erfährt man die ferne Welt nicht als Fremde, sondern als Reproduktion.

Und man riskiert auch längst keinen Kulturschock mehr, wenn man das Territorium der westlichen Zivilisation verläßt. Auch im afrikanischen Busch gibt es ein Sheraton, McDonald's erwartet uns auch in Peking, und auch im brasilianischen Regenwald verkündet ein Goethe-Institut europäischen Geist. Deshalb sind Last-minute-Flüge so attraktiv; wenn Fuerteventura ausgebucht ist, fliege ich eben in die Dominikanische Republik – das eine ist so »vertraut fremd« wie das andere. Urlaub ist, wo der Welttourismus noch Plätze frei hat. Man reist nicht mehr nach Italien, sondern in den Süden, genauer gesagt: in die Sonne, nach Nicht-Deutschland. Wo das Urlaubsziel dann liegt, ist zweitrangig. Man ist ohnehin nur so kurz da, daß es sich gar nicht erst lohnt, einen Reiseführer mitzunehmen. Und der Unterschied zwischen Gran Canaria und Rhodos ist gerade so groß wie der zwischen Adidas und Nike. Man kann es auch so sagen: *Die Unterschiede zwischen Kulturen werden als touristische Werte vermarktet.*

Der vor zweihundert Jahren »geborene« Tourist war der erste Konsument, der unmittelbar in die Produktion einer Industrie eingegriffen hat – Alvin Toffler würde sagen: der erste »Prosumer«. Seither hat sich der Tourismus zur »Industrie von Glück und Sinn« mit unglaublichen Wachstumsraten entwickelt. Denn wer hat schon noch den Nerv, nicht in Urlaub zu fahren – und zwar mehrfach im Jahr. Nüchtern betrachtet muß man sagen: Die Dienstleistung eines Reisebüros ist ein *Glückszwangsangebot*. Und die Ferien haben sich rasant vom Pol der Muße und Erholung zum Pol von Streß und Erlebnis hin verlagert.

Weil wir uns unter Freiheit heute nichts anderes mehr vorstellen können als die Fülle der Möglichkeiten, muß es auch im Urlaub viel zu tun geben. Die Tourismusindustrie zielt deshalb auf den »multioptionalen Urlauber« – so die ausgezeichnete Formulierung des Leiters der NUR-Marktforschung Waldefried Zucker-Stenger. *Die Ware Freizeit ersetzt die wahre Freiheit.* Statt der Erfüllung bekommt man die gedrängte Fülle. Wir haben es hier mit handfesten Paradoxien zu tun: Entspannung auf Befehl, Erlebnisstreß als Warenform der Muße. Und an diese Action-Welt wendet sich heute auch das sogenannte Event-Marketing. »Move!« heißt es neuerdings bei Camel. »Just do it!« sagt Nike lapidar.

Es war ein Ereignis! Es war ein Erlebnis! Das ist das Unisono von Urlaubern, Konzertbesuchern, aber auch von Topmanagern, die gerade bei ihrem Guru die Zukunft meditiert haben. Warum besteht man heute eigentlich so hartnäckig darauf, etwas erlebt zu haben? Wir vermuten: *Die Rückseite des Erlebnisses ist das Versäumnis.* Die Verwandlung des Lebens in *Events* ist aus der Angst geboren, etwas zu verpassen – deshalb auch die Angst vor der Untätigkeit. Wir meinen das gar nicht kulturkritisch. Vielmehr spricht einiges dafür, daß Menschen gar nicht anders können. Denn schon rein neurologisch gilt: *Sein ist Erregtsein, Lebendigkeit ist Reizbarkeit.* Der Feind des Gehirns ist die Langeweile. Daher die eminente Bedeutung von Sport, Hobby, Sex, Drogen, Musik – und eben Reisen. Als ultimative Droge gegen die Angst, etwas zu versäumen, gilt heute das präparierte Abenteuer. Und hier spitzen sich alle Paradoxien der Freizeitindustrie entscheidend zu. Denn Abenteuertourismus heißt nichts anderes als: *Zivilisationsflucht als Spitzenprodukt der westlichen Zivilisation.*

Die eigentliche Dienstleistung der Tourismusindustrie ist ein Kalkül des Glücks. Daß es meistens ausbleibt, ertragen wir genauso geduldig wie die Nieten in der großen Tombola. Und immer wieder füllen wir unseren Lottoschein aus; und immer wieder buchen wir die Traumreise. Der Kultursoziologe Gerhard Schulze bemerkt hierzu: »Schöne Gefühle sind der Sinn des Lebens, und Urlaub ist radikalisierte Sinnsuche.«

Glück als Umbrella Term

Glück ist offenbar ein »Umbrella Term« und ein Black-box-Begriff zugleich. Das heißt, es handelt sich um ein Wort, das wie ein riesiger Schirm über den heterogensten Erfahrungen und Illusionen aufgespannt wird; ein Wort, das wie eine schwarze Schachtel von Hand zu Hand geht, ohne je geöffnet zu werden. Man rätselt dann darüber, was wohl darinnen sei, und nennt das zum Beispiel Ethik. So gibt es unzählige Definitionen des Glücks, und kein bedeutender Schriftsteller kann es sich hier leisten, dem Thesaurus der Glückszitate keinen Tribut zu zollen.

Daraus folgt zweierlei. Es wäre, erstens, kindisch, nach 2500 Jahren Abendland noch eine neue Definition des Glücks zu versuchen. Und, zweitens, was auch immer man vom Glück denken mag – man kann sicher sein: Irgend jemand hat es schon gesagt. Was kann man also anderes tun, als zitieren, fragen Sie sich? Nun, man kann das Problemfeld durch Zitate abstecken; man kann prüfen, ob es Unterschiede im Gebrauch des Begriffs gibt. Man kann etwa fragen: Gibt es eine Familienähnlichkeit des Glücks?

Etymologisch meint Glück das »zufällige Zusammentreffen«. Jeder kennt das: Man fährt einmal mit der verhaßten Bundesbahn in eine Stadt, in der man noch nie war, und trifft im rätselhaft leeren Abteil auf die künftige Ehefrau, die diese Strecke zum letztenmal fährt. Diese Ehe hängt also, wie modern jede, vom Zufall – oder schöner gesagt: vom Schicksal – ab. Genau das ist Glück. Doch wohlgemerkt: In seiner Urform als Schicksal kann Glück zum Guten wie Bösen ausschlagen. Auch Unglück ist ein Glück; womöglich *a blessing in disguise*. Und in der Tat kann man etwa im Englischen eine Unterscheidung im Glücksbegriff selber anbringen: *good luck/bad luck*. (Im Deutschen leistet dies das Präfix »un«, das aber neben der Negation auch eine Steigerung signalisieren kann.)

Überdies kann man zumindest drei Register des Glücks unterscheiden:

- den Zufall des Schicksals *(luck)*,
- das Palpable, Handfeste *(fortune)*,
- das Gefühl *(happiness)*.

Wie Sie bemerken, machen wir hier eine Probe auf Ludwig Wittgensteins Anweisung, die Bedeutung eines Wortes an seinem Gebrauch in der Sprache abzulesen. Hier noch ein paar Beispiele, angeordnet in drei Antithesen.

- Zunächst natürlich das *Glücksspiel*. Der Sechser im Lotto ist wohl immer noch das unüberbietbare Paradigma für reines Glück. Deshalb empfindet man Leute, die mit sogenannten »Systemtips« spielen, als irgendwie peinlich. Glück ist eben gerade die Unmöglichkeit von System. Im Spätsommer 1994 war das Glück genau zu beziffern: 42 Millionen D-Mark waren im Jackpot des deutschen Lottos aufgelaufen. Der *Spiegel* widmete diesem »Glücksgötzen, der vom Wettvolk mit immer größeren Opfergaben gefüttert wird«, eine ganze Titelgeschichte (37/1994). Glück ist also der Gewinn beim Spiel um Geld. Das gilt für die kleine Fernsehshow genauso wie für das große Glücksrad der Börse. Daß Siemens zwei Drittel seiner Profite nicht mit dem Verkauf von Produkten, sondern mit Transaktionen auf dem Finanzmarkt macht, zeigt sehr deut-

lich: *Der Kapitalismus ist heute ein gigantisches Spielkasino.*
Die Antithese zum Glück im Spiel bildet das Glück des Tüchtigen. Der Ball geht an die Latte; aber das geht in Ordnung,
denn der Torwart hat bisher gut gehalten. Ein Spiel durch reinen Dusel zu gewinnen (wie etwa bei der letzten Weltmeister-
schaft Italien gegen Nigeria) wäre unsportlich.

- »Some guys have all the luck«, heißt es in einem Lied. Die
Rede ist wohl von Geld und Frauen. Diese Glücksvorstellung
ist ähnlich prägnant wie die vom Sechser im Lotto. Dabei
kommt noch die soziale Einsicht verschärfend hinzu, daß die
einen im Schatten stehen, weil die anderen im Licht sind. Und
hier rastet dann der Trost ein: Geld allein macht nicht glücklich – und wir können ergänzen: Frauen wohl auch nicht. Das
ist die wichtige Figur des unglücklichen Millionärs. Daß die
Goldprinzessin drogenabhängig ist oder zu Terroristen über-
läuft, beweist uns Armen: Glück muß etwas Immaterielles,
Intersubjektives sein. Ein Psychologe des Glücks, Mihaly
Csikszentmihalyi, grenzt deshalb in seinem Buch *Flow* das
eigentliche Glück schroff ab gegen den Glückstreffer und den
glücklichen Zufall – denn die kommen von *außen*. Nicht die
Gaben Fortunas machen glücklich, sondern »how we inter-
pret them«.

- Die bürgerliche Figur des Glücks als *Belohnung der Tüchtigkeit* läßt sich zum Programm verschärfen, das Glück zu zwingen – sei es durch Arbeit oder durch Entschlossenheit. Wir
kommen gleich noch einmal darauf zurück. Einstweilen mag
hier Goethes Wort genügen: Es gehört Mut zum Glück. Das
widerlegt scheinbar der Glückspilz, der eben wie ein Pilz
plötzlich aus dem Nichts emporkommt. Nüchtern betrachtet,
schießt der Pilz, und auch der Glückspilz, aber nicht aus dem
Nichts empor, sondern aus einem Rhizom, also aus einem
unübersichtlich komplexen Geflecht. Daraus kann man lernen: *Glück ist ein »Umbrella Term« für unübersichtliche
Situationen – etwa für den Erfolg auf dem Markt.*

Die Unterscheidung von Glück und Unglück

Das sind, wie gesagt, beliebig vermehrbare Beobachtungen des Sprachgebrauchs. Um etwas zu beobachten, braucht man eine Unterscheidung. Wie man unterscheidet, ist zufällig. Diese Zufälligkeit erzeugt den Eindruck, die Welt sei unübersichtlich. Und das bringt uns zu der Frage: *Ist die Unterscheidung von Glück und Unglück eine glückliche oder eine unglückliche Unterscheidung?*

Liebhaber philosophischer Paradoxien werden natürlich sofort bemerken: Wenn die Unterscheidung unglücklich getroffen ist, dann ist auch unsere Frage unglücklich gestellt, denn sie benutzt ja die Unterscheidung. Wir können dann nur zeigen: So kann man nicht fragen und unterscheiden! Aber entscheiden Sie selbst!

Unsere Fragestellung läßt rein formal drei Antworten zu:

① Die Unterscheidung Glück/Unglück ist glücklich.
② Die Unterscheidung Glück/Unglück ist unglücklich, weil es kein Glück gibt.
③ Die Unterscheidung Glück/Unglück ist unglücklich, weil es kein Unglück gibt.

Was spricht für die *erste Antwort?* Die Unterscheidung ist sinnvoll, weil Glück und Unglück in einem Figur-Grund-Verhältnis stehen. Nur wer in Not ist, weiß, was Glück ist – das ihm Unmögliche. Wer glücklich ist, ist ein schlechter Philosoph; nur aus dem Mangel heraus kann man prägnant definieren. So wie Lust nichts anderes als eine Zäsur der Unlust ist, so erscheint das Glück immer nur als eine Episode: Aufgestaute Bedürfnisse werden plötzlich befriedigt. *Genuß setzt Kontrast voraus.* In der Tat ist ja nichts schwerer zu ertragen als eine Reihe von schönen Tagen. Schon wieder wolkenlos, stöhnen die Kalifornier – Polowetter eben! Über dem glücklichen Zustand liegt der drohende Schatten der Langeweile. Das definiert präzise die metaphysische Funktion des Märchens. *Das Märchen ist der Versuch,*

Glück als Dauer zu beschreiben. Das glauben natürlich nur Kinder – ständig Eis essen! Aber wie sehen Märchen für Erwachsene aus? Offenbar wie Werbung.

Wer aber nicht an Märchen glaubt, muß lernen, mit den Kontrasten des Genießens umzugehen. Damit verschiebt sich jedoch die Aufmerksamkeit vom Unterschied Glück/Unglück auf das Glück des Unterschieds. Der einzelne genießt den Taumel des Kollektivs; der Aufsteiger genießt das Abwärtsrollen; der Intellektuelle genießt die Wonnen des Trivialen. Man muß hier natürlich im Auge behalten, daß dieses Glück des Gegensatzes asymmetrisch ist. Der Massenmensch kann nicht die Einsamkeit des einzelnen genießen, der Arbeitslose nicht das Gefühl des sozialen Aufstiegs. Und der Banause kann eben nicht in Reflexionen turnen.

Was spricht nun für die *zweite Antwort?* So kann man nicht unterscheiden, denn es gibt kein Glück. Schon der Vergleich mit dem Lustprinzip hat ja deutlich gemacht, daß wir Glück nur als einen Namen für die *Abwesenheit von Not* gebrauchen. Es ist schön, wenn der Schmerz nachläßt – das gilt für Weltschmerz und Zahnschmerz gleichermaßen. Wenn wir diese innere Negativität des Glücks auf eine Formel bringen wollen, können wir sagen: *Der Glückliche ist die Projektion dessen, was uns fehlt.*

Bekanntlich ist das Lustprinzip gar nicht lustvoll, sondern homöostatisch, das heißt, es versucht einen Gleichgewichtszustand zu erreichen. Wir können deshalb von Glück sagen, daß menschliches Leben nicht als Vermeidung von Unglück voranschreitet. Das Lustprinzip widerspricht nämlich der Weltkomplexität und der Kreatürlichkeit des Menschen. Mit anderen Worten, das Unglück ist vorprogrammiert:

- Der Körper verfällt.
- Die Umwelt bedroht uns.
- Die anderen Menschen kränken uns.

Das sind gute Gründe, den Fanatismus der großen Ideen durch eine Pragmatik der kleinen Kompensationen zu ersetzen. Kein Geringerer als Wilhelm Busch hat das große Lebensgesetz des kleinen Trostes entdeckt, daß, wer »Sorgen auch Likör« hat. Idealismus wäre ein Leben ohne Likör – mit dem Zaubermittel der Negation. Und Wilhelm Busch hat sehr schön gesehen, daß das Glück hier das gleiche Statut hat wie die großen Ideen: »Glück, Freiheit sind Negationen der Wirklichkeit.«

Es gibt kein objektives Merkmal des glücklichen Lebens – und es gibt eben auch kein Objekt, das glücklich macht. Glück ist das schlechthin Kontrafaktische, Gegenwirkliche. Man kann immer nur sagen: Das ist es nicht! Was man faktisch im Pursuit of Happiness erreicht, erreicht man immer nur statt dessen. In der »Blechtrommel« von Günter Grass findet sich der wunderbar präzise Satz: »Glück ist immer Ersatz fürs Glück, das lagert sich ab.« *Glück ist somit immer das Supplement seiner selbst.* Die dialektische Wendung dieses Sachverhalts ist aber, daß damit das Unglück seinen Schrecken verliert und in ein großes Als-ob umgedeutet werden kann. *Wir können moralische Menschen sein, weil wir keine glücklichen Menschen sein können.* Das ist die Schopenhauersche Ersatzfunktion des Unglücks: »Das Unglück ist Surrogat der Tugend.«

Dann gäbe es aber allen Grund, dem Unglück dankbar zu sein. Und vielleicht erklärt das ja auch, warum so viele Menschen den Glückszwangsangeboten der Ideologen und Sekten folgen – denn jedes Glücksrezept ist eigentlich, so Paul Watzlawicks großartige Formel, eine »Anleitung zum Unglücklichsein«. Ob Tierschützer, Zeuge Jehovas, Hochleistungssportler, Vegetarier, Streetworker oder Feministin – unsere westliche Zivilisation darf sich deshalb freie Welt nennen, weil hier jeder, so der ernste Scherz des Philosophen Hermann Lübbe, »seines eigenen Unglücks Schmied sein« darf.

Wie bereits erwähnt, gibt es für jeden, dem das Gewicht der Welt zu schwer geworden ist, noch einen zweiten Grund, dem Unglück dankbar zu sein – nämlich dem Unglück anderer. Warum macht es denn Spaß, die Nachrichten zu sehen? Wer ehrlich mit sich ist, wird zugeben: Man labt sich am Unglück der anderen. Die schlechten Nachrichten ermöglichen uns eine Art Akkumulation des Kapitals »Unglück der anderen«.

Kommen wir schließlich zur *dritten Antwort* auf unsere Frage. Die von uns getestete Unterscheidung ist unbrauchbar, weil es kein Unglück gibt. Das ist sicherlich die überraschendste, am schwersten nachvollziehbare Position. Natürlich stammt sie von den Romantikern, die ja schon nichts Böses in der Welt erkennen konnten, jeden Bären umarmten und das Übel liebgewannen. Wer so in die Welt schaut, kann im Glück natürlich keinen Weltzufall sehen, sondern gleichsam ein Organ des Menschen. Novalis sagt: »Glück ist Talent für die Historie, oder das Schicksal. Glück ist der divinatorische Instinkt.« Deshalb sieht der Romantiker auch keinen Unterschied zwischen Schicksal und Gemüt, zwischen Weltzufall und Weltentwurf – alles wird diesen »Glückspilzen« zum Anfang eines unendlichen Romans.

Die Romantik unterstellt also ein Gleichgewichtsverhältnis von Glück und Unglück – deshalb gibt es eigentlich kein Unglück. Man könnte von einer Synergie von Glück und Unglück sprechen. Die »persönliche Notwendigkeit des Unglücks« – so romantisch hat das noch Nietzsche formuliert. Unglück ist also nichts, was unbedingt vermieden werden müßte. Manchmal braucht man Unglück. Wir hatten die englische Formel hierfür ja schon: *a blessing in disguise*. Nietzsches Krankheit hatte genau diese Bedeutung – das physiologische Unglück ermöglichte ihm die Überwindung der Metaphysik, das Gesunden des Denkens. Man kann nicht einfach sagen: Die Natur hat mich mit einem schwächlichen Körper ausgestattet – Pech gehabt! Nein, wozu gibt es Fitneßstudios? Das Unglück kann man wegarbeiten wie überflüssige Pfunde. André Gide sagt explizit: »Ich muß wieder methodisch lernen, glücklich zu sein. Das ist eine Gymnastik, wie die der Hanteln.«

Glückstechniken

So weit also die drei grundsätzlich möglichen Antworten auf unsere Frage. Wenn wir noch einmal unterstellen, daß die Unterscheidung Glück/Unglück sinnvoll, also glücklich getroffen ist,

dann fragt sich, wie man sie pragmatisch handhabt und lebens-
technisch umsetzt. Es gibt hier vier verschiedene Glückstechni-
ken:

- *Die Arbeit*; sie verwandelt die Außenwelt. Doch Macht und
Reichtum sind nicht die einzigen möglichen Erträge dieser
Glückstechnik. Folgt man Antony Giddens, so sind die Essentials des Glücks Sicherheit, Selbstachtung und »Self-Actuali-
zation« – also nicht Reichtum! Glück ist demnach ein Innen-
weltereignis, das aber auf erfolgreiche Weltbewältigung
angewiesen ist.
- *Die Religion*; sie ist eine wahnhafte Verwandlung der Außenwelt und deshalb eigentlich unenttäuschbar. Wir kommen
gleich darauf zurück.
- *Der Rausch*; er verwandelt die Innenwelt. Die Droge schafft
eine »eigene Welt mit besseren Empfindungsbedingungen«
(Freud). Wenn wir nämlich in der Außenwelt das Glück nicht
erzwingen können, aber auch dem Glücksversprechen des
Seelenheils mißtrauen, bleibt noch der Genuß des Weltinnen-
raums, ein toxisches Erzwingen des Glücks im Gehirn. Der
»Rauschspezialist« Gottfried Benn resümiert: »Endogene
Bilder sind die letzte uns gebliebene Erfahrbarkeit des
Glücks.«
- *Die Liebe*, die ja eine Gefühlsbeziehung zu Objekten der
Außenwelt aufbaut. Der Koitus gilt wohl zu Recht als Urtech-
nik des Glücks. Aber das ist ja nur ein Sekundenglück, und
Liebe will mehr! Sie spielt mit der Gegenseitigkeit von Gefüh-
len; sie ist ein Balanceakt wechselseitiger Verkennung. Eine
winzige Bildstörung auf dem Monitor der Liebe, und die
Katastrophe ist da. Man kann also sagen: *Das Glück der Liebe
riskiert das größte Unglück.* Und wahrscheinlich ist die Liebe
gerade deshalb so beliebt. *Das Urunglück ist der Liebesverlust.*

Das Elend der Welt

Doch spätestens hier müssen wir einhalten und ein paar Schritte zurücktreten. Wir haben einige Unterscheidungen ausprobiert und ein paar Schemata entwickelt, die das Chaos des Phänomens »Glück« ordnen. Nun ist eine wichtige Einschränkung unseres Formalismus vonnöten. Wir können unsere Unterscheidungen nicht einfach etymologisch oder im Stile der griechischen Philosophie handhaben – das wäre ästhetizistisch. Wir müssen den Glücksbegriff vielmehr im christlichen Raum lokalisieren – um dann weiter zu unterscheiden.

Stichwort Felix Culpa: *Der Sündenfall wird als Glücksfall gedeutet, der nun jedes weitere Glück überflüssig macht.* Das Unglück wird zum Motor des Heils. Die Auferstehung ist das Happy-End des Christentums. In diesem Erlösungsszenario hat der Zufall des Glücks keinen Ort mehr. Und für das dumpfe Faktum des Unglücks muß man nun aufwendige Theodizeeformulare bereitstellen – Erklärungen dafür also, warum es in einer Welt, die Gott doch gut geschaffen hat, soviel Schlechtes gibt. So hat Calvins Begriff der »göttlichen Vorsehung« ja den Sinn, jeden Gedanken an Zufall und Glück auszuschließen. Dagegen war antik-griechisch Glück der Zufall, Tyche, das zufällige Zusammentreffen. In hellenistischer Zeit war Tyche die Weltherrscherin. Für den Monotheismus bleibt sie eine ewige Provokation. Mit dem Unglück kann sich das Christentum arrangieren – es ist das Inkognito des Heilswegs. Aber das naive, irdisch erreichte Glück bleibt ein Skandal.

Der Glückliche hat in unserer Kultur deshalb einen Bedarf an Glückslegitimierung. Was das praktisch heißt? Das ist rasch erklärt; denken Sie nur an den Bereich des Sports. Der Torwart hat das Glück des Tüchtigen. Selbst Tennisdilettanten entschuldigen sich für einen Netzroller – das ist eine Konvention, die das schlechte Gewissen des Glücks kodifiziert. Glück im Sport ist offenbar unhöflich – *der Beste* soll ja gewinnen, nicht *der Glücklichste.*

Die christliche Religion des Leidens schließt eigentlich eine

Theodizee des Glücks aus. Um so eilfertiger konsumiert sie das Unglück der Welt. Das ist heute wohl die wichtigste Quelle sogenannter universalistischer Werte. *Massenmedien schalten mit dem geborgten Unglück.* Die Fernethik des Fernsehzeitalters dient dazu, weit entferntes Unglück in unsere Nahwelt hineinzukopieren – das kann dann propagandistisch gebraucht werden. *Das propagierte Elend der Welt macht dem Glück ein schlechtes Gewissen.* Und Psychoanalytiker würden wohl zustimmen: Das Schuldbewußtsein ist ein permanentes inneres Unglück.

Philosophen und Idioten

Bei den vier Grundtechniken des Glückserwerbs haben wir den philosophischen Umweg der Sublimation ausgeklammert. Man muß aber im Auge behalten, daß philosophische Glücksbegriffe immer schon Resultat dieser eigentümlichen Glückstechnik sind. Für Voltaire etwa gibt es zwei Formen des Glücks: das philosophische (des Denkens) und das idiotische (nämlich den Rausch der Illusion). Auch die negativste Dialektik, die bekanntlich kein richtiges Leben in der falschen, nämlich in unserer Welt gestattet, kennt doch immerhin *das Glück der Erkenntnis.* Wer sonst noch glücklich ist, muß ein Dummkopf sein – *fortune favours fools.* Zum Glück führen also zwei Wege: die Sublimierung und die Idiotie.

Zwischen diesen beiden Polen oszilliert nun die philosophische Dialektik. Von einem, der immerhin die Weltseele zu Pferde gesehen hat, nämlich G. W. F. Hegel, wissen wir: Es ist ein Glück, Geschäftsführer des Weltgeistes zu sein – aber das macht gerade keinen glücklichen Menschen im Sinne der Alltagsidiotie. Wer mit der Unterscheidung Glück/Unglück beobachtet, steht für Hegel auf dem Standpunkt der Partikularität, also der borniertern Besonderheit. Glück ist Selbstgenuß in einem Dasein, das dem eigenen Willen angemessen ist. Das ist der Zufall eines natürlichen Harmonierens des einzelnen mit den äußeren Umständen. Hegels Geschichtsphilosophie resümiert: »Die Weltgeschichte ist nicht der Boden des Glücks. Die Perioden des Glücks sind leere Blätter in ihr; denn sie sind die Perioden der Zusammenstimmung, des fehlenden Gegensatzes.«

Dialektisch betrachtet, stehen sich Glück und Unglück nicht einfach gegenüber. Eher könnte man sagen: Es gibt eine Art List des Unglücks; der Schmerz wird zum Kompaß des Weltgeistes. Das Glück des Geistes ist also das dialektische Gegenteil des Glücks. Niemand hat das prägnanter formuliert als Gottfried Benn: Wir wollen dem »Gegenglück« dienen – dem Geist! Das Gegenglück, wohlgemerkt, ist auch ein Glück, und zwar offenbar eines am Gegenpol von Frauen und Geld. Es ist das Glück der Wortartisten, Geistesabenteurer und philosophischen Seefahrer. Es ist das neue Glück der freien Geister: »die Freude am X« (Nietzsche), das heißt, an Chaos, Risiko und Problem.

Wir können diese philosophischen Konstruktionen hier nur andeuten. Für unseren Zusammenhang genügt die Feststellung, daß die freien Geister ihr Gegenglück eben nicht im Register der Ordnung suchen. In seinem wunderbaren Buch *The Night Manager* schreibt John le Carré ganz in diesem Sinne: »And gradually it dawned on him, that what he needed to do from now on was abandon his morbid quest for order, and treat himself to a little chaos, on the grounds that while order was demonstrably no substitute for happiness, chaos might open the way to it.« Hör auf mit der todessüchtigen Suche nach Ordnung. Ordnung ist kein brauchbarer Ersatz für Glück – da ist es schon sinnvoller, es einmal mit dem Chaos zu versuchen.

Das Ende einer Geschichtsidylle

Daß wir hier immer wieder Schriftsteller als Kronzeugen bemühen, ist kein Zufall. *Die Frage nach dem Glück macht die humanistische Philosophie unwissenschaftlich – es gibt keine glückliche, vernünftige Koppelung von Vernunft und Glück.* Hegel war der Philosoph, der diese Sackgasse der Philosophie am klarsten erkannt hat. Der Humanismus erzählt ja die Legende von der realen Sittlichkeit im antiken Griechenland: Die alten Griechen waren ein freies Volk, in dem die Vernunft wirklich war; damals hatte der Mensch seine Bestimmung erreicht und lebte in ihr, und das bedeutete, den Sitten des Volkes gemäß. Es war das Glück, in der Substanz zu sein. Das waren die seligen Zeiten, da die Menschen im Ideenhimmel ein geistiges Obdach hatten.

Auch Hegel erzählt diese Geschichtsidylle – aber nur, um den glücklichen Umstand zu akzentuieren, daß wir dieses Glück verloren haben. Denn das antike Glück war ein Glück der Unmittelbarkeit – und das ist der Vernunft nicht gemäß. Also tritt sie aus dem Glück aus. Das heißt genauer: Der Geist schickt den Menschen in die Welt hinaus, um dort sein Glück zu suchen. Nun gibt es zwei Optionen: die der Lust und die der Tugend. Der Lüstling greift zu und nimmt sich das Leben. »Er macht sich weniger sein Glück, als daß er dasselbige unmittelbar nimmt und genießt.« Der Tugendhafte findet das Glück nicht unmittelbar, sondern macht die Erfahrung, daß »das Glück unmittelbar im Tun selbst sich findet«. Fazit: Der alte Grieche findet sich unmittelbar in der Substanz – das war Glück. Der Lüstling nimmt sich unmittelbar das Glück – und damit das Leben. Der Tugendhafte erfährt, wie sich das Glück findet – nämlich unmittelbar im Tun, das nun selbst das Gute ist. Wir können nüchterner und einfacher formulieren: *Der Tugendhafte genießt das Glück des Fanatikers.*

Der Grieche, der Lüstling, der Fanatiker – das sind die Subjekte des Glücks. Vielleicht genügt schon diese Revue, um den Wert des Glücks zu relativieren. Gibt es nichts Besseres? Der Mensch strebt von Natur nach... Hier bleibt immer Platz für einen auswechselbaren Black-box-Begriff. Bekanntlich hat schon Aristoteles Wissen an die Stelle von Glück gesetzt – eine ungemein erfolgreiche, aber, wie wir finden, doch unglückliche Substitution. Man kann aber auch anschlußfähiger ersetzen. Zarathustra sagt: Was liegt am Glück! Ich trachte nicht nach Glück, sondern nach meinem Werk! Und in der *Götzendämmerung* heißt es: »Der Mensch strebt nicht nach Glück; nur der Engländer tut das.« Es geht nicht um Glück, sondern um Macht. *Glück wird als Inkognito der Macht durchschaut.*

Im Gegensatz zu Glück ist *Macht* ein evolutionstheoretisch brauchbarer Begriff, denn Evolution ist Bewegung, und Bewegung impliziert Unlust; Hindernisse werden überwunden. Und das ist ja der Stil unserer Existenz. Der Erfolg emanzipiert sich vom Glück. Ja mehr noch: *Das Leben unter Erfolgszwang schließt alltägliches Glück aus.* Man könnte auch sagen: Glück ist in der funktionierenden zivilisatorischen Ordnung ein Störfaktor. Das gilt, nebenbei bemerkt, gerade auch für die Mitarbeiter eines Unternehmens. Man kann sich fragen, was sie »statt dessen« bekommen. Vermutlich Belohnungen irgendwelcher Art. *Incentives* etwa sind hier eine Art Sinn-Ersatz, den Unternehmenskulturen bieten; man könnte sagen: »das Kleingeld des Glücks«. Mehr ist nicht drin für diejenigen, die auf Nummer Sicher gehen wollen und das Risiko des Glücksritters, sprich, des Unternehmers, scheuen.

Resümieren wir. *Früher lebte der Mensch in einer Welt als Glück und Gefahr – heute lebt er in einer Welt als Risiko und Versicherung.* Die Moderne hat das Schicksal des Unglücks durch das Risiko des Unfalls ersetzt; man verunglückt jetzt im Rahmen der Statistik. Wir können sagen, *die Versicherungen kaufen uns das Unglück ab. Die Lotterie ist die Domestizierung des Glücks, die Versicherung ist die Domestizierung des Unglücks.* Mit anderen Worten, die Zivilisation ersetzt Glück durch Sicherheit. Und das hat nun eine ganz entscheidende Konsequenz: Das Glück wird entkernt, indem man Aggression tabuisiert. Schon kleine Kinder müssen lernen: Aggression bringt Unglück. Und die Erwachsenen müssen dann die zweite Lektion lernen: Auch die Abwehr der Aggression bringt Unglück. *Ein Tabu zu brechen erscheint deshalb heute als letzter Weg zum Glück.* Das Perverse und Verbotene verspricht allein noch das Glücksgefühl der Befriedigung einer wilden Triebregung. Unsere Gesellschaft scheint genau diese Erfahrung heute in Konventionen der Überschreitung gießen und genießen zu wollen. Doch dazu sollen sich Soziologen äußern.

Die Urgeschichte der Political Correctness

»Be happy« – das ist die neueste Zumutung. Lapidar resümiert sie die Glückszwangsangebote der Neuzeit. Man könnte sagen: Unsere Kultur ist in der »Sei-glücklich«-Paradoxie gefangen. »Don't worry, be happy« – ebendas kann man aber nicht verschreiben. Die Anweisung zum Glücklichsein ist eine der zahlreichen Varianten der »Sei-spontan«-Paradoxie:

- »Vergiß mich«, sagt die Angebetete zum unglücklich Verliebten und macht sich gerade dadurch unvergeßlich.
- Weiche vom Gewohnten ab, rät der Unternehmensberater; aber das würde gerade voraussetzen, daß man nicht immer auf andere hört.
- Motivierung, Maßnahmen zur Förderung der Leistungsbereitschaft; aber man merkt gleich die Absicht und ist verstimmt.
- Kreativitätskurse bieten Schemata der Überraschung, Lektionen des absolut Neuen an.
- Erziehung zur Freiheit zerstört ihr Ziel, indem sie gelingt.

Und eben: »Don't worry, be happy!« Das individuelle Gesetz des Glücks ist aber unerkennbar. Man kann deshalb vermuten: *Alle Lebensprobleme entstehen aus der systematischen Suche nach Glück und der gesellschaftlichen Verordnung von Glück.* Das verkennen diejenigen, die nur das Beste des anderen, das heißt für den anderen wollen. Eltern, Pädagogen, Aufklärer und Politiker wollen unser Bestes. Deshalb gibt es Programme, Lehrpläne, Ethiken. Schon für Babys gibt es ein »Breiprogramm« – von Alete. Das Breiprogramm für Erwachsene heißt in seiner wunderbar naiven amerikanischen Fassung »Pursuit of Happiness«.

Das Gründungsdokument westlicher Demokratie stellt einen *Jagdschein aufs Glück* aus. Und wenn sich das Glück der Verfassung nicht fügen will, beginnt die Reformpolitik: »Corriger la Fortune«. Sozialpolitik bringt Korrekturen am Glück an. Man will also das Glück ohne Tyche, den Zufall. *Man will, seit Politik das Schick-*

sal ist, das Schicksal durch Politik zwingen. Und schon Etienne Cabet hat die unüberbietbare Formel des Wohlfahrtsstaats geprägt: »Organiser la Fortune«. Wir haben es also mit einem doppelten Glückszwang zu tun. Jeder einzelne soll nach Glück streben, und die Gesellschaft soll das Glück aller garantieren.

Das Glück der vielen als ethische Forderung, das heißt als Zumutung an die Gesellschaft – das steht hinter dem so beliebten und bedeutenden Kampfbegriff »sozial«. *Politik ist dann nicht Kunst des Möglichen, sondern Technik des Glücks.* Der Wohlfahrtsstaat hat nämlich folgende Minimaldefinition: Das Unglück begründet einen Anspruch auf Hilfe. Damit stehen wir aber mitten in der schönen neuen Welt der »Political Correctness«: Die Umdeutung des Behinderten in den »anders Begabten«, des Kleinwüchsigen in den »vertikal Herausgeforderten«, der Putzfrau in die »Raumpflegerin«. So *denunziert* man heute das private Unglück.

In der ideologiekritischen Zeit nach dem Zweiten Weltkrieg beließ man es noch bei einer Denunziation der privaten Glücke: Der kritische Geist wollte Entlastung, Unterhaltung und Konsum verbieten – also Oscar Wildes *Wonnen des Trivialen.* Damals war »Selbstentfremdung« das prominenteste Stichwort eines intellektuellen Gegenzaubers. Erinnern wir uns nur an die aufgeklärt dialektische Variante bei Max Horkheimer und Theodor W. Adorno: »Unter den gegebenen Verhältnissen werden die Glücksgüter selbst zu Elementen des Unglücks.« Das ist die genaue Umkehrung der Figur vom Glück im Unglück – Kapitalismus erscheint gleichsam als der Virus des Unglücks im Glück. Und ganz konsequent trat dann der Aufklärer mit den Glückszwangsangeboten eines Sozialvormunds auf. Niemand hat das damals klarer gesehen als der böse alte Soziologe Helmut Schelsky: »Das Glück braucht keinen Vormund.«

Die Lücke für die Trance

Wie Sie sehen, ist aus der *Verheißung des Glücks* längst eine *Zumutung* geworden. Denen, die nicht aufs Glück oder doch wenigstens den Begriff Glück verzichten wollen, schlagen wir deshalb einen anderen Gebrauch vor. Um es auf eine Formel zu bringen: *Statt des einen wahren Glücks suchen wir – Entlastung durch Pluralisierung – Glücke.*

Das Menschen unerreichbare Glück der Tiere verdankt sich dem Vergessen: »kurz angebunden mit ihrer Lust und Unlust, nämlich an den Pflock des Augenblicks«. So hat Nietzsche sie beschrieben. Was ist daran verlockend? Offenbar die Selbstsuspension im Vergessen. *Im Glück wird der Mensch sich selber los.* Deshalb heißen Gottfried Benns *Glücke des Namenlos* »äonenvergessen«; sie verdanken sich Mohn und Lethe. Wir sind im Reich der Drogen. Der letzte Mensch des Posthistoire, von dem uns Nietzsche im Zarathustra berichtet, hat das Glück erfunden. Es hat zauberhafte Blumennamen wie in Urzeiten Lotus oder hört auf chemische Akronyme wie erstmals LSD. Entlastung, Oberflächlichkeit, Unverantwortlichkeit, Vergessen – all das kann man kaufen in Christian Morgensterns *Warenhaus für kleines Glück.*

Zur Bestimmung des »Stundengotts«, des späten götterlosen »Rauschtyps« heißt es bei Gottfried Benn: »Nihilismus ist ein Glücksgefühl.« Und man möchte gegen beliebte germanistische Banalitäten betonen: kein Aggregatzustand der deutschen Literatur. Gemeint ist vielmehr solches:

Nach Arbeitstagen, / wenn der Sonntag naht,
sollst du dich tragen / in den Forst der Stadt,
die Massenglücke / sind schon tränennah,
bald ist die Lücke / für die Trance da.

Was wir hier lernen können: Benn pluralisiert das Glück – und dadurch wird es brauchbar. Und diese Weisheit des Dichters inspiriert heute schon die futuristischste Unternehmensberatung: »Viele kleine Ekstasen ersetzen das große Glück, das aus Leid und Anstrengung entsteht.« Ein Satz – immerhin – von Gerd Gerken.

4

»S(m)ells like Teen Spirit«: Pop als Prophetie und Cash Cow

Weder Babyboomer-Nostalgie noch Nischenmarketing

»Pop ist still prophecy, not just baby boomer nostalgia or niche marketing.«
John Savage

»The domination of American pop culture is increasing as communications speed up, and the world continues to shrink. More and more of the planet now is wired for sound, and marching to the beat of a single satellite drummer.«
Pico Iyer

»This is an expressive land that produced CNN and MTV. We were all born for the information age. This is a jazzy nation, thank goodness for my sake, that created be-bop and hip-hop and all those other things we are wired for real time.«
Bill Clinton

»Musical instruments have often been the most advanced technologies around, sometimes surpassing even the tools of war. More importantly, though, instruments are always the most eloquent technologies of an era. As the most eloquent machines, instruments predict the future of culture, when we will communicate increasingly through machines.«
Jaron Lanier

Es gibt in der ganzen Geschichte der globalen Kommunikation nur drei Ideologien, denen wirklich eine *globale Expansion* gelungen ist: zum einen die *römische Kultur* mit der lateinischen Sprache, durchgesetzt durch das Römische Reich und die katholische Kirche, sowie andererseits der *Marxismus-Leninismus*, durchgesetzt durch die militärische Macht der ehemaligen Sowjetunion. Die dritte und vielleicht mächtigste globale Kommunikationsmacht ist *die Rockkultur. Rockkultur kommt überall in der Welt an.* Es gibt keine Kultur, die nicht auf Rock ansprechen würde. Wo immer Elemente der Rockkultur einfließen, bewegt sich etwas. Auch China und Japan konnten sich diesem Phänomen nicht entziehen.

Das *Dynamit der Rockkultur* liefert ihre Beziehung zum *Kommerz.* Rock beginnt immer als »Counter Culture«, als Gegenmacht zum Etablierten. Rock beginnt als Subkultur. Sie wird aber im Verlaufe der Zeit – oft unter schmerzhaften Entwicklungen, wie etwa beim Rap beispielhaft zu sehen war – zur »Over the Counter Culture«. Rockstars sind die heidnischen Götter der Gegenwart. Sie leben ewig. Wir stellen heute fest, daß erst ihr Tod die volle Entfesselung des Marktpotentials ermöglicht, das sie aufbauten. Wir bezeichnen daher die toten Helden des Rock – von Elvis Presley über Jimi Hendrix bis Kurt Cobain – als die »Märtyrer des Kommerz«. Sie starben, damit andere das große Geld verdienen konnten: Agenten, Merchandiser, Nachfahren, Kopierer, Sampler etc., bis sich die Spuren verwischen. Der französische Philosoph Jacques Derrida hat diesen Prozeß als *Dissemination* bezeichnet, also ein unendlicher Prozeß der Zersplitterung, bis der Ursprung unkenntlich wird. Wer sich einmal die Mühe macht, die kommerzielle Story von Elvis Presley mit allen damit zusammenhängenden Produkten in seiner Dissemination zu verfolgen, wird eine der erstaunlichsten Geschichten dieses Jahrhunderts mitbekommen.

Rock avanciert sofort nach seiner Erfindung – also seit der Erfindung des elektrisch verstärkten Rock 'n' Roll in den fünfziger Jahren – zum Big Biz. Während der Jazz über dreißig Jahre brauchte, bis er unter dem Markennamen »Swing« den Massenmarkt und damit eine gewisse Popularität erreichte, ließ sich der Rock sofort vermarkten, zuerst im riesigen Binnenmarkt der USA, dann weltweit. Rock ist von Anfang an viel mehr als nur ein Stück Musik- oder Medienbusineß. Rock ist heute das *effizienteste Schmiermittel* für die Konsumgüterindustrie geworden, weil es den Lebensnerv der Jugendkulturen direkt ausdrückt. Über unterschiedliche Musikstile biegen Jugendliche emotional in unsere Konsumkultur ein. Keine ernstzunehmende Gegenwartsdiagnose wird um die Analyse der Rockkulturen herumkommen.

Warum ist das so? Die heutigen westlich zivilisierten Menschen, und insbesondere die jüngeren Generationen, hören mehr Musik als alles andere und alle anderen. Musik ist das wichtigste Medium geworden: in der Freizeit, im Shopping-Center, im Auto, in der Bahn, bei der Arbeit, in der Schule, selbst zum Überbrücken der Wartezeit am Telefon. Der »Sound« ist überall. *Der Sound transportiert mächtige Metaphern.* Er transportiert in größtmöglicher Verdichtung Erinnerungsbilder aus der eigenen Jugend, Geschichten, Erlebnisse. Seine Kraft besteht in der endlosen emotionalen Wiederholung. Das macht ihm niemand nach. Rock ist ersatzlos guter *Survival Kit.* Der Song »We are the Champions« von Queen ist ein Beispiel, wie ein simpler Song zur ultimativen Hymne für unterschiedlichste Sportvereine werden kann, die irgend etwas zu feiern haben.

Der Sound des Rocks prägte das Lebensgefühl der Babyboomers elementar, die mit Elvis, den Stones und den Happenings wie Woodstock aufgewachsen sind. Die Babyboomers sind die *erste Rockgeneration.* Für sie ist das permanente Bad in der Musik *zugleich* eben *auch* ein permanentes Anklicken von Lebensstilelementen geworden – Revivals, Wiedererinnerungen, Sehnsüchte, Erlebnisse. Und der Sound des Rock prägte das Lebensgefühl der *Generation X,* die zusätzlich mit Walkman, Videos und MTV aufgewachsen ist, noch viel mehr. Und die jetzige *Techno-Generation* der 15 bis 25jährigen, die in der multimedialen Kakophonie aufgewachsen sind, hören nur noch Musik: vom Rauschen der Datenautobahn über das Surren der »Drum

Machine« bis zum Kratzen des Plattenspielers – der vollständige Anschluß, »Rock around the Clock« bzw. »Rave around the Wave« ist geschafft.

Musikzeitschriften, Fanzines, Walkman, Discman, Radio, MTVund CNN, Fax und E-Mail erreichen langsam auch Beijing, Kuba und den Schwarzwald. Der Rocksound hat fundamentale Bedeutung, auch jenseits des Marktpotentials. Er ist das wichtigste soziale Integrationsinstrument geworden. Jugendliche, von denen immer weniger in traditionellen Kleinfamilien aufwachsen, aber immer mehr in unterschiedlichen Szenen leben, erleben die Musik als unverzichtbares *Zugehörigkeitskriterium.* Rock ermöglicht eine – im traditionellen politischen Sinne – ideologiefreie Zugehörigkeit zu kulturellen Gruppen in einer globalisierten Gesellschaft.

Intelligente Politiker haben dieses enorme Potential inzwischen entdeckt. Man denke an Bill Clinton, dessen enge beraterische Beziehung zu Stars wie Barbra Streisand oder Sharon Stone letztes Jahr von Konservativen öffentlich gerügt wurde. Oder etwas kühner und subkultureller Václav Havel, der, als er Präsident der damaligen Tschechoslowakei wurde, sofort Lou Reed in sein Land einlud und Frank Zappa zum inoffiziellen Kulturminister ernannte. Er hat mit Zappa nicht einen abgehalfterten Politstar ausgewählt, sondern einen anrüchigen Gesellschaftskritiker, der mit musikalischen Kompositionen, die er selbst als »Müll-Skulpturen« bezeichnete, wie etwa »Freak Out« oder »We're only in it for the money«, Meilensteine des bissigen Kommentars zum »American Way of Death« geschrieben hat. Man kann sich die Attraktivität dieses Potentials mit einigen einfachen Fragen noch weiter zu verdeutlichen versuchen:

● Warum bezahlen erfolgreiche Markenartikler wie etwa Pepsi jährlich mehrstellige Millionensummen an Popstars wie Michael Jackson oder auch Madonna oder Prince?

● Warum bezahlten Sowjet-Teenagers in den Siebzigern und Achtzigern mehr als ein Monatsgehalt für eine Deep-Purple-LP?

- Warum läßt Saddam Hussein zu seinem Geburtstag Frank-Sinatra-Musik auf CD abspielen?
- Warum kümmert sich allmählich die gesamte Automobilindustrie von Ford über Subaru bis VW um Rockbands und alternative Klischees für die Vermarktung von Modellen in der unteren Preiskategorie?
- Warum kümmern sich, nicht etwa die unter ständiger Legitimationsschwäche leidenden Zigarettenhersteller, sondern ultrakonservative Schweizer Banken um Hiphop-Graffiti?
- Warum spielte das Fernsehen von Nicaragua sogar zu der Zeit, in der die Regierung US-unterstützte Guerillas bekämpfte, US-Popshows?
- Warum wird Madonna, dem »Trash Flash Star«, der »Rock Supernova der Achtziger«, 1985 in ihrem berühmtem *Time-Magazine*-Interview mehr Platz eingeräumt als seinerzeit Richard Nixon oder Mao?

Die attraktiven Werte-Essentials des Pop

Es gibt in der Rockkultur, unabhängig von der stilistischen Richtung, ein Korsett an Ideen. Ob Punk oder Death Metal, ob Hiphop oder Techno, Rockkultur ist ein System mit allen dazugehörigen Strukturelementen. Rock hat damit auch eine *Suprastruktur* in Form eines Ideenkorsetts. Dieses Ideenkorsett zeigt, wie stark der Rock *eine bestimmte, umfassende Lebenshaltung* repräsentiert und nicht einfach nur Musik. Musik ist nur das wichtigste Ausdrucksmittel. Rock stellt alle wichtigen Werte zur Verfügung, die die rationalisierte, in Arbeits- und Freizeitwelt gespaltene Erwachsenenwelt verpönt, verpönen muß. Es sind diejenigen Werte, mit denen man bei der persönlichen Stilsuche experimentieren kann. Der frühe Rock 'n' Roll kam ja nicht zufällig im Sog der Teenagerflucht vor dem Familien-TV, der Samstagabendkiste und der guten Stube auf. *Rockmusik bietet ein geradezu geniales Gegenmodell zu dieser klinischen Welt an.* Es ist »a feeling, a way of making sense of a universe that at times seems as crazy as a drunken duck«, wie Greil Marcus schrieb. Rock ist der *romantische Gegenmythos zu unserer hyperrationalen Welt*. Wir wollen nun die wichtigsten Werte kurz benennen:

① *»I can't get no satisfaction«*
Rockkultur ist immer unanständig. Wer versucht, die Rockkultur respektvoll zu machen, sie als etwas Anständiges zu verteidigen, wird immer scheitern. Rock ist immer geschmacklos, daher auch nie ernsthaft elitär. Fragen des Raffinements werden zu Fragen der Schrägheit und des Schrillseins. »Leidenschaft paralysiert den guten Geschmack«, heißt es bei Thomas Mann. Im Rock geht es um Leidenschaften, die unaufhörlich zurückkehren, und um Instinkte, die wachgerufen werden. Rock ist immer »too much«, immer eins zuviel, immer übers Ganze hinausgehend.

Rockkultur *kommuniziert direkt.* Ohne komplizierte Umwege wird klar, worum es geht. Während im hochkulturellen Entertainment die »Dark Side« des Menschen in sublimierter Form zum Ausdruck kommt, werden im Rock ungeschminkte Emotionen und animalische Affekte zum Ausdruck gebracht. Der Rock hat längst und mehrmals alle Tabus gebrochen. Früher gab es das andächtige und adrette »Wein, Weib und Gesang«. Im Rock werden aus dem Geschmack voraussetzenden *Wein* die *Drugs* (Drogen jedweder Art vom Bier über Whisky bis Heroin und XTC), aus dem *Weib* der *Sex* (vornehmlich in der vulgaritätsgerechten Form von »Fuck« und »Suck«), und aus dem *Gesang* wird der lärmige *Rock 'n' Roll.* Keine Formel drückt das besser aus als: *»Sex and drugs and Rock 'n' Roll is all my brain and body needs.«*
Und »Never a dull moment«, keine Sekunde Langeweile, ist die Losung! Langeweile ist ekelerregend. Jeden Tag die Party, den Gig oder den Rave, damit man nicht aus dem energetischen Kreislauf herauskippt. Daher zielt alle Aktivität auf »Fun« ab, nicht auf »Joy«: *Spaß, nicht Freude.* Spaß, die zen-

trale Kategorie der Vulgarität, ist auch im Rock die zentrale Kategorie (»Fun, Fun, Fun«, The Beach Boys). Die Techno-Musik ist übrigens die erste Form der Rockmusik, die die Aufsplittung des Lebens in Arbeitszeit und Freizeit bewußt zu tolerieren scheint und deren Anhänger unverblümt sagen, daß sie (wenigstens) von Freitag abend bis Sonntag »nichts als Spaß« haben wollen, um der langweiligen Woche zu entfliehen. Techno inauguriert damit eine neue Form der Jugendrebellion, eine »Rebellion der Angepaßten«. »Gute Laune« ist progressiver geworden als der Kulturpessimismus der Hippies oder der Punks.

② »*Basic Instincts*«
Rock kommt verdrängten anthropologischen Bedürfnissen entgegen. Rock ist der *Gegenmythos* zu unserer einseitig auf Leistung und Konsum ausgerichteten Kultur. Rockkultur zieht alle Themen an, die sonst verpönt sind. In der Rockkultur darf der Mensch das sein, was er sonst in der guten Gesellschaft nicht sein darf, was er aus Gründen des Anstandes verdrängen muß: Obszönität, Aggressivität, Animalität, Destruktivität, Exzeß, Verschwendung, Nekrophilie, Gewalt, Speed, Hölle etc. »My mind is made by the way that I feel«, heißt es bei
The Troggs. Oder noch härter bei The Ramones:
All the Girls are after me
Now I guess I'll have to tell'em
that I've got no cerebellum.
Die emotionale Beziehung zum Objekt der Begierde ist viel wichtiger als die intellektuelle Bedeutung, die damit verknüpft werden könnte.
Rock ermöglicht das ungenierte Ausleben *romantischer, narzißtischer Bedürfnisse.* (Das ist der zentrale Punkt, warum Rockkultur auch für Erwachsene nichts an Attraktivität einbüßt.) Die moderne Seele, sagt Tocqueville, braucht immer wieder *Schmeicheleinheiten.* Rock bietet das in Hülle und Fülle. Rock ist *gefühlsdemokratisch.* Jeder noch so unwissende, kleine Fan darf ein umhätschelter Mini-Star werden, auch

wenn es nur in Form eines DJs ist. Dort darf man die kindliche Unschuld wiedergewinnen, die das stahlharte Arbeitsgehäuse mit seinen Disziplinierungsmechanismen dem Menschen verweigert. Phänomene der Hochkultur von Plato über Händel bis Goethe mögen moralisch und politisch korrekt sein, aber *Rock ist »Anthropological Correctness«*.

③ *»Teen Spirit«*
Rock gilt immer als jung, zeitgeistig und trendy. Rock lebt immer im Jetzt. Für den Rock gibt es kein Gestern und Morgen. Es gibt nur den permanenten Prozeß von Schöpfung und Zerstörung. Rock bietet eine attraktive Möglichkeit, das Erwachsenwerden hinauszuzögern. Seit die Babyboomers als erste Generation den Jugendbegriff besetzt haben und ihn nicht mehr losgeben wollen, wissen wir, wie hart es ist, trendy und jung zu sein. Grunge und Techno sind Ausdruck des Kampfs um die Rückeroberung – oder technischer gesprochen: um die Neupositionierung – des Teen Spirit für »The Jilted Generation« (The Prodigy), die vernachlässigte Generation, in den neunziger Jahren.
Denn Teen Spirit zieht an, und je unverbrauchter und jünger er ist, desto mehr bietet er dem kreativen Konsumgütermarketing neue Ideenpools. Daher symbolisiert Nirvanas »Smells like Teen Spirit« nicht nur naive Unschuld und Ungeschliffenheit, es verkauft sich auch entsprechend.

④ *»Live fast, die young« – »Hope I die before I get old«*
Rockkultur ist immer schnellebig. Es geht um Speed, Energie, um das »Angeschlossensein«. Rock ist ein Prozeß ständiger Schöpfung und Zerstörung. Wichtig ist, daß man ständig an den Energiestrom angeschlossen bleibt und nichts verpaßt. Der *Rhythmus* macht die Differenz. »Der Unterschied zwischen Spießbürgertum und Punk ist manchmal nur eine Rhythmusfrage« (Die Toten Hosen) – das bringt es auf den Punkt. Schnell, kurz und laut – die Erfolgsformel des Punk hat Mottocharakter für die Rockkultur.

Ein Rockstar ist immer »plugged«, immer am Energiestrom angeschlossen, auch dann noch, wenn die Mode ironischerweise auf »unplugged« umstellt. Zieht man der Rockkultur den Stekker raus, ist sie verloren: Von den klassischen Rock-Genres, bei denen die Gitarre das wichtigste Instrument ist, bis zu Hip Hop und Techno, bei denen der Plattenspieler die zentrale Produktivkraft ist, geht nichts über (ohne) den Strom.

Die größte Attraktivität des Pop liegt darin, daß er heute die Definitionsmacht darüber hat, wer »alt« ist. Wenn Erwachsene nichts mehr mit Jugendmode und Popmusik anfangen können, so ist das ein ziemlich sicheres Zeichen, daß sie »alt« geworden sind. Wer von der oft zitierten »Krise der Popkultur« spricht (»Pop will eat itself« – aber sicher!), spricht über sich selbst. Das Plaudern über diese »Krise« ist eine typische Babyboomerkrankheit. Es ist das Lamento von Leuten, die mit ihrem eigenen Alterungsprozeß Mühe bekunden. Insbesondere bei Journalisten, Werbern und Künstlern ist dieses Gejammere anzutreffen. Wirkliche »Rocker« haben damit keine Probleme. Daher tritt auch Mick Jagger von den Rolling Stones, inzwischen 51 geworden, immer noch im gleichen Stil auf wie vor dreißig Jahren. »I won't stop rocking until I retire« rappen Run-DMC. Oder nochmals die Toten Hosen: »Für uns wäre es eine schöne Vorstellung, daß wir mit sechzig als Opas auf die Bühne kommen und dann immer noch total die Post abgeht. Aus dem Altersheim, aber immer noch voll auf Punk. Vorher noch so richtig Baldrian eingelöffelt bekommen, die Ärzte hängen dann in der Gegend und zittern mit.«

⑤ *»School's out – forever«*
Rockkultur lehnt formale Erziehungskriterien ab. Instinktiv wird dem Intellekt der Erwachsenen mißtraut. Sie sind »clinical, intellectual, cynical« (Supertramp, »The Logical Song«). »As we get older and stop making sense« (Talking Heads, »Girlfriend is better«): Sie machen in ihrer geistigen Gesundheit nur noch Befehl »and Bubble« – »Bring in the dog and get out the cat« –, statt am Energiestrom angeschlossen zu bleiben.

»(You gotta) Fight for your right (to party)« (The Beastie
Boys, Licensed to Ill): Der Unterschied zwischen den Menschen ist kein Unterschied des Geistes oder der Inhalte des
Gehirns. Auch hierin ist die Rockkultur durch und durch
demokratisch, genauer und nochmals wiederholt: eben
gefühlsdemokratisch. Ein jeder hat das Recht, an der Welt-
party der »ravenden Gesellschaft« (Westbam) teilzunehmen.
Dazu verschmilzt das monadische Selbst des Ravers mit dem
Universum und geht – wenigstens fürs Wochenende – in ihm
auf.

In Bed with Elvis and Courtney Love

Die Attraktivität des Rockspektrums liegt für die Marketing-
und Werbewelt darin, daß es ein unendliches Reservoir an Ideen
liefert, die sich im Wertekreis der »Anthropological Correctness«
befinden. Mit der Technik des Sampling und Bootlegging sowie
der Methode der Dissemination können auch bildungsunbelaste-
te Manager Kunstwerke erstellen. Fassen wir diese Attraktivität
kurz zusammen. Sie besteht aus Folgendem.

① *Ein sich ständig erneuerndes und leicht zu kolportierendes
Zeichensystem*
Die Symbolik funktioniert nach familiären Zeichen, die leicht
anschlußfähig sind und daher in der heutigen Medienübersät-
tigung hohe Weiterverwertungskraft besitzen. Meist ist der
Verweisungszusammenhang *innerhalb* der Geschichte der
Rocksymbolik zu suchen. Rock beklaut sich in Zitatencolla-
gen zumeist selbst. Rock ist, das zeigen Hiphop und Techno
nur zu gut, längst in die Phase des *aggressiven Recyclings*
eingetreten. Aber es kann auch gar nicht anders sein, wenn
man die Generationsstrukturen anschaut. Nur Akademiker
und Spezialisten können noch die großen Klassiker der Weltli-
teratur zitieren, aber mit den gefühlsdemokratischen Zeichen, die Rock-Hymnen wie »I can't get no satisfaction« oder

»We are the Champions« liefern, kann fast jeder etwas anfangen. Und wenn es nur um eine Art Sampling geht. Das sind *die Codes* für die Weltkommunikation und für die Zeit der digitalen Info-Highways.

Kurz: Popmusik ist verdichtete Stimmung der Konsummärkte und der Kultur. Grunge und Techno haben das für die neunziger Jahre eindrücklich aufgezeigt. Wer den Geruch der Popszenen riechen kann, kann auch die Erlebnisse besser verstehen und im besten Falle selbst zu einem guten Erlebnisgestalter werden.

Daher: *Marketing und Werbung werden sich den Techniken der Rockkultur anpassen müssen; sie werden selbst zum Sampling und Samplingtechniken zum wichtigen Instrument, um ihre Botschaften an ihr Zielpublikum zu vermitteln.*

② *Rock: Immer ein sozialer Event und das erfolgreichste Emotionsmanagement der Gegenwart*

Im Unterschied zu den Eigenbrötlern der Jazzszenen, die oft autistisch vor sich hin improvisieren, ist Rock immer Demonstration eines sozialen Events. Der soziale Aspekt ist wichtiger als die Musik: Rockkultur sucht immer die Gemeinschaft. Ob die reale oder die virtuelle, spielt keine Rolle. *Sie ist das Paradigma der medialen Weltkultur.* Rock hat keine Wurzeln und paßt daher ausgezeichnet in eine Zeit, die ständig auf der Suche ist – und damit zu Konsumgütern auf globalen Märkten.

Jede Jugendkultur baut sich über Zugehörigkeits- und Ausschlußkriterien auf. Wenn es tendenziell keine Altersgrenzen mehr gibt bei der Zusammensetzung von unterschiedlichen Lebensstilen, wird der Wunsch nach Abgrenzung und klaren Zugehörigkeitskriterien um so größer. Der Ursprung von Techno hat das gezeigt. Diesen Wunsch nach Abgrenzung erkennt man nicht nur an der Symbolik, zum Beispiel an der Sprache. Techno-Läden definieren ihr Zugangskriterium am offensichtlichsten, indem sie laute und harte Musik zur

Abschreckung spielen, um unerwünschte Kundschaft fernzu-
halten.

Auch wenn Rock nur im Malträtieren von Instrumenten (bzw.
Plattenspielern) bestünde, wäre er immer noch das erfolgreichste *Emotionsmanagement* der Gegenwart. Und darin
ist er innovativ und erfolgreich wie keine andere Art der
Kunst, Kultur oder Warenform.

Kid Oriented Adults – oder Adult Oriented Kids?

Die Techno- und Grunge-Generation steht für eine *neue Art
Generation.* Dieser Generation, die in den Achtzigern ihre wich-
tigsten Sozialisationserfahrungen gemacht hat, haben die Eltern
eigentlich alles schon geklaut, was es noch an Rebellionsresten
gab. Alles ist geoutet. Was mit Pop- bzw. Rockkultur bezeichnet
wurde, wird immer noch von den Babyboomer-Eltern besetzt.
Bill Haley war der erste, der die Drohung ausstieß und sagte:
»Wir kommen immer wieder, selbst wenn wir schon ganz alte
Knacker sind.« *Es fehlen die Rituale, die aus Kindern bzw.
Jugendlichen Erwachsene machen.* Die 94er CD der Gruppe
»The Prodigy«, die zur Techno-Bewegung gezählt wird, trägt
den erwähnten symptomatischen Titel »Music for the Jilted
Generation« – Musik für die vernachlässigte Generation, für
Kids, denen man den Laufpaß gegeben hat. Wenn die Erwachse-
nen nicht mehr Erwachsene sein wollen – und überall auch die
Möglichkeit haben, sich zu entziehen –, wie sollen dann die
Jugendlichen erwachsen werden? Was bedeutet das für die
Demokratie, deren wichtigste kulturelle Form, ja deren unver-
zichtbares Lebensprinzip die Subkultur ist, also ganz wesentlich
mit neuen Rockkulturen zu tun hat?

Wenn man die wirtschaftlichen Verhältnisse dazunimmt, in
denen die Techno- und Grunge-Kids groß geworden sind, muß
man feststellen: Die Lebensvoraussetzungen sind insgesamt
schlechter geworden. Grunge und Techno sind Ausdruck einer

auf Dauer umgestellten *Rezessionskultur*, es sind wertemäßig
Loser-Religionen. Es ist nicht mehr möglich, den naiven Optimi-
sten zu spielen wie noch der Hippie oder der Yuppie. Für den
Grunge existiert das Soziale nur noch als allgegenwärtige Katastrophe, als Burnout – man werfe hierzu einmal einen Blick auf
die Songs der bekanntesten Grunge-Bands wie Nirvana, Pearl
Jam oder Alice in Chains.

Die Techno-Szene ging den anderen Weg, indem sie versucht,
sich dem Mediensystem zu verweigern und die radikale Konsequenz aus medialer Prozeßhaftigkeit und Verschaltung zu ziehen.
Kein Pathos des Weltschmerzes und der Authentizität mehr, es
blieb der radikale Wunsch nach Anonymität und Beziehungslo-
sigkeit. Allerdings mit dem happigen, letztendlich aber geradezu
hyperironischen Preis einer »Rebellion der Angepaßten«, indem
die längst überholt geglaubte bürgerliche Dichotomie von
Arbeitswelt und Freizeitwelt rückgängig gemacht und neu fest-
geschrieben wurde. Kurz: Trotz eines ungeheuer hohen Rhythmus an Schöpfung und Zerstörung, trotz Innovationsdichte und
neuen Lebensformen innerhalb der Rockkulturen haben wir zum
erstenmal eine Situation, in der die westliche Zivilisation nicht
mehr weiß, wie sie mit ihrer Jugend umgehen soll. Die Generationen haben sich »objektiv« auseinanderdividiert. Vielleicht
drückt der Zynismus jener Megastore-Kette in den USA die letzte Wahrheit der heiligen Marktvulgarität quintessentiell aus, die
– in Abwandlung des berühmten Nirvana- bzw. Kurt-Cobain-
Titels »I hate myself and want to die« – den Werbespruch kreier-
te: »*I hate myself and want to buy*«. Vielleicht muß man auch da
noch cool bleiben und anerkennen, daß die Warensehnsüchte die
wahren Sehnsüchte sind. »Life still sucks, and misery sells«,
meint hierzu die amerikanische Jugendsoziologin Donna Gaines.

Sicher ist: Alle Vertreter der Marktwirtschaft und der Kundennähe werden den Pop lieben, weil er zur *Anthropologie der
Gesellschaft der heiligen Vulgarität* geworden ist. Pop ist die
Maschinerie, die immer Neues produziert, aber zugleich ein
hohes Maß an Voraussehbarkeit bedeutet: immer neu, aber nie

wirklich revolutionär, nie politisch, aber dafür anthropologisch korrekt. *Das ist das Erfolgsrezept für die Märkte des Kultkonsums.*

California sunlight, sweet Calcutta rain
Honolulu starbright – the song remains the
same.
Led Zeppelin, »Houses of the Holy«

5
Techno – die Religion der Postmoderne

In the beginning there was rock.
AC/DC

Von allen aktuellen Jugendbewegungen gibt die Techno-Szene den Marketingmanagern die größten Rätsel auf. Es läßt sich aber rasch zeigen, wie das Phänomen Techno in der Medienlandschaft steht und wie gerade das Kult-Marketing hierin einen »Leading Edge« erkennen kann. Wir werden an diesem hochaktuellen Phänomen einige der Thesen einlösen, die wir in früheren Kapiteln in einem übergreifenden Theoriezusammenhang entwickelt haben.

Der MTV-Moderator Steve Blame vermutet, daß *Techno-Musik* vielleicht schon nächstes Jahr tot sein wird. Diese harte Diagnose eines Fachmanns hat den Vorteil, daß sie uns davor bewahrt, mit fliegenden Fahnen zum neuesten Jugendkult überzulaufen. Statt dessen sollten wir Techno als Symptom begreifen – als Symptom für eine grundlegende Wandlung unserer Kultur. Diese kulturelle Transformation hat entscheidende Konsequenzen für die Struktur des Marktes, auf dem offenbar neue »Götter« erschienen sind. Und wer begreift, was in Symptomen wie Techno an Zukunft zum Ausdruck kommt, wird bereit sein für die dringend erforderliche Umwertung der Werte in Marketing und Management.

Guerillakonsum

Versuchen wir also im folgenden, das *Symptom Techno* zu deuten. Nach einem goldenen Jahrzehnt des Konsumismus stehen die Zeitzeichen der Neunziger auf »Hard Sell«. Szenebeobachter wie Jules Marshall sprechen schon von »guerrilla consumers already living at the end of history«. Zu deutsch: *Wir haben es heute mit Jugendlichen zu tun, die Guerillastrategien des Konsums entwickelt haben und in dem Gefühl leben, am Ende der Geschichte zu stehen.* Hier lohnt es sich, genauer hinzusehen. »Ende der Geschichte« heißt hier: Wir erwarten nichts wesentlich Neues mehr – und schon gar nicht den »Fortschritt« oder die »Revolution«. »The revolution will be televised«, wirbt MTV ja stolz und zu Recht für sich selbst. Die westliche Zivilisation hat eine gewisse Endgültigkeit erreicht, die nur noch »kosmetische« Veränderungen zuläßt. Und der *Guerillakonsument* ist eine paradoxe Begriffsprägung, die sehr schön zum Ausdruck bringt, daß erstens Subkultur heute zum Motor des Konsums geworden ist und zweitens Widerstand und Protest nur noch als bunte Tupfer in der Konsumpalette auftauchen.

Von alldem weiß das traditionelle Marketing nur: Es verkauft sich nicht mehr so recht an die jungen Leute, die Wochenende für Wochenende wie fröhliche Karnevalisten auf Street- und Love-Parades durch Großstadtstraßen ziehen oder in Großhallen »Mega-Raves« zelebrieren und dabei zu einer Maschinenmusik tanzen, die in älteren Ohren wie Höllenlärm klingt. Und ängstlich bemühen sich Management und Marketing, das »Lebensgefühl« dieser Generation zu verstehen, gar einen Kundendialog mit ihr aufzunehmen. Das kann nicht gutgehen! Doch kein Grund zur Sorge: Auch die Techno-Generation kauft und ist zu verkaufen. Man muß nur begreifen, daß es sich hier nicht um rational kalkulierende Kunden, sondern um *eine Kultgemeinde* handelt. *Wer diesen Markt erobern will, braucht nicht den Rat der Marktforscher und Betriebswirtschaftler, sondern der Ethnologen und Religionssoziologen.*

Der Markt der Erregungen

Wenn ein ethnologisch gebildeter Vertreter des Marketings die Popszene nüchtern beobachtet, kann er folgendes Bild gewinnen: Der Techno-Rave ist ein kultisches, neuheidnisches Fest, bei dem sich Menschen lustvoll von der Musikmaschine konsumieren lassen. Hier nehmen Exzeß und Ekstase Warencharakter an – man kann sie kaufen. Halten wir also hier schon einmal fest: Feste, Raves sind heidnisch; Exzeß und Ekstase sind käuflich. Was ist Ekstase? Die nüchterne Antwort: 3,4-Methylendioxymethamphetamin – es wurde schon 1914 in Deutschland patentiert. Heute berauscht es die Szene als *Ecstasy.* Das ist ein *Extremfall des »Emotional Design«,* das den Markt der Zukunft beherrschen wird: *Gestaltet wird die Ware »Erlebnis«. Vermarktet werden Gefühle, Erregungen.*

Ein ästhetisch gebildeter Medienwissenschaftler würde seinerseits von dieser Szene etwa folgendes Bild gewinnen: Techno ist Ganzkörpermusik; man hört weniger mit den Ohren als mit dem Zwerchfell – bis zu 180 Baßschläge pro Minute kommandieren den Körper. Das noch Musik zu nennen ist ein Euphemismus. Sehr viel mehr als Musik ist Techno ein Spiel mit dem Hintergrundrauschen der neuen Multimediawelt. Oder um es mit den Worten des *FAZ*-Autors Hubert Spiegel zu sagen: Techno ist »das Rauschen der Datenautobahn«. Im Klartext heißt das: *Techno ist eigentlich keine Musik, sondern CAD-Sound, computergestütztes Sounddesign.* Auch der Gegentrend dazu hat sich bereits klar formiert: »Unplugged« – die Naturromantik einer Menschenmusik ohne elektronischen Zauber.

Rein technisch betrachtet – und das indiziert ja schon der Name –, operiert Techno als Sampling und Recycling. Das ist schnell erklärt. Man bedient sich freizügig der gespeicherten, archivierten Klänge. Jedes auf Tonträgern gespeicherte Ereignis der Musikgeschichte hat die Chance, für Sekunden in einem Techno-Track wiederzukehren. Der Sampler ist ein Computer, der Musik in einen frei variierbaren Datenstrom verwandelt. So entsteht autorenlose *No-Copyright-Musik.* Jetzt gehören die

Töne tatsächlich – wie John Cage schon vor Jahrzehnten voraussagte – nicht mehr den Menschen. Ruhm in der Popkultur besteht darin, zitiert zu werden.

Das wenige an Techno, das nicht mit Samplern produziert wird, stammt von Synthesizern, Plattenspielern und DJs – ja der Diskjockey, der den Musiker ersetzt hat, ist selbst nichts anderes als *ein* Techno-Instrument unter anderen. Viel wichtiger sind Sampling-CDs, die alle wichtigen Techno-Effekte anbieten; hier wird der Sound als solcher vermarktet. Was zarte Ohren an Techno erschreckt, ist eigentlich nicht die Lautstärke. Man kann das Verstörende und Faszinierende an Techno vielleicht am besten durch eine Liste von Fehlanzeigen beschreiben:

- Nichts klingt natürlich.
- Der Gesang fehlt völlig.
- Es gibt kein Instrumentensolo, keine Melodie, keinen Akkord.
- Der Rauschabstand wird ignoriert.

Hinzu kommen die extrem tiefen, extrem schnellen Bässe. Techno-Musiker können meistens keine Noten lesen, aber eben virtuos mit dem Sampler umgehen. Einfach formuliert: *Techno ist die Emanzipation der Musik vom Musiker*. An die Stelle des Komponisten tritt der Permutationskünstler an seinem Klangcomputer. Richard James alias Aphex Twin bemerkt trocken: »Ein Track ist beendet, wenn die Maschinen abgeschaltet werden.« Techno zeigt, wie unter neuen Medienbedingungen das Kunstwerk zum Stückwerk zerfällt und im Netzwerk aufgehoben wird. Ein Wink für Ästhetiker: *Das postmoderne Kunstwerk ist Stückwerk im Netzwerk.*

Wie funktioniert die neue Religion?

Vor diesem Hintergrund wollen wir nun eine ganz einfache, dreifaltige These entwickeln und damit das Symptom Techno auf den Kulturwandel der Gegenwart durchsichtig machen:

- Der technische Kern der Postmoderne ist die moderne Post.
- Popmusik ist eine reine Kultreligion ohne Dogma.
- Die Religion der Postmoderne ist die Religion des Marktes.

Was bedeutet das nun? In *The Death of the Novel* schreibt Ronald Sukenick sehr schön:»God was the omniscient author, but he died; now no one knows the plot.« Zu deutsch: Gott war der allwissende Erzähler, aber er ist tot; jetzt weiß niemand, wie die Geschichte weitergeht. Anders gesagt: *Religion ist die Schatzkammer des Sinns. Und aller Sinn ist religiös.* Kaum jemand erträgt es, ohne Sinn – und das heißt eben ohne Religion – zu leben. Deshalb müssen für den Gott und die Götter Ersatzleute einspringen – gewissermaßen *Stuntmen der Transzendenz.*

Gott als Kultzentrum ist in der Moderne erst durch die Gesellschaft und dann durch das Individuum ersetzt worden. Mit dem Kommunismus endet die Säkularreligion, die den Glauben an die »Erlösung durch Gesellschaft« gepredigt hat. Der Gottesstaat der Atheisten ist vor unseren Augen zusammengebrochen. Wir glauben nicht mehr an die Verheißungen des Kollektivs. Jetzt wird das Individuum als soziale und Heilsrolle unwiderstehlich. Es beginnt die Religion der Einmaligkeit – man könnte sagen: die »Autoreligion«.

Die Varianten sind bekannt:

- *Selbsterlösung* – das verspricht der europäisch verschlankte Buddhismus.
- *Selbsterregung* – ein schönes Wort von Gottfried Benn, das alle Glückspraktiken meint, die wir aus dem Chemismus unseres Körpers gewinnen können.
- *Selbstherausforderung* – stürze dich am Gummiseil von der Brücke, im Schlauchboot den Steilhang hinab. Der Benefit: I did it!

All das sind eigentlich religiöse Exerzitien, deren Kultzentrum das »Selbst« jedes einzelnen ist. Offenbar geht es nicht ohne Religion – und das spürt man vor allem in »gottlosen« Zeiten.

Was sind nun eigentlich die Leistungen des Religiösen, auf die wir nicht verzichten können? Hier ein paar Stichworte:

- *Religion schafft Weltvertrauen.* Die wirkliche Welt ist zu komplex, um ein sinnvolles Leben zuzulassen. Deshalb brauchen wir Hilfskonstruktionen, wohltätige Vereinfachungen, eine Art gesellschaftlich akzeptierter Kindlichkeit. Und wer den Glauben an die offiziellen Religionen verloren hat, braucht einen Religionsersatz – etwa eine politische Ideologie oder ein wissenschaftliches »Weltbild«, die ähnliches Weltvertrauen schaffen.

- *Religion ist das Management von Enttäuschungen.* Vor allem das Christentum hat es großartig verstanden, den Menschen einen guten Heilsgrund für ihr Unglücklichsein zu geben. Man wartet auf die Erlösung, und weil sie ausbleibt, gibt es die Kirche. Wer diesen grandiosen Trost nicht mehr erfährt, braucht eine säkulare Kirche – den Sportplatz oder die Diskothek.

- *Religion ist eine unirritierbare Redeform,* denn auf dem Schauplatz des Heiligen geht es übersichtlich zu. Die Wirklichkeit dagegen ist hochkomplex und deshalb undurchsichtig. Kurzum: Es ist leichter, über das »Transzendente« zu kommunizieren. Religion ist eine Endlosschleife.

So hat Religion schon immer störungsfrei funktioniert. Aber völlig neu ist: *An die Stelle religiöser Kommunikation tritt heute Kommunikation als Religion.* Auf diesen Zusammenhang haben wir ja schon im Kapitel über den »Gottesdienst am Kunden« hingewiesen. Und wir wiederholen noch einmal: Totale Verkabelung, die Verknüpfung im elektronischen Netz kann man sehr gut als technische Implementierung der Religion verstehen. Denn *Religio* heißt ja Bindung, Verknüpfung. So verkündet Roy Ascott, der Direktor des Forschungszentrums für interaktive Künste an der Newport School of Art and Design: »There is love in the telematic embrace. We are all interface.« In der elektronischen Vernetzung zum integralen Medienverbund gelingt uns heute eine postmoderne und postchristliche Umbesetzung der Transzendenz. Glaube, Liebe und Hoffnung übernimmt das Internet. *Das Göttliche ist das Netzwerk.*

Die vielen Götter der Postmoderne

Alle sprechen von der Postmoderne – wir auch. *Postmoderne ist das ironische Arrangement mit der Unmöglichkeit, die Zukunft zu planen.* Doch wir fragen auch: Wie konnte es dazu kommen? In der modernen Gesellschaft ist der ethische Kosmos in beziehungslose Wertsphären zerfallen; man nennt das auch *Ausdifferenzierung.* Wir leben gleichzeitig in unterschiedlichen Registern, das heißt, wir dienen unterschiedlichen Göttern. Das Heilige, Schöne, Gute und Wahre haben nicht nur nichts miteinander zu tun, sondern weisen sogar feindlich auseinander. Das Schöne kann böse sein, die Wahrheit kann häßlich aussehen – und so ist es zumeist. Weil aber die Wertordnungen unvereinbar sind, bleibt der Kampf zwischen ihnen eigentlich unaustragbar; die Götter der Wertreihen streiten für alle Zeit. Deshalb ist der Ruf nach einer neuen ethischen Grundorientierung absurd. In Max Webers immer noch hochaktuellen Worten:»Die alten vielen Götter, entzaubert und daher in Gestalt unpersönlicher Mächte, entsteigen ihren Gräbern, streben nach Gewalt über unser Leben und beginnen untereinander wieder ihren ewigen Kampf. Das aber, was gerade dem modernen Menschen so schwer wird, und der jungen Generation am schwersten, ist: einem solchen Alltag gewachsen zu sein.« Genau das aber ist der Anspruch der Postmoderne; sie verkleinert den Götterkampf der Wertreihen zu einer Art Wettkampf von Sprachspielen, Lebensstilen und Szenen.

Max Weber hat ja gezeigt, daß die grandiose Erfolgsgeschichte des Kapitalismus in einem religiös (nämlich puritanisch) geprägten Lebensstil fundiert war. Von diesem Glauben ist natürlich nur die äußerste Hülle übriggeblieben. Und seither fragt man sich, ob die Wirtschaft ohne Religion funktionieren kann. Der Markt hat schon immer eine Religion gebraucht. Und der heute wieder laut werdende Ruf nach einer»Wirtschaftsethik« ist die verzweifelte Suche nach dem verlorenen Geist des Kapitalismus. Seit der Atheismus zur Staatsreligion geworden ist, behilft man sich mit Ersatzformen.

Weil das religiöse Fundament des Kapitalismus weggezogen

ist, haben wir den reinen Agon, das heißt den zweckfreien Wettkampf des Sports, aber auch des Workaholics. Deshalb kehren die alten Götter des Heidentums wieder. Wir haben die bekanntesten Symptome ja schon in einem früheren Kapitel analysiert. Noch einmal: Man wählt grün und vergöttert die Natur; man gewinnt das Design des neuen Mikrochips in buddhistischer Meditation; man ist Holist und glaubt an die schöpferische Macht des Chaos. Heute wird tatsächlich jeder nach seiner eigenen Fasson selig. Und deshalb leben wir in einem Polytheismus der Wertreihen, in einer neuheidnischen Vielgötterei des Guten, Schönen und Wahren. Im Klartext des kapitalistischen Marktes heißt das: *Wir leben in einem Polytheismus der Marken und Moden. Branding schafft die kaleidoskopische Mythologie der Postmoderne. Und Moden funktionieren wie Kurzzeitreligionen.* Es sind starke, aber schnell wieder auflösbare Bindungen.

Der religiöse Rausch der Metropolen

Die wissenschaftliche Entzauberung der Welt, die Profanisierung des Lebens und die antichristlichen Vorzeichen der modernen Technik haben das, was schon der Lyriker Charles Baudelaire, den »religiösen Rausch der großen Städte« nannte, nicht reduziert, sondern gesteigert. Die Großstadt selbst erzeugt einen religiösen Rausch. Man hat das Gefühl, wiedergeboren zu werden. Wer richtig leben will, drängt zur Innenstadt, dem Punkt der äußersten Verdichtung: Manhattan. Das ist aber nicht die präparierte Welt des Tourismus – im Gegenteil. Zwischen Baudelaire und Andy Warhol entfaltet sich eine Ästhetik des verfemten Teils der Großstadt. Ein Song von Lou Reed vergegenwärtigt diese Zusammenhänge in der Verkürzung weniger Verse:

I'll take Manhatten in a garbage bag with Latin written on it that says / »It's hard to give a shit these days.«
Manhattan's sinking like a rock, into the filthy Hudson what a shock / they wrote a book about it, they said it was like ancient Rome.

Die Großstadt ist die Wiederholung der vorzivilisatorischen Höhle mit den Mitteln der neuen Medien und Technologien. Ihr wichtigstes Merkmal ist die rigorose Abschirmung gegen alle Wirklichkeiten, die nicht für die Großstadt spezifisch sind. Man inszeniert ein Vergessen des Draußen. Dem entspricht die Erfahrung jedes Großstadtbewohners, daß man gerade an den Orten minimalen Realitätsbezugs einer maximalen Reizüberflutung ausgesetzt ist. Kurz: Man erlebt dort am meisten, wo die Wirklichkeit am wenigsten stört. Denken Sie nur an Diskotheken und Kinos.

Zeithorizonte zerbrechen. Die Instantanformen von Spektakel und Happening beherrschen die Szene. Das entspricht präzise den technologischen Vorgaben der Massenmedien und der durch sie geprägten Environments. Die Metropole präsentiert sich heute als ein gigantischer Bildschirm, auf dem neue Technologien, Moden und Lebensstile in täglich neuer Mischung erscheinen. Leben in der Großstadt heißt, daß die Umwelt total programmiert wird. Damit ist das romantische Kapitel ›Natur‹ beendet. *Die Welt wird gebaute Phantasie.* Und gerade deshalb gibt sich heute alle Welt »grün« und »umweltbewußt«.

Die Shopping-Mall als Gesamtkunstwerk

Wir haben schon ausführlich über gewisse Gebrauchsgegenstände gesprochen, denen heute eine Art kultischer Verehrung zuteil wird – die Kultprodukte. Sportgeschäfte wie etwa »Niketown« in Chicago inszenieren sich als Kirche für Ikonen, die angebetet werden. Michael Jordan und Charles Barkley waren bisher die Hohenpriester. Und »Niketown« – so lautete unser Resümee – zeigt also nur offen, was das Warenhaus immer schon war: Tempel eines religiösen Rauschs.

Es gibt hier eine klar erkennbare Entwicklung vom Tempel über die Passage zu Weltausstellung und Messe – und schließlich zur Shopping-Mall. Der Philosoph Schelling hat einmal den Gottesdienst als *Gesamtkunstwerk* bezeichnet. Und für Richard

Wagner war umgekehrt das Bayreuther Gesamtkunstwerk ein neuer Gottesdienst. Wir können nun noch einen Schritt weiter gehen und sagen: *Der Schauplatz des Gesamtkunstwerks ist heute nicht mehr das Gotteshaus oder der Kulturtempel Bayreuth, sondern die Mall.* Diese These ist natürlich erläuterungsbedürftig, und wir wollen hier wenigstens zwei Hinweise geben.

- Stichwort *Gesamtkunstwerk!* In einem Leben, das virtuell zum Gesamtkunstwerk wird, funktioniert Kunst – wie Susan Sontag sehr schön gezeigt hat – als »Programming of Sensations«. Der Künstler wird zum Programmierer unserer Erlebnisse. R. A. Berman resümiert: »There is no pre-aesthetic dimension to social activity, since social order has become dependent on aesthetic organization.« Zu deutsch: Im Rahmen des gesellschaftlichen Handelns gibt es gar keine Dimension, die man »vor-ästhetisch« nennen könnte; denn die gesellschaftliche Ordnung ist längst abhängig von ästhetischer Organisation. Wir kommen noch einmal darauf zurück.
- Stichwort *Kultwaren!* Die Werbung schafft eine Welt, in der wir in magische Beziehung zu den Gütern treten. Indem man den »richtigen« Markenartikel kauft, hat man den Schlüssel zur magischen Welt von Mode und Lifestyle. »Markentreue« ist ja, was die Amerikaner *Commitment* nennen, also Selbstfestlegung; ich lege mich freiwillig auf eine Marke fest und lehne andere Marktmöglichkeiten ab. *Markentreue hat also dieselbe Struktur wie das religiöse Bekenntnis.*

Die Spiritualität des Konsums

Wir haben ja schon gesagt: *Die postmoderne Werbung übernimmt die Funktion der Religion. Sie entfaltet die Spiritualität des Konsums.* Der Konsum verliert sein schlechtes Gewissen, sobald der Akt des Einkaufens als ritueller Vollzug stilisiert ist. So kann man im *Journal of Consumer Research* lesen: »Consumption can become a vehicle of transcendent experience: that is, consumer behavior exhibits certain aspects of the sacred. «Ab einer bestimmten Schwelle zivilisatorischer Sättigung zielt der Konsum demnach nicht mehr auf Bedürfnisbefriedigung, sondern auf »religiöse« Erfahrung. Und wer wissen will, was das Heilige ist, muß einfach einmal das Verhalten eines postmodernen Konsumenten beobachten. Um es auf eine Formel zu bringen: Konsumismus als Religionssystem.

Entscheidend ist aber der Schritt vom passiven Konsum zur aktiven Devotion. Wie gesagt: Konsum hat längst nichts mehr mit Bedürfnisbefriedigung zu tun, sondern ist das Medium dessen, was schon Oscar Wilde »Self-Culture« genannt hat. Wir konsumieren nicht nur Güter, sondern wir konsumieren auch das Konsumieren. Es geht hier um eine Ästhetik, ja eine Kosmetik der Existenz. *Wenn alle alles genießen können, liegt die Differenz, die zählt, darin, auch den Genuß zu genießen.* Shopping ist nicht Einkaufen, sondern der reflexive Akt, der das Konsumieren selbst konsumiert. Mit anderen Worten: Shopping ist eigentlich objektlos – das gilt nicht nur für das Bummeln der Großstadtpärchen und das panische Geldausgeben der neurotischen Hausfrau. Wir haben schon gezeigt: Die Lust des Neuen hängt am Kauf, nicht am Besitz. *Shopping ist Lifestyle.* Konsum wird gleichsam genüßlich konsumiert.

Die Religion des Konsums braucht also kein Dogma, sondern nur Kulte und Rituale. Rituale operieren sprachlos, mit Rhythmus und Stereotyp; sie appellieren an den Körper. Und damit ist natürlich klar, daß die Popmusik eine natürliche Affinität zum Ritual hat. Wir kommen gleich wieder darauf zurück, möchten aber zunächst noch einmal an eine Definition erinnern, die wir in einem früheren Kapitel erarbeitet haben. Das Ritual manipuliert die Menschen, indem es ihnen zum Ausdruck verhilft. Das heißt aber auch, daß Rituale »Emotional Patterns« (S. K. Langer) anbieten, in denen man die eigenen Gefühle ausdrücken kann. Diese Gefühlsmuster bieten Weltorientierung. Denn man findet Patterns und Stereotype ja deshalb gut, weil sie die unerträgliche Vielfalt der Welt erträglich machen – genauer gesagt: *Gefühlsmuster verwandeln die übergroße Weltkomplexität in ein buntes Warenangebot.*

Popmusik als Kultreligion

Und damit sind wir erneut mitten in der Welt des Pop. Nach dem Untergang der Religionen und Ideologien ist Pop der letzte Integrationsfaktor der westlichen Gesellschaften. Unsere These lautet deshalb: *Popmusik ist die unwiderstehliche Glaubenspropaganda der westlichen Zivilisation.* Sie bündelt die Energien des Kults und des Marktes. Mit anderen Worten: *Popmusik ist die reine Kultreligion des Konsumenten.* Dafür gibt es ganz handfeste Belege. Seit Elvis gibt es Popstars als religiöse Ikonen – Stephen King hat das in seinem Roman *Needful Things* wunderschön deutlich gemacht. Und auch die kritische Subkultur wird religiös bedient: Von Jimi Hendrix bis Kurt Cobain erstreckt sich die Reihe der Popstars als Märtyrer des Kommerz. Die Fans pilgern zu den Weihestätten des Pop – heißen sie nun Graceland oder Neverland. Und seit Woodstock werden Open-air-Konzerte als Kultveranstaltungen inszeniert. Niemand hat das genauer durchschaut als Popstar Bono: »As religion has disappeared from our culture in any real sense, in any feeling sense, music is one of the only mystical acts. Transcendence is what everybody, in the end, is on their knees for, running at speed toward, scratching at, kicking at. That's why music is, for me, important.« Zu deutsch: Da die Religion vom Schauplatz unserer Kultur im Grunde verschwunden ist, ist Musik eine der letzten mystischen Handlungen. Und am Ende ist es ja nichts anderes als die Transzendenz, wonach alle wie wahnsinnig streben.

Wir können überall in der westlichen Welt feststellen: Das religiöse Bedürfnis wächst – aber es läßt sich nicht mehr durch das Christentum befriedigen. Pop übernimmt also exakt die Funktionsstelle der Religion, die uns in ihrer überlieferten Gestalt unerträglich geworden ist – und sei es auch nur: unerträglich langweilig. *Musik ist religiöse Empfindung ohne begrifflichen Inhalt* – sie erspart uns den dogmatischen Unsinn. Das ist an Wagners Gesamtkunstwerk erstmals deutlich geworden: moderne Musik als »Glaube ohne Worte«, wie Nietzsche kritisch und zutreffend bemerkte. Und auch der Popfan kann heute mystisch empfinden, ohne etwas Konkretes zu glauben. Es kommt zu einem Bündnis von Mystik und Technik.

Und damit sind wir schließlich wieder bei Techno. Techno, wie der Name schon sagt, ist die Musik gewordene Liebe zur Technologie. Interessant daran ist, daß sich hier eine Fusion von Technik, Sinnlichkeit und Spiritualität ankündigt. Das hat nichts Akademisches: *Techno ist die Synthese von High-Tech und Kindlichkeit*; denn schauen Sie nur auf die großen Chiffren und planetarischen Symbole, mit denen sich die Techno-Szene schmückt – das ist kindlich. Und wir meinen das gar nicht abwertend. Kindlichkeit und High-Tech sind heute *die Königswege zur Transzendenz.* »Wenn ihr nicht werdet wie die Kinder ...«, mahnte schon der Gottessohn. Und von den heidnischen Religionen können wir lernen: Die Götter sind die verklärten Helden der Technikgeschichte. Denken Sie nur an die kleine Göttin auf dem Kühler des Rolls-Royce. Charles Sykes hat sie designt. Ihr Name: The Spirit of Ecstasy.

Märchenstunde

Der *Rave*, die Megaparty der Techno-Jünger, ist ein Fest, das Ekstase verspricht. Im Gegensatz zu den traditionellen Popkonzerten geht es hier um die Aufhebung des Publikums in ein visionäres, halluzinatorisches Kollektiv. Man könnte sagen: Der Raver tritt in einen anderen Körper ein. Die Verwandtschaft mit der Erfahrung des Cyberspace liegt auf der Hand. Es handelt sich jeweils um eine *Verzauberung* wie im Märchen. Ein Fest unterscheidet sich ja vor allem dadurch von theatralischen Darstellungen, daß der Zuschauer selbst anschauenswert wird. Und im Rave bleibt er durchaus ein einzelner; genauer gesagt: massenweise allein, kollektiv einsam. Das klingt so paradox wie die kalte Ekstase oder der kontrollierte Rausch. Aber genau um die Entfaltung solcher Paradoxien geht es im Techno-Kult. Das Rauschkollektiv ist cool, das heißt, es besteht aus Individuen. Ja man könnte sagen: Es produziert Individualität als Massenware.

Nun sind Feste, musikalische Orgien und subkulturelle Happenings ja nicht neu. Und wir meinen, Friedrich Nietzsches Buch über die *Geburt der Tragödie aus dem Geist der Musik* ist immer noch ein unübertroffener *Leitfaden* zum Verständnis von Subkulturen wie Techno:

- Tanzen verzaubert.
- Es geht nicht mehr darum, Künstler, sondern Kunstwerk zu werden.
- Nur der Schein erlöst.
- Der Rausch und der Traum führen uns auf Schauplätze, wo die alltäglichen Werte nicht mehr gelten. Hier kann man die Zukunft üben.

Sie werden fragen: Wie paßt das in unsere aufgeklärte Wissenschaftskultur? Wir müssen uns an dieser Stelle daran erinnern, daß Aufklärung vor allem Enttäuschung bedeutet. Der Prozeß der Wissenschaft hat uns Einfachheiten und Naivitäten geraubt. Das hat die konkrete Lebensführung nicht erleichtert, sondern erschwert. Wir sind nun zwar die Herren der Erde, wissen aber nicht mehr zu leben. *Dem mythenlosen Menschen der Moderne fehlt die Kraft der Zusammenfassung, der Horizontbegrenzung, die der Mythos leistete.* Denn der Mythos ist stets die Matrix des Weltbildes gewesen – er stellt ein Bild von der Welt und umstellt die Welt mit Bildern. Nietzsche hat deshalb gesagt: »Die Bilder des Mythos müssen die unbemerkt allgegenwärtigen dämonischen Wächter sein: erst ein mit Mythen umstellter Horizont schließt eine ganze Kulturbewegung zur Einheit ab.«

Leben reift nur in einem mythischen Horizont, einem »umhüllenden Wahn«, wie Nietzsche es nennt. Heute sind es im wesentlichen die Werbung und Hollywood, denen wir die Mythen verdanken, die den Horizont unserer Kultur umstellen. Wir haben es aber nicht mehr mit der klassischen Form des Mythos zu tun, sondern mit einer ermäßigten Form: dem Märchen. Denken Sie etwa an Science-fiction und Fantasy. Und damit sind wir wieder bei unseren Königswegen zur Transzendenz: Kindlichkeit und High Tech.

Jedes ästhetisch prägnante Ereignis funktioniert als eine Art Ganzheitsersatz. Das war schon der Sinn von Richard Wagners Bayreuther Musikdramen – und das ist auch der Sinn von Woodstock oder der Berliner Love Parade. Wir haben dafür immer noch keinen genaueren Begriff als den des Gesamtkunstwerks. Bestimmen wir seine Funktion nun noch etwas genauer: *Das Gesamtkunstwerk rechtfertigt die Welt als ästhetisches Phänomen – die Welt als Rausch und Performanz.*

Damit übernimmt die ästhetische Veranstaltung das Pensum des Glaubens: die Welt zu rechtfertigen und den Weg zur Erlösung zu zeigen. Denn es handelt sich hier in der Tat um eine »Selbsterlösungsveranstaltung«. Um es formelhaft zu sagen: Weil wir nicht mehr an die religiöse Erlösung durch Gott, aber auch nicht mehr an die politische Selbsterlösung durch die Revolution glauben können, bleibt nur noch die ästhetische Selbsterlösung durch das Gesamtkunstwerk.

Von Wagner über Pink Floyd bis zum Techno-Rave geht es um ein Zusammenspiel von Mythos und Musik. Der Mythos ist ein begriffsloses Denken bzw. ein symbolisches Repertoire, das von der Musik interpretiert wird. Ob es sich dabei um nordische Sagen, neurotische Individualmythen oder kosmische Symbole handelt, ist fast gleichgültig. Entscheidend ist die Synergie von Sound und Mythos. Und heute machen Multimediamaschinen aus Nietzsches philosophischer Erwartung »sprühender Bilderfunken« technische Wirklichkeit. Es geht um eine Einheit von Pop und starken Bildern, um die Lärmgeburt dessen, was eine Fuji-Reklame »Unlimited Vision« nennt. Und so könnte die kürzeste Definition des »postmodernen Gesamtkunstwerks« lauten: *Vision aus dem Sound.*

Literaturverzeichnis

Bateson, Gregory: Steps to an Ecology of Mind, New York 1972.

Baecker, Dirk: Postheroisches Management, Berlin 1994.

Bolz, Norbert: Das kontrollierte Chaos, Düsseldorf 1994.

Bolz, Norbert/Kittler, Friedrich/Tholen, Christoph (Hrg.): Computer als Medium, München 1994.

Caputo, John D.: Against Ethics. Contributions to a Poetics of Obligation with Constant Reference to Deconstruction, Bloomington and Indianapolis 1993.

Deutsch, Karl W.: Politische Kybernetik, Freiburg 1969.

Drucker, Peter F.: Die Zukunft managen, Düsseldorf 1992.

Drucker, Peter F.: Die postkapitalistische Gesellschaft, Düsseldorf 1993.

Förster, Heinz von: Observing Systems, Seaside 1982.

Gaines, Donna: Teenage Wasteland. Suburbia's Dead End Kids, New York 1993.

Gerken, Gerd: Die fraktale Marke, Düsseldorf 1994.

Glanville, Ranulph: Objekte, Berlin 1988.

Hajek, Friedrich A. von: Der Wettbewerb als Entdeckungsverfahren, Kiel 1968.

Heimonet, Jean-Michel: Le Mal à l'oeuvre. Georges Bataille et l'écriture du sacrifice, Marseille 1986.

Heimonet, Jean-Michel: De la Révolte à l'Exercise. Essai sur l'Hédonisme contemporain, Paris 1991.

Hofstadter, Douglas R.: Gödel Escher Bach, Harmondsworth 1980.

Hollander, Anne: Sex and Suits. The Evolution of Modern Dress, New York 1994.

Horx, Matthias/Trendbüro: Trendbuch 1, Düsseldorf 1993.

Horx, Matthias/Trendbüro: Trendwörter – Das Lexikon der neuen Begriffe, Düsseldorf 1994.

Jantsch, Erich: Die Selbstorganisation des Universums, München 1979.

Jarvie, E. C.: The Revolution in Anthropology, Chicago 1964.

Kloepfer, Rolf/Landbeck, Hanne: Ästhetik der Werbung, Frankfurt/Main 1991.

Kroker, Arthur/Weinstein, Michael A.: Data Trash. The Theory of the Virtual Class, Montreal 1994.

Kroker, Arthur: Virtual Reality, Android Music and Electric Flesh, Montreal 1994.

Luhmann, Niklas: Funktion der Religion, Frankfurt/Main 1977.

Luhmann, Niklas: Die Wissenschaft der Gesellschaft, Frankfurt/Main 1990.

McLuhan, Herbert M.: Die magischen Kanäle, Düsseldorf 1992.

Otto, Walter F.: Dionysos. Mythos und Kultus, Frankfurt/Main 1960.

Parsons, Talcott/Shields, Edward A. (Hrg.): Toward a General Theory of Action, New York 1951.

Peters, Tom: The Tom Peters Seminar. Crazy Time Call for Crazy Organizations, New York 1994.

Rapp, Stan/Collins, Tom: The Great Marketing Turnaround, Hampstead 1991.

Ross, Andrew/Rose, Tricia (Hrg.): Microphone Fiends. Youth Music & Youth Culture, New York and London 1994.

Schultz, Don E./Tannenbaum, S. I./Lauterborn, R. F.: Integrated Marketing Communications, Lincolnwood 1993.

Schumpeter, Joseph A.: Kapitalismus, Sozialismus und Demokratie, Tübingen 1993.

Serres, Michel: Der Parasit, Frankfurt/Main 1981.

de Tocqueville, Alexis: De la Démocratie en Amérique, T.1. et T.2., Paris 1960.

Toffler, Alvin: Powershift, New York 1990.

Twitchell, James B.: Carnival Culture. The Trashing of Taste in America, New York 1992.

Register

Trendbüro · Matthias Horx

Trendbuch 1

Der erste große deutsche Trendreport
Gebunden, Schutzumschlag, 256 Seiten

Wo steht das vereinigte Deutschland? Kippt der deutsche Wohlfahrtsstaat die steile Krisenklippe hinunter? In seinem Trendbuch Deutschland analysiert Matthias Horx, Mitbegründer von Trendbüro Hamburg, die soziokulturelle und marktstrategische Entwicklung der Bundesrepublik in den nächsten zehn Jahren. Beispiele der zwölf »Großtrends«: Ökolozismus – wie Märkte in Zukunft auf die ökologische Frage reagieren. Rezessionskultur – Cheap Chic. Trash Culture, Recycling-Konsum – wie die Rezession den Luxusbegriff verändert. Post-Emanzipation – über die »entfaltete Beziehungskultur« und das sanfte Comeback der »neuen Familie«.

Trendbüro · Matthias Horx

Trendwörter-Lexikon

Broschur, 256 Seiten

Was ist Frupple? Woran erkennen Sie einen Grazer? Wer ist die Generation X?
Noch nie hat sich die Sprache so schnell geändert wie heute. Und auch wer über Trends bestens informiert ist, hat manchmal Probleme, den Moderator im Fernsehen zu verstehen. Das Lexikon des Hamburger Trendbüros faßt die aktuellen Wortschöpfungen zum ersten Mal zusammen. Die führenden Autoren der deutschen Trendszene (Matthias Horx, Peter Wippermann, Peter Glaser, Michael Konitzer, Peter Kabel und Olaf Deininger) definieren und kommentieren die wichtigsten Sprachschöpfungen aus Jugendkulkur und Trendforschung – von Cybersex bis Yuppie, von Acid Jazz bis Techno.

Trendbüro · Matthias Horx · Peter Wippermann

Markenkult – Kultmarken

Gebunden, Schutzumschlag, 420 Seiten

Seitdem viele Marken durch die Rezession unter Druck geraten sind, findet die große »Schlacht der Marken« statt. Die Marken müssen jetzt erstens ihre Leitfunktion in der Konsumwelt verteidigen und sich zweitens gegen neue auf den Markt drängende Marken behaupten. »Markenkulte« ist eine Darstellung heutiger Marken und Brands aus Trend-Evolutionssicht. Trendbüro Hamburg untersucht, welche Marken einen starken trendangepaßten Kern haben und welche in ein Dilemma driften und falsche strategische Evolutionswege gegangen sind. Die Autoren zeigen, wie Marken aufgebaut werden und warum einige so erfolgreich sind.

ECON Verlag · Postfach 30 03 21 · 40403 Düsseldorf

Norbert Bolz

Das kontrollierte Chaos

Vom Humanismus zur Medienwirklichkeit
Gebunden, Schutzumschlag, 336 Seiten

Der Humanismus ist tot. Der Mensch überlebt, wenn er nicht in
Angst vor der neuen Medienwirklichkeit verharrt, sondern lernt,
ihre Chancen zu nutzen.
Wenn nichts mehr funktioniert, der Fluß des Lebens erstarrt und
die Welt unübersichtlich wird, sprechen wir von Chaos. Chaos
stellt für uns das alltäglich Böse dar.
Doch nur das unproduktive Chaos, das ein Resultat starrer Ordnungsmuster ist, kann negativ und zerstörend wirken. Hirnphy-
siologen haben längst erkannt, daß innovatives Denken und Kreativität kein Ergebnis ordentlicher Denkprozesse sind, sondern
gerade aus dem Chaos des Gehirns entspringen. Also: Dem Chaos
wohnen innovative und schöpferische Kräfte inne. Im Chaos
liegen die Chancen für die Zukunft!
Der Autor zeigt, daß »kontrolliertes Chaos« nicht so unmöglich
ist, wie es auf den ersten Blick scheinen mag. Verstanden als
»gesteuerte Verwirrung« macht es die Kräfte der Unordnung
nutzbar und fördert so eine Entwicklung des Menschen von den
humanistischen Zwängen weg, hin zu einer Zukunft, in der die
gegenwärtige Medienwirklichkeit nicht mehr als Gefahr, sondern
als Fülle neuer Möglichkeiten gesehen wird. Deshalb müssen wir
uns, die wir uns alle in großen, feinvernetzten Systemen befinden,
mit dem Chaos versöhnen und die neuen Medien als Spielraum
unserer Existenz begreifen.

ECON Verlag · Postfach 30 03 21 · 40403 Düsseldorf